LE CHEVAL DANS LA LOCOMOTIVE

le goût des idées

collection dirigée
par
Jean-Claude Zylberstein

ARTHUR KOESTLER

Le cheval dans la locomotive
Le paradoxe humain

Traduit de l'anglais
par Georges Fradier

Paris
Les Belles Lettres
2013

Titre original :
The Ghost in the Machine

© *2013 The Estate of Arthur Koestler*

Intercontinental Literary Agency LTD

www.lesbelleslettres.com
Retrouvez Les Belles Lettres sur Facebook et Twitter.

© *2013, pour la présente édition*
Société d'édition Les Belles Lettres
95 bd Raspail 75006 Paris.

ISBN : 978-2-251-20037-8
ISSN : 2111-5524

PRÉFACE

Dans un précédent ouvrage, Le Cri d'Archimède, *j'ai traité de l'art et de la découverte, qui font la grandeur de l'homme. Le présent volume s'achève sur un examen des misères de l'homme, pour boucler le cercle. Créativité et pathologie de l'esprit humain sont après tout les deux côtés d'une seule et même médaille frappée au coin de l'évolution. À la première nous devons la splendeur des cathédrales, à la seconde les gargouilles qui les décorent afin de nous rappeler que le monde est plein de monstres, de diables et de succubes, et qu'une veine de folie traverse l'histoire de notre espèce, indiquant qu'un accident a dû se produire à un certain point de son ascension. On a comparé l'évolution à un labyrinthe sans issue, et il n'y a rien de bien étrange ni d'improbable à supposer que l'équipement originel de l'homme, supérieur cependant à celui de toute autre espèce, comporte quelque erreur ou défectuosité innée qui le prédispose à l'autodestruction.*

La recherche des causes de cette défectuosité a commencé au Livre de la Genèse et n'a pas cessé depuis. Toutes les époques ont offert leur diagnostic, depuis la doctrine de la Chute jusqu'à l'hypothèse de l'Instinct de Mort. Les réponses n'ont jamais été concluantes, mais les questions méritaient d'être posées. Elles ont été formulées dans la terminologie spécifique de chaque siècle, de chaque culture, et il est inévitable que de nos jours elles le soient dans le langage de la science. Mais, si paradoxal que cela paraisse, la science depuis un siècle éprouve un tel vertige devant ses propres succès qu'elle oublie de poser les questions pertinentes — ou refuse de les poser sous prétexte qu'elles n'ont pas de sens, ou du moins qu'elles ne sont pas de sa compétence.

Cette généralisation vise non pas certes les hommes de science pris individuellement, mais bien la tendance orthodoxe qui domine aujourd'hui les sciences de la vie, depuis la génétique jusqu'à la psychologie expérimentale. L'on n'aboutira jamais à diagnostiquer le malaise humain tant que l'on imaginera l'homme comme un automate, produit de mutations fortuites : inutile d'appliquer un stéthoscope à une machine à sous. Un éminent biologiste, Alister Hardy, écrivait récemment : « J'en suis arrivé à croire, et j'espère vous en convaincre, que la conception actuelle de l'évolution est inadéquate[1]. » Un zoologiste non moins éminent, W. H. Thorpe, parle « d'un courant caché de pensée dans les esprits de vingtaines, peut-être de centaines de biologistes, depuis vingt-cinq ans » fort sceptiques à l'égard de l'orthodoxie contemporaine[2]. On constate de semblables tendances hérétiques en d'autres branches des sciences de la vie, qu'il s'agisse de la génétique ou de l'étude du système nerveux, voire de la perception, du langage et de la pensée. Cependant ces divers mouvements non conformistes, dont aucun ne dépasse les disciplines particulières, sont loin de former encore une philosophie nouvelle et cohérente.

Dans les pages qui suivent j'ai essayé de recueillir comme autant de fils épars ces idées que l'on aperçoit sur les franges de l'orthodoxie, pour en composer un tableau homogène. Ceci m'oblige à convier le lecteur à un voyage assez long et quelquefois compliqué avant de l'amener à destination : la nature du malaise humain. La première partie concerne surtout la psychologie, la seconde surtout l'évolution ; il y a d'inévitables excursions dans des domaines apparemment étrangers au sujet, mais j'espère qu'elles présentent quelque intérêt en elles-mêmes. Peut-être certains lecteurs, solidement retranchés du côté humaniste dans la guerre froide qui oppose les « deux cultures », s'alarmeront-ils de cette apparente désertion. On est gêné de devoir répéter que deux demi-vérités ne font pas une vérité, ni deux moitiés de culture une culture. La science ne peut répondre à tout, mais elle sait poser les questions pertinentes. Et je ne crois pas que nous puissions formuler ces questions, même les plus simples, et moins encore établir un diagnostic, sans l'aide des sciences de la vie. Encore avons-nous besoin d'une véritable science de la vie, et non du vieux modèle automatique que nous a légué la naïve conception mécaniste du xixe siècle. Nous ne pourrons poser les questions justes avant de remplacer cette idole rouillée par une conception neuve, et plus large, de l'organisme vivant.

Je me suis aperçu avec plaisir que d'autres auteurs qui tentent de s'exprimer par-dessus la frontière des deux cultures se trouvent dans le même embarras. Au premier paragraphe de son livre sur l'Agression[3] Konrad Lorenz cite un ami qu'il avait prié d'examiner le manuscrit. « Voilà le deuxième chapitre que je lis avec un vif intérêt mais aussi avec un sentiment croissant d'insécurité. Pourquoi ? Parce que je ne puis en voir exactement la connexion avec l'ouvrage dans son ensemble. Il faut que vous me facilitiez les choses. » S'il arrivait à mon aimable lecteur d'avoir quelquefois la même réaction, tout ce que je pourrais dire c'est que j'ai fait de mon mieux pour lui faciliter les choses... Je ne crois pas que beaucoup de passages dans ce volume lui paraîtront trop techniques ; en tout cas il pourra toujours les sauter et retrouver le fil un peu plus loin.

En écrivant ce livre j'ai été fort aidé et encouragé par mon séjour au Center for Advanced Study in the Behavioural Sciences à Stanford, en Californie. Cette remarquable institution rassemble chaque année cinquante fellows appartenant à diverses disciplines et, en les libérant de toute servitude administrative ou pédagogique, leur procure douze mois de débats et de recherches interdisciplinaires. Ce fut pour moi une excellente occasion de mettre à l'épreuve et de clarifier bien des idées, dans des séminaires et des séances de travail auxquels participaient des spécialistes des domaines les plus variés, depuis la neurologie jusqu'à la linguistique. Je veux espérer que tant de stimulations (et de frictions) généreusement dispensées au cours de discussions souvent fort vives ne m'auront pas été offertes en vain.

Mes remerciements s'adressent enfin aux professeurs Alister Hardy (Oxford), James Jenkins (université du Minnesota), Alvin Liberman (Laboratoires Haskins, New York) et Paul McLean (Bethesda) qui ont bien voulu lire et critiquer diverses parties du manuscrit et aussi, pour leurs contributions aux idées exposées dans cet ouvrage, aux professeurs Ludwig von Bertalanffy (université d'Alberta), Holger Hydèn (Göteborg), Karl Pribram (Stanford), Paul Weiss (institut Rockefeller) et L. L. Whyte (Wesleyan Univ.).

A. K.
Londres, avril 1967.

PREMIÈRE PARTIE

L'ORDRE

I

MISÈRE DE LA PSYCHOLOGIE

*Il travaillait depuis huit ans à extraire les rayons
de soleil des concombres : ces rayons devaient être
conservés dans des flacons bouchés hermétiquement
et lâchés ensuite pour réchauffer l'air pendant les
mauvais étés.*

Jonathan SWIFT, *Voyage à Laputa.*

Les quatre piliers de la déraison

Le livre des *Proverbes* (IX, I) nous apprend que la Maison de la Sagesse repose sur sept piliers, qu'il ne nomme pas, malheureusement. La citadelle de l'orthodoxie que les sciences de la vie ont édifiée dans la première moitié de notre siècle s'élève sur un certain nombre de piliers impressionnants dont certains commencent à se lézarder en se révélant comme de monumentales superstitions. Les quatre principaux, pour les désigner sommairement, sont les doctrines qui proclament :

a) que l'évolution biologique résulte de mutations fortuites maintenues par sélection naturelle ;

b) que l'évolution mentale résulte d'essais fortuits maintenus par « renforcements » (récompenses) ;

c) que tous les organismes, y compris l'homme, sont essentiellement des automates passifs, téléguidés par le milieu, et dont le seul but dans la vie est de réduire les tensions par des réactions d'adaptation ;

d) que la seule méthode scientifique digne de ce nom est la mensuration quantitative; et que, par conséquent, les phénomènes complexes doivent se ramener à des éléments simples susceptibles d'un tel traitement, sans qu'il y ait lieu de s'inquiéter si les caractères spécifiques d'un phénomène complexe, par exemple l'homme, disparaissent au cours de cette entreprise.

Nous rencontrerons souvent, dans les chapitres qui suivent, ces quatre piliers de la déraison. C'est la toile de fond, c'est le paysage contemporain sur lequel, nécessairement, doit se détacher toute nouvelle image de l'homme que l'on pourra essayer de tracer. On ne peut travailler dans le vide; il faut partir du système de référence actuel pour que le nouveau tracé apparaisse clairement, par comparaison et par contraste. C'est là un point de quelque importance, et j'aimerais écarter une certaine forme de critique que l'expérience m'a appris à prévoir.

Si l'on attaque l'école psychologique dominante, comme je l'ai fait dans *Le Cri d'Archimède* et comme je m'apprête à le faire encore, on s'expose à deux critiques contraires. La première est la réaction naturelle des défenseurs de l'orthodoxie, qui estiment qu'ils ont raison et que vous avez tort — ce qui est parfaitement normal. L'autre est celle de leurs adversaires, qui prétendent que puisque les piliers de la citadelle sont déjà fêlés et menacent ruine, il convient de les oublier et de se dispenser de toute polémique. Autrement dit, pourquoi s'acharner sur un cadavre?

Ce genre de critique émane souvent de psychologues qui croient avoir dépassé les doctrines orthodoxes. Mais ce dépassement n'est souvent qu'une illusion, car le grossier modèle de la machine à sous, dans des variantes modernisées et plus subtiles, a exercé sur eux — et sur toute notre culture — une influence plus profonde qu'ils ne s'en rendent compte, et qui imprègne nos attitudes à l'égard de la philosophie, des sciences sociales, de l'éducation et de la psychiatrie. L'orthodoxie reconnaît elle-même, aujourd'hui, les limites et les défauts des expériences de Pavlov; mais dans l'imagination des masses le chien qui, sur la paillasse du laboratoire, salive ponctuellement au son d'un gong, est devenu un paradigme de l'existence, une sorte de mythe antiprométhéen; le mot « conditionné », avec tout ce qu'il sous-entend de rigoureux déterminisme, sert de formule clef pour expliquer pourquoi nous sommes ce que nous sommes, et pour conclure au néant de la responsabilité morale. Jamais cadavre n'a été aussi virulent.

L'essor du behaviorisme

En braquant le télescope inversé de l'historien sur les cinquante dernières années, on verrait toutes les branches de la science s'élargir à une vitesse sans précédent — toutes sauf une : la psychologie, qui paraît plongée dans une version moderne de l'âge des ténèbres. Je parle ici de la psychologie des professeurs, ou « expérimentale », telle qu'on l'enseigne dans la plupart des universités, et non de la psychiatrie, de la psychothérapie ni de la médecine psychosomatique. Freud et, à un moindre degré, Jung ont certes une immense influence, mais beaucoup plus sur la littérature, l'art et la philosophie que sur la science officielle. Dans ce domaine, l'école la plus puissante, celle qui a donné le ton à toutes les sciences de la vie, reste la pseudo-science nommée behaviorisme. Ses doctrines ont envahi la psychologie comme un virus qui d'abord provoque des convulsions, puis lentement paralyse la victime.

Cette invraisemblable histoire commença à la veille de la Première Guerre mondiale par un article d'un certain John Broadus Watson, professeur à l'université John Hopkins de Baltimore. L'article proclamait : « *Il est temps que la psychologie écarte toute référence à la conscience*... Sa seule tâche est de prédire et de contrôler le comportement ; l'introspection ne saurait faire partie de sa méthode[1]. » Par comportement, Watson entendait les activités observables — ce que les physiciens appellent des « événements », tels que les déplacements d'une aiguille sur un cadran. Comme les événements mentaux sont tous des événements personnels que les autres ne peuvent observer et qui ne deviennent publics que grâce à des déclarations fondées sur l'introspection, il fallut les exclure du domaine scientifique. Forts de cette doctrine les behavioristes se mirent en devoir de purger la psychologie de tout ce que l'on ne pouvait « toucher ni approcher[2] ». Les termes tels que « conscience », « esprit », « imagination », « volonté » furent déclarés antiscientifiques, traités comme autant de mots grossiers, et bannis du lexique. Le behavioriste, dit Watson, « doit exclure de son vocabulaire scientifique tous les termes subjectifs comme sensation, perception, image, désir, but, et même pensée et émotion dans leur définition subjective[3] ».

Jamais les sciences n'avaient connu purge idéologique aussi radicale : celles des totalitarismes devaient venir plus tard et procéder de la même étroitesse fanatique. C'est cette purge que définissent quelques lignes désormais classiques de Sir Cyril Burt : « Un demi-siècle s'est écoulé depuis le manifeste de Watson. Aujourd'hui, à part quelques petites réserves, la grande majorité des psychologues, en Angleterre comme en Amérique, continue à en suivre l'inspiration. Le résultat, pour un observateur cynique, est que la psychologie après avoir bradé son âme, puis perdu l'esprit, semble maintenant, en affrontant une fin prématurée, ne plus avoir sa conscience[4]. »

Le behaviorisme watsonien domina bientôt la psychologie universitaire aux États-Unis, puis en Europe. On définissait naguère la psychologie comme la science de l'esprit ; le behaviorisme remplaça ce concept par l'enchaînement des réflexes conditionnés. Les conséquences ne furent pas seulement désastreuses pour la psychologie expérimentale elle-même, elles ont atteint aussi la psychiatrie, les sciences sociales, la philosophie, l'éthique et toute la conception qu'ont de la vie en général les diplômés d'université. Sans avoir la même notoriété, Watson est devenu avec Freud et Pavlov l'un des plus influents personnages du XXe siècle. Car le behaviorisme watsonien n'est pas, malheureusement, une curiosité historique : c'est sur lui que reposent des systèmes néo-behavioristes plus raffinés et extrêmement puissants, comme ceux de Clark Hull et de B. F. Skinner. On glisse sur les plus affligeantes absurdités des livres de Watson mais l'on n'a rien changé d'essentiel à la philosophie, au programme, à la stratégie du behaviorisme. C'est ce que je voudrais démontrer, en dépit des personnes sensibles qui souhaitent protéger les cadavres.

Le Behaviorisme, le traité qui rejetait les concepts de conscience et d'esprit, parut en 1913. Un demi-siècle plus tard, M. Skinner (de l'université Harvard), qui est sans doute aux États-Unis le plus éminent professeur de psychologie, proclame les mêmes théories avec encore plus de violence. En lisant son ouvrage le plus répandu, *Science and Human Behaviour*, le bon étudiant en psychologie apprend d'emblée

qu'« esprit » et « idées » sont des mots vides « inventés dans le seul
but de fournir des explications fausses… Puisque l'on affirme que les
événements mentaux ou psychiques ne se prêtent pas aux mesures de la
physique, nous avons une raison de plus pour les rejeter[5] ». En suivant
le même raisonnement le physicien peut nier l'existence des ondes
hertziennes, qui se propagent dans un prétendu « champ », lequel n'a
pas du tout les propriétés des milieux physiques ordinaires. En fait, bien
peu de théories et de concepts de la physique moderne résisteraient à
une purge idéologique conforme aux principes behavioristes, pour la
bonne raison que la pensée scientifique du behaviorisme est modelée
sur la physique mécaniste du XIXe siècle.

« L'observateur cynique » pourrait alors se demander : si l'on
exclut les événements mentaux, qu'est-ce que le psychologue va
étudier ? La réponse est simple : les rats. Depuis cinquante ans, la
principale préoccupation de l'école behavioriste est d'étudier certains
aspects mesurables du comportement des rats, et c'est à cela que se
consacre la majeure partie de la littérature behavioriste. On peut s'en
étonner ; c'était pourtant une conséquence inévitable de la définition
behavioriste de la méthode scientifique (le « quatrième pilier » dont
j'ai parlé ci-dessus). En raison des limites qu'il s'est imposées, le
behavioriste n'a le droit d'étudier que les aspects objectifs et mesurables
du comportement. Seulement il y a fort peu d'aspects intéressants du
comportement humain qui se prêtent à des mesures quantitatives en
laboratoire et que l'expérimentateur puisse investiguer sans recourir
à des jugements introspectifs sur les événements personnellement
ressentis par le sujet. Pour rester fidèle à ses principes, le behavioriste
a donc dû choisir comme objets d'étude les animaux de préférence aux
humains et, parmi les animaux, les rats et les pigeons de préférence
aux singes, parce que le comportement des primates est encore trop
complexe.

Au contraire, dans des conditions expérimentales convenablement
ménagées, on peut faire que des rats et des pigeons se comportent
vraiment comme des automates à réflexes conditionnés, ou presque.
Il n'y a sans doute guère de facultés de psychologie en Occident
qui ne possèdent quelques rats albinos en train de s'agiter dans une
boîte dite de Skinner, d'après son inventeur, l'éminent professeur
de Harvard. Cette boîte est équipée d'un plateau, d'une ampoule

électrique et d'une tringle que l'on peut abaisser comme un levier de machine à sous pour faire tomber une boulette de nourriture sur le plateau. Un rat placé dans la boîte appuiera sur la tringle, tôt ou tard, avec sa patte, et en sera automatiquement récompensé par une boulette ; bientôt il apprendra que pour se nourrir il faut qu'il abaisse la tringle. Ce procédé expérimental est un « conditionnement actif » parce que le rat « agit » sur l'environnement (par opposition au conditionnement « classique » pavlovien, où il n'est que de « réagir »). Appuyer sur la tringle, c'est « émettre une réponse opérante » ; la boulette de nourriture est un « stimulus de renforcement », mais si on la retient, le renforcement est « négatif » ; l'alternance de ces deux procédés se nomme « renforcement intermittent ». Le « taux de réponse » du rat — le nombre de fois qu'il abaisse la tringle en un temps donné — est automatiquement enregistré, mis en diagramme et considéré comme une mesure de « force opérante* ». La boîte a pour but de permettre au behavioriste de réaliser sa plus chère ambition : mesurer le comportement à l'aide de méthodes quantitatives et le contrôler en manipulant des stimuli.

La boîte de Skinner a donné certains résultats intéressants du point de vue technique. Le meilleur est que le « renforcement intermittent » (la provision alimentaire ne suit pas toujours la pression sur la tringle) peut être aussi efficace que l'autre, et même plus efficace ; le rat dressé à ne pas attendre de récompense à chaque essai est moins découragé, il continue plus longtemps ses essais que le rat précédemment récompensé chaque fois. (Les mots « attendre » et « découragé » seraient évidemment désavoués par un behavioriste, puisqu'ils supposent des événements mentaux.) Cette magnifique découverte montre bien quelle contribution ont apportée à la psychologie trente années d'expériences sur les tringles. Harlow écrivait déjà en 1953 : « On pourrait démontrer que l'importance des problèmes psychologiques étudiés au cours des quinze dernières années a diminué à la manière d'une fonction négativement accélérée approchant d'une asymptote d'indifférence totale[6]. » Quinze ans ont encore passé depuis lors, et

---

* Pour des raisons techniques on mesure habituellement la force opérante par le « taux d'extinction » : le temps pendant lequel le rat continue à appuyer sur la barre après que l'on a arrêté la fourniture des boulettes.

l'on arrive à peu près à la même conclusion. La tentative de ramener les activités complexes de l'homme aux hypothétiques « atomes de comportement » observés chez des mammifères inférieurs n'a abouti pratiquement à rien de pertinent — pas plus que l'analyse chimique des pierres et du mortier ne nous renseignerait sur l'architecture d'un édifice. Et pourtant, tout au long de l'âge des ténèbres de la psychologie, la majeure part du travail des laboratoires a consisté à analyser le mortier et les pierres dans l'espoir que peut-être cela expliquerait un jour ce que sont les cathédrales.

La déshumanisation de l'homme

Or, si incroyable que cela puisse paraître, les skinnériens prétendent que leurs expériences sur les tiges et les rats, ou sur les pigeons, nous livrent *tous les éléments nécessaires pour décrire, prédire et contrôler le comportement humain*, y compris le langage (ou « comportement verbal »), la science et l'art. Les deux ouvrages les plus connus de Skinner s'intitulent : *le Comportement des Organismes* et *Science et Comportement humain*. On ne devinerait pas au premier abord que les données qu'ils contiennent proviennent presque toutes d'expériences de conditionnement des rats et des pigeons, et qu'elles servent ensuite, à l'aide d'analogies, grossières, à étayer de graves propositions sur les problèmes politiques, religieux et moraux de l'homme. Pavlov comptait les gouttes de salive aux fistules artificielles de ses chiens pour les distiller et en faire une philosophie de l'homme. Skinner, Hull et leurs disciples ont emprunté un raccourci non moins héroïque pour passer du rat à la condition humaine.

Le jargon pédant du behaviorisme est fondé sur des concepts mal définis qui se prêtent aisément aux tautologies et aux raisonnements circulaires. Le profane pensera qu'une « réponse » est une réaction à un stimulus ; mais les « réponses opérantes » sont « émises » pour *produire* un stimulus qui a lieu *après* la réponse ; la réponse « agit sur l'environnement de manière telle qu'un stimulus de renforcement se produit[7] ». En d'autres termes la réponse répond à un stimulus qui est encore futur — ce qui, pris littéralement, est un non-sens. En fait une « réponse opérante » n'est pas une réponse, c'est une initiative de l'animal ; seulement, comme les organismes sont censés obéir à l'environnement, le terme passif de « réponse » est obligatoire dans toute la littérature. Le behaviorisme a pour fondement la *théorie S-R* (stimulus et réponse) telle que l'a définie Watson : « La règle d'or du behavioriste est toujours : puis-je décrire ce fragment de comportement que j'ai sous les yeux en termes de stimulus et réponse[8] ? » Ces fragments de S-R sont considérés comme les « éléments » ou « atomes » d'une chaîne de comportement ; si l'on supprimait le R la chaîne tomberait en morceaux, et toute la théorie avec.

Dès lors il est intéressant d'examiner la position du behavioriste à l'égard de la créativité humaine. Comment peut-on expliquer ou décrire la découverte scientifique et l'originalité artistique sans se référer à l'esprit ni à l'imagination ? Deux citations vont nous répondre. La première est tirée de *Behaviourism* de Watson, qui date de 1925 ; la seconde de *Science and Human Behaviour*, de Skinner, paru trente ans après — ce qui permet de juger s'il existe une différence fondamentale entre paléo et néo-behaviorisme.

> Une question toute naturelle que l'on pose souvent est de savoir comment nous pouvons obtenir de nouvelles créations verbales comme un poème ou un brillant essai. La réponse est que nous les obtenons en manipulant des mots, en les battant comme un jeu de cartes jusqu'à ce qu'on tombe sur une forme nouvelle... Comment croyez-vous que Patou dessine une nouvelle robe ? Est-ce qu'il a une « image dans l'esprit » de ce que représentera sa robe quand elle sera finie ? Pas du tout... Il fait venir son modèle, prend une pièce de soie, l'en enveloppe, tire par ici, tire par là... Il manipule l'étoffe jusqu'à ce qu'elle ressemble à une robe... Tant que la création n'aura pas suscité admiration et approbation, chez lui et chez autrui, la manipulation ne sera pas achevée : c'est l'équivalent de la découverte de la nourriture par le rat... Le peintre fait son métier de la même façon, et le poète ne peut se targuer d'aucune autre méthode[9].

Dans l'article « Behaviourism » de l'*Encyclopaedia Britannica*, édition de 1955, on trouve cinq colonnes à la gloire de Watson, dont les ouvrages, nous dit-on, « prouvent que l'on peut rendre compte, de manière adéquate et compréhensive, du comportement humain et animal sans recourir au concept philosophique d'esprit ou conscience ». On se demande si l'auteur de cet article (le professeur Hunter, de Brown

College) considère sérieusement que les lignes de Watson reproduites ci-dessus « rendent compte de manière adéquate et compréhensive » de l'élaboration d'*Hamlet* ou de la chapelle Sixtine.

Trente ans après Watson, Skinner résume la doctrine behavioriste sur la naissance des découvertes : « Quand on résout un problème le résultat est une solution sous forme de réponse… La relation entre le comportement préliminaire et l'apparition de la solution est simplement la relation qui existe entre le maniement de variables et l'émission d'une réponse… L'apparition de la réponse dans le comportement de l'individu n'est pas plus surprenante que l'apparition de n'importe quelle réponse dans le comportement de n'importe quel organisme. On peut écarter la question de l'originalité[10]… »

Inutile de dire qu'en parlant d'« organismes » l'auteur se réfère à ses rats et à ses pigeons. Comparée à celle de Watson la langue des skinnériens se déshydrate et devient de plus en plus ésotérique. Watson voulait que l'on manipulât des mots pour « tomber » sur une forme nouvelle ; chez Skinner on manie des variables pour que soit émise une réponse. Les deux psychologues foncent tête baissée dans d'énormes pétitions de principes, apparemment poussés par le besoin quasi fanatique de nier à tout prix l'existence des propriétés qui rendent compte de l'humanité de l'homme et de la ratité du rat.

La philosophie du ratomorphisme

Le behaviorisme a débuté comme une sorte de révolte puritaine contre les excès de l'introspection dans les écoles qui soutenaient que la tâche du psychologue concernait, selon la définition de William James « la description et l'explication des états de conscience ». Le concept de conscience, objecta Watson, n'est « ni définissable ni utilisable, ce n'est qu'un autre mot pour l'"âme" d'autrefois… Personne n'a jamais touché une âme, n'en a vu dans un tube à essai. La conscience est tout aussi indémontrable, inapprochable que le vieux concept d'âme… Les behavioristes sont arrivés à la conclusion qu'ils ne peuvent plus se contenter de travailler sur l'intangible. Ils ont décidé soit de renoncer à la psychologie, soit d'en faire une science naturelle[11]… »

Ce programme « net et neuf », comme disait Watson, eut pour fondement l'idée naïve que l'on pouvait étudier la psychologie avec les méthodes et les concepts de la physique classique. Watson et ses successeurs ont été fort explicites à cet égard et pour mener à bien leur programme ils se sont livrés à un véritable travail de Procuste. Mais tandis que ce scélérat légendaire se bornait à étirer ou à couper les membres de ses victimes pour les ajuster à son lit, le behaviorisme a commencé par trancher la tête du patient pour le découper ensuite en « fragments de comportement en termes de stimulus et de réponse ». La théorie se fonde sur des concepts atomistes abandonnés depuis le siècle dernier par toutes les branches de la science. Le postulat (toutes les activités humaines, y compris le langage et la pensée, peuvent s'analyser en unités élémentaires de S-R) était basé à l'origine sur le concept physiologique de l'arc réflexe. L'organisme nouveau-né venait au monde équipé d'un certain nombre de réflexes simples, « non conditionnés », et tout ce qu'il apprenait, tout ce qu'il faisait durant sa vie était acquis par conditionnement pavlovien. Les physiologistes abandonnèrent assez vite ce schéma simpliste. L'un des plus éminents, Sir Charles Sherrington, écrivait déjà en 1906 : « Le simple réflexe est probablement une conception purement abstraite, car toutes les parties du système nerveux sont interconnectées et aucune probablement n'est capable de réaction sans en affecter plusieurs autres ou sans être affectée par elles… Le simple réflexe est une fiction commode[12]. »

Le réflexe passant de mode, les fondements physiologiques de la psychologie S-R cessaient d'exister. Mais les behavioristes ne s'en émurent guère. Au lieu de réflexes conditionnés ils parlèrent de *réponses* conditionnées, et continuèrent à manier leurs termes ambigus, comme nous l'avons vu, jusqu'à ce que les réponses soient déterminées par des stimuli encore futurs, le renforcement mué en phlogiston, et les atomes de comportement s'évaporant entre les doigts du psychologue de même que les derniers morceaux de matière sous les yeux des physiciens.

Historiquement, en réagissant contre les abus de l'introspection telle que la pratiquaient surtout les Allemands de l'école dite de Würzburg, le behaviorisme voulait simplement éliminer la conscience, les images et autres phénomènes non publics en tant qu'*objets d'étude* ; mais peu à peu il fut entendu que les phénomènes éliminés *n'existaient pas*. Une méthodologie justifiable sur certains points se transformait en une philosophie indéfendable. Ainsi d'une équipe d'arpenteurs qui, mesurant une surface limitée, peuvent traiter la terre comme si elle était plate et qui en viendraient à affirmer qu'effectivement la terre est tout entière plate.

En fait, le behaviorisme a remplacé l'erreur anthropomorphique qui attribuait aux animaux les facultés et les sentiments de l'homme par l'erreur opposée qui nie les facultés humaines parce qu'on ne les trouve pas chez les animaux inférieurs ; elle a substitué à la conception anthropomorphique du rat une vision ratomorphique de l'homme. Elle a même débaptisé la psychologie — ce mot grec évoquant l'âme — pour en faire la « science du comportement ». Cette spectaculaire castration sémantique s'accordait bien avec le terme qu'emploie Skinner pour désigner l'éducation : direction technique du comportement. Il y a quelque chose d'à la fois naïf et inquiétant dans la prétention « de prédire et de contrôler l'activité humaine comme les physiciens contrôlent et manipulent les autres phénomènes naturels[13] ». Quand on songe au mot de l'illustre physicien Werner Heisenberg, « la nature est imprévisible », il paraît un peu absurde de refuser à l'organisme vivant le minimum d'imprévisibilité que la physique des quanta accorde à la nature inanimée.

Le behaviorisme a occupé la scène tout au long de l'âge des ténèbres de la psychologie et de nos jours encore il règne sur les universités ; mais il n'a jamais eu toute la place. Sans parler des « voix criant dans le désert », principalement celles d'une génération qui avait mûri avant la Grande Purge, la psychologie de la Gestalt parut rivaliser dangereusement avec le behaviorisme. Mais les grands espoirs qu'avait soulevés la Gestalt ne furent que partiellement comblés, les limites de la théorie furent bientôt évidentes. Les behavioristes surent incorporer à leur système certains résultats expérimentaux de leurs adversaires et continuèrent à tenir le haut du pavé. Ce fut une sorte de Renaissance avortée, suivie d'une Contre-Réforme. Il existe enfin une jeune génération de neurophysiologistes et de théoriciens de l'informatique qui jugent sénile la psychologie S-R orthodoxe, et sont souvent contraints de s'y plier hypocritement pour gravir les échelons de la carrière académique et publier leurs articles dans les revues influentes : si bien qu'à des degrés variables ils subissent la contagion des doctrines de la terre plate.

Il est vain d'espérer un diagnostic de la maladie de l'homme — et partant une thérapeutique — en commençant par une psychologie qui nie l'existence de l'esprit et vit d'analogies spécieuses tirées de l'activité des rats en cage. L'œuvre accomplie en cinquante ans de psychologie ratomorphiste est comparable pour le pédantisme et la stérilité à la scolastique décadente qui en arrivait à compter des anges sur une tête d'épingle — encore que cela fût plus amusant que de compter les pressions d'un rat sur une tringle.

II

LA CHAÎNE DES MOTS
ET L'ARBRE DU LANGAGE

Dans un cas comme celui-ci parler franchement est plus qu'un devoir. Cela devient un plaisir.

Oscar WILDE.

L'apparition du langage symbolique, parlé d'abord, puis écrit, représente la plus nette des coupures entre l'animal et l'homme.

Il n'est donc pas surprenant que le langage soit, par excellence, un phénomène dont l'étude devrait montrer l'absurdité de la méthode ratomorphique. En outre cette étude offre une bonne occasion d'introduire par contraste certains concepts fondamentaux de la nouvelle synthèse qui s'opère actuellement. Ce contraste entre doctrine orthodoxe et conception moderne peut se résumer en deux mots : l'enchaînement et l'arbre.

L'enchaînement

La longue citation qui va suivre définit l'attitude behavioriste orthodoxe à l'égard du langage. Elle est tirée d'un manuel de psychologie auquel ont contribué plusieurs professeurs de grandes universités américaines[1]. L'auteur du passage est le président d'un département de psychologie. L'ouvrage date de 1961 et le dialogue utilisé avait déjà été employé dans un autre manuel. Je donne ces précisions pour bien montrer que ce texte, imposé à des milliers d'étudiants, se situe dans la tradition académique la plus respectable. Intitulé « Activités complexes », c'est le *seul* passage du traité qui soit consacré aux merveilles du langage.

Nous avons dit que l'acquisition des connaissances peut être soit du type de conditionnement répondant (pavlovien classique), soit du type opérant (Skinner, Hull)... Les données expérimentales que nous avons présentées en liaison avec nos études de conditionnement ont été limitées cependant à des réponses assez simples telles que la salivation (des chiens) ou la pression des tringles (due aux rats). Dans la vie quotidienne, il est rare que nous passions beaucoup de temps à penser à des réponses isolées de ce genre ; nous pensons habituellement à des activités plus compréhensives, comme apprendre un poème, tenir une conversation, résoudre un puzzle, nous orienter dans une ville inconnue, pour n'en citer que quelques-unes. Bien que le psychologue puisse étudier ces activités compliquées, et cela se fait dans une certaine mesure, la méthode usuelle de la psychologie est de soumettre à l'examen du laboratoire des réponses plus simples. Une fois que le psychologue a découvert les principes de l'acquisition des connaissances pour des phénomènes simples dans les meilleures conditions de laboratoire, il pourra vraisemblablement appliquer ces principes aux activités plus complexes qui se produisent dans la vie quotidienne. Les phénomènes complexes ne sont après tout que des séries de réponses simples (*sic*). Un entretien amical en est un bon exemple. Supposons la conversation suivante :

LUI. — Quelle heure est-il ?
ELLE. — Midi.
LUI. — Merci.
ELLE. — Il n'y a pas de quoi.
LUI. — Si nous allions déjeuner ?
ELLE. — Bonne idée.

Eh bien, cette conversation peut s'analyser en unités S-R séparées. « Lui » fait la *première réponse*, émise probablement en réaction au stimulus de la vue d'« Elle ». Quand « Lui » émet l'opérant « Quelle heure est-il ? » l'activité musculaire produit évidemment un son qui sert aussi de stimulus pour « Elle ». En recevant ce stimulus, elle émet elle-même un opérant : « Midi », lequel à son tour produit un stimulus sur « Lui ». Et ainsi de suite. On peut établir le diagramme de la conversation tout entière de la manière suivante :

$$S_I \longrightarrow R_A \rightsquigarrow S_A \qquad R_C \rightsquigarrow S_C \qquad R_E \rightsquigarrow S_E$$

$$R_B \rightsquigarrow S_B \qquad R_D \rightsquigarrow S_D \qquad R_F$$

Dans une activité aussi complexe nous voyons donc qu'en réalité nous sommes en présence d'une série de liaisons S-R. Le phénomène qui consiste à relier en série ces unités S-R est connu sous le nom d'*enchaînement*, processus qui doit apparaître en n'importe quelle activité complexe. On peut remarquer qu'il y a plusieurs sources de renforcement tout au long du processus d'enchaînement : le plus évident, dans notre exemple, étant le renforcement d'« Elle » par la réception d'une invitation à déjeuner et de « Lui » par le fait de voir l'invitation acceptée. De plus, comme le soulignent Keller et Schœnfeld, il y a des sources de renforcement telles que l'« encouragement » de celui qui parle par celui qui écoute, l'emploi que les interlocuteurs font de l'information reçue (renseignement sur l'heure qu'il est), etc.

Cet exemple d'analyse d'une activité complexe n'est que l'une des nombreuses activités que nous pourrions examiner. L'étudiant devra en imaginer d'autres et essayer de faire le diagramme de leur processus d'enchaînement. Par exemple, quel serait le diagramme d'un demi de mêlée courant pour attraper une passe, ou d'un pianiste jouant du piano, ou d'une jeune fille tricotant un pull[2] ?

Et voilà tout ce que l'étudiant doit connaître des « activités humaines complexes ». Le reste du chapitre, intitulé « Acquisition, Rétention et Motivation », traite, comme dit l'auteur, de la salivation et de la pression sur tringles.

En lisant ce dialogue, on croit voir deux jolis appareils automatiques l'un en face de l'autre dans le parc du collège et qui s'introduisent mutuellement des jetons de stimulus en éjectant des réponses verbales tout empaquetées. Or cet échange niais entre Elle et Lui n'est pas une improvisation : l'auteur l'a adapté respectueusement d'un autre ouvrage, les *Principles of Psychology* de Keller et Shœnfeld, et d'autres docteurs en ont fait autant, comme s'il s'agissait d'un exemple classique d'humaine conversation.

Le diagramme représente l'application du crédo behavioriste au langage ; toutes les activités humaines peuvent se ramener à un enchaînement linéaire d'unités S-R. À première vue, ce diagramme pourrait passer pour une schématisation simplifiée mais plausible. En réalité il obéit à un ouvrage de Skinner, *Verbal Behaviour*, qui pour la première fois tente sérieusement de traiter du langage en termes de théorie behavioriste. Selon Skinner, les sons du langage sont émis comme autant de « fragments de comportement » ; et le processus de conditionnement qui détermine le comportement verbal (pensée comprise) est essentiellement le même que le conditionnement des rats et des pigeons ; les expériences qui servent pour ces derniers, affirme Skinner, « peuvent être étendues au comportement humain sans modification importante[3] ». C'est ainsi que lorsque notre auteur parle de la préférence du psychologue pour « les réponses simples », il entend réponses de salivation et de pressions sur tringles, comme l'indique le contexte. Mais que peuvent bien avoir de commun les symboles S-R du diagramme avec les tringles ? De quel droit appeler « Il n'y a pas de quoi. — Si nous allions déjeuner ? » une « unité de réponse conditionnée » ? Une réponse conditionnée est une réaction déclenchée par le stimulus ; et une « unité », dans les sciences expérimentales, doit avoir des propriétés définissables. Devons-nous croire que « Lui » a été conditionné pour inviter à déjeuner tous les gens qui lui disent « Il n'y a pas de quoi » ? Et en quel sens peut-on bien nommer *unité* de comportement « Il n'y a pas de quoi. — Si on allait déjeuner » ?

Si l'on pense que j'insiste lourdement sur des points qui sont évidents pour le non-psychologue, on en verra bientôt la raison. Il est clair que la phrase « Il n'y a pas de quoi » pourrait aussi entraîner la réponse « Bon, ben au revoir » ou « Ton bas est déchiré », ou vingt autres « fragments de comportement verbal », selon qu'Elle a prononcé sa phrase avec un sourire engageant, ou avec froideur, ou avec indifférence ; et selon aussi que Lui la trouve ou non jolie, qu'il est libre à déjeuner, qu'il a de quoi payer la note, etc. « L'unité S-R simple » n'est ni simple ni unité. Un profane a peine à croire que le savant auteur ignore les multiples et complexes processus mentaux qui se déroulent dans la tête de deux interlocuteurs au cours et dans l'intervalle de l'émission des sons. Ces « processus internes » doivent bien être sous-entendus, admis sans discussion dans les propos de l'auteur ? Peut-être. Mais en refusant d'accueillir les événements internes dans la psychologie, il s'est refusé la possibilité de les étudier, il n'a même plus de vocabulaire pour le faire. Les behavioristes tournent cette difficulté en groupant tous ces innommables processus internes sous le terme vague de « variables médiateurs » (ou « mécanismes hypothétiques ») qui « servent d'intermédiaires entre le stimulus et la réponse ». Ces termes servent alors de poubelle pour se débarrasser de toute question gênante sur les intentions, les désirs, les pensées et les rêves des organismes nommés Elle et Lui. Une référence de temps à autre aux « variables » permet de sauver la face, puisque le mot recouvre tout ce qui se passe dans un cerveau et qu'il n'y a plus besoin d'en parler. Seulement, en l'absence de toute discussion des événements mentaux à l'arrière-plan du dialogue, les commentaires de notre auteur sombrent dans la pire banalité, et son diagramme n'a strictement aucun sens. Un diagramme a pour but de donner une représentation graphique des aspects essentiels d'un processus ; c'est ce que prétendent faire, dans l'exemple en question, le texte et le diagramme qui, en fait, ne donnent aucune indication sur ce qui se passe réellement. Sans qu'on en change un mot le dialogue peut être celui de deux personnes qui se connaissent à peine, ou d'amants timides, ou d'une prostituée et de son client. Le galimatias pseudo-scientifique : « Quand il émet l'opérant "Quelle heure est-il ?" l'activité musculaire produit un son qui sert aussi de stimulus », etc., ne dit absolument rien de l'épisode qu'il prétend décrire et expliquer. Et cela vaut généralement pour toute tentative de décrire le langage des hommes en termes de théorie S-R.

L'Arbre

L'avantage stratégique que l'on gagne à exposer l'évidente absurdité d'une théorie est que le deuxième terme de l'alternative proposé ensuite semble presque aller de soi. Ce deuxième terme consisterait à remplacer le concept d'enchaînement linéaire S-R par le concept de systèmes à plusieurs niveaux, ordonnés hiérarchiquement et que l'on peut commodément représenter par l'image d'un arbre renversé :

FIGURE 1

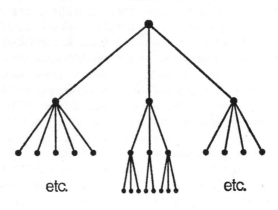

etc.   etc.

Ces diagrammes d'organisation hiérarchique sont appliqués aux domaines les plus divers : arbres généalogiques, classification des plantes et des animaux, embranchements de l'évolution, organigrammes des administrations et des entreprises, cartes physiologiques du système nerveux ou de la circulation sanguine. Le mot hiérarchie, qui est d'origine ecclésiastique, est souvent pris à tort pour gradation — ordre des degrés ou succession d'échelons. Je l'emploie ici en me référant non à une échelle, mais à un système à structure rayonnante, se subdivisant en sous-systèmes, tel que l'indique le diagramme ci-contre. Le concept de hiérarchie joue un rôle central dans le présent ouvrage ; la meilleure façon de l'exposer sera de commencer par l'organisation hiérarchique du langage.

La psycholinguistique est une jeune science qui a montré que l'analyse du langage présente des problèmes dont le locuteur est heureusement inconscient. L'un des principaux problèmes est dû au fait, simple seulement en apparence, que nous écrivons de gauche à droite en produisant des lignes de lettres successives, et que nous parlons en émettant un son après l'autre de façon également linéaire dans le temps. C'est ce qui prête une plausibilité superficielle au concept behavioriste de l'enchaînement linéaire. L'œil saisit toute une image à trois dimensions, en percevant simultanément un grand nombre de formes et de couleurs ; mais l'oreille reçoit seulement des impulsions linéaires une à une, en série — ce qui peut conduire à la conclusion fallacieuse que nous *répondons* aussi à chaque son du langage pris isolément. Tel est l'appât qu'ont mordu les théoriciens S-R, et auquel ils demeurent accrochés.

Les sons élémentaires du langage, les phonèmes, correspondent en gros à l'alphabet écrit ; leur nombre ne dépasse guère quarante-cinq. Si l'audition consistait à enchaîner des phonèmes perçus séparément, l'auditeur ne comprendrait pas un mot de ce qu'on lui dit ; il ne percevrait autre chose qu'un bourdonnement continu. Alvin Liberman, des Laboratoires Haskins, à qui j'emprunte cette information, ajoute que si l'on s'obstine à creuser la question avec les méthodes de la théorie S-R « on risque d'aboutir à la conviction que la parole est une impossibilité ».

La solution du paradoxe apparaît dès que l'on tourne au langage écrit. En lisant, nous ne percevons pas séparément les formes des lettres mais les structures d'un ou plusieurs mots à la fois ; les lettres isolées sont perçues déjà intégrées dans des unités plus grandes. De même, en écoutant, nous ne percevons pas des phonèmes isolés, en ordre sériel ; la perception les combine en unités supérieures, approximativement de la dimension de la syllabe. Les sons du langage s'assemblent en structures, comme les sons musicaux en mélodie. Mais à la différence des structures à trois dimensions que perçoit le regard, la parole et la musique forment des structures dans l'unique dimension du temps — ce qui paraît assez mystérieux. Nous verrons cependant que la reconnaissance de structures dans le temps n'est pas plus (ni moins) étrange que celle des structures dans l'espace, le cerveau transformant constamment des séquences temporelles en structures spatiales et réciproquement (voir p. 85). Si l'on observe un disque à la loupe on ne voit autre chose qu'une longue spirale ondulée, qui en réalité contient sous forme codée les structures infiniment complexes qu'a produites un orchestre de cinquante musiciens. Les ondes sonores que le disque met en mouvement forment, comme la courbe des sillons, une séquence pourvue d'une unique fonction variable : celle des variations de la pression sur le tympan. Mais cette unique variable dans le temps suffit à transmettre les messages les plus complexes — toute la Neuvième Symphonie par exemple — à condition qu'il y ait un cerveau pour la décoder et pour recouvrer les structures cachées dans les séquences linéaires des ondes de pression. Il y faut toute une série d'opérations dont on comprend encore mal la nature, mais que l'on peut représenter comme une hiérarchie de processus à plusieurs niveaux. On y distingue trois subdivisions principales : phonologique, syntactique et sémantique.

« Qu'est-ce que vous avez dit ? »

Nous pouvons considérer que le premier pas dans le décodage d'un message parlé — le premier degré dans l'ascension de l'arbre hiérarchique — est l'intégration, opérée par l'auditeur, des phonèmes en morphèmes. Les phonèmes ne sont que des sons ; les morphèmes sont les unités intelligibles les plus simples (monosyllabes, préfixes, suffixes, etc.) ; ce sont eux qui composent le degré suivant de la hiérarchie. Les phonèmes ne peuvent passer pour unités élémentaires du langage, d'abord parce qu'ils passent beaucoup trop vite pour être isolés et reconnus individuellement, et ensuite pour cette raison fort importante qu'ils sont ambigus. Une seule et même consonne a des sons différents selon la voyelle qui la suit et, vice versa, des consonnes différentes, précédant une même voyelle, peuvent avoir le même son. Des expériences du Laboratoire Haskins[4] ont montré que c'est en grande partie *d'après le contexte* que nous entendons « bon » ou « pont », « mort » ou « nord ». Ainsi la théorie de l'enchaînement S-R s'effondre-t-elle dès le plus bas niveau du langage, puisque les stimuli phonémiques varient avec le contexte et ne sont identifiables que dans le contexte. Mais en nous élevant aux niveaux supérieurs de la hiérarchie nous rencontrons le même phénomène : la « réponse » à une syllabe (son interprétation) dépend du mot auquel appartient cette syllabe, et les mots eux-mêmes sont à la phrase dans la même relation de subordination que les phonèmes aux mots. Leur interprétation dépend du contexte et se réfère toujours au degré hiérarchique immédiatement supérieur.

Du point de vue de la théorie S-R la situation idéale est celle d'une dactylo — appelons-la Mlle Répond — qui tape sous la dictée de son patron, M. Stim. Voilà, dira-t-on, un parfait exemple d'enchaînement linéaire de stimuli sonores déterminant une série de réactions sur le clavier (Mlle Répond renforcée d'ailleurs par Stim et l'attente du salaire en fin de mois). Comme un comportement complexe est par hypothèse le résultat de l'enchaînement de liaisons S-R simples, nous devons supposer que chaque son émis par Stim fait que Mlle Répond tape la lettre correspondante (en admettant qu'il dicte à la vitesse de frappe). En réalité nous savons qu'il se passe quelque chose de tout différent. Mlle Répond attend d'avoir entendu au moins la moitié de la phrase puis, comme un coureur au coup de pistolet, se précipite sur son clavier pour rattraper Stim et s'arrête encore, avec un regard d'admiration. C'est le phénomène de retardement, commun aussi dans la télégraphie morse. Mlle Répond prend du retard parce qu'elle est mentalement occupée à grimper à l'arbre du langage ; et à en redescendre : elle va d'abord de bas en haut du niveau des sons à celui des mots et à celui de la phrase, puis de haut en bas, jusqu'aux lettres. Sa technique qui consiste à frapper les caractères sans erreur exige des techniques supérieures : la reconnaissance rapide des mots, des expressions familières, des phrases. Si dans une grande mesure l'opération est aussi « automatique », aussi « mécanique » qu'un behavioriste peut le souhaiter, il est cependant impossible de la représenter comme un enchaînement linéaire de réponses conditionnées puisqu'il s'agit d'une opération pluridimensionnelle oscillant constamment entre divers niveaux du phonologique au sémantique. Nulle dactylo ne sera jamais conditionnée à prendre une dictée dans une langue qu'elle ne connaît pas. C'est cette connaissance très complexe, et non pas l'enchaînement de liaisons S-R simples qui, à la voix renforçante de Stim, fait danser sur le clavier les doigts de Mlle Répond. Merveille ! Voici qu'elle peut même taper une lettre sans que personne ne la lui dicte, par exemple quand elle écrit à son fiancé. En pareil cas son comportement est sans doute déterminé par des liaisons S-R qui, pareilles à la gravitation, sont capables d'agir à distance.

Le chien et le facteur

Je n'ai abordé jusqu'ici que quelques-unes des difficultés que l'on rencontre à vouloir expliquer comment des variations de pression sur les tympans se changent en idées. Mais le problème de la conversion des idées en ondes de pressions sonores est encore plus redoutable.

Prenons un exemple facile : un petit garçon est à la fenêtre quand il aperçoit son chien sauter au pantalon d'un facteur et le facteur réagir par un énergique coup de pied. Tout se passe en un clin d'œil, si vite, pour l'enfant, que ses cordes vocales n'ont pas le temps d'être innervées ; cependant il sait très clairement ce qui est arrivé et éprouve le besoin urgent de communiquer à sa mère cet événement encore informulé — événement, image, idée, pensée, comme il vous plaira. Il se précipite donc à la cuisine en criant, hors d'haleine : « Le facteur bat le chien. » Or le premier fait à remarquer est qu'il ne dit pas : « Le chien bat le facteur », encore qu'il puisse dire à la rigueur : « Le chien battu par le facteur. » Il ne dit pas non plus : « Est-ce que le chien a été battu par le facteur ? », et moins encore : « Chien le par a été le battu facteur. »

Voilà donc une phrase très simple de quatre mots (« le » étant employé deux fois). Et pourtant en changeant l'ordre de deux mots l'on obtient un sens totalement différent ; un autre brassage, avec une flexion et un mot ajouté, laisse le sens à peu près intact, alors que la plupart des 95 permutations possibles de l'original ne donnent absolument aucun sens. Le problème est de savoir comment un enfant peut apprendre les milliers de règles et de corollaires qui sont nécessaires pour former et pour comprendre des phrases intelligibles — règles que ses parents seraient incapables de nommer et de définir, comme nous en serions, vous et moi, également incapables, et qui néanmoins guident infailliblement notre langage. Les quelques règles de grammaire que l'enfant apprend à l'école (longtemps *après* qu'il a appris à parler correctement), et qu'il se hâte d'oublier, sont des propositions descriptives et non des recettes. Les recettes, les formules, l'enfant les découvre par des processus intuitifs (analogues probablement aux inférences inconscientes à l'œuvre dans les découvertes scientifiques) vers l'âge de quatre ans. « Il a maîtrisé alors presque toute la structure complexe et abstraite de sa langue. En un peu moins de deux ans les enfants acquièrent une pleine connaissance du système grammatical de leur langue maternelle. » (McNeill[5].) Un autre renégat du behaviorisme, le professeur James Jenkins, remarquait au séminaire de Stanford : « Que l'on puisse librement produire des phrases que l'on n'a jamais entendues auparavant, c'est un fait extraordinaire. Que l'on puisse les comprendre quand elles sont produites n'est rien moins que miraculeux… Un enfant n'a aucune idée du mécanisme qui produit des phrases, et ce serait impossible. Et d'ailleurs personne ne lui en parle puisque la plupart des locuteurs en sont complètement inconscients. »

Tout cela ressemble en effet à un miracle aussi longtemps que l'on confond l'enchaînement de mots qui est le langage, avec le mécanisme silencieux qui engendre le langage. La difficulté est que ce mécanisme demeure invisible et son fonctionnement presque tout à fait inconscient, inaccessible à l'inspection comme à l'introspection. Du moins la psycholinguistique a-t-elle montré que le seul modèle qui puisse représenter la formation d'une phrase ne fonctionne pas « de gauche à droite », mais hiérarchiquement en se ramifiant de haut en bas.

Le diagramme que voici est une version légèrement modifiée de ce que Noam Chomsky appelle « *phrase-structure generating grammar** » ; c'est sans doute le plus simple schéma de la formation d'une phrase.

FIGURE 2

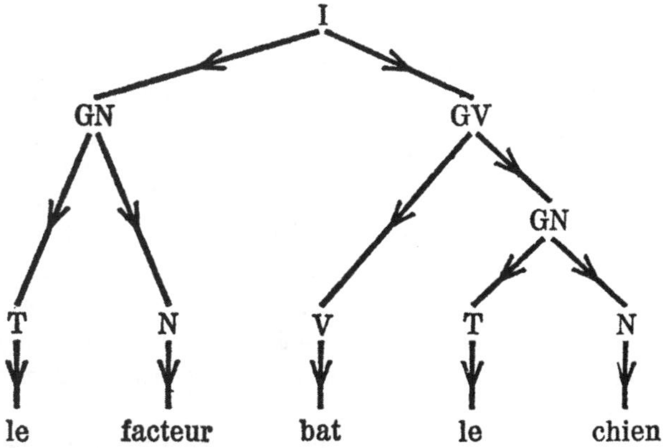

(d'après Chomsky) : I : idée. GN : groupe nominal.
GV : groupe verbal. A : article. N : nom. V : verbe.

* Chomsky n'a pas prétendu expliquer ainsi la formation d'une phrase, mais l'observation de l'apprentissage du langage chez de jeunes enfants (Roger Brown, McNeill, etc.) montre que son modèle représente bien des principes fondamentaux.

À la cime de cet arbre renversé se trouve I — qui peut être une Idée, une Image visuelle, l'Intention de dire quelque chose — qui *n'est pas encore formulé*. C'est, dirons-nous, le stade I*. Les deux branches principales de l'arbre se ramifient : l'agent et son acte qui au stade I étaient encore sentis comme unité indivisible se scindent en deux catégories du langage : groupe nominal et groupe verbal. Cette séparation doit être un exploit formidable d'abstraction pour un enfant ; c'est pourtant une propriété universelle de toutes les langues connues ; et c'est précisément par ce haut-fait de « pensée abstraite » que l'enfant commence, à un âge fort tendre, son exploration du langage[6].

Le groupe verbal se scinde à son tour en l'acte et en son objet. Enfin le nom et l'article, qui en quelque manière y était auparavant sous-entendu, sont exprimés séparément. À quel instant du fonctionnement rapide, presque tout entier inconscient, du mécanisme les mots surgissent-ils pour tomber en place sur la chaîne d'assemblage du langage (au bas du diagramme) ? Voilà un problème délicat pour l'introspection. Semi-illettrés ou écrivains professionnels, nous connaissons tous la frustration de savoir ce que nous voulons dire sans savoir l'exprimer, sans trouver les mots justes qui combleront l'espace vide de la chaîne d'assemblage. Il se produit un phénomène contraire lorsque le message à transmettre est si simple qu'il convient à des expressions toutes faites du genre « comment allez-vous ? » ou « il n'y a pas de quoi ». L'arbre du langage est lourdement chargé de ces clichés qui pendent à ses branches comme des régimes de bananes que l'on peut cueillir par poignées. Ils font le bonheur des behavioristes. Lashley raconte qu'un de ses confrères behavioristes lui dit un jour : « J'en suis maintenant au point où je peux me lever devant le public, mettre ma bouche en marche, et m'endormir... Il croyait à la théorie de l'enchaînement du langage, ajoute Lashley, qui conclut avec ironie : Cela démontre bien la supériorité du behaviorisme sur l'introspection. »

Mais l'introspection classique n'a guère mieux réussi. Lashley cite encore Titchener, psychologue respecté vers 1900 qui, en décrivant le rôle de l'imagerie soit visuelle soit verbale, affirmait : « Quand il y a une difficulté d'exposition, un argument à débattre, j'entends mes

---

* Chomsky emploie au sommet S, qui représente toute la phrase, ce qui fait que son schéma apparaît comme un modèle d'analyse plutôt que de formation de la phrase.

mots juste devant moi[7]. » Cela peut encourager un conférencier timide, mais au point de vue théorique, cela ne nous avance pas beaucoup, car la question de savoir comment les mots surgissent dans la conscience est simplement transformée en une autre question : comment naissent dans la conscience les images verbales ?

L'une comme l'autre, la réponse du behaviorisme et celle de l'introspection esquivent le problème fondamental : comment la pensée se distribue-t-elle dans le langage ? Comment les blocs informes des idées sont-ils taillés en fragments cristallins de formes distinctes et placés sur la chaîne d'assemblage qui les emportera de gauche à droite dans l'unique dimension du temps ? L'opération inverse est exécutée par l'auditeur qui, prenant le fil des mots pour reconstruire l'arbre, change les sons en structures, les mots en phrases, et ainsi de suite. Pour celui qui écoute un orateur, le fil des syllabes en tant que tel n'est presque jamais entendu consciemment ; phrase après phrase les mots aussi s'effacent vite et il n'en reste que le sens ; les phrases subissent le même sort et en un jour les rameaux et les branches se flétrissent et tombent pour ne laisser que le tronc de l'arbre : un schéma déjà brumeux. On peut donc représenter ces deux processus par des diagrammes qui montrent comment (d'après Shakespeare) « l'imagination donne corps aux formes des choses inconnues », et comment la plume « en fait des formes et donne à des riens vaporeux une habitation et un nom » ; on peut aussi par l'opération inverse montrer comment les traces laissées par la plume se dissolvent en riens vaporeux. Mais si ces diagrammes révèlent quelques règles assez sûres ils ne nous éclairent que très superficiellement sur la manière dont un enfant maîtrise peu à peu le langage ou dont l'adulte convertit des idées en ondes sonores, et inversement. Sans doute ne comprendrons-nous jamais pleinement ces phénomènes parce que les opérations qui engendrent le langage incluent des processus qui ne peuvent pas s'exprimer par le langage. C'est la proposition célèbre de Wittgenstein : « Ce qui s'exprime dans le langage, nous ne pouvons l'exprimer par lui[*]. » Ce paradoxe n'est que l'un des nombreux aspects du problème du corps-et-de-l'esprit sur lesquels nous reviendrons ; remarquons seulement ici que, contrastant avec le

---

* *Was* sich *in der Sprache ausdrückt, können wir nicht durch sie ausdrucken.*

concept figé de l'enchaînement qui traîne l'organisme sur une voie
prédéterminée, le concept dynamique de l'arbre vivant implique une
hiérarchie ouverte. Nous verrons plus loin ce que signifie dans le
contexte cette « ouverture ».

« Qu'entendez-vous par là ? »

Revenons un instant à l'ambiguïté du langage qui nous donnera
un premier exemple d'ouverture. Il y a plusieurs sortes d'ambiguïtés
à des niveaux différents de la hiérarchie. Au niveau le plus bas nous
avons déjà rencontré l'ambiguïté acoustique des phonèmes, révélés
par leurs spectrogrammes : entre /baie/ /dais/ et /gai/ les transitions
sont continues, comme les couleurs de l'arc-en-ciel, et c'est surtout
d'après le contexte que nous entendons /dais/ ou /gai/.

Au degré suivant nous trouvons, outre l'ambiguïté sonore, les incer-
titudes sémantiques, plus subtiles, que l'on peut utiliser délibérément
dans les calembours, les jeux de mots, les assonances et les rimes.

Le degré supérieur est moins commun ; il a pour les linguistes
une grande importance théorique, car il s'agit cette fois d'un
type d'ambiguïté qui expose au grand jour les bévues du concept
d'enchaînement. « Jeunes garçons et filles vous aimez les bonbons » :
voilà une proposition sans équivoque. Mais qu'arrive-t-il si l'on
ajoute : « Jeunes garçons et filles vous n'avez pas de poils sur
la poitrine » ? En suivant le schéma S-R, les filles concluront
vraisemblablement qu'en vieillissant elles auront des poils sur la
poitrine. C'est que dans la première phrase on peut distribuer les
« stimuli verbaux » en (Jeunes) (garçons et filles), et que l'on tend
à faire de même dans la seconde. Puis on se rend compte que dans
celle-ci les stimuli sont à distribuer différemment : (Jeunes garçons)
(et) (filles). Mais si les stimuli ne peuvent être distingués qu'une
fois déroulée entièrement la chaîne que l'on prétend fondée sur les
stimuli, nous sommes enfermés dans un cercle vicieux et le modèle
S-R tombe en morceaux[*].

---

[*] En termes de logique symbolique nous dirions que la réponse R à l'ensemble
de la phrase suppose les réponses *r* aux éléments de la phrase, lesquels supposent à

Transcrits en termes de neurophysiologie la conception hiérarchique indique que parler et écouter sont des processus à plusieurs niveaux qui comportent interactions et rétroactions constantes entre les niveaux supérieurs et inférieurs du système nerveux (organes récepteurs et moteurs, zones cérébrales de projection, zones intéressant la mémoire et l'association, etc.). Les behavioristes eux-mêmes doivent comprendre que l'homme a un cerveau plus complexe que le rat, bien qu'ils ne paraissent pas s'en souvenir. Ce n'est que grâce à cette activité à plusieurs niveaux du système nerveux que l'esprit peut transformer des séquences linéaires purement temporelles en structures sémantiques complexes — et inversement.

Les ambiguïtés examinées jusqu'ici se rapportent aux domaines phonologique et syntactique. On les résout assez facilement en se référant au contexte à un niveau supérieur de la hiérarchie. Mais cette analyse ne fait qu'assurer l'intelligibilité au sens littéral ; ce n'est que le premier échelon des vastes et multiples hiérarchies du domaine sémantique. Une phrase prise isolément ne révèle pas s'il faut l'interpréter littéralement, ou métaphoriquement, ou ironiquement, ou encore si elle contient peut-être un message caché — comme le « Il n'y a pas de quoi » de notre dialogue. Ces ambiguïtés de la phrase isolée ne peuvent se résoudre, là encore, que par référence au contexte, c'est-à-dire au degré suivant de la hiérarchie. C'est ainsi qu'au bout d'une phrase parfaitement intelligible il nous arrive de demander : « Qu'entendez-vous par là ? » Les phrases sont donc à leur contexte comme les mots à la phrase et comme les phonèmes aux mots. À mesure que l'on gravit les degrés de la hiérarchie le sommet paraît s'éloigner. Dans des propos d'une suffisante banalité les hiérarchies n'ont que quelques degrés et l'auditeur peut se reposer. Mais nous avons vu que même le misérable dialogue d'Elle et Lui s'élève de plus en plus mince en une pyramide de messages clairs, de sens implicite et de motivations successives. Certains psychanalystes parlent de « méta-langage » pour désigner ces niveaux supérieurs de communication dans lesquels le vrai sens du message ne se livre qu'au terme d'une série d'opérations de décodage.

leur tour la réponse R à l'ensemble : R *<r* <R *<r* <R... etc. : variante du paradoxe du menteur crétois.

Cependant la série peut aller à l'infini. On trouve dans les écrits de Freud comme de Jung les descriptions de nombreux cas où le sens ultime des messages du malade — communiqués bien souvent dans la langue des rêves — s'éloigne à perte de vue dans le domaine des archétypes ou de la lutte d'Éros et Thanatos. La hiérarchie est ouverte : le sommet recule à chaque pas et pour finir se dissout dans les nuées mythologiques.

La psychologie des profondeurs fournit un exemple de série infinie, commençant à l'ambiguïté des communications verbales du malade pour fuir vers l'ultime ambiguïté de l'énigme existentielle. Mais en s'élevant dans la hiérarchie chaque pas a un effet de clarification et de catharsis, donnant des réponses limitées à des problèmes limités, ou reformulant avec plus de précision les questions sans réponse.

On rencontre d'autres exemples de hiérarchies ouvertes en plusieurs « univers du discours », tels que certaines branches des mathématiques, ou la théorie de la connaissance et toutes les disciplines des sciences naturelles qui doivent travailler sur des grandeurs infinies dans l'espace ou dans le temps. Quand le physicien parle d'une recherche « asymptotique » de la vérité, il admet implicitement que la science avance le long d'une série qui recule à l'infini. C'est aussi le cas du philosophe préoccupé de signification, et du sens de la signification, ou du savoir et de la croyance et de l'analyse de leurs structures. C'est déjà, comme on l'a vu, une remarquable réussite de pouvoir produire — et comprendre — des phrases grammaticalement correctes, sans savoir définir les règles qui nous permettent de le faire. Mais de même qu'une phrase correcte ne dit pas si elle veut être comprise tout droit ou de travers, de même elle ne nous apprend rien sur sa véracité : une fois le message reçu, il faut encore se demander s'il est vrai ou faux. Là encore, quand il s'agit de banalités, la question sera réglée assez aisément ; mais dans un univers du discours plus complexe, on devra aussitôt s'interroger sur ce que nous entendons par Vrai et Faux ; ainsi s'élève-t-on en spirale dans l'atmosphère raréfiée de l'épistémologie, où l'ascension n'a point de fin. Comme l'écrit Sir Karl Popper,

Le vieil idéal scientifique d'*épistème* — savoir démontrable, absolument certain — est en définitive une idole. L'exigence d'objectivité scientifique fait qu'inévitablement toute proposition scientifique doit demeurer *à jamais provisoire*. Elle peut certes être corroborée, mais chaque corroboration est relative à d'autres propositions qui à leur tour sont provisoires[8].

Règles, stratégies et rétroactions

Je ne souhaite pas faire de ce chapitre une introduction à la linguistique : il s'agit de présenter le concept d'organisation hiérarchique, dont la structure du langage est un exemple. J'ai donc laissé de côté divers facteurs importants en linguistique mais qui ne concernent pas directement notre propos. Il y a cependant certains aspects du « comportement verbal » qui touchent au sujet et qu'il sera plus simple d'évoquer au moyen d'un exemple concret.

Revenons un instant aux deux recettes pour conférenciers, citées par Lashley. Peut-être le politicien en tournée électorale peut-il « se laisser parler et s'endormir ». Un pianiste de cabaret peut aussi laisser faire ses doigts. Mais ce sont là des activités routinières et automatiques qui ne nous apprennent rien sur la manière de composer une conférence qui dise quelque chose de neuf. Nous ne pouvons davantage nous fier à la recette opposée, et écouter la voix intérieure qui guide le médium féru d'écriture automatique. Alors comment le conférencier parvient-il, en fait, à prononcer son discours ?

Imaginons qu'il s'agit d'un professeur d'histoire invité à donner une conférence dans une université étrangère. Admettons encore qu'il a le choix de son sujet, et qu'il choisit un thème qui lui plaît — en nous arrêtant là pour éviter de reculer à l'infini dans ses motivations et les secrets de sa personnalité. Il va donc traiter des « Problèmes des manuscrits de la mer Morte », parce qu'il est convaincu d'en détenir à lui seul la solution. Mais comment va-t-il convaincre son auditoire ? Pour commencer il doit décider s'il présentera sa théorie simplement et sans polémique, ou s'il doit exposer les erreurs des autres théories. C'est là une question de *stratégie*, il faut choisir entre plusieurs manières de faire passer le message, et à chaque pas se présenteront d'autres options stratégiques.

Notre homme se décide pour la méthode directe sans polémique, parce qu'il connaît l'auditoire qu'il va affronter et qu'il ne souhaite pas lui déplaire. Autrement dit sa stratégie est guidée par rétroaction — par l'écho de ses paroles dans l'auditoire, même si pour le moment ce n'est que l'écho anticipé d'un public imaginaire.

Remarquons que ces hésitations et ces décisions n'impliquent pas nécessairement de formulations verbales ; elles peuvent prendre la forme d'images visuelles vagues. En répondant à des questionnaires, beaucoup d'hommes de science ont révélé qu'aux dates décisives de la pensée créatrice l'imagerie visuelle, voire musculaire, prédomine sur la pensée verbale*.

Vient ensuite l'épineux problème de « l'organisation des idées » ; épineux parce que les divers aspects du problème, l'amas de documentation et l'écheveau des interprétations sont enchevêtrés comme les fils d'une tapisserie. Notre conférencier a une idée claire du dessin ; mais comment le donner à voir s'il doit prendre les fils un à un pour les expliquer successivement ? Ici apparaît le problème de l'ordre temporel, bien que la pensée de l'orateur puisse encore se mouvoir dans le domaine totalement ou partiellement non verbal des images et des prémonitions.

Enfin il arrive à ordonner provisoirement sa thèse en une série de titres et de sous-titres qu'il intervertit, à l'occasion, comme les cubes d'un jeu de construction — chacun d'eux représenté probablement par un simple mot-clef. Voilà qui paraît encore assez simple, mais plus on y pense, plus la nature de ces cubes semble énigmatique, comme le montre bien un passage mémorable de William James :

> … Le lecteur s'est-il jamais demandé quelle sorte de fait mental est son *intention de dire quelque chose*, avant de le dire ? C'est une intention parfaitement définie, distincte de toute autre intention, un état de conscience absolument distinct, par conséquent ; et pourtant qu'y a-t-il là en fait d'images sensorielles de mots ou d'objets ? Presque rien… Et que pouvons-nous en dire sans employer des mots qui appartiennent aux faits mentaux ultérieurs qui le remplacent ? *L'intention de dire telle et telle chose* est le seul nom qu'on puisse lui donner. On peut admettre

* Voir ci-après, chap. XIII.

qu'un bon tiers de notre vie psychique consiste en ces rapides perspectives prémonitoires de schémas de pensée encore informulés[9].

Mais pour ces semences intentionnelles le temps vient de pousser des tiges qui se ramifient en sections, en sous-sections et ainsi de suite : c'est le choix de la documentation à citer, des exemples, commentaires et anecdotes, chacun de ces éléments nécessitant de nouveaux choix stratégiques. À chaque embranchement de l'arbre grandissant, de nouveaux détails interviennent jusqu'au moment où l'on atteint le niveau syntactique, la machine à phrases entre en jeu, les mots s'alignent, quelques-uns sans effort, d'autres au prix de dures recherches, et finalement se transforment en rythmes de contraction dans les muscles qui guident le stylo : le logos s'est incarné.

Évidemment le processus n'est jamais si simple, ni si bien ordonné ; les arbres ne grandissent pas selon cette rigoureuse symétrie. Dans notre schéma le choix des mots ne se produit qu'à une étape déjà tardive, quand le plan d'ensemble est déjà décidé et que les bourgeons sont prêts à éclore en bon ordre de gauche à droite. Mais en réalité, il arrive qu'une branche en plein milieu donne des mots alors que les autres ont à peine commencé à pousser. Et s'il est vrai que l'idée ou « l'intention de dire quelque chose » précède le processus de la verbalisation, il est vrai aussi que bien souvent les idées sont des riens vaporeux tant qu'elles ne cristallisent pas en concepts verbaux, tant qu'elles n'acquièrent pas une forme tangible. C'est là, bien sûr, l'incomparable supériorité du langage sur les formes primitives d'activité mentale ; mais cela n'autorise nullement à identifier le langage à la pensée et à nier l'importance des images et symboles non verbaux, particulièrement dans la pensée créatrice des artistes et des savants (v. chap. XIII). Ainsi parfois le conférencier sait ce qu'il veut dire, et n'arrive pas à le formuler ; alors que parfois il ne peut savoir ce qu'il veut dire exactement que lorsqu'il en obtient des formulations verbales explicites et précises. Quand on avertit Alice au Pays des Merveilles de bien réfléchir avant de parler, elle s'écrie : « Comment puis-je savoir ce que je pense avant de le dire ? » Il arrive qu'une intuition prometteuse est tuée dans l'œuf, exposée prématurément au test des définitions verbales ; telle autre a besoin de cette exposition pour se développer.

Il nous faut donc corriger notre schéma trop simple : au lieu d'un arbre qui croît symétriquement en poussant régulièrement des branches de haut en bas, il s'agit d'une croissance irrégulière et d'oscillations constantes. La transformation de la pensée en langage ne se fait pas à sens unique ; la sève va dans deux directions, elle monte, elle descend. L'opération est encore compliquée, parfois même presque ruinée, par la déplorable tendance de notre conférencier à corriger, raturer, couper des branches entières pour en faire éclore de nouvelles. C'est ce que le behavioriste appelle un comportement d'essais et d'erreurs, en le comparant au comportement des rats qui courent au hasard dans des impasses ; mais le hasard n'a rien à faire dans la quête du mot juste.

La question serait plus compliquée encore si, au lieu d'un historien, nous parlions d'un poète. Notre homme devrait servir deux maîtres et opérer en même temps sur deux hiérarchies croisées : l'une régie par le sens, l'autre par le rythme, le mètre, la sonorité. Mais même en prose le choix des mots et de la syntaxe est influencé par les exigences du style. Les activités complexes dépendent souvent de plusieurs ordres hiérarchiques, dont chacun est contrôlé par ses propres règles, ses propres valeurs : sens et sonorité, forme et fonction, mélodie et orchestration, etc.

J'en ai dit assez pour signaler quelques problèmes du langage. Les behavioristes, eux aussi, font des conférences, ils écrivent même des livres : sans aucun doute, ils doivent avoir conscience des difficultés et des complexités de ces processus. Mais lorsqu'ils traitent du « comportement verbal », ils s'arrangent pour les oublier ou les refouler. Cela leur permet de continuer à parler d'atomes S-R formant des chaînes qui s'allongent dans le vide, et de ne jamais s'inquiéter de savoir en quoi consistent les S et les R.

Résumé

Où chercher enfin les atomes du langage ? Dans le phonème /e/ ? Dans le digramme /en/ ? Dans le morphème /men/ ? Dans le mot /mention/ ? Ou dans le groupe « mention honorable » ? Chacune de ces entités a deux aspects : c'est un *tout* par rapport à ses constituants, et en même temps c'est une *partie* de la totalité plus compréhensive du niveau hiérarchique suivant. Partie et tout, c'est une sous-totalité. Ceci est caractéristique de *tous* les systèmes hiérarchiques ; nous le verrons, qu'ils ne sont pas des agrégats de particules élémentaires, mais des composés de sous-totalités se ramifiant en sous-sous-totalités et ainsi de suite. Après ce premier point valable généralement, il y a lieu de noter quelques autres traits du langage qui valent universellement aussi pour toutes sortes de systèmes hiérarchiques.

Le langage « actif » (par opposition à l'audition passive) consiste à élaborer, à articuler, à concrétiser des intentions générales d'abord informulées. La ramification de l'arbre symbolise ce processus hiérarchique graduel de l'explicitation d'une idée implicite, de la conversion des virtualités d'une idée en structures motrices des cordes vocales. On a comparé ce processus au développement de l'embryon : l'œuf fécondé contient toutes les potentialités de l'individu futur, lesquelles seront ensuite « explicitées » par étapes successives de différenciation. On peut le comparer aussi à l'exécution des commandements militaires : l'ordre général : « La VIIIe armée avancera en direction de Tobrouk », donné au sommet de la hiérarchie, se concrétise en détails de plus en plus fins à chacun des échelons inférieurs. Nous verrons en outre que l'exercice de toute technique, instinctive comme la nidification, ou acquise comme la plupart des techniques humaines, suit le même schéma.

L'autre point à noter est que chaque pas du travail de notre conférencier imaginaire se trouvait régi par des *règles fixes* qui toutefois permettent des *stratégies souples*, guidées par *rétroaction*. Aux niveaux les plus élevés opèrent les règles assez ésotériques du discours académique ; au niveau inférieur les règles de la grammaire ; et enfin celles qui commandent l'activité des cordes vocales. Mais à chaque niveau existe toute une variété de choix stratégiques : depuis la sélection et l'agencement des documents jusqu'à la diversité des intonations possibles, en passant par le choix des métaphores et des adjectifs.

Si l'on parle de règles fixes et de stratégies souples il est important de distinguer davantage entre ces deux facteurs. À chaque niveau les *règles* opèrent plus ou moins automatiquement, c'est-à-dire inconsciemment ou du moins pré-consciemment et dans des zones crépusculaires, tandis que les *choix stratégiques* se font presque toujours en pleine conscience et en pleine lumière. Le mécanisme qui canalise la pensée informulée sur des voies grammaticalement correctes travaille dans l'ombre ; et de même le mécanisme qui assure l'innervation correcte du pharynx, et celle qui régit la logique du « bon sens » et nos habitudes de pensée. Nous ne nous inquiétons guère de ces machines silencieuses et même si nous essayons nous sommes incapables de décrire leur fonctionnement et de définir les règles qui s'y trouvent encloses ; ce sont pourtant les règles du langage et de la pensée auxquelles nous obéissons aveuglément. Si elles contiennent des axiomes inavoués, d'obscurs préjugés, tant pis pour nous. Du moins savons-nous que ces règles qui disciplinent et en même temps déforment la pensée ne contraignent que l'individu qui les a acquises, et partant peuvent changer avec l'histoire.

Néanmoins, pour ce qui est de l'individu, son langage et sa pensée sont gouvernés par des règles et, dans cette mesure, sont déterminés par des automatismes qui échappent à la volonté. Mais dans cette mesure seulement. Les règles qui gouvernent un jeu comme les échecs ou le bridge n'en épuisent pas les possibilités ; à chaque pas pratiquement elles laissent au joueur un grand nombre de choix stratégiques. Ces choix sont naturellement déterminés par des considérations d'un ordre supérieur, mais c'est cet « ordre supérieur » qui compte. Chaque choix est « libre », en ce sens qu'il n'est pas déterminé par les règles du jeu lui-même, mais par un ordre différent de « préceptes stratégiques » qui appartiennent à un degré hiérarchique plus élevé ; et ces préceptes ont une plus grande marge d'indétermination. Nous nous trouvons une fois de plus en présence d'une régression à l'infini — comme devant les innombrables ambiguïtés du langage dont chacune ne peut se résoudre que par référence au niveau immédiatement supérieur de la hiérarchie ouverte. De telles considérations conduisent aux problèmes du libre-arbitre que nous trouverons au chapitre XIV.

Pour conclure revenons à ce behavioriste qui se laissait parler et n'avait plus qu'à dormir en parlant. Je l'ai comparé au pianiste qui tape une danse à la mode. Dans les deux cas un ordre unique émanant d'un certain degré de la hiérarchie déclenche une performance préfabriquée : le pianiste se donne un ordre, un peu comme s'il appuyait sur le bouton d'un juke-box. Même alors cependant il ne se contente pas de déployer une chaîne de S-R, dans laquelle chaque touche frappée serait le stimulus de la suivante. Car il est fort capable, sur un autre déclenchement, de transposer tout le morceau de La majeur en Si majeur, modifiant ainsi radicalement l'enchaînement des touches. La « règle du jeu », en ce cas est représentée par la mélodie ; le ton — et le rythme, la phrase, les syncopes, etc. — dépendant de stratégies souples.

L'explicitation d'un ordre implicite comporte souvent de ces opérations de déclenchement, un commandement relativement simple venu d'en haut mettant en marche des séries complexes d'actes quasi automatiques. Mais il ne s'agit pas d'automatismes rigides, ce sont des structures flexibles offrant toute une variété d'options. Serrer des mains, allumer une cigarette, prendre un crayon, autant d'actes routiniers accomplis souvent machinalement, mais susceptibles aussi de variations infinies. Il me suffirait d'appuyer sur un bouton mental pour terminer cette page en hongrois ; cela ne signifie pas nécessairement que je sois une machine.

III

LE HOLON

Je prie le lecteur de se rappeler que les choses les plus évidentes sont peut-être celles qui valent le plus d'être examinées. Il arrive que l'on ouvre des perspectives fécondes en étudiant des lieux communs d'un point de vue nouveau.

L. L. WHYTE.

Si le concept d'ordre hiérarchique joue un grand rôle dans ces pages, il est clair que je ne l'ai pas inventé : il a une longue et respectable histoire. Assez longue pour que les défenseurs de l'orthodoxie le trouvent « vieux jeu » et du même coup lui dénient toute valeur. J'espère montrer cependant que ce vieux jeu possède encore d'excellents atouts[*].

La parabole des deux horlogers

Commençons par une parabole que je dois au professeur H. A. Simon, créateur de calculatrices et de machines à jouer aux échecs, mais que je me suis permis de modifier quelque peu[1].

---

[*] Needham écrivait il y a plus de trente ans : « La hiérarchie des relations, depuis la structure moléculaire des composants du carbone jusqu'à l'équilibre des espèces sera peut-être l'idée dominante de l'avenir. » Mais dans la plupart des traités modernes de psychologie et de biologie le mot hiérarchie ne figure même pas.

Il était une fois en Suisse deux horlogers, nommés Bios et Mekhos, qui fabriquaient des montres très précieuses. Leurs noms paraissent peut-être bizarres : c'est que leurs papas savaient un peu de grec et aimaient beaucoup les devinettes. L'un et l'autre vendaient fort aisément leurs montres, et pourtant, alors que Bios s'enrichissait, Mekhos besognait péniblement : un beau jour il dut fermer boutique et chercher un emploi chez son concurrent. On s'interrogea longtemps sur cette histoire et pour finir on en trouva l'explication qui est surprenante et très simple.

Les montres de nos deux Suisses comportaient environ mille pièces chacune, mais pour les assembler ils avaient des méthodes très différentes. Mekhos les montait une à une, comme s'il faisait une mosaïque, si bien que chaque fois qu'on le dérangeait dans son travail la montre qu'il avait commencée se défaisait entièrement et ensuite il fallait tout reprendre au début. Bios, au contraire, avait imaginé de fabriquer ses montres en construisant d'abord des sous-ensembles d'une dizaine de pièces solidement arrangées en unités indépendantes. Dix sous-ensembles pouvaient se monter en un sous-système supérieur, et dix sous-systèmes faisaient une montre. Cette méthode avait deux immenses avantages.

En premier lieu, en cas d'interruption, quand Bios devait reposer la montre commencée, celle-ci ne se décomposait nullement en parcelles ; au lieu de tout recommencer, l'horloger n'avait qu'à rassembler le sous-ensemble sur lequel il travaillait avant ; de sorte qu'au pire (si on le dérangeait au moment où il avait presque fini le montage du sous-ensemble) il lui fallait répéter neuf opérations de montage et, au mieux, aucune. Et il serait facile de montrer mathématiquement que si une montre comporte un millier de pièces et qu'en moyenne il se produit une interruption sur cent opérations de montage il faudra à Mekhos quatre mille fois plus de temps qu'à Bios pour fabriquer la montre : onze ans au lieu d'un jour. Or, si à des pièces mécaniques nous substituons des amino-acides, des molécules de protéine, des organites et ainsi de suite, le rapport entre les temps devient astronomique ; certains calculs[2] montrent que toute la durée de la planète ne suffirait pas à produire une amibe — à moins que la Terre ne se convertisse à la méthode de Bios en procédant hiérarchiquement de sous-ensembles simples en sous-ensembles complexes. Simon conclut : « Des systèmes complexes évolueront beaucoup plus rapidement à partir de systèmes simples s'il y a des formes intermédiaires stables. Les formes complexes qui en résulteront alors seront hiérarchiques. Il suffit de retourner le raisonnement pour expliquer la prédominance des hiérarchies dans les systèmes complexes que la nature nous présente. Parmi les formes complexes possibles, ce sont les hiérarchies qui ont le temps d'évoluer[3]. »

Un autre avantage de la méthode de Bios c'est, bien sûr, que le produit fini sera incomparablement plus résistant et beaucoup plus facile à entretenir, à régler, à réparer, que la fragile mosaïque de Mekhos. Nous ignorons quelles formes de vie ont pu évoluer sur d'autres planètes, mais nous pouvons être assurés que *partout la vie doit être organisée hiérarchiquement.*

Effet Janus

Que l'on considère n'importe quelle forme d'organisation sociale suffisamment cohérente et stable, depuis la fourmilière jusqu'au Pentagone, et l'on verra qu'elle est ordonnée hiérarchiquement. Il en est de même de la structure des organismes vivants et de leur fonctionnement, depuis les comportements instinctifs jusqu'aux techniques du piano ou du discours. Et il en est de même encore des processus du devenir : phylogenèse, ontogenèse, acquisition des connaissances. Mais pour que l'Arbre représente plus qu'une analogie superficielle il doit exister des principes ou des lois qui s'appliquent à tous les degrés d'une hiérarchie donnée, et à tous les types de hiérarchie : en d'autres termes des principes qui définissent l'« ordre hiérarchique ». Nous allons en signaler quelques-uns qui, à première vue, paraîtront peut-être un peu abstraits ; dans leur ensemble ils éclairent d'un jour nouveau certains vieux problèmes.

La première caractéristique universelle des hiérarchies est la relativité, voire l'ambiguïté, des termes « partie » et « tout » lorsqu'on les applique à un sous-ensemble quelconque. C'est encore l'extrême évidence de ce trait qui nous en fait négliger les présuppositions. Une « partie », dans l'acception commune du mot, désigne quelque chose de fragmentaire et d'incomplet qui n'aurait en soi aucune existence légitime. En revanche on considère un « tout » comme quelque chose de complet en soi et qui n'a besoin d'aucune explication. En réalité « *touts* » *et* « *parties* » *au sens absolu n'existent nulle part*, ni dans le domaine des organismes vivants, ni dans celui des organisations sociales. Ce que l'on rencontre, ce sont des structures intermédiaires sur une série de degrés dans un ordre croissant de complexité : des sous-ensembles qui révèlent, selon le point de vue, des caractéristiques communément attribuées aux totalités, et d'autres communément attribuées aux parties. Nous avons vu qu'il est impossible de découper le langage en atomes, que ce soit au niveau phonétique ou au niveau syntactique. Phonèmes, mots, phrases sont des totalités de plein droit, mais aussi des parties d'une plus grande unité ; de même les cellules, les tissus, les organes ; les familles, les clans, les tribus. Les membres d'une hiérarchie ont, comme le dieu Janus, deux faces qui regardent en sens opposés : la face tournée vers le niveau inférieur est celle d'un tout autonome ; la face tournée vers le haut, celle d'une partie subordonnée. Visage du maître, visage du serviteur. Cet « *effet Janus* » est une caractéristique fondamentale des sous-ensembles dans tous les types de hiérarchies.

Cependant, il n'existe pas de terme satisfaisant pour nommer ces entités à tête de Janus : il est désagréable de parler de sous-totalités (ou de sous-ensembles, de sous-structures, de sous-techniques, de sous-systèmes). Sans doute est-il préférable de proposer un néologisme pour désigner ces nœuds de l'arbre hiérarchique qui se comportent partiellement comme des totalités ou totalement comme des parties, selon la manière dont on les regarde. J'avancerais donc le terme de « holon », du grec *holos* = tout, avec le suffixe *on* comme dans proton ou neutron pour suggérer une particule, une partie.

« L'homme qui forge un mot nouveau ne le fait pas sans péril, écrivait Ben Jonson ; car si le mot est admis on le louera bien modérément ; s'il est refusé on le raillera certainement. » Toutefois je pense pouvoir risquer le holon qui répond à un besoin et qui symbolise le maillon manquant — la série de chaînons, plutôt, qui manquent entre la vision atomiste des behavioristes et la conception holiste des psychologues de la Gestalt.

Celle-ci a considérablement enrichi notre connaissance de la perception visuelle et elle a su assouplir dans une certaine mesure l'attitude de ses adversaires. Mais en dépit de ses mérites le « holisme » en tant que système de psychologie est devenu aussi partiel que l'atomisme, l'un comme l'autre traitant le « tout » et la « partie » comme des absolus, l'un comme l'autre négligeant l'échafaudage hiérarchique des structures intermédiaires. En remplaçant un instant l'image de l'arbre inversé par celle d'une pyramide, nous dirions que le behavioriste ne quitte jamais le sol, et que le holiste ne descend jamais du sommet. En fait le concept de « tout » s'est montré aussi insaisissable que celui de particule élémentaire, et en étudiant le langage le gestaltiste se trouve dans le même embarras que le behavioriste. Les phrases, les mots, les syllabes, les phonèmes ne sont pas des parties, ni des touts, ce sont des holons. Le schème dualiste le-tout-la-partie est profondément enraciné dans l'inconscient. Nous verrons les choses bien différemment si nous arrivons à nous défaire de ce schème.

Holons sociaux

L'individu en tant qu'organisme biologique constitue une hiérarchie délicatement intégrée de molécules, de cellules, d'organes et de systèmes d'organes. S'il jette un regard intérieur dans l'espace qu'entoure sa peau, il peut dire à juste titre qu'il est quelque chose de complet et d'unique, un tout. Mais s'il regarde au dehors on lui rappellera sans cesse — plaisamment parfois, parfois douloureusement — qu'il est partie, unité élémentaire d'une ou plusieurs hiérarchies sociales.

La raison pour laquelle toute société relativement stable — animale ou humaine — doit être structurée hiérarchiquement peut s'illustrer encore par la parabole des horlogers : sans sous-ensembles stables — groupes et sous-groupes sociaux — le tout perdrait fatalement sa cohésion.

Dans la hiérarchie militaire les holons sont les compagnies, les bataillons, les régiments, etc., et les branches de l'arbre y représenteraient les transmissions. Le nombre de degrés que comporte une hiérarchie (ici du général en chef au soldat) en détermine la « profondeur » ; le nombre des holons à chaque degré en détermine ce que nous appellerons (selon Simon) « l'envergure ». Une horde de primitifs est une hiérarchie peu « profonde » à deux ou trois degrés (grand chef et moindres chefs), mais dont chaque degré a une très grande envergure. Inversement les légendaires armées latino-américaines qui comptaient autant de généraux que de soldats représentent le cas limite d'une hiérarchie devenue échelle (p. 30). Le fonctionnement efficace d'une hiérarchie complexe dépend évidemment, entre autres choses, du rapport entre la profondeur et l'envergure — quelque chose d'analogue à la section d'or des sculpteurs grecs ou plutôt au système hiérarchique du « modulor » de Le Corbusier.

Une société sans structurations hiérarchiques serait un chaos comparable à celui des molécules de gaz qui se meuvent, entrent en collision et rebondissent en tous sens. Mais la structuration est dissimulée par le fait qu'aucune société développée — même pas l'État totalitaire — n'est une structure monolithique ordonnée selon une hiérarchie unique, comme ce peut être le cas de sociétés tribales « intactes » où les exigences de la hiérarchie famille-clan-tribu dominent entièrement l'existence de l'individu. L'Église médiévale et les nations totalitaires modernes ont tenté d'établir de telles hiérarchies monolithiques, sans grand succès. Les sociétés complexes sont structurées en plusieurs types de hiérarchies entrecroisées : la domination de l'autorité suprême n'est que l'une d'entre elles. Qu'il suffise de citer les hiérarchies administratives, militaires, ecclésiastiques, universitaires, professionnelles, industrielles, etc. La direction peut être entre les mains d'individus ou d'institutions — « patrons » ou ministères des finances ; elle peut être souple ou rigide, et plus ou moins guidée par la rétroaction des échelons inférieurs : électorat, employés, associations d'étudiants ; néanmoins toute hiérarchie doit avoir une structure ramifiée nettement articulée, sous peine d'aboutir à l'anarchie, comme il arrive quand un bouleversement social s'attaque au pied de l'arbre.

Mêlées à ces hiérarchies directrices, il en est d'autres, fondées sur la cohésion sociale, la répartition géographique, etc. Ce sont les hiérarchies de clans et de castes, et leurs variantes modernes, dans lesquelles s'imbriquent les hiérarchies topographiques. Les vieilles villes comme Paris, Vienne ou Londres ont leurs quartiers, chacun relativement autonome, pourvu de ses boutiques, de ses cafés, de ses balayeurs et de ses marchandes de journaux : chacun forme une sorte de village, un holon social, qui lui-même fait partie d'un ensemble plus vaste : rive gauche, rive droite, City et West End, centre administratif et boulevards, parcs et faubourgs. C'est que les vieilles villes, en dépit de leur diversité architecturale, semblent avoir grandi comme des organismes, et mener une vie individuelle, alors que les villes-champignons étalent un amorphisme affligeant parce qu'il leur manque la structure hiérarchique d'un développement organique — bâties par Mekhos, dirait-on, et non par Bios.

Ainsi la complexité de la vie sociale peut-elle s'analyser en un grand nombre d'échafaudages hiérarchiques, de même que l'anatomiste dissèque dans une pulpe sanguinolente les structures interdépendantes des muscles et des nerfs. À défaut de cette *dissectibilité** le concept de hiérarchie serait quelque peu arbitraire. Nous n'avons pas le droit de parler d'arbres sans en identifier les nœuds, les embranchements. Dans le cas d'un ministère ou d'une maison de commerce la dissection est facile : les organigrammes s'affichent sur les murs. Les plus simples (sans liaisons horizontales) ont généralement cet aspect :

FIGURE 3

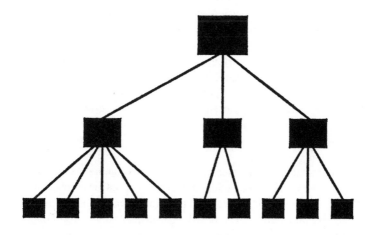

* Simon (*op. cit.*) parle de hiérarchies « décomposables » ; je crois devoir préférer « dissectibilité ».

Admettons qu'il s'agisse d'un département ministériel : le ministère de l'Intérieur, par exemple : chaque holon, chaque case de la deuxième rangée en représentera une division — Immigration — Sûreté — Commission pénitentiaire, etc. — et chaque case de la troisième rangée sera une section de ces divisions. Or, quels sont les critères qui justifient cette dissection, et non une autre ? Ou en d'autres termes, en traçant l'organigramme, comment le dessinateur a-t-il défini ses holons ? On a pu lui montrer l'emplacement des bâtiments du ministère, et leurs plans détaillés ; ce serait insuffisant, et probablement trompeur, puisqu'un département peut se trouver dispersé dans plusieurs bâtiments, comme plusieurs départements logés dans un seul. Ce qui définit chaque case comme entité est sa *fonction*, la tâche qui lui est assignée, la nature du travail confié aux gens de chaque division. Certes toute hiérarchie efficace cherche à concentrer en un même lieu les collaborateurs d'une même tâche, et dans cette mesure la répartition spatiale joue un rôle, mais dans cette mesure seulement. Le téléphone et les messagers abolissent les distances entre les bureaux fonctionnellement liés, comme les nerfs et les hormones dans le contrôle hiérarchique de l'organisme vivant.

Il n'y a pas seulement *cohésion* au sein de chaque holon, mais aussi, pour donner toute sa précision à l'organigramme, *séparation* entre les différents holons. Les employés d'un même département ont entre eux beaucoup plus d'échanges qu'avec ceux d'autres départements. De plus, lorsqu'un département requiert une information ou une action d'un autre département il ne le fait pas, en général, par des contacts personnels, mais par la voie hiérarchique qui passe par les chefs des divers départements. En d'autres termes, les lignes de commandement montent et descendent verticalement ; dans une hiérarchie de commandement idéale il n'existe pas de raccourcis horizontaux.

En d'autres types de hiérarchies les holons sont moins facilement définissables par leur « fonction » ou leur « tâche ». Comment définir la fonction d'une famille, d'un clan, d'une tribu ? Néanmoins comme dans l'exemple précédent les membres de chacun de ces holons fonctionnent ensemble, adhèrent les uns aux autres, agissent les uns sur les autres beaucoup plus qu'avec les membres des holons étrangers. Quant aux rapports entre clans ou tribus ils s'opèrent, là encore, par l'intermédiaire des chefs et des anciens. Les liens internes et les frontières séparatrices résultent de traditions partagées : lois claniques et codes de comportement qu'elles inspirent. Dans leur ensemble elles forment un système de *comportement réglé*, lequel donne au groupe stabilité et cohésion et le définit comme holon social bien individualisé.

Il faut distinguer cependant entre les règles qui gouvernent un comportement individuel et celles qui guident les activités d'un groupe dans son ensemble. L'individu peut ignorer que son comportement est réglé, sans doute ne sera-t-il pas capable de nommer les règles qui inspirent sa conduite pas plus que celles qui gouvernent son langage. En revanche, les activités d'un holon social dépendent non seulement des interactions complexes de ses parties, mais aussi de son interaction globale avec d'autres holons, à son degré élevé de hiérarchie ; et celles-ci ne peuvent être comprises à partir d'un degré inférieur, de même que le fonctionnement du système nerveux ne peut se déduire au niveau des cellules nerveuses, ni les règles de la syntaxe des règles de la phonologie. On peut « disséquer » un ensemble complexe pour en montrer les holons composants du second ordre, du troisième et ainsi de suite, mais on ne peut le « réduire » à la somme de ses parties, ni en prédire les propriétés sur la foi des propriétés de ses parties. Le concept hiérarchique des « niveaux d'organisation » rejette toute conception réductrice selon laquelle les phénomènes vitaux, conscience incluse, pourraient se ramener à des lois physicochimiques qui les expliqueraient totalement.

Un holon social stable possède donc une individualité, un « profil » — qu'il s'agisse d'une tribu papoue ou d'un ministère des Finances. Tout corps social étroitement uni possédant son territoire et (ou) son code de lois, de coutumes, de croyances explicites et implicites tend à conserver et affirmer son système, sans quoi il ne saurait passer pour un holon stable. Dans une société primitive la tribu peut constituer la plus haute unité d'une hiérarchie sans profondeur, un tout plus ou moins autonome. Mais dans une société complexe à niveaux hiérarchiques nombreux il est également essentiel que chaque holon (administration, conseil municipal ou brigade de pompiers) fonctionne en tant qu'unité autonome ; sans division du travail, sans délégation des pouvoirs selon un schéma hiérarchique aucune société ne peut travailler efficacement.

Revenons un instant à l'exemple du ministère de l'Intérieur et supposons que l'une des cases représente le Service de l'immigration. Afin de fonctionner comme unité autonome ce service doit être pourvu d'un règlement qui lui permette de traiter toutes les affaires courantes sans consulter les autorités supérieures pour chaque cas particulier. Autrement dit, le service travaille efficacement en tant que holon autonome, grâce à des règles fixes, grâce à un *canon*. Mais là encore, il arrivera que les règles puissent s'interpréter de diverses manières et donner lieu à diverses décisions possibles. Quelle que soit la nature d'une organisation hiérarchique, les holons qui la constituent se définissent par des *règles fixes* et des *stratégies souples*.

Il est évident aussi, dans notre exemple, que les codes individuels qui régissent la conduite des employés en tant qu'êtres humains ne sont pas celles qui déterminent le fonctionnement du service. Peut-être M. Untel souhaite-t-il par compassion accorder un visa qu'il devra refuser à cause du règlement. Autre parallèle à des exemples cités plus haut (p. 46) : lorsque les règles autorisent plus d'une option l'affaire sera soumise au chef de service qui à son tour peut juger bon de demander l'avis d'un supérieur. Là encore des considérations stratégiques d'un ordre plus général peuvent intervenir : logements disponibles, problèmes raciaux, situation du marché du travail, etc. Sont même à envisager des conflits entre la politique de l'Intérieur et celle du ministère de l'Économie : c'est la remontée d'une série (qui dans ce cas, évidemment, n'est pas une régression à l'infini).

Répétons donc que la stabilité et l'efficacité de l'organisme social exigent que chacune des subdivisions fonctionne en tant qu'unité autonome, soumise à un contrôle supérieur mais possédant assez d'indépendance pour agir normalement sans demander de nouvelles instructions. Sans cela, les communications surchargées, tout le système bloqué, les échelons supérieurs s'occuperaient des détails les plus mesquins et ne pourraient se concentrer sur les tâches importantes.

La polarité fondamentale

Cependant les règles ou les codes qui régissent un holon social n'agissent pas simplement comme *contraintes* négatives imposées aux actes de cet organisme, mais aussi comme *préceptes* positifs, maximes de conduite, impératifs moraux. En conséquence chaque holon tend à préserver et affirmer son système particulier d'activité. Cette tendance à *l'affirmation de soi* est une caractéristique fondamentale et universelle des holons qui se manifeste à tous les niveaux de la hiérarchie sociale (et, nous le verrons, de toute hiérarchie).

Au niveau de l'individu un certain degré d'affirmation de soi — ambition, initiative, esprit de compétition — est indispensable dans une société dynamique. En même temps, bien sûr, l'individu dépend de son groupe social, auquel il doit s'intégrer. S'il est bien adapté, sa tendance à l'affirmation de soi et sa tendance contraire à *l'intégration* s'équilibreront à peu près : équilibre dynamique avec l'environnement social qui subsiste tant que les conditions restent normales. En cas de tension l'équilibre est rompu, le comportement risque des désordres émotifs.

Un homme n'est pas une île — c'est un holon, une entité à tête de Janus qui, vers l'intérieur, se voit en totalité unique et autonome, et en parcelle dépendante quand il regarde à l'extérieur. Sa tendance à l'affirmation de soi est la manifestation dynamique de sa totalité, de son autonomie et de son indépendance en tant que holon. La tendance antagoniste, non moins universelle, à l'intégration exprime la dépendance de l'individu par rapport à la totalité supérieure à laquelle il appartient : sa *partiellité*. La polarité de ces tendances ou de ces virtualités est l'un des leitmotive de la théorie que je propose. Empiriquement on peut la trouver dans tous les phénomènes vitaux ; théoriquement elle dérive de la dichotomie tout-partie qui est inhérente au concept de hiérarchie à plusieurs niveaux ; les implications philosophiques en seront examinées plus loin. Disons seulement ici que *la tendance à l'affirmation de soi exprime la totalité du holon et que la tendance à l'intégration en exprime la partiellité**.

Sous des noms différents les manifestations des deux tendances à divers niveaux sont les expressions de la même polarité tout le long de la série. Les tendances affirmatives de l'individu s'appellent

---

* Dans *Le Cri d'Archimède* je parlais de participation ; je crois préférable le mot intégration.

individualisme ou agressivité ; celles de holons plus vastes deviennent « instinct grégaire », « esprit de corps », « conscience de classe », « patriotisme local », « nationalisme », etc. Les tendances à l'intégration se manifestent dans « l'esprit de coopération », la « discipline », le « loyalisme », « l'abnégation », « l'internationalisme, » etc.

Remarquons toutefois l'ambiguïté de la plupart des termes qui se rapportent à des degrés supérieurs de la hiérarchie. Tout en reflétant des tendances intégratives, le loyalisme des individus envers le clan permet à ce dernier dans son ensemble d'affirmer son agressivité. C'est l'obéissance et le sens du devoir des SS qui firent fonctionner les chambres à gaz. Le « patriotisme » est une vertu qui subordonne les intérêts particuliers aux intérêts supérieurs de la nation ; le « nationalisme » est un synonyme de la manifestation militante de ces intérêts supérieurs. L'infernale dialectique de ce processus parcourt toute l'histoire humaine. Ce n'est pas par hasard : la disposition à ces dérèglements est inhérente à la polarisation tout-et-partie des hiérarchies sociales. C'est pour cela peut-être, inconsciemment, que les Romains donnèrent un si beau rôle à Janus, dieu gardien des portes, tourné à la fois vers le dedans et le dehors, et parrain du premier mois de l'année. Mais c'est là un sujet qu'il serait prématuré d'aborder ; il nous occupera dans la troisième partie de ce volume.

Pour l'instant il s'agit seulement du fonctionnement normal de la hiérarchie dans laquelle chaque holon opère selon son code sans chercher à l'imposer aux autres ni à perdre son individualité par excès de subordination. Ce n'est qu'en périodes de tension qu'un holon peut se dérégler, sa tendance normale à l'affirmation de soi se changeant en agressivité — que le holon soit un individu, une classe sociale ou une nation. L'inverse se produit quand le holon dépend tellement de son supérieur qu'il perd toute identité. Cette esquisse préliminaire et fort incomplète aura sans doute indiqué au lecteur que dans la théorie ici proposée ce qu'on appelle instinct de mort ou de destruction n'a pas de place ; il n'y en a pas davantage pour la réification de l'instinct sexuel considéré comme *la seule* force d'intégration dans les sociétés animales ou humaines. L'Éros et le Thanatos de Freud sont tard venus sur la scène de l'évolution : des milliers d'êtres qui se multiplient par fission (ou bourgeonnement) les ignorent*. À notre avis, Éros vient de la tendance à l'intégration, Thanatos descend de la tendance à l'affirmation de soi, et ils ont pour ancêtre commun Janus, symbole de la dichotomie entre partiellité et totalité, inséparable des hiérarchies ouvertes de la vie.

Résumé

Les organismes et les sociétés sont des hiérarchies complexes de sous-totalités semi-autonomes qui se divisent en sous-totalités d'ordre inférieur, et ainsi de suite. On propose le terme de « holon » pour désigner ces entités intermédiaires qui fonctionnent comme totalités autonomes par rapport à leurs subordonnées et comme parties dépendantes par rapport à leurs supra-ordonnées. Cette dichotomie : « totalité » et « partiellité », autonomie et dépendance, est inhérente au concept d'ordre hiérarchique — c'est le « principe de Janus ». L'expression dynamique en est la polarité des Tendances à l'Affirmation de Soi et à l'Intégration.

Les hiérarchies sont « disséquables » en leurs éléments ou embranchements dont les holons forment les « nœuds ». La « profondeur » d'une hiérarchie est déterminée par le nombre de ses niveaux, son « envergure » par le nombre des holons à chaque niveau.

Les holons obéissent à des règles fixes et disposent de stratégies plus ou moins souples. Les règles de conduite d'un holon social ne se ramènent pas aux règles de conduite de ses membres.

(L'annexe placée à la fin de ce volume rassemble les caractéristiques générales des systèmes hiérarchiques définies dans le présent chapitre et dans les suivants.)

---

* Pour une analyse de la métapsychologie freudienne, voir *Insight and outlook*, chap. XV et XVI.

IV

INDIVIDUS ET DIVIDUS

Je n'ai jamais vu de problème, si compliqué soit-il, qui lorsqu'on l'aborde correctement ne devienne encore plus compliqué.

Paul ANDERSON.

À propos des diagrammes

Avant de passer de l'organisation sociale aux organismes biologiques je voudrais faire quelques remarques sur les divers types de hiérarchies et leur représentation diagrammatique.

On a souvent tenté de classer les hiérarchies, sans jamais tout à fait réussir parce que les catégories se chevauchent inévitablement. Ainsi peut-on distinguer en gros des hiérarchies « structurelles » qui soulignent l'aspect spatial (l'anatomie, la topologie) d'un système, et des hiérarchies « fonctionnelles » qui soulignent un processus dans le temps. Évidemment structure et fonction sont inséparables, elles représentent des aspects complémentaires d'un processus spatio-temporel indivisible ; mais bien souvent il est commode d'attirer l'attention sur l'un ou l'autre aspect. Toutes les hiérarchies ont le caractère d'une « partie dans une partie », mais on s'en aperçoit davantage dans les hiérarchies « structurelles » que dans les « fonctionnelles », telles que les techniques du langage et de la musique qui tissent leurs formes dans les formes du temps.

Dans le type de hiérarchie administrative dont nous avons parlé, le diagramme en arbre symbolise à la fois la structure et la fonction — les branches formant les lignes de communication et de commandement, les nœuds ou cases représentant chaque fois un groupe de personnes réelles : chef de service, assistants, secrétaires. Mais si nous traçons un diagramme semblable pour une unité militaire, l'arbre ne représentera que l'aspect fonctionnel, car à proprement parler les cases de chaque niveau (bataillons, compagnies, etc.) ne contiendront que les officiers ou sous-officiers ; les hommes qui forment le gros du bataillon ou de la compagnie sont tous dans la rangée du bas. Dans notre perspective cela n'a aucun inconvénient puisque nous nous intéressons à la manière dont le mécanisme fonctionne, et c'est justement ce que l'arbre indique : les officiers et sous-officiers qui déterminent les opérations du holon en tant que dépositaires de ses règles fixes et auteurs de sa stratégie. Si toutefois nous voulions figurer l'aspect *structurel* d'une armée nous pourrions imaginer ce diagramme (Fig. 4) qui montre les sections « encapsulées » dans les compagnies, les compagnies dans les bataillons, etc.

FIGURE 4

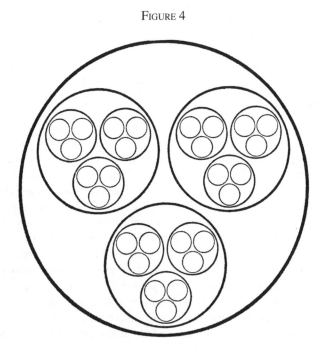

Certains auteurs placent dans une catégorie à part les *hiérarchies symboliques* (langage, musique, mathématiques) ; mais celles-ci, produites par des opérations humaines se ramènent aux hiérarchies fonctionnelles. Un livre consiste en chapitres, qui consistent en paragraphes, qui consistent en phrases, etc. ; et de même on peut analyser une symphonie en parties. La structure hiérarchique de l'œuvre reflète la nature hiérarchique des techniques et sous-techniques qui l'ont produite.

De même toutes les *hiérarchies classificatoires*, à moins d'être purement descriptives, reflètent les processus d'une création. C'est ainsi que la classification des animaux en espèce-genre-famille-ordre-classe-phylum veut refléter des rapports dans l'évolution, le diagramme représentant cette fois « l'arbre de la vie » lui-même. De façon analogue les divisions hiérarchisées d'un catalogue de bibliothèque reflètent la hiérarchie des connaissances.

Enfin la phylogenèse et l'ontogenèse sont des *hiérarchies de développement* dans lesquelles l'arbre se ramifie sur l'axe du temps, les différents niveaux représentant des étapes du développement et les holons, comme nous verrons, des structures intermédiaires. Mais peut-être est-il bon de répéter, à ce stade, que la recherche des propriétés ou des lois communes à ces diverses sortes de hiérarchies n'est pas un simple jeu d'analogies superficielles. Il s'agirait plutôt d'un exercice de « théorie des systèmes généraux », discipline relativement récente dont le but est de construire des modèles théoriques et des « lois logiquement homologues » (v. Bertalanffy) universellement applicables à tous les systèmes inorganiques, biologiques et sociaux.

Systèmes inanimés

En descendant la hiérarchie qui constitue les organismes vivants, des organes aux tissus, cellules, organites, macro-molécules, etc., on n'arrive jamais à toucher le roc, on ne trouve nulle part les ultimes constituants auxquels s'attendaient autrefois les conceptions mécanistes de la vie*. *La hiérarchie est ouverte vers le bas comme vers le haut.*

---

* Quand je parle de théories « mécanistes », c'est en un sens très général, et non au sens technique de la théorie qui en biologie s'est opposée au « vitalisme ».

L'atome lui-même, bien que son nom signifie en grec « indivisible », s'est révélé comme un fort complexe holon à tête de Janus. Vers l'extérieur il s'associe à d'autres atomes comme une totalité unitaire : la régularité des poids atomiques des éléments, très proches de nombres intégraux, a paru confirmer la croyance en son indivisibilité. Mais depuis que nous pouvons regarder à l'intérieur, nous observons les interactions, obéissant à des règles, du noyau et des électrons et de toute une variété de particules à l'intérieur du noyau. Les règles peuvent s'exprimer par des séries d'équations mathématiques qui définissent comme holon chaque type d'atome particulier. Mais là encore, les règles qui gouvernent les interactions des particules intranucléaires dans la hiérarchie ne sont pas celles qui gouvernent les interactions chimiques des atomes en tant que totalités. C'est là une question trop technique pour que nous la poursuivions ici ; on en trouvera un bon exposé dans l'article de H. Simon que j'ai déjà cité[1].

En passant de ce microcosme à l'univers on retrouve l'ordre hiérarchique. Les lunes gravitent autour des planètes, les planètes autour des étoiles, les étoiles autour du centre de leur galaxie, les galaxies forment des amas. Chaque fois que dans la nature nous trouvons des systèmes ordonnés et stables, nous voyons qu'ils sont structurés hiérarchiquement, pour la bonne raison que sans de telles structurations de systèmes complexes en sous-ensembles, il n'y aurait ni ordre ni stabilité — sinon l'ordre d'un monde mort empli d'un gaz uniformément distribué. Et même alors chaque molécule de gaz serait encore une hiérarchie microscopique. Si à présent tout cela paraît tautologique, tant mieux[*].

On tomberait évidemment dans un anthropomorphisme grossier en parlant de tendances à l'affirmation de soi ou à l'intégration dans la nature inanimée, ou de stratégies. Il est néanmoins vrai qu'en tout système dynamique stable, la stabilité est maintenue par un équilibre de forces opposées, l'une pouvant être centrifuge, ou force de séparation ou d'inertie et représenter les propriétés holistiques quasi

---

[*] Bien souvent lorsqu'on ne reconnaît pas une structure hiérarchique, par exemple dans un cristal, c'est qu'il s'agit d'une hiérarchie sans profondeur, autant que l'on sache à trois niveaux : molécules, atomes, particules subatomiques, et aussi que le niveau moléculaire a une immense « envergure » de holons quasi identiques.

indépendantes de la partie, et l'autre, force centripète, d'attraction ou cohésive, maintenant la partie à sa place dans le tout en assurant son intégrité. Aux différents niveaux des hiérarchies inorganiques ou organiques, la polarisation des forces « particularistes » et « holistes » prend des formes différentes, mais elle est toujours observable. Ce n'est pas un dualisme métaphysique que l'on retrouve ici, c'est plutôt la troisième Loi de Newton (« pour chaque action il y a une réaction égale et opposée ») appliquée aux systèmes hiérarchiques.

Il existe aussi en physique une analogie significative à la distinction entre règles fixes et stratégies souples. La structure géométrique d'un cristal est représentée par des règles fixes ; mais des cristaux croissant dans une solution saturée atteindront une forme identique par des moyens différents, c'est-à-dire par des processus de croissance différents ; et même en cas de dommages artificiellement provoqués, le cristal en grandissant peut réparer les dégâts. Dans ce phénomène comme en beaucoup d'autres, les propriétés auto-régulatrices des holons biologiques s'annoncent déjà à des niveaux élémentaires.

L'organisme et ses pièces de rechange

En nous élevant aux hiérarchies de la matière vivante, nous trouvons même au niveau le plus bas, observable au microscope électronique des structures subcellulaires — les organites, d'une étonnante complexité. Le plus frappant est que ces parties minuscules de la cellule fonctionnent comme des totalités autonomes, chacune suivant son propre règlement. Tel type d'organites, en tant qu'agent quasi indépendant, veille à la croissance de la cellule, tels autres aux fournitures d'énergie, à la reproduction, aux communications, etc. Les *ribosomes*, par exemple, qui manufacturent les protéines, sont de véritables usines chimiques. L'organisme n'est pas un agrégat de processus physico-chimiques élémentaires, mais une hiérarchie dont chaque membre, dès le niveau subcellulaire, est une structure intégrée, munie d'appareils auto-régulateurs et jouissant d'une certaine forme d'autonomie. L'activité d'organites comme les mitochondries est intermittente, mais, son action déclenchée, elle suivra précisément sa voie propre : aucun échelon supérieur, dans la hiérarchie, ne pourra contrarier l'ordre de ses opérations conforme à son règlement particulier. L'organite est pour soi-même une loi, un holon autonome pourvu d'un type caractéristique de structure et de fonction qu'il tend à imposer même quand la cellule qui l'entoure est en train de mourir.

Les mêmes observations s'appliquent aux grandes unités de l'organisme. Cellules, tissus, nerfs, muscles, organes, tous ont leur rythme et leur mode intrinsèques, qui souvent se manifestent spontanément sans stimulation externe. Quand le physiologue observe un organe « d'en haut », du sommet de la hiérarchie, il le voit comme une partie dépendante. S'il le regarde « d'en bas », du niveau de ses composants, il le voit comme unité remarquablement autonome. Le cœur a ses régulateurs — trois régulateurs qui peuvent se remplacer mutuellement en cas de besoin. D'autres grands organes ont des types différents de centres de coordination et de systèmes auto-régulateurs. Leur caractère de holons autonomes se trouve démontré de façon convaincante par les expériences de culture et par la greffe chirurgicale. Depuis que Carrel a montré qu'un fragment de tissu prélevé sur le cœur d'un embryon de poulet continue à battre indéfiniment *in vitro* nous avons appris que des organes entiers — reins, cœurs, voire cerveaux — sont capables de fonctionner, isolés de l'organisme, soit qu'on leur fournisse l'alimentation nécessaire, soit qu'on les transplante sur d'autres organismes. À l'heure où j'écris des savants russes et américains ont réussi à maintenir en vie (à en juger à l'activité électrique) des cerveaux de chiens et de singes dans des appareils hors de l'animal — ou à les transplanter d'un animal à l'autre. (Inutile de souligner l'horreur de ces expériences à la Frankenstein, et ce n'est qu'un commencement.)

Mais la greffe chirurgicale, en soi chose précieuse, apporte au point de vue théorique, une éclatante confirmation de l'idée de hiérarchie. Elle démontre, au sens à peu près littéral, que l'organisme, envisagé sous son aspect corporel, peut se disséquer en sous-ensembles autonomes qui fonctionnent comme des totalités de plein droit. Elle éclaire aussi d'un jour nouveau le processus de l'évolution et les principes dont Bios s'est inspiré pour monter les sous-ensembles de ses montres.

Les pouvoirs d'intégration de la vie

Revenons un instant aux organites qui opèrent à l'intérieur de la cellule. Les mitochondries transforment les aliments — glucose, graisses, protéines — en une substance chimique, l'adénosine triphosphate (ATP) que toutes les cellules animales utilisent comme carburant. C'est le seul type de carburant employé dans tout le règne animal pour apporter l'énergie nécessaire aux cellules musculaires, nerveuses, etc. ; et pour le produire il n'existe aussi que cet unique type d'organite dans tout le règne animal : on a dit des mitochondries qu'elles sont les usines d'énergie de toute la vie sur terre. De plus chaque mitochondrie possède non seulement sa notice de fabrication de l'ATP, mais aussi son schéma d'hérédité qui lui permet de se reproduire indépendamment de la reproduction de la cellule dans son ensemble.

Il y a peu d'années on pensait encore que les seuls porteurs d'hérédité étaient les chromosomes, dans le noyau de la cellule. On sait maintenant que les mitochondries, de même que certains autres organites logés dans le cytoplasme, sont munies d'un appareillage génétique qui leur permet de se reproduire indépendamment. D'où l'hypothèse que ces organites aient évolué, à l'aube de la vie, indépendamment les uns des autres, pour entrer plus tard en une sorte de symbiose.

Ce serait alors une nouvelle illustration de la parabole des horlogers ; on pourrait regarder l'édification graduelle de hiérarchies complexes à partir de holons simples comme une manifestation fondamentale de la tendance de la matière vivante à l'intégration. En fait, il paraît bien probable que la cellule, considérée autrefois comme atome vital, est née de la réunion de structures moléculaires qui étaient les précurseurs primitifs des organites et qui étaient apparues indépendamment, chacune d'entre elles munie d'une propriété différente de la vie, reproduction, métabolisme ou mobilité. En s'associant de manière symbiotique, elles auraient formé des ensembles — quelque ancêtre de l'amibe — incomparablement plus stables et plus adaptables que n'eût été leur simple juxtaposition.

Cette hypothèse est conforme à tout ce que nous savons de l'universelle manifestation de la tendance à l'intégration : symbiose, formes variées d'association entre organismes. Elle va de l'association mutuellement indispensable d'algues et de mycètes dans les lichens, à l'interdépendance moins intime mais non moins vitale d'animaux, de plantes et de bactéries dans les communautés écologiques (biocénose). Quand il s'agit d'espèces différentes, l'association peut prendre la forme du commensalisme, celui par exemple des mollusques attachés aux flancs des baleines ; ou du mutualisme, comme celui des plantes et des insectes qui les fertilisent en prélevant le pollen, ou celui des fourmis et des pucerons qu'elles élèvent, protègent, pour les « traire ». Non moins variées sont les formes de coopération au sein d'une même espèce, à commencer par les colonies de polypes comme la Physalie où chaque polype est spécialisé dans une fonction particulière ; mais ses tentacules, ses flotteurs, ses unités reproductrices sont-ils des animaux individuels ou de simples organes ? c'est une question de sémantique ; chaque polype est un holon qui combine les caractères d'un tout indépendant et de parties dépendantes.

Le même dilemme se présente à propos des sociétés de fourmis, d'abeilles, de termites. Les insectes sociaux sont des entités physiquement distinctes mais qui ne peuvent survivre que dans le groupe ; leur existence est entièrement contrôlée par les intérêts du groupe ; tous les membres de ce groupe descendent d'un unique couple, ils sont interchangeables et indiscernables non seulement à l'œil humain mais probablement aussi pour les insectes eux-mêmes qui sans doute reconnaissent à l'odeur les membres de leur groupe mais ne semblent pas distinguer entre individus. De plus, beaucoup d'insectes sociaux échangent leurs sécrétions qui forment une sorte de lien chimique.

On définit généralement l'individu comme une entité indivisible, autonome, douée d'une existence distincte et indépendante. Mais en ce sens absolu on ne trouve d'individus ni dans la nature ni dans la société, de même que l'on ne trouve nulle part des totalités absolues. Au lieu de séparation et d'indépendance, il y a partout coopération et interdépendance, depuis la symbiose physique jusqu'à la cohésion de l'essaim, de la ruche, du banc de poissons, du troupeau, de la famille et de la société. L'on y voit moins clair encore à considérer le critère d'« indivisibilité ». À l'origine le mot « individu » ne signifie pas autre chose : il vient du latin *in-dividuus* comme atome du grec *a-tomos*. Mais à tous les niveaux l'indivisibilité se révèle fort relative. Les protozoaires, les éponges, les hydres et les vers plats peuvent se multiplier par simple division ou par bourgeonnement — autrement dit par la division à l'infini d'un individu. « Ces individus sont en fait des "dividus", écrit von Bertalanffy ; leur multiplication vient précisément de leur division... Faut-il vraiment appeler individu une hydre ou un ver, alors que ces animaux peuvent se découper en morceaux qui sont capables de grandir et de devenir des organismes complets[2] ? »

Un ver planaire découpé en six tranches reformera en quelques semaines un individu complet à partir de chaque tranche. Si la roue des réincarnations me transforme en ce ver, dois-je admettre que mon âme immortelle se scindera en six immortelles entités ? Le théologien chrétien se débarrassera aisément de ce dilemme en niant que les animaux aient une âme, mais hindous et bouddhistes sont d'un autre avis. Et les philosophes, qui ne parlent point de l'âme mais affirment l'existence d'un moi conscient, refusent aussi de marquer la frontière entre créatures avec et sans conscience. Si nous admettons qu'il y a une gradation continue de niveaux de sensibilité et de conscience depuis les êtres les plus primitifs, les biologistes, en mettant en question le concept d'individualité, posent un problème grave. La seule solution est sans doute de se dégager du concept d'individu en tant que structure monolithique (cf. chap. XIV), pour concevoir l'individu comme une hiérarchie ouverte dont le sommet recule sans cesse en s'efforçant d'atteindre, sans jamais y parvenir, un état d'intégration complète.

La régénération d'un individu à partir du fragment d'un animal primitif est une manifestation impressionnante des pouvoirs d'intégration de la matière vivante. Mais il y a des exemples plus frappants encore. Wilson et Child ont montré, voilà près d'une génération, qu'après avoir écrasé et filtré les tissus d'une éponge ou d'une hydre vivante, si l'on verse dans l'eau la pâte ainsi obtenue, les cellules dissociées commencent bientôt à se rassembler, à s'agréger en lamelles, qui s'arrondissent ensuite et forment des sphères, se différencient progressivement pour finir en « individus adultes pourvus d'une bouche, de tentacules caractéristiques, etc. » (Dunbar[3]). Plus récemment P. Weiss et ses collaborateurs ont démontré que dans les embryons les organes en cours de développement sont aussi capables que les éponges de se reformer après avoir été réduits en pâte. Mieux encore : les expérimentateurs sont arrivés à produire des reins embryonnaires normaux en écrasant et en mélangeant des tissus de reins provenant de plusieurs embryons de poulets différents. Les propriétés « holistes » de ces tissus peuvent résister non seulement à la désintégration, mais même à la fusion[4].

Cette fusion peut même intervenir entre espèces différentes. C'est ainsi que Spemann a combiné deux moitiés d'embryons de tritons, au stade de la gastrula, une moitié provenant d'un triton rayé, l'autre d'un triton à crête. Le résultat a été un animal parfaitement formé, rayé d'un côté, crêté de l'autre. Encore plus hallucinantes, les expériences du professeur Harris, à Oxford, portent sur la fusion de cellules humaines et de cellules de souris. Au cours de la mitose les *noyaux* des deux espèces de cellules fusionnent aussi, « et l'on a pu voir les deux jeux de chromosomes croître et multiplier fort joyeusement à l'intérieur de la même membrane nucléaire... De tels phénomènes vont certainement affecter dans une certaine mesure notre concept d'organisme... Il y a là évidemment de quoi encourager ou terrifier tout le monde pour pas mal de temps » (Pollock[5]).

Face à ces données expérimentales nos notions familières sur l'individu se perdent dans la brume. Si l'éponge réduite en purée, puis reformée, a une individualité, le rein embryonnaire aussi. Des organites aux organes, des organismes vivant en symbiose aux sociétés pourvues de formes d'interdépendance plus complexes, nous ne trouvons nulle part des totalités entièrement autonomes, mais seulement des holons, entités à deux faces qui ont en même temps des caractéristiques d'unités indépendantes et de parties interdépendantes.

J'ai souligné dans les pages qui précèdent les phénomènes d'interdépendance et d'association, le potentiel d'*intégration* des holons capables d'agir en tant que parties de totalités plus complexes. Au revers de la médaille, la coopération est remplacée par une concurrence entre les parties qui reflète la tendance à l'*affirmation de soi* des holons à tous les niveaux. Les plantes elles-mêmes, qui n'ont rien de sanglant ni de sanguinaire, luttent pour la lumière, l'eau, le sol. Les espèces animales se disputent les domaines écologiques, prédateurs et proies luttent pour survivre et, à l'intérieur de chaque espèce, la compétition est de règle pour le territoire, la nourriture, l'accouplement et la domination.

Il existe aussi une compétition moins visible entre holons à l'*intérieur* de l'organisme en périodes de crise, lorsque les parties exposées ou traumatisées tendent à s'affirmer au détriment de l'ensemble. Nous examinerons dans la troisième partie la pathologie de ces désordres hiérarchiques.

Mais dans des conditions normales, quand l'organisme ou le groupe fonctionne sans à-coups, les tendances à l'intégration et à l'affirmation de soi demeurent dans un équilibre dynamique que symbolisent *Janus Patulcius*, clef en main, « celui qui ouvre », et *Janus Clusius*, « celui qui ferme », le farouche gardien des portes.

En résumé les systèmes inorganiques stables, depuis les atomes jusqu'aux galaxies, ont un ordre hiérarchique ; l'atome lui-même, considéré autrefois comme une unité indivisible, est un holon, et les règles qui gouvernent les interactions des particules dans le noyau ne sont pas celles des interactions d'atomes.

L'organisme vivant n'est pas un agrégat de processus physico-chimiques élémentaires, c'est une hiérarchie de parties imbriquées, dans laquelle chaque holon, à partir des organites, est une structure bien intégrée, munie d'appareils auto-régulateurs et douée d'une certaine autonomie. La greffe chirurgicale et l'embryologie expérimentale fournissent de bons exemples de l'autonomie des holons organiques.

Les forces d'intégration de la vie se manifestent dans les phénomènes de symbiose entre organites, dans les diverses formes d'association à l'intérieur d'une espèce ou entre espèces différentes et dans les phénomènes d'orthogenèse et de régénération d'organes embryonnaires apparemment détruits. La tendance à l'affirmation de soi est partout présente, elle aussi, dans la lutte pour la vie.

V

FILTRES ET DÉCLICS

Tout le temps le Garde l'observait, d'abord à l'aide d'un télescope, puis d'un microscope, puis d'une paire de jumelles. Et enfin il dit : « Vous allez du mauvais côté... »

Lewis Carroll, *À travers le miroir.*

Déclics

Vous tournez un interrupteur, vous pressez un bouton et sans effort ce simple geste déclenche l'action coordonnée d'une centaine de roues, de pistons, de leviers, de tubes à vide et de tout ce que vous voudrez. Ces mécanismes de déclenchement, dans lesquels un ordre ou un signal relativement simples mettent en marche des systèmes d'action préétablis et extrêmement complexes, sont des dispositifs bien connus en toute organisation biologique ou sociale. Grâce à eux, l'organisme (ou le groupe) peut profiter de tous les avantages du caractère autonome et auto-régulateur de ses subdivisions — de ses holons aux niveaux inférieurs. Quand le gouvernement décide d'augmenter le taux de l'escompte ou d'envoyer des troupes en Orient, la décision est rédigée en termes laconiques qui impliquent sans le spécifier le déroulement compliqué des actions qui s'ensuivront. La décision met en branle des bureaux et des experts, lesquels donneront les premières instructions spécifiques qui à leur tour vont se ramifier en descendant la hiérarchie jusqu'aux dernières unités : employés de banque ou parachutistes. À chaque échelon de sa descente, le signal déclenche des systèmes d'action préétablis qui transforment le message implicite en termes explicites, du général au particulier. Nous avons vu à l'œuvre des processus analogues dans la production du langage : l'intention informulée et non verbale de faire passer un message déclenche des mécanismes de structuration qui à leur tour font jouer les règles de la syntaxe et ainsi de suite, jusqu'à faire épeler les phonèmes individuels.

Dans l'exécution de techniques manuelles nous suivons la même procédure : mon moi conscient, au sommet de la hiérarchie, donne un ordre bref : « Allume une cigarette », et laisse aux échelons inférieurs de mon système nerveux le soin de remplir les détails en envoyant un système d'impulsions qui activent les sous-centres, lesquels commandent les contractions de tels et tels muscles. Ce processus d'analyse, de l'intention à l'exécution est assez comparable au maniement d'une suite de serrures à combinaison à différents niveaux et en ordre descendant. Chaque holon de la hiérarchie motrice possède, comme un ministère, des systèmes réglementaires pour coordonner les membres, les articulations, les muscles, selon le niveau qu'il occupe dans la hiérarchie ; ainsi le commandement « Allume une cigarette » n'a-t-il pas à spécifier ce que chacun des muscles de mes doigts est censé faire pour gratter une allumette. Il n'a qu'à mettre en action les centres appropriés qui traduiront le commandement implicitement « codé » en termes explicites en activant les unités subordonnées dans l'ordre stratégique voulu, guidés localement par rétroaction. Pour parler en général, *un holon au niveau de la hiérarchie figure au niveau n + 1 comme unité, et il est déclenché comme unité*[*].

Comme toutes nos généralisations précédentes, celle-ci est applicable à tous les types de hiérarchies, y compris par exemple la séquence hiérarchique du développement embryonnaire. Ce dernier commence par un déclenchement assez remarquable : il suffit de piquer avec une aiguille de platine l'œuf non fécondé d'une grenouille vierge pour que cet œuf se mette à se développer pour

---

* En d'autres termes, le holon est un système de relations représenté comme unité au niveau immédiatement supérieur.

donner finalement une grenouille adulte normale. On a démontré que même chez des mammifères comme le lapin et le mouton de simples stimuli mécaniques ou chimiques peuvent produire le même effet. La reproduction sexuelle est indispensable pour créer des variétés ; pour la simple propagation le déclic suffit.

Normalement, certes, le déclencheur est un sperme. Le code génétique de l'œuf fécondé contient, dit-on, le « plan » du futur adulte, mais il serait plus correct de dire qu'il enferme des règles, des instructions de fabrication. Ces règles sont formulées dans un code chimique qui comporte quatre lettres : A, G, C, T (initiales de substances chimiques dont il est inutile ici de copier les noms interminables). Les « mots » que forment ces lettres en longues spirales dans les chromosomes du noyau de la cellule contiennent les instructions que doit suivre la cellule. La différenciation des structures et leur mise en forme dans l'embryon en développement est un processus graduel que l'on a comparé au travail d'un sculpteur qui fait émerger une statue d'un morceau de bois — et aussi à la manière dont un enfant accède au langage clair et cohérent. À chaque degré, depuis l'œuf fécondé jusqu'au produit fini, les instructions générales contenues dans l'alphabet du code génétique sont esquissées puis dégrossies, puis analysées en détail ; et chaque degré entre en jeu sous l'action de déclencheurs biochimiques : enzymes, inducteurs, hormones et autres catalyseurs.

Pour construire un nid

Nous reviendrons sur l'ordre hiérarchique du développement de l'embryon (chap. IX) ; tournons-nous maintenant vers les activités instinctives de l'animal adulte*. L'organisme en état de croissance est régi par son code génétique : dans l'organisme adulte, intervient un autre type de code localisé dans le système nerveux. Ce code comporte les règles fixes qui régissent les rites stéréotypés de la cour, des amours, du duel, et les techniques beaucoup plus souples

---

* La plupart des activités que nous appelons « instinctives » sont en réalité partiellement acquises ou modifiées par l'éducation du premier âge.

de la construction des nids, des ruches ou des toiles. Chacune de ces techniques peut à son tour se « disséquer » en sous-techniques, autrement dit en holons fonctionnels, et cela jusqu'au niveau des schèmes d'action fixes, pour employer l'expression de Konrad Lorenz. En toutes ces activités le principe du déclic joue un rôle dominant et très visible. Les déclencheurs sont des ensembles de stimulus, dans l'environnement : aspects, sons, odeurs. C'est ainsi que pour couleurs nuptiales, l'épinoche a les yeux bleus et le ventre rouge ; approché du territoire d'une épinoche mâle, tout objet dont le dessous sera rouge déclenchera une attaque. Pour la menace et l'attaque, d'ailleurs, ce poisson emploie cinq méthodes dont chacune dépend d'un déclencheur légèrement différent. De même les espèces qui se livrent à des tournois rituels, où l'adversaire qui reconnaît sa défaite est épargné, a un répertoire limité d'assauts et de parades, assez semblable à celui de l'escrime.

W. H. Thorpe a donné une analyse détaillée des holons fonctionnels qui jouent dans la construction du nid chez les mésanges à longue queue. Il énumère quatorze groupes d'activités (quête et collecte des matériaux, tissage, pressage, piétinement, garnissage, etc.), dont chacun comporte des systèmes plus simples, et que mettent en marche au moins dix-huit déclencheurs différents. Au lieu d'observer indéfiniment des rats qui appuient indéfiniment sur la tringle de Skinner, les étudiants en psychologie feraient bien d'étudier la description de Thorpe, que nous allons résumer brièvement.

La mésange utilise la mousse, la soie d'araignée, les lichens et les plumes, chacun de ces matériaux ayant une fonction propre et nécessitant une technique particulière. L'activité commence par la recherche d'un site convenable, une branche commodément fourchue. Il s'agit alors de recueillir de la mousse et de la placer sur la fourche, ce qui demande beaucoup d'obstination. À ce stade l'oiseau passe à la collecte de soie d'araignée qui doit coller à la mousse à force de frottements, avant d'être étirée et employée comme liant. Ces activités se poursuivent jusqu'à ce que la plateforme soit bien établie. L'oiseau va alors chercher de la mousse et se met à construire une coupe autour de lui, en tissant d'abord en travers puis verticalement, en position assise, et en tournant continuellement tandis que prend forme le bord incurvé de la coupe. D'autres types d'action font alors leur apparition : « pressage à la poitrine » et « piétinement ». Arrivée au tiers de la construction de sa coupe, la mésange commence à ramasser le troisième matériau, les lichens, qui servent seulement à recouvrir l'extérieur du nid, l'oiseau travaillant sur les bords de l'intérieur ou s'accrochant à l'extérieur « en diverses attitudes plus ou moins acrobatiques ». Aux deux tiers de la coupe, le mode de construction change de façon à laisser une entrée bien placée à l'endroit le plus commode. Autour de ce trou la paroi est renforcée, le dôme du nid s'achève, il est temps de meubler l'intérieur en recourant aux plumes, quatrième matériau.

« Et voilà pour la simplicité », ajoute Thorpe. Mais ce qui est peut-être le plus significatif, c'est la preuve ainsi apportée que l'oiseau doit avoir une certaine « conception » de ce que sera le nid terminé, et qu'il doit en quelque sorte « concevoir » que l'addition d'un peu de mousse ou de lichen çà et là le rapprochera du type « idéal », alors que d'autres brindilles ailleurs l'en éloigneraient... Ses actions sont directionnelles et il « sait quand il faut s'arrêter... [1] »

En comparant cette description avec celle que Watson donnait de la couture de Patou (« A-t-il une image dans la tête ? Non ! »), ou avec la méthode de Skinner pour conditionner les pigeons, on a une idée du contraste entre la vision behavioriste de la terre plate et la réalité vivante. Où est, par exemple, l'indispensable « renforcement », le bâton et la carotte qui, d'après les behavioristes, seraient requis à chaque pas pour que l'oiseau persévère dans des activités qui comportent treize techniques de construction différentes ? Or il persévère, sans la moindre récompense, jusqu'à l'achèvement du nid. Et comment soutenir que la mésange est « contrôlée par les hasards de l'environnement » quand il lui faut fouiller l'environnement pour y trouver tantôt de la mousse, tantôt de la soie d'araignée, tantôt des plumes et du lichen, et que, si divers que soient « les hasards de l'environnement » elle réussit à bâtir une seule et même espèce de nid ? Pour prendre un autre exemple, l'araignée commune qui suspend sa toile à trois ou quatre points d'attache, ou davantage selon le terrain, arrive toujours au même dessin symétrique dont les rayons croisent les fils latéraux à angles égaux, conformément aux règles fixes qui régissent ses activités. L'application de ces règles à un milieu donné (la toile sera-t-elle pentagonale ou hexagonale ?) est une question de stratégie.

Toutes les activités instinctives consistent en sous-hiérarchies de techniques — dans le cas de l'araignée l'estimation des angles et le tissage du fil — régies par des règles fixes et guidées par des stratégies adaptables. C'est cette double caractéristique qui nous autorise à nommer une sous-technique « holon fonctionnel ». En tant que telle, elle a aussi les autres caractéristiques que nous avons déjà attribuées aux holons. Une technique peut s'exercer au service d'une activité plus large, dont elle ferait partie ; mais, virtuellement, toute technique peut aussi devenir une habitude qui ne souffre aucune gêne et qui se suffit à elle-même. Dans le premier cas le holon fonctionnel sert l'*intégration* du comportement ; dans l'autre il peut manifester des tendances très marquées à l'*affirmation de soi* — la force proverbiale de l'habitude. Si habiles que soient les « stratégies » dont vous usiez pour déguiser votre écriture, vous ne tromperez pas les experts. Il en va de même de la démarche, de l'accent, des expressions familières. Les habitudes sont des holons de comportement régis par des règles qui, pour la plupart, opèrent dans l'inconscient. Prises dans leur ensemble elles constituent ce qu'on appelle style ou personnalité. Mais chaque holon jouit aussi d'une marge de choix stratégiques qui s'élargit à mesure que l'on s'élève, dans une complexité croissante, aux niveaux supérieurs. Et si nous nous demandons ce qui, au sommet, détermine les choix conscients, nous nous trouvons encore devant une série infinie.

Filtres

Jusqu'ici nous nous sommes occupés d'émission : l'explicitation d'une intention qui passe à l'acte, qu'il s'agisse de « l'intention » de l'œuf fécondé de croître et devenir un animal adulte, ou de celle d'une idée féconde qui veut devenir langage clair. Avant de passer à l'admission — aux sensations et perceptions — il peut être utile de revenir un instant à l'analogie des opérations militaires au cours d'une guerre classique d'avant-hier.

Le commandant en chef donne un ordre qui contient un plan d'action en termes généraux ; cet ordre est transmis de l'état-major de l'armée à ceux de la division, de la brigade et ainsi de suite ; à chaque échelon successif de la hiérarchie le plan est de plus en plus élaboré jusqu'aux derniers détails. Le processus inverse a lieu quand il s'agit de transmettre des renseignements sur les mouvements de l'ennemi et la configuration du terrain. Les données sont recueillies au niveau local le plus bas par les patrouilles en reconnaissance. Elles sont ensuite purgées des détails non pertinents, condensées, filtrées et combinées avec d'autres données venues d'autres sources, à chaque échelon, à mesure que le courant d'information remonte le long des branches convergentes de la hiérarchie. Nous avons ici un modèle très simplifié du fonctionnement du système nerveux sensorimoteur.

Du côté moteur nous avons une série de déclencheurs. Du côté sensoriel nous avons une série de filtres à travers lesquels tout l'apport extérieur passe obligatoirement en montant des organes des sens au cortex cérébral. Ces filtres ont pour fonction d'analyser, de décoder, de classer et d'abstraire l'information ainsi charriée, pour transformer en messages intelligibles le chaos de sensations qui constamment bombardent les sens.

La plupart de ces processus de filtrage s'opèrent heureusement à notre insu : ils sont dus à toute une hiérarchie de relais intégrés au système de la perception. Au niveau le plus bas c'est le filtrage des sensations qui sont inutiles à l'activité ou à l'humeur du moment. Normalement nous n'avons pas conscience de la pression de la chaise sur notre dos, ni du contact entre la peau et les vêtements. L'œil et l'oreille sont équipés aussi d'appareils sélectifs de filtrage : inhibition latérale, « habituation », etc.

Le stade suivant des opérations est assez étonnant lorsqu'on y réfléchit. Si vous tenez devant vous votre index de la main droite à quinze centimètres et celui de la main gauche à trente centimètres vous les voyez de la même dimension, alors que sur la rétine l'image du premier est *deux fois plus grande* que l'autre. Des gens qui vont et viennent dans une pièce devraient grandir ou rétrécir par rapport à l'observateur immobile ; mais leur taille nous paraît demeurer constante parce que nous *savons* qu'elle demeure constante : d'une façon ou d'une autre ce savoir influe sur la sensation à un certain niveau du système nerveux, et la fausse dans le noble but de la rendre conforme à la réalité. Les lentilles photographiques n'ont pas ce régulateur ; honnêtement l'objectif montre le premier index plus grand que le second, et du joli pied d'une baigneuse tendu vers l'appareil fait un cas d'éléphantiasis. « Même nos perceptions élémentaires sont des constructions inférentielles », écrit Bartlett[2], mais le processus d'inférence fonctionne au niveau inconscient de la hiérarchie.

Les psychologues parlent de phénomène de « constance dimensionnelle » à propos de cette tendance à voir les objets familiers en grandeur réelle quelle que soit la distance. Mais, outre la dimension, la couleur et la forme de l'image rétinienne d'un objet en mouvement changent sans cesse avec la distance ; or, nous avons à peine conscience de ces changements. Aux phénomènes de constance dimensionnelle, il convient donc d'ajouter ceux de constance des couleurs et des formes.

Ce n'est là qu'une partie de notre répertoire de *techniques de la perception* qui forment la grammaire de la vision et procurent les règles qui nous permettent d'abstraire des images intelligibles de la mosaïque toujours mouvante des sensations. Bien qu'elles opèrent automatiquement, dans l'inconscient, elles sont modifiables par apprentissage. Lorsque dans un laboratoire de psychologie un sujet met des lunettes inversantes qui lui représentent le monde (et son corps avec) sens dessus dessous, il est d'abord complètement égaré, incapable de marcher, exposé à d'affreuses nausées. Au bout de quelques jours, s'il continue à porter ces verres, il s'adapte et apprend à vivre dans un monde à l'envers. L'adaptation exige d'abord un effort pénible et conscient, mais à la fin de l'expérience le sujet, apparemment, ne se rend presque plus compte du bouleversement de son univers. L'image rétinienne demeure inversée, de même, évidemment, que sa projection dans le cerveau, mais l'image mentale — il n'y a pas d'autre mot — est dans le bon sens ; et quand le sujet est enfin débarrassé de ses lunettes, il lui faut quelque temps pour se réadapter à la vision normale*.

Les habitudes de la perception sont aussi ancrées que les habitudes motrices. Il est aussi difficile de modifier notre manière de voir le monde que de changer notre signature ou notre accent ; chaque habitude a des règles. Les mécanismes qui déterminent la vision et l'audition

---

* Pour plus de détails sur ce sujet assez controversé voir, par exemple, Gregory[3] et Kottelhoff[4].

font partie de notre équipement perceptuel, mais ils opèrent en holons fonctionnels quasi indépendants, ordonnés hiérarchiquement le long des arbres emmêlés du système nerveux.

En s'élevant dans la hiérarchie, on rencontre le phénomène déroutant de la reconnaissance des formes, qui est aussi en d'autres termes la question de l'abstraction et de la reconnaissance des universaux. Après avoir écouté un disque d'opéra dans lequel sont enregistrés quatre voix et cinquante instruments, si vous regardez ce disque à la loupe toute la magie se réduit à la spirale ondulée du sillon. Ceci pose un problème analogue à celui de l'interprétation du langage (cf. chap. II). Les ondes sonores qui font entrer l'opéra dans nos oreilles n'ont qu'une seule variable : des variations de pression d'air dans le temps. Les instruments et les voix se superposent ; violons, flûtes, soprano, trombones, ténor se mélangent et font une bouillie acoustique qui s'étire en une seule et unique pulsation de modulation laquelle fait vibrer les tympans de l'oreille plus ou moins vite et avec une intensité variable. Analysées dans l'oreille interne, ces vibrations deviennent série de sons purs, et c'est cette série, et elle seule, qui est transmise au cerveau. Toute information sur les instruments qui ont servi à produire la bouillie semble irrémédiablement perdue. Or à l'audition nous n'entendons pas une succession de sons purs ; nous entendons un ensemble de voix et d'instruments dont chacune et chacun ont un timbre caractéristique. Comment s'exécute cette opération de démontage et de remontage, nous le comprenons encore fort mal, et les psychologues ne paraissent guère s'intéresser à cette question. Mais nous savons au moins que le timbre d'un instrument est déterminé par les séries de partielles qui accompagnent la fondamentale et par la répartition d'énergie entre elles ; c'est leur combinaison qui donne le spectre tonal caractéristique de l'instrument en question. Nous identifions le son d'un violon ou d'une flûte en reconstituant ce spectre, c'est-à-dire en repérant pour les classer ensemble les partielles noyées avec des milliers d'autres dans le magma de la pulsation sonore. Autrement dit, nous abstrayons du flux acoustique un motif stable — nous en extrayons le timbre de la flûte, le timbre du violoncelle, etc., qui constituent les holons auditifs stables de l'auditeur. Ceux-ci se combinent à leur tour, aux degrés supérieurs de la hiérarchie, en motifs mélodiques et harmoniques selon des règles plus complexes. (La mélodie, par exemple, est une forme toute différente du timbre, que l'on extrait du même mélange sonore en suivant d'autres variables appelées hauteur et rythme.)

Mélodie, timbre, contrepoint : autant de dessins découpés dans le temps, de même que les phonèmes, les mots et les phrases. Ils n'ont aucun sens — musical, linguistique ou sémantique — si on les considère comme des chaînes linéaires d'unités élémentaires. Le message des ondes sonores ne peut se décoder qu'en identifiant les rouages et les engrenages qu'elles contiennent, les motifs simples intégrés dans des motifs complexes comme les arabesques d'un tapis persan. Nous avons déjà indiqué que ce processus paraît d'autant plus mystérieux que le temps n'a qu'une seule dimension. Mais une seule variable suffit pour coder toute la musique du monde — à condition qu'il existe un système nerveux pour la décoder, sans quoi les vibrations provoquées par l'aiguille du gramophone ne seront jamais qu'un peu d'air en mouvement.

Cependant la reconnaissance des dessins découpés dans l'espace pose un problème tout aussi difficile. Comment, d'un coup d'œil, reconnaît-on un visage, un mot imprimé, un paysage ? À elle seule l'identification d'une simple lettre qui peut être tracée plus ou moins grosse par des personnes différentes, qui apparaît donc dans des positions différentes sur la rétine, puis dans le cortex optique, pose au physiologiste un problème à peu près inextricable. Afin d'identifier la perception le cerveau doit faire appel à un souvenir ; mais nous ne pouvons pas avoir des souvenirs qui correspondent à toutes les manières possibles de tracer la lettre F, — sans parler de plusieurs milliers de caractères, si l'on est chinois. Il faut qu'entre en jeu un processus de filtrage très complexe qui d'abord identifie dans l'ensemble des traits caractéristiques simples (des holons visuels comme les boucles, les triangles, etc.), puis dégage des rapports entre ces traits, puis des rapports entre ces rapports. En fait, nos yeux sont constamment occupés à toutes sortes de mouvements explorateurs dont nous ne sommes pas conscients, et — des expériences l'ont montré — si l'on empêche ces opérations le champ visuel se désintègre. Explorer le champ visuel, c'est traduire en une succession d'impulsions temporelles ce qui est donné simultanément dans l'espace, de même que la caméra de télévision transcrit son champ visuel en une succession d'impulsions dans le temps, qui sont ensuite retraduites en images par le téléviseur. Et vice-versa quand nous écoutons une conversation ou de la musique le système nerveux dégage des motifs temporels en assemblant le présent avec les réverbérations du passé immédiat et les souvenirs du passé éloigné, pour en faire un processus complexe qui se déroule dans le prétendu présent du cerveau tridimensionnel. C'est une perpétuelle transposition de motifs temporels en motifs spatiaux et d'événements spatiaux en séquences temporelles. Selon le mot de Lashley, « ordre spatial et ordre temporel paraissent presque complètement interchangeables dans l'action cérébrale[5] ».

Ainsi, à chacun des relais par lesquels il doit passer, le flot sensoriel est soumis à des processus de filtrage et d'analyse qui le purifient de tout ce qui est adventice et inutile pour extraire du flux des sensations des configurations stables et pour identifier des motifs d'événements dans l'espace et le temps. Le stage décisif est le passage du niveau perceptuel au niveau cognitif. Le sens que nous attachons à des figures sonores est fixé par les conventions du langage ; mais l'homme a une tendance invincible à trouver des significations à toutes les sensations qui lui parviennent ; s'il n'en existe aucune, l'imagination lui en donnera. Il voit un chameau dans un nuage, un visage dans un rocher, un détail anatomique dans la tache d'encre d'un test de Rohrschach ; il perçoit des messages dans un carillon ou dans le bruit des roues d'un train. D'un environnement chaotique le système sensoriel extrait des significations, comme de la nourriture l'appareil digestif tire de l'énergie. En regardant une mosaïque byzantine nous n'y voyons pas un assemblage de fragments minéraux ; automatiquement nous combinons ces fragments en enchaînement — nez, oreilles, draperies, ces enchaînements en figures et celles-ci en un ensemble composite. Et lorsqu'un artiste peint un visage il va en sens inverse : il commence par tracer les contours, puis esquisse les yeux, la bouche, les oreilles comme autant de sous-structures quasi indépendantes, autant de holons perceptuels qu'il peut schématiser à l'aide de certaines formules.

Inhérent à nos modes de perception, le principe hiérarchique peut se raffiner par l'étude et la pratique. Quand un jeune peintre apprend l'anatomie, ce n'est pas son tour de main qu'il perfectionne, mais son regard. Constable avait étudié et classé les diverses formations nuageuses ; il s'était donné un vocabulaire visuel des nuages qui lui permit de voir et de peindre les ciels comme personne. Le regard entraîné du bactériologiste ou du radiologue lui fait identifier des objets qui pour le profane ne sont que des ombres informes.

Si la nature a horreur du vide, l'esprit a horreur du non-sens. Que l'on vous montre une tache d'encre, vous vous mettrez immédiatement à l'organiser en une hiérarchie de formes, de tentacules, de roues, de masques, — tout un spectacle. Quand les Babyloniens voulurent dresser le portulan du ciel ils commencèrent à grouper les astres en constellations de lions, de vierges, d'archers et de scorpions : ils les formèrent en sous-ensembles, en holons célestes. Les inventeurs du calendrier prirent le fil du temps pour en tisser les motifs hiérarchisés des jours solaires, des mois lunaires, des années stellaires, des cycles olympiques. De même, les astronomes grecs prirent l'espace homogène pour y découper la hiérarchie des huit sphères dont chacune fut équipée de son horlogerie d'épicycles.

Nous ne pouvons nous empêcher d'interpréter la nature comme une organisation de parties imbriquées dans d'autres parties, parce que toute la matière vivante et tous les systèmes inorganiques stables ont cette architecture qui leur donne articulation, cohésion et stabilité. Lorsque la structure n'est pas inhérente, ou lorsqu'elle n'est pas discernable, l'esprit y supplée en projetant des papillons dans les taches d'encre et des chameaux dans les nuages.

En résumé : dans les hiérarchies motrices, l'intention implicite ou le commandement général sont particularisés et articulés de plus en plus finement à mesure qu'ils descendent vers la périphérie. Dans la hiérarchie perceptuelle, c'est le processus inverse : l'apport que reçoivent les organes récepteurs à la périphérie de l'organisme est de plus en plus « départicularisé », dépouillé et généralisé à mesure qu'il monte vers le centre. La hiérarchie de l'émission concrétise, la hiérarchie de l'admission abstrait. La première opère au moyen d'appareils de déclenchement, la seconde au moyen d'appareils de filtrage. Quand je veux écrire la lettre R, un déclencheur met en marche un holon fonctionnel, un système automatisé de contractions musculaires qui produit la lettre R dans mon écriture propre. Quand je lis, le filtrage de mon cortex visuel identifie la lettre R quelle que soit la main qui l'a tracée. Les déclencheurs lancent des émissions complexes au moyen d'un signal codé simple. Les filtres fonctionnent dans le sens contraire : ils transforment en un signal codé simple des perceptions complexes.

VI

LA MÉMOIRE SERT À OUBLIER

Mais où sont les neiges d'antan ?

François VILLON.

« J'ai une très bonne mémoire pour oublier, David », remarque Alan Breck dans *Kidnapped*, de R. L. Stevenson. Nous pourrions tous en dire autant. Nos souvenirs sont comme la lie au fond du verre, les sédiments desséchés de perceptions dont le parfum a disparu. Hâtons-nous d'ajouter qu'il y a des exceptions : les souvenirs presque hallucinants d'épisodes chargés d'une particulière signification émotive. Et nous reviendrons plus loin sur cette mémoire « détail vivant », cette mémoire « image », bien distincte de la mémoire-qui-abstrait.

L'abstraction de la mémoire

L'essentiel de ce que nous pouvons nous rappeler de notre existence et des connaissances que nous y avons acquises est du type abstrait. Vous regardez une pièce à la télévision. Quelles paroles exactement ont prononcé les acteurs, vous l'oubliez dès la réplique suivante ; le lendemain matin vous ne vous rappelez que l'enchaînement des scènes ; et au bout d'un an vous vous souvenez à peu près d'une vague histoire entre deux hommes et une femme sur une île déserte. L'apport originellement perçu est réduit à l'état de squelette. Il en va de même de livres que l'on a lus, d'épisodes que l'on a vécus. À mesure que le temps passe le souvenir se réduit de plus en plus à un plan, un condensé, un résumé de l'expérience originelle. La pièce que l'on a vue il y a un mois a été résumée par degrés, les détails s'abrégeant chaque fois davantage en schémas plus généraux : elle se ramène à une formule. L'imagination de l'auteur avait développé une idée pour en exprimer une structure divisée en trois actes, divisés eux-mêmes en scènes qui se divisaient en dialogues, en phrases, en mots. La mémoire renverse le processus, elle ramène l'arbre à ses racines, comme un film projeté à l'envers.

Bien entendu en montrant comment elle abrège, résume, abstrait, on ne définit pas tous les pouvoirs de la mémoire, — ou alors nous serions des machines à calculer. Insistons un peu cependant sur ce mécanisme d'abstraction. La formation des souvenirs est un processus très proche de la perception. On racontait que pour voir Staline le visiteur devait franchir, de l'entrée du Kremlin jusqu'au sanctuaire, dix-sept portes, et à chacune de ces portes se soumettre à un examen de plus en plus serré. Nous avons vu que l'apport sensoriel est également fouillé avant d'être admis à la conscience. Mais dans la foule des stimuli qui assiègent constamment nos sens, les quelques heureux élus qui ont satisfait à tous les filtrages et mérité le statut de faits consciemment perçus, doivent se soumettre à un dépouillement encore plus rigoureux pour être dignes de devenir souvenirs permanents ; et avec le temps cette abstraction squelettique va s'amenuiser encore. Quand on essaye d'écrire la chronique de ses faits et gestes de la semaine dernière, on se rend compte assez douloureusement de la rapidité de cette détérioration et de la quantité de détails irrémédiablement perdus.

Cet appauvrissement de l'expérience vécue est inévitable. C'est en partie une question d'économie — encore que la capacité d'emmagasinement du cerveau dépasse sans doute de beaucoup l'usage qu'en font la plupart des gens ; mais le facteur décisif est que les processus de généralisation et d'abstraction entraînent par définition le sacrifice des détails particuliers. Et si, au lieu de condenser des universaux comme R, arbre ou chien, la mémoire enregistrait une collection de tous les R, de tous les arbres, de tous les chiens de notre expérience, comme un magasin de diapositives et de bandes magnétiques, elle serait parfaitement inutile : comme aucune perception ne peut être identique sous tous ses aspects à une image déjà enregistrée, nous serions à jamais incapables d'identifier un R, de reconnaître un chien ou de comprendre une conversation. Nous ne pourrions même pas nous retrouver dans cet immense magasin de détails singuliers. La mémoire-qui-abstrait au contraire suppose un système de savoir rangé hiérarchiquement avec titres, sous-titres et renvois comme les articles d'un dictionnaire ou un catalogue de bibliothèque. Un volume peut s'égarer, quelques couvertures en couleur peuvent détoner et attirer le regard, mais dans l'ensemble l'ordre règne.

Conjecture

Il y a heureusement des compensations à cet appauvrissement de l'expérience. En premier lieu, le processus de filtrage peut se raffiner considérablement par l'étude et l'expérience. Le naïf qui trouve que tous les vins rouges ont le même goût et que tous les Japonais se ressemblent peut avec quelque effort se procurer des filtres plus délicats et apprendre à discerner, comme Constable devant ses nuages. Ainsi arrive-t-on à distinguer des nuances de plus en plus fines et à enrichir la hiérarchie conceptuelle.

En second lieu, la mémoire n'est pas fondée sur une seule hiérarchie d'abstraction, mais sur plusieurs hiérarchies entrecroisées, celles de la vue, de l'ouïe et du goût, par exemple. Comparons-la à une forêt d'arbres aux branches enchevêtrées, ou à notre catalogue bourré de renvois d'un sujet à l'autre. Ainsi la reconnaissance d'une saveur dépend-elle souvent de repères livrés par l'odorat et dont nous n'avons pas conscience. Mais il existe des connexions plus subtiles. On peut reconnaître un air joué au violon bien qu'auparavant on ne l'ait entendu jouer qu'au piano ; en revanche, on reconnaît le son d'un violon qui, pourtant, la dernière fois, avait joué un air tout différent. Il faut donc admettre que la mélodie et le timbre ont été dégagés et *emmagasinés indépendamment par des hiérarchies distinctes* appartenant à la même modalité sensorielle mais pourvues de critères différents. L'une filtre la mélodie en rejetant tout le reste comme nul et non avenu, l'autre filtre le timbre de l'instrument et traite la mélodie comme non pertinente. Ainsi les détails écartés par le processus d'abstraction ne sont-ils pas tous mis au rebut : refusés d'un côté selon les critères d'une hiérarchie, ils peuvent être récupérés et emmagasinés par une autre hiérarchie dont les critères de pertinence sont différents.

Le *rappel* de l'expérience serait donc rendu possible par la coopération de plusieurs hiérarchies entrecroisées qui peuvent embrasser des modalités sensorielles différentes, la vue et l'ouïe par exemple, ou plusieurs branches d'un même sens. Chacune d'entre elles rendrait un aspect seulement de l'expérience originelle — appauvrissement radical. C'est ainsi que l'on peut se rappeler les paroles « Que cette main est froide... » et avoir oublié la mélodie, ou encore se rappeler l'air sans pouvoir retrouver les paroles. Ou encore on peut reconnaître la voix de Caruso, sans se rappeler ce qu'il chantait dans un autre vieux disque. Mais si ces trois facteurs sont représentés dans la mémoire, la reconstruction de l'expérience « rappelée » sera évidemment plus complète.

Le processus serait comparable à celui de la reproduction en couleur. Le tableau à reproduire (l'expérience originelle) est photographié avec des filtres différents sur des plaques bleue, rouge et jaune, dont chacune ne conserve que les traits qui sont « pertinents » pour elle, c'est-à-dire ceux qui apparaissent dans sa couleur, et elle ne tient compte d'aucun autre détail ; on combine ensuite les plaques pour en faire une reconstruction plus ou moins fidèle de l'apport initial. Chaque hiérarchie aurait donc une « couleur » différente, la couleur symbolisant ici les *critères de pertinence*. L'entrée en jeu de telles ou telles hiérarchies de la formation des souvenirs à un moment donné dépend évidemment des intérêts du sujet et de son état d'esprit.

La mémoire ne peut pas être un magasin de diapositives et de bandes magnétiques, ni de cubes S-R, cela est certain. Mais en suggérant que la mémoire pourrait se découper en hiérarchies munies de critères différents, j'avance une hypothèse conjecturale, à vrai dire. Cependant on peut trouver quelques modestes faits à l'appui de cette conjecture dans une série d'expériences menées par James Jenkins et moi-même au laboratoire de psychologie de Stanford[*].

---

* Les résultats ont été publiés dans une revue technique[1] : essentiellement l'expérience consistait à montrer à chaque sujet, durant une fraction de seconde (à l'aide d'un tachistoscope), un nombre de 8 ou 9 chiffres qu'il devait répéter. Sur plusieurs centaines de sujets, environ 50 % des erreurs commises indiquaient que le sujet identifiait correctement les chiffres, mais en inversait deux ou trois. Ce qui semble

Deux types de mémoire

L'hypothèse de la « reproduction en couleur » explique tant soit peu les phénomènes déconcertants du souvenir, mais elle ne concerne que la mémoire-qui-abstrait, laquelle ne rend pas compte des détails vivants, des images précises auxquels nous avons fait allusion plus haut. Quarante ans après, j'entends encore la voix du grand acteur autrichien Alexandre Moissi murmurant les dernières paroles d'un mourant : « Donnez-moi le soleil… » Je ne me rappelle plus la pièce, ni l'auteur — Strindberg, peut-être, Ibsen ou Tolstoï — mais seulement ce fragment isolé, qui me revient avec une clarté hallucinante. Ces fragments qui survivent à l'ensemble auquel ils appartenaient, comme la boucle de cheveux d'une Égyptienne momifiée, ont un pouvoir étrangement évocateur. Ils peuvent être auditifs : un seul vers d'un poème oublié, une phrase d'un inconnu dans l'autobus ; ou visuels : le geste d'un enfant, une verrue sur le front d'un professeur ; ou même gustatifs et olfactifs, comme l'illustre madeleine de Proust. « Il existe une méthode de rétention qui semble à l'opposé de la formation des souvenirs dans les hiérarchies du type abstrait. Elle se caractérise par la préservation de détails vivants qui, d'un point de vue purement logique, sont souvent sans intérêt ; pourtant ces détails quasi photographiques ou cinématographiques, ces gros plans qui paraissent contredire les exigences de l'économie, sont aussi durables que vifs : ils donnent une texture et une saveur à la mémoire[2]. »

Mais si ces fragments sont sans intérêt, pourquoi sont-ils conservés ? C'est évidemment que, sans intérêt du point de vue de la logique, ils doivent avoir une signification *émotive* spéciale, consciente ou non. En fait, ces fragments sont généralement qualifiés de « frappants », « évocateurs », « nostalgiques », « effrayants » ou « émouvants » : en un mot ils ont toujours une nuance émotive. Ainsi parmi les critères de pertinence qui décident si une expérience vaut d'être conservée, il nous faut inclure aussi la pertinence émotionnelle. Et la raison

---

confirmer que l'identification des chiffres et la détermination de leur ordre sériel sont dues à deux branches distinctes de la hiérarchie perceptuelle.

qui expliquerait pourquoi tel fait aura cette pertinence est peut-être inconnue du sujet ; elle peut être symbolique, ou oblique.

Personne, même pas un théoricien de l'informatique, ne pense continuellement en termes de hiérarchies analytiques ; l'émotion colore toutes nos perceptions et il est abondamment démontré que les réactions émotives impliquent aussi une hiérarchie de niveaux dont certains correspondent à des structures cérébrales beaucoup plus anciennes phylogénétiquement que celles qui concernent les conceptualisations abstraites (cf. chap. XVI). On peut se demander si dans la formation des souvenirs « hallucinants » ces niveaux primitifs de la hiérarchie ne jouent pas un rôle dominant. Rappelons encore, à l'appui de cette hypothèse, que la mémoire-qui-abstrait généralise et schématise, alors que la mémoire des images particularise et concrétise, ce qui est une méthode beaucoup plus primitive d'emmagasiner de l'information*.

On peut comparer la mémoire analytique à l'étude rationnelle, la mémoire-hallucination au conditionnement — ou encore à ce que l'on nomme images eidétiques. Des expériences ont montré qu'un pourcentage considérable des enfants a cette faculté[3]. On demande à un enfant de regarder fixement un tableau pendant quinze secondes environ, après quoi il est capable de « voir » ce tableau projeté sur un écran vide, et d'en désigner chaque détail avec son emplacement, sa couleur, etc. Les images eidétiques occupent une position intermédiaire entre la vision post-rétinienne et ce qu'on appelle communément images-souvenirs ; en parlant de ces trois types de mémoire visuelle, Kluever paraît sous-entendre qu'ils s'ordonnent hiérarchiquement. À la différence des images de la vision post-rétinienne, certains sujets peuvent reproduire les images eidétiques à volonté, parfois après de très longs intervalles (même des années). Ces images seraient comparables à des hallucinations, sauf que l'enfant sait très bien qu'il ne voit pas un « vrai » tableau.

---

* L'*information*, dans la théorie des communications, comprend tout apport ou admission (*input*), qui « informe » l'organisme — donc *en réduit l'incertitude*. Le goût d'une pomme est une information, la Neuvième Symphonie aussi. Les admissions non pertinentes (qui ne réduisent pas l'incertitude) ne donnent pas d'information : ce sont des « bruits », analogues aux parasites de la radio.

Assez commune chez les enfants la mémoire eidétique s'affaiblit à la puberté ; elle est rare chez les adultes. Les enfants vivent dans un monde d'images, et l'« impression » eidétique représente peut-être une forme de mémoire phylogénétiquement et ontologiquement primitive, qui disparaît lorsque vient à dominer la pensée conceptuelle analytique.

Images et schémas

Ces exceptions à part, quand des adultes normaux parlent de leur mémoire visuelle et prétendent « revoir » mentalement la scène ou le visage qu'ils se rappellent, ils sont ordinairement victimes d'une illusion assez subtile. C'est ce que montre par exemple le test de Binet-Muller. Le sujet est prié de se concentrer sur un carré de lettres, disons cinq rangées de cinq lettres, jusqu'à ce qu'il croie avoir formé une image visuelle qu'il puisse « regarder » mentalement. Une fois le papier ôté, le sujet « lit » bien les lettres, apparemment, mais si on lui demande de les « lire » de bas en haut ou diagonalement il lui faut dix fois plus de temps. Il croit sincèrement qu'il a retenu une image visuelle, alors qu'en réalité il a appris les lettres par cœur ; s'il *voyait* vraiment le carré, il pourrait lire aussi vite dans tous les sens.

Cette illusion est connue depuis longtemps. Il y a cinquante ans Richard Semon écrivait qu'un souvenir visuel « ne restitue que les valeurs les plus fortes » : en général il n'y a ni ombres ni nuances dans les souvenirs mais seulement des couleurs crues. On définit l'image comme « une expérience des sens ranimée en l'absence de stimulation sensorielle[4] » ; mais comme la plupart des détails de l'expérience ont disparu en cours de filtrage, nos images visuelles sont beaucoup plus vagues et beaucoup plus étriquées que nous ne voulons le croire. Ce sont des généralisations visuelles décharnées, des contours, des motifs, des schémas, soustraits à l'apport originel par plusieurs hiérarchies visuelles entrecroisées, un peu comme la mélodie, le timbre de la voix, les paroles ont été extraits de l'air de Caruso.

Pour désigner ces schémas visuels nous avons tout un vocabulaire, d'ailleurs assez confus parce que les images visuelles se traduisent mal verbalement. Et pourtant un caricaturiste peut évoquer Hitler ou Mao en quelques traits qui schématisent ce que nous appelons une « impression générale », en ajoutant si besoin est un « détail vivant », comme le cigare de Churchill. Quand nous essayons de décrire un visage nous le déclarons « osseux », « allongé », « rieur », « triste », etc. Verbalement ces attributs sont bien difficiles à définir ; visuellement ce sont des généralisations dépouillées, définissables en quelques traits de crayon : ce sont des holons perceptuels.

Reconnaître une personne ne consiste pas à trouver dans la mémoire la photographie qui correspond exactement à l'image rétinienne, mais plutôt à soumettre la perception à une hiérarchie de filtres qui en extraient certaines configurations fondamentales. Plusieurs hiérarchies perceptuelles peuvent collaborer à ce travail. Un visage, un paysage ont une « mélodie », un « timbre » peut-être, un « message » et bien d'autres attributs. C'est mon attitude envers la personne ou le paysage qui déterminera quels aspects doivent être jugés pertinents, extraits et emmagasinés, et lesquels seront éliminés. S'il ne s'agit que de *reconnaissance* la « mélodie » peut suffire. Mais le *souvenir* d'un visage absent sera d'autant plus complet qu'un plus grand nombre d'embranchements de la hiérarchie perceptuelle auront participé à sa préservation. Plus le réseau de leurs connexions sera dense, plus il compensera l'appauvrissement de l'expérience. La mémoire extraordinaire attribuée à certains grands hommes est due probablement à cette faculté pluridimensionnelle d'analyse et de conservation des expériences.

Mais pour le commun des mortels le souvenir est beaucoup moins pictural qu'on ne l'imagine. Nous surestimons la précision de notre imagerie, comme celle de notre pensée verbale : combien de fois croyons-nous savoir exactement ce que nous voulons dire, jusqu'au moment où il faut le mettre par écrit. Nous n'avons pas conscience des faiblesses et des lacunes de notre pensée, pas plus que des espaces vides entre nos schémas visuels.

Le « par cœur »

Nous n'avons pas encore parlé du type de mémoire bête qui consiste à apprendre des mots par cœur. Or, il y existe aussi un ordre hiérarchique. Les points mis en mémoire ne sont pas des éléments isolés, mais des holons qui tendent à former des structures. Un poème appris par cœur a une cohérence que lui donnent les motifs de la rime, du rythme, de la syntaxe et du sens, superposés selon le principe de la reproduction en couleur. La mise en mémoire se ramène alors à combiner les motifs les uns avec les autres et à combler les lacunes qui pourraient subsister. C'est ainsi que l'on apprend une sonate pour piano dans laquelle se reconnaît clairement la structure des holons musicaux : architecture de mouvements, de thèmes et variations, de développements et récapitulations, de rythmes et d'harmonies. Si les données à emmagasiner n'ont aucune cohésion apparente : dates de règnes et de batailles par exemple, ou suite de syllabes sans signification, l'on inventera toutes sortes de procédés mnémotechniques pour leur imposer précisément une structure.

Apprendre par cœur n'est donc jamais purement mécanique. Les nécessités de la cohésion exigent quelquefois le bourrage de crâne par répétition. La quantité de bourrage de crâne dépend de l'intérêt de la tâche et de la capacité de compréhension du sujet. À l'extrême, se trouve le chien des laboratoires pavloviens à qui il faut des jours et des semaines de répétitions monotones pour s'apercevoir que sa nourriture est signalée sur des cartons par des ellipses et non par des cercles. Ce n'est pas étonnant puisqu'en dehors des laboratoires les aliments n'ont rien à voir avec des ellipses et que les hiérarchies perceptuelles du chien ne sont pas entraînées à traiter les ellipses comme figures pertinentes. Des considérations semblables s'appliquent aux pigeons de Skinner auxquels on donne des tâches pour lesquelles ils n'ont aucun équipement inné et qu'ils ne peuvent apprendre que par « bourrage de crâne ». Faire de ce procédé le paradigme de l'éducation humaine, c'est l'une des aberrations grotesques de la psychologie de la terre plate.

En revanche, les théoriciens de la Gestalt vont à l'opposé : pour eux, apprendre ne doit comporter ni échec ni répétition, mais consister seulement à comprendre totalement une « situation totale ». Nous pensons plutôt que la compréhension est affaire de degrés, et non le tout-ou-rien de cette école. La compréhension dépend de l'analyse pluridimensionnelle de l'apport extérieur sous ses divers aspects, du dépouillement des messages pertinents séparés du « bruit » adventice, de l'identification de structures dans la mosaïque qui, peu à peu, se sature de signification.

En résumé, nous devons supposer qu'il existe des hiérarchies de perception multiples et entrecroisées qui procurent à l'expérience la variété de ses dimensions et de sa coloration. En enregistrant les souvenirs chaque hiérarchie réduit la perception à l'essentiel conformément à des critères de signification qui lui sont propres.

Mais se rappeler l'expérience consiste à rhabiller cette perception dépouillée — ce qui est rendu possible, jusqu'à un certain point, par la coopération des hiérarchies concernées, dont chacune fournit les facteurs qu'elle a jugés dignes d'être conservés. Ce processus est comparable à la superposition des plaques dans la reproduction en couleur, ou des pochoirs du peintre en bâtiment. Il s'y ajoute des touches de détails évocateurs, fragments d'images eidétiques peut-être, fortement chargés d'émotion — le résultat étant une sorte de collage, avec des yeux de verre et une mèche de vrais cheveux plaqués sur une vague figure schématique.

Il peut arriver aussi que des fragments d'origine différente soient incorporés au collage par erreur, et au souvenir d'expériences auxquelles ils n'ont jamais appartenu. Car la mémoire est une vaste bibliothèque où voisinent les résumés et les curiosités que l'archiviste est constamment occupé à réarranger et à réévaluer ; le passé est sans cesse recomposé par le présent, mais la plus grand part de ce travail de fabrication et de refonte s'exécute dans l'inconscient. Les canons de la perception et de la mémoire opèrent instantanément, et nous n'arrêtons pas de jouer le jeu, sans en connaître les règles.

VII

LE TIMONIER

L'être humain est le plus élevé des systèmes auto-régulateurs.

Ivan Petrovitch PAVLOV.

Nous avons parlé de hiérarchies « entrecroisées » ou « entremêlées ». Il est clair que les hiérarchies n'opèrent pas dans le vide. Le foie fait partie du système digestif, le cœur du système circulatoire ; mais le cœur dépend du glucose que le foie fournit, et le foie dépend du bon fonctionnement du cœur. Ce truisme de l'interdépendance des divers processus de l'organisme est probablement la principale cause de la confusion qui a fait perdre de vue leur structure hiérarchique ; ainsi dans une forêt touffue la densité des feuillages nous ferait-elle oublier que les branches appartiennent à des arbres distincts. Les arbres sont des structures verticales. Les points de rencontre des branches de plusieurs arbres forment des réseaux horizontaux à divers niveaux. Sans les arbres il n'y aurait pas d'entrelacs, ni de réseaux. Sans le réseau chaque arbre serait isolé, il n'y aurait pas intégration des fonctions. L'arborisation et la réticulation (*reticulum* = filet) paraissent des principes complémentaires de l'architecture des organismes.

Pour éviter tout malentendu, notons qu'une forêt consiste en une multitude d'arbres alors qu'un organisme vivant est un tout intégré : un seul arbre. J'ai parlé cependant de hiérarchies perceptuelles et motrices comme d'entités distinctes ; ce ne sont en réalité que les branches maîtresses du même arbre. On pourrait les nommer « sous-hiérarchies », et ce serait inutilement pédant puisque chaque branche d'une hiérarchie est elle-même hiérarchiquement structurée. C'est ainsi qu'il est bien souvent commode de regarder comme distincts les ministères des Affaires étrangères et de la Défense, bien qu'il s'agisse de hiérarchies réunies dans un même gouvernement.

Routines sensori-motrices

Nous trouvons ici l'un des meilleurs exemples de hiérarchies entrecroisées. La hiérarchie sensorielle analyse et transmet continuellement de l'information au moi conscient ; le moi prend des décisions qui sont explicitées dans le courant descendant des impulsions de la hiérarchie motrice. Mais le sommet — le moi — n'est pas le seul point de contact entre les deux systèmes, qui sont reliés par des « réseaux » entremêlés à différents niveaux.

Au niveau inférieur c'est le réseau de ce qu'on appelle les réflexes localisés, raccourcis entre les courants ascendant et descendant comparables aux échangeurs d'une autoroute : ce sont des réactions routinières à des stimuli routiniers, tels que le réflexe tendineux, qui ne requièrent pas l'intervention des processus mentaux supérieurs. Le niveau auquel il en sera référé pour avoir une décision dépend de la complexité de la situation. Les réflexes tendineux ou pupillaires s'exécutent généralement avant que le stimulus ait atteint la conscience.

L'une des erreurs fondamentales du behaviorisme grossier à la Watson fut d'admettre que les activités complexes résultent de la somme d'une série de réflexes localisés et isolés. C'est le contraire qui est vrai : les réflexes localisés sont les derniers à apparaître dans le développement du système nerveux de l'embryon. De plus, les réflexes subissent l'influence des degrés supérieurs de la hiérarchie : le réflexe tendineux lui-même est inhibé si le patient s'attend au geste du médecin. Le comportement humain ne sera une suite de réflexes que si on le ramène à la psychologie de la terre plate.

Au niveau suivant se trouve le réseau des techniques et habitudes sensori-motrices, comme celles de la dactylo ou de l'automobiliste, qui fonctionnent plus ou moins automatiquement et n'exigent pas l'attention des centres supérieurs — à moins d'un accident qui perturbe l'opération. Conduire une voiture est une routine qui comporte, entre autres règles du jeu, l'action de freiner à la vue d'un obstacle. Mais sur le verglas il peut être fort dangereux de freiner, le volant répond tout différemment, et c'est toute la stratégie de la conduite qui demande à être modifiée, transposée en quelque sorte. Au bout de quelque temps cela devient semi-automatique aussi ; mais qu'un petit chien traverse la route glacée devant la voiture, et le conducteur devra décider « au sommet » s'il appuie sur le frein en risquant la vie de ses passagers, ou s'il écrase le chien. Et si au lieu d'un chien il s'agit d'un enfant, il est probable qu'il freinera en dépit de toute appréhension. C'est à ce niveau, quand le pour et le contre s'équilibrent, qu'apparaît l'expérience subjective de la liberté et de la responsabilité morale.

Rétroactions et homéostasie

Les activités ordinaires de l'existence ne demandent point de décisions, elles ne veulent même pas d'attention consciente. Les processus physiologiques — respiration, digestion, etc. se gouvernent tout seuls : ils sont auto-régulateurs, comme le sont généralement les activités qui consistent à marcher, aller à bicyclette ou conduire une voiture. En fait, dans la conception hiérarchique le principe d'auto-régulation est fondamental. Pour qu'un holon fonctionne en tant que sous-ensemble semi-automatique il faut qu'il soit équipé d'appareils auto-régulateurs. Autrement dit, ses opérations doivent être guidées d'une part, par les règles fixes du holon, d'autre part, par des repères dans un environnement variable. Il faut donc qu'un flot continu d'information sur le déroulement de l'opération remonte au centre qui la contrôle ; et il faut que ce centre ajuste constamment le cours de l'opération conformément à l'information qui lui est renvoyée. C'est le principe du contrôle par rétroaction, principe fort ancien, puisqu'il remonte à James Watt qui l'employa dans sa machine à vapeur pour en maintenir la vitesse constante, quelle que soit la charge. On sait que ses applications modernes, sous le nom de cybernétique, s'étendent aux domaines les plus variés, de la physiologie aux ordinateurs.

L'exemple de rétroaction le plus simple est celui d'un chauffage central à thermostat. Réglé à la température désirée dans une pièce, le thermostat, dès que la température descend, active un circuit électrique qui à son tour augmente la combustion dans la chaudière. S'il fait trop chaud, le processus inverse est déclenché. La chaudière, dans le sous-sol, contrôle la température de la pièce, mais l'information qui lui est renvoyée par le thermostat corrige son fonctionnement et le stabilise. Un autre exemple bien connu est le servomécanisme qui pilote automatiquement un navire en en corrigeant automatiquement toutes les déviations. De là le terme de « cybernétique » forgé d'après le grec timonier, pour homme de barre.

L'organisme vivant aussi est contrôlé par un appareil qui maintient sa température à un niveau stable, avec des variations dont l'amplitude dépasse rarement un degré C. Ce thermostat est situé dans l'hypothalamus — partie importante du cerveau, qui a pour fonction, entre autres, de maintenir l'*homéostasie* : la stabilité de la température, du pouls et de l'équilibre chimique des fluides de l'organisme. Le thermostat microscopique de l'encéphale peut réagir à des changements de température locale d'un centième de degré. Lorsque dans son voisinage immédiat — le tympan de l'oreille — la température dépasse un seuil critique, il se produit une transpiration soudaine. Inversement, si la température baisse, les muscles se mettent immédiatement à grelotter et à convertir de l'énergie en chaleur. D'autres « homéostats » régularisent d'autres fonctions physiologiques et maintiennent la stabilité du milieu intérieur.

Nous avons donc ici des exemples précis de mécanismes auto-régulateurs opérant à la base de la hiérarchie. En fait, l'inventeur du mot « homéostase », le grand physiologiste Walter B. Cannon, en voyait clairement l'importance au point de vue hiérarchique : « Elle dispense l'organisme d'avoir à surveiller le fonctionnement des petits détails de l'existence. Sans mécanismes homéostatiques, nous serions constamment en péril, à moins d'être toujours en alerte pour corriger volontairement ce qui, normalement, est automatiquement corrigé. Grâce à ces mécanismes, qui stabilisent les processus organiques essentiels, nous sommes, en tant qu'individus, libérés de cet esclavage ; nous sommes libres d'explorer et de comprendre les merveilles du monde qui nous entoure, de renouveler nos idées et nos intérêts, de travailler et de jouer, sans nous inquiéter des affaires de notre corps[1]. »

Ce n'est pas seulement à ce niveau viscéral qu'opèrent des mécanismes autorégulateurs, mais sur tous les plans des activités de l'organisme. Un garçon à bicyclette, un acrobate sur la corde raide donnent d'excellents exemples d'homéostase cinétique, qui d'ailleurs dépend d'une rétroaction cinesthésique constante, c'est-à-dire des sensations qui constamment renseignent sur les mouvements, les tensions, les postures du corps. Que cette rétroaction cesse, et l'homéostase est rompue. Toutes les techniques sensorimotrices comme celles du cycliste, de la dactylo ou du pianiste, opèrent grâce à ces boucles de rétroaction engendrées par les réseaux complexes qui relient deux branches de la hiérarchie.

Évitons cependant de faire de la rétroaction — comme parfois les théoriciens de l'informatique — une formule magique qui expliquerait tout. Divorcé du concept d'ordre hiérarchique, le concept de rétroaction perd une grande part de sa signification. Nous avons vu que l'exécution d'une technique suit un système déterminé en obéissant à des règles particulières. Ces règles sont fixes, mais suffisamment souples pour permettre de constantes adaptations aux conditions variables du milieu. La rétroaction n'opère que dans les limites de ces règles : son rôle est de faire rapport à chaque instant sur le déroulement de l'opération, d'indiquer si le tir est trop long ou trop court, d'indiquer comment maintenir un équilibre, de dire quand il faut accélérer ou s'arrêter. Mais elle ne saurait modifier le système intrinsèque de la technique. C'est ainsi que l'une des différences essentielles entre la théorie behavioriste S-R et la nôtre est que pour la première le milieu détermine le comportement, alors que pour la seconde la rétroaction du milieu ne fait que *guider, corriger* ou *stabiliser* un système de comportement préexistant.

La primauté et l'autonomie des systèmes de comportement instinctif ont été fortement soulignées au cours de ces derniers années par des éthologistes comme Lorenz, Tinbergen, Thorpe, etc. et des biologistes tels que von Bertalanffy et Paul Weiss. Nos habitudes acquises jouissent de la même autonomie. En écrivant ces lignes je reçois une rétroaction constante de la pression du stylo sur le papier par l'intermédiaire de mes doigts, et de la progression du travail par l'intermédiaire de mes yeux. Mais ces informations ne modifient pas mon écriture, elles en assurent l'ordonnance ; car si je ferme les yeux l'écriture sera tremblée, mais son système demeurera le même.

Boucles sur boucles

Nous avons parlé jusqu'ici de rétroaction sensorielle guidant des activités motrices. Mais les relations sont réciproques et la perception est à son tour guidée par l'intervention des activités motrices. La vision est inextricablement liée au mouvement — grands déplacements de la tête et des yeux ou mouvements imperceptibles et involontaires des pupilles. Il en est de même de l'audition : pour se rappeler un air, pour en reconstruire l'image auditive, on essaye de le fredonner. Les hiérarchies perceptuelles et motrices sont en corrélation si intime à tous les niveaux qu'il devient arbitraire et absurde de vouloir distinguer trop nettement entre « stimulus » et « réponse » : l'une et l'autre sont absorbées par les boucles de rétroaction le long desquelles les impulsions tournent en rond comme un chat qui court après sa queue[*].

Une expérience fameuse peut nous servir d'exemple. On relie le nerf auditif d'un chat à un appareil électrique de manière à amplifier dans un haut-parleur les impulsions nerveuses transmises de l'oreille au cerveau. Un métronome est mis en mouvement : ses battements, tels que les transmet le nerf auditif du chat, amplifiés par l'appareil, sont clairement audibles. Mais lorsqu'on introduit dans la pièce un bocal contenant une souris, non seulement le chat cesse de s'intéresser au métronome, comme on peut s'y attendre, mais en outre les impulsions dans son nerf auditif faiblissent ou même disparaissent entièrement. On ne saurait mieux démontrer que les centres nerveux dans le cerveau peuvent régler l'admission des stimuli à la porte d'un organe récepteur périphérique.

---

[*] « Le stimulus et la réponse étant corrélatifs et simultanés, les processus de stimulation sont à considérer non pas comme précédant la réponse, mais plutôt comme la guidant vers une heureuse conclusion. C'est dire que le stimulus et la réponse doivent être conçus comme des aspects d'une boucle de rétroaction » (Miller[2]).

Une anecdote enfin servira à résumer la leçon que l'on peut tirer de cette sorte d'expériences. Au bon vieux temps, vers 1900, Vienne avait un maire du nom de Lueger qui professait une forme bénigne d'antisémitisme, ce qui ne l'empêchait pas d'avoir beaucoup d'amis juifs. Comme quelqu'un l'interrogeait à ce propos, Lueger fit cette superbe réponse : « C'est moi qui suis le bourgmestre, et c'est moi qui décide qui est juif et qui ne l'est pas. » En somme, le chat qui guette la souris et fait la sourde oreille au bruit du métronome pourrait dire aussi : « Pour les stimuli, c'est moi qui décide. »

Une holarchie de holons

Poursuivons un peu cette enquête sur le sens de la terminologie usuelle en nous demandant ce que doit signifier au juste le mot si commode de « milieu », ou « environnement ».

Quand je conduis sur la route, l'environnement au contact de mon pied droit est la pédale de l'accélérateur, l'environnement au contact de mon pied gauche est la pédale d'embrayage. La résistance élastique à la pression de l'accélérateur procure une rétroaction tactile qui aide à maintenir constante la vitesse de la voiture, l'autre pédale commandant un autre environnement invisible : la boîte d'embrayage. Le toucher du volant joue le rôle d'un servo-mécanisme qui m'aide à maintenir la direction. Mais mes yeux embrassent un milieu beaucoup plus vaste que mes pieds et mes mains, et qui détermine la stratégie d'ensemble de la conduite. Ainsi l'être hiérarchiquement organisé que je suis fonctionne-t-il en fait dans une hiérarchie de milieux, instruit par une hiérarchie de rétroactions.

Un avantage de cette interprétation est que la hiérarchie des environnements est indéfiniment extensible. Lorsqu'un joueur contemple l'échiquier, le milieu dans lequel opèrent ses réflexions est déterminé par la répartition des pièces sur l'échiquier. Supposons que la situation autorise vingt mouvements, dont cinq paraissent judicieux : il les examinera tour à tour. Un bon joueur peut prévoir au moins trois mouvements d'avance, ce qui le porte dans un futur où le jeu se sera diversifié en un grand nombre de situations possibles, qu'il s'agit de visualiser une à une afin de décider du mouvement initial.

Autrement dit, le joueur est instruit par des rétroactions provenant d'un échiquier qu'il imagine, donc d'un milieu imaginé. La plus grande part de nos méditations, de nos prévisions, de nos créations s'effectue dans des milieux imaginaires.

Toutefois nous avons vu que *toutes* nos perceptions sont colorées par l'imagination. Ainsi la différence entre milieux « réels » et « imaginaires » n'est-elle après tout qu'une question de degrés — ou plutôt de niveaux, depuis les phénomènes inconscients de projection d'images dans une tache de Rohrschach jusqu'aux extraordinaires inventions de l'avenir dont fait preuve le champion d'échecs. Et ce n'est qu'une autre façon de répéter que la hiérarchie est ouverte au sommet.

Pour résumer ce chapitre en une formule, on peut dire que l'organisme sous ses aspects structurel et fonctionnel est une hiérarchie de holons auto-régulateurs qui fonctionnent *a*) comme ensembles autonomes en surordination par rapport à leurs parties, *b*) comme parties dépendantes en subordination par rapport aux contrôles de niveaux supérieurs, et *c*) en coordination avec leur environnement immédiat.

Cette hiérarchie de holons devrait s'appeler *holarchie*, mais en me rappelant la mise en garde de Ben Jonson, j'épargnerai au lecteur ce néologisme supplémentaire.

VIII

HABITUDE ET IMPROVISATION

Tout ce qu'il y a de bon sur terre est fruit
de l'originalité.

John Stuart MILL.

L'allure un peu technique des chapitres précédents et l'emploi fréquent d'un vocabulaire d'ingénieur ont peut-être fait soupçonner l'auteur de vouloir remplacer un modèle mécaniste par un autre, et substituer à l'homme conçu comme automate conditionné, un homme conçu comme automate hiérarchique. En réalité nous essayons peu à peu, et assez péniblement peut-être, de sortir du déterminisme mécaniste. La porte d'évasion se situe à cette « ouverture » du sommet de la hiérarchie, dont j'ai plus d'une fois parlé — encore que le sens de cette métaphore ne puisse apparaître que graduellement.

Cela pourrait s'éclaircir un peu si nous considérions l'apparition, à des niveaux de plus en plus élevés d'une hiérarchie, de formes de comportement plus complexes, plus souples et moins prévisibles. Inversement, en descendant un à un les échelons, nous rencontrons des types de comportement de plus en plus mécaniques, stéréotypés et prévisibles. En écrivant une lettre plaisante à un ami nous devinons à peine ce qui va nous venir à l'esprit : il y a un très grand choix de possibles. Et lorsqu'on a décidé ce qu'on va dire, les diverses manières de le dire sont encore fort nombreuses, mais restreintes néanmoins par les règles de grammaire, les limites de notre vocabulaire, etc.

Finalement les contractions musculaires qui enfoncent les touches de la machine à écrire sont stéréotypées et pourraient aussi bien appartenir à un robot. En langage physique nous dirions qu'*une sous-technique, ou holon, au niveau* (n) *de la hiérarchie* a plus de « degrés de liberté » (une plus grande diversité de choix autorisés par les règles) qu'un holon au niveau ($n-1$).

Revoyons brièvement certains points des chapitres précédents. Toute technique (ou habitude) a un aspect fixe et un aspect variable. Le premier est déterminé par le système de règles qui donne à la technique son type caractéristique, qu'il s'agisse de filer une toile, de bâtir un nid, de patiner sur la glace ou de jouer aux échecs. Mais les règles admettent des choix, des alternatives, et autorisent ainsi une certaine variété : la toile d'araignée peut se suspendre à deux ou trois points d'attache, le nid peut s'adapter à tel ou tel angle de la fourche de deux branches, le joueur d'échecs a un choix considérable de mouvements permis. Ces choix que laissent les règles dépendent de la nature du terrain, de l'environnement local dans lequel opère le holon : ils sont affaire de stratégie guidée par rétroaction. En d'autres termes, le code des règles fixes détermine les choix autorisés, la stratégie souple détermine le choix des actions de fait parmi les possibles. Plus il y a d'alternatives, plus la technique est complexe et flexible. Inversement s'il n'y a point de choix, on atteint le cas limite du réflexe spécialisé. Ainsi rigidité et souplesse sont-elles les extrémités opposées d'une échelle qui s'applique à tous les types de hiérarchie ; dans chaque cas nous verrons que la souplesse s'accroît et que la rigidité diminue à mesure que l'on s'élève dans une hiérarchie.

Les origines de l'originalité

Dans le comportement instinctif des animaux on trouve au bas de l'échelle des motifs monotones indéfiniment répétés de pariade, de menaces, d'accouplement et de combats : rites compulsifs rigides. En cas de frustration il arrive que ces rites s'accomplissent sans but, dans le vide. Un chat fera le geste d'enterrer ses excréments sur les carreaux de la cuisine ; de jeunes écureuils, élevés en captivité, font le geste de cacher dans un coin de leur cage les noisettes qu'on leur donne « et s'en vont contents bien que les noisettes restent en pleine vue » (Thorpe[1]).

À l'extrémité opposée de l'échelle on rencontre des techniques très complexes et très souples dont font preuve des mammifères comme les chimpanzés et les dauphins, — mais aussi des insectes et des poissons. Les éthologistes ont rassemblé des données impressionnantes qui montrent que dans des circonstances favorables des insectes peuvent trouver des comportements que l'on ne pouvait prévoir d'après le répertoire connu de leurs techniques et qui méritent pleinement les qualificatifs d'« ingénieux », ou « originaux ». Le professeur Baerends, par exemple, qui s'est livré pendant des années à l'étude exhaustive des activités d'une guêpe fouisseuse[2], rapporte que la femelle de cette espèce pond dans des trous qu'elle creuse dans le sol, approvisionne ces trous en chenilles, puis en larves de papillons quand les œufs éclosent, puis de nouveau en chenilles, et enfin bouche les trous. Or chaque femelle doit s'occuper de plusieurs trous à la fois dont les habitants se trouvent à divers stades de développement et par conséquent ont besoin de régimes différents. Non seulement la guêpe donne à chacun selon ses besoins, mais elle revient remplir le trou que l'expérimentateur aura vidé de ses provisions. La guêpe maçonne construit en grappe des cellules d'argile dans chacune desquelles elle pond un œuf et place des provisions ; puis elle clôt les cellules un peu comme les Égyptiens les chambres funéraires de leurs rois. Si l'expérimentateur perce une cellule — événement sans précédent dans l'univers de la guêpe — l'insecte commence par ramasser les chenilles qui en seront tombées, les renfonce par le trou, puis se met en devoir de réparer la cellule avec des boulettes d'argile, ce qu'il n'a jamais fait auparavant. Mieux encore : Hingston a pratiqué un trou dans la cellule d'une guêpe d'espèce voisine, et l'a pratiqué de telle façon qu'il ne puisse être bouché de l'extérieur. L'espèce en question travaillant toujours de l'extérieur, la guêpe travailla vainement pendant deux heures et, la nuit venue, abandonna. Le lendemain matin elle vola droit sur la cellule endommagée et se mit à la réparer selon une méthode nouvelle : « Elle l'examine des deux côtés, puis, ayant fait son choix, décide de faire la réparation *de l'intérieur*[3]. »

La souplesse d'adaptation des mammifères supérieurs est assez connue pour que j'aie pris délibérément chez des insectes ces exemples d'improvisation. Les poissons eux-mêmes, selon Thorpe, peuvent modifier leurs habitudes. « Si leur type de comportement normal se trouve gêné continuellement, il peut se produire des modifications considérables de leur orientation instinctive normale[4]. » Quant aux oiseaux, on sait que dans certaines espèces le mâle qui normalement ne nourrit jamais ses petits se met à le faire si la femelle est absente. Mais pour finir je voudrais rapporter brièvement, à propos des abeilles, une étude de Lindauer à peine moins remarquable que la découverte, par von Frisch, du langage dansé. Dans des conditions normales il y a dans la ruche une stricte division du travail, chaque ouvrière s'occupant de tâches différentes aux différentes périodes de sa vie. Pendant les trois premiers jours elle nettoie les alvéoles. Les trois jours suivants elle nourrit les larves déjà développées en leur donnant du pollen et du miel. Après quoi elle nourrit les larves plus jeunes, qui ont besoin d'un régime plus riche. À partir de dix jours elle travaille à construire les alvéoles ; à vingt jours elle prend la garde à l'entrée de la ruche ; enfin elle devient pourvoyeuse et le reste jusqu'à la fin de son existence.

Du moins si tout va bien. Mais si l'un des groupes d'âge est enlevé à la colonie par l'expérimentateur, d'autres groupes d'âge se chargeront de sa spécialité, « sauvant ainsi le supra-organisme. Par exemple lorsqu'on enlève toutes les pourvoyeuses — abeilles de vingt jours et au-dessus — de jeunes abeilles de six jours à peine, qui normalement nourrissent les larves, sortent et deviennent pourvoyeuses. Si l'on enlève toutes les bâtisseuses, leur travail est repris par des ouvrières plus âgées, qui ont été bâtisseuses auparavant et qui ont passé au stade de pourvoyeuses. À cette fin, non seulement elles changent de comportement, mais en outre elles régénèrent les glandes qui sécrètent la cire. On ne connaît pas les mécanismes de ces régulations[5] ».

Ainsi à un bout de l'échelle nous rencontrons des types d'action fixes et des rituels rigides ; à l'autre bout des improvisations surprenantes, et des actes qui semblent dépasser de beaucoup le répertoire habituel de l'animal.

La mécanisation des habitudes

Chez l'homme les instincts ne sont que les fondations de l'acquisition des connaissances. Pendant que nous acquérons une technique nous devons nous concentrer sur chaque détail de nos actions. Nous apprenons laborieusement à reconnaître et à nommer les lettres de l'alphabet, à monter à bicyclette, à frapper les touches d'une machine à écrire ou d'un piano. Plus tard, l'acquisition commence à se condenser en habitude : avec une maîtrise croissante nous lisons, nous écrivons, nous tapons « automatiquement », ce qui signifie que les règles qui gouvernent l'exécution s'appliquent désormais inconsciemment. Comme le mécanisme invisible qui transforme des pensées informulées en phrases grammaticalement correctes, les règles de nos techniques manuelles ou intellectuelles opèrent au-dessous du niveau de conscience ou dans les zones crépusculaires de la conscience. Nous obéissons aux règles sans savoir les définir. En ce qui concerne nos techniques de raisonnement, cette situation ne va évidemment pas sans danger : elle nous expose à la « persuasion clandestine » des axiomes et des préjugés.

Il y a deux côtés à cette tendance à la mécanisation progressive. Du côté positif elle se conforme au principe d'économie, ou de moindre action. En maniant mécaniquement le volant de ma voiture je peux donner à la circulation qui m'entoure toute l'attention requise ; et si les règles de grammaire ne fonctionnaient pas automatiquement comme dans un ordinateur, nous ne pourrions pas faire attention au sens.

La mécanisation, comme la *rigor mortis*, affecte d'abord les extrémités, les branches inférieures de la hiérarchie. Mais elle a tendance aussi à gagner en remontant. Pouvoir frapper correctement les touches d'une machine à écrire « par pur réflexe », cela est fort utile ; excellente également la stricte observance des lois de la grammaire ; mais un style rigide composé de clichés et d'expressions préfabriquées, même s'il facilite la correspondance administrative, n'est pas un avantage sans mélange. Et si la mécanisation gagne le sommet de la hiérarchie, elle produit un morne pédant, esclave de ses habitudes, l'homme automate de Bergson. En premier, l'acquisition s'est condensée en habitude, comme la vapeur en gouttes d'eau ; et puis les gouttes ont formé des cristaux de glace. « Les organismes *ne sont pas* des machines, écrit von Bertalanffy, mais ils peuvent dans une certaine mesure *devenir* machines, se figer en machines. Jamais complètement, toutefois, car un organisme entièrement mécanisé serait incapable de réagir aux conditions incessamment changeantes du monde extérieur[6]. »

Un degré à la fois

La mécanisation des habitudes ne peut donc jamais transformer un homme, même un parfait bureaucrate, en automate ; mais inversement le moi conscient ne peut s'ingérer que d'une façon limitée dans le fonctionnement automatique des unités subordonnées du corps et de l'esprit. Le conducteur d'une voiture peut contrôler la vitesse de son moteur, mais n'a aucune possibilité de s'ingérer dans le va-et-vient des pistons ; le moi conscient est dans une situation semblable. Il n'a aucun pouvoir sur les fonctions du niveau cellulaire ou infra-cellulaire. Il n'exerce directement aucun contrôle sur les muscles lisses, les viscères, les glandes. Même la coordination des muscles « volontaires » ne se trouve que dans certaines limites sous contrôle conscient : on ne peut pas modifier à volonté sa démarche, ses gestes, son écriture.

Nous avons vu que lorsqu'une intention consciente se forme au sommet de la hiérarchie — par exemple « ouvre la porte » ou « signe cette lettre » — elle n'active pas des contractions musculaires particulières mais déclenche des configurations d'impulsions nerveuses, lesquelles mettent en action des configurations subordonnées et ainsi de suite jusqu'aux unités motrices particulières. Mais cela ne peut se faire que par degrés. Normalement les centres supérieurs de la hiérarchie ne traitent pas directement avec les inférieurs. Les généraux ne concentrent pas leur attention sur les soldats pris individuellement, et ne leur donnent pas d'ordres directement ; le feraient-ils que toute l'opération sombrerait dans le chaos. Les ordres doivent être transmis, degré par degré, par la « voie hiérarchique », comme dit précisément l'armée. En essayant de court-circuiter les niveaux intermédiaires, de projeter les rayons de la conscience sur les activités obscures et anonymes des holons inférieurs, on aboutit généralement au paradoxe du mille-pattes. Lorsqu'on lui demanda dans quel ordre exactement il avançait ses pattes, le mille-pattes fut paralysé et mourut de faim, parce qu'il n'y avait jamais pensé : il laissait ses pattes avancer toutes seules. Nous serions tout aussi perplexes si l'on nous demandait comment nous nous tenons à bicyclette.

Le paradoxe du mille-pattes vient de la méconnaissance d'une règle qui proclamerait « un degré à la fois ». Règle banale en apparence, mais qui entraîne des conséquences inattendues si l'on tente de s'y opposer. C'est ainsi que les théories qui prétendent expliquer le langage comme une activation des cordes vocales ou un enchaînement d'opérants laissent un abîme entre la pensée et l'orthographe, entre le sommet de l'arbre et l'extrémité de ses branches. La règle a aussi des applications en psychopathologie, de la timidité aux désordres psychosomatiques. La timidité, la gaucherie, le trac viennent de ce que l'attention consciente s'ingère dans des activités qui, dans des conditions normales, s'accomplissent dans l'inconscient, automatiquement. Des désordres plus graves peuvent se produire quand l'attention se concentre sur des processus physiologiques qui fonctionnent à des niveaux encore plus primitifs, digestifs et sexuels par exemple, et qui ne fonctionnent bien que s'ils fonctionnent tout seuls. L'impuissance ou la frigidité psychologiques, de même que certaines colites, sont de douloureuses variations sur le thème du mille-pattes.

La perte du contrôle direct sur les processus des échelons inférieurs de la hiérarchie corporelle est une partie du prix à payer pour la différenciation et la spécialisation. Certes, ce prix n'est pas trop cher tant que l'individu vit dans des conditions à peu près normales et peut compter sur des activités plus ou moins automatiques. Mais il peut se produire des circonstances dans lesquelles il faut absolument sortir de la routine.

Le défi du milieu

Nous en arrivons ainsi à une question de la plus haute importance : l'influence du milieu sur la rigidité ou la souplesse du comportement.

Une technique pratiquée continuellement dans les mêmes conditions, suivant la même routine, tend à dégénérer en stéréotype. La monotonie accélère l'asservissement aux habitudes ; elle propage vers le haut de la hiérarchie la *rigor mortis* de la mécanisation.

Inversement un milieu variable, changeant, exige un comportement souple et s'oppose aux tendances à la mécanisation. Le conducteur expérimenté, sur une route qu'il connaît bien, passe les commandes au pilote automatique de son système nerveux, et pense à autre chose ;

mais s'il arrive à un carrefour embouteillé, il va soudain se concentrer sur ce qu'il fait : l'homme remplace l'automate. Cependant le défi de l'environnement peut atteindre un point tel que les techniques habituelles, si souples soient-elles, ne suffisent plus à lui répondre, les « règles du jeu » n'étant plus adaptées à la situation. C'est la crise. L'issue est soit la *rupture* du comportement : l'affolement, les cris, la désintégration de la hiérarchie ; soit l'apparition soudaine de *nouvelles* formes de comportement, de solutions originales. C'est ce second terme de l'alternative, nous le verrons, qui joue un rôle crucial dans l'évolution biologique comme dans le progrès mental.

Le premier terme nous renvoie à l'exemple du chat qui, ne pouvant appliquer ses règles d'hygiène, essaie vainement d'enterrer ses ordures sous des carreaux de faïence. Les humains en situation de crise sont capables de comportements également absurdes, en s'obstinant dans les mêmes tentatives sans issue.

L'autre terme de l'alternative est illustré par les improvisations inattendues de la guêpe, par la réorganisation du travail dans la ruche mutilée, ou par la décision du chimpanzé de casser une branche pour attraper une banane hors de portée de sa main. Ces « adaptations originales » qui relèvent des défis exceptionnels suggèrent qu'il existe dans l'organisme vivant des potentialités insoupçonnées qui demeurent latentes dans le cours normal de l'existence. Elles annoncent déjà les phénomènes de créativité humaine (cf. chap. XIII).

Résumé

En gravissant un à un les échelons d'une hiérarchie on rencontre des types d'activités plus complexes, plus souples, moins prévisibles ; en redescendant aux niveaux inférieurs, on rencontre des motifs de plus en plus mécanisés, stéréotypés, prévisibles. En langage physique un holon situé à un degré supérieur de la hiérarchie a plus de « degrés de liberté » qu'un holon situé à un niveau inférieur.

Toutes les techniques, qu'elles dérivent de l'instinct ou de l'acquisition, tendent avec la pratique à devenir mécaniques. Un environnement monotone facilite l'asservissement aux habitudes, alors que des circonstances inattendues renversent cette tendance et peuvent aboutir à des improvisations. Les crises peuvent provoquer soit une rupture du comportement soit la création de nouvelles formes de comportement.

Normalement, les échelons supérieurs d'une hiérarchie ne communiquent pas directement avec les échelons inférieurs, ils passent par la « voie hiérarchique », et degré par degré. À court-circuiter les niveaux intermédiaires on risque toutes sortes de désordres.

DEUXIÈME PARTIE

LE DEVENIR

IX

LA STRATÉGIE DES EMBRYONS

Benjamin Franklin à une femme qui l'interrogeait sur l'utilité de ses recherches sur l'électricité : « Madame, à quoi sert un nouveau-né ? »

La réponse darwiniste classique à la question de savoir comment l'homme fut créé d'un peu de limon est à peu près celle de Watson expliquant la création d'une robe de Patou : « Il tire par-ci, il tire par-là, serre la taille ou la relâche... Il manipule l'étoffe jusqu'à ce qu'elle ressemble à une robe... » L'évolution opérerait ainsi en manipulant au hasard son matériau, en tirant par-ci ou par-là, en essayant ici une queue, là une paire de cornes jusqu'à ce qu'elle « tombe » sur un type apte à survivre.

La science de la Terre plate explique l'évolution mentale par des essais fortuits, conservés par renforcement sélectif (le bâton et la carotte), et l'évolution biologique par des mutations fortuites (le singe dactylographe) conservées par sélection naturelle. Les *mutations* sont définies comme des changements spontanés dans la structure moléculaire des gènes, et sont dites *fortuites* en ce sens qu'elles n'ont aucune relation avec les besoins adaptatifs de l'organisme. En conséquence la grande majorité des mutations a forcément des effets nuisibles, mais les quelques coups heureux sont conservés parce que — par hasard — ils confèrent à l'individu tel ou tel petit avantage ; et avec le temps « il peut se produire n'importe quoi ». « La vieille objection de l'improbabilité du développement d'un œil, d'une main ou d'un cerveau par un *hasard aveugle* a perdu sa force », écrit Sir Julian Huxley : car « la sélection naturelle opérant tout au long des temps géologiques[1] » explique tout.

En réalité, la vieille objection ne cesse de prendre des forces depuis le milieu du siècle, si bien qu'il n'y a guère d'éminent évolutionniste de nos jours qui n'ait exprimé des vues hérétiques sur tel ou tel aspect de la doctrine orthodoxe — tout en rejetant fermement les hérésies des autres. Malgré les brèches innombrables que lui ont faites ces critiques et ces doutes, la citadelle de l'orthodoxie néo-darwiniste est toujours debout — sans doute parce que l'on n'a rien de satisfaisant à proposer en échange. L'histoire des sciences montre qu'une théorie bien établie peut trembler sur ses bases ou se perdre dans les absurdités et les contradictions sans cesser d'avoir le soutien de l'Autorité, aussi longtemps que ne se présente pas une nouvelle explication globale*. Or jusqu'ici le néo-darwinisme n'a été sérieusement mis en question que par le lamarckisme, lequel a lancé maintes critiques mordantes, mais sans offrir d'autre proposition constructive.

En fait pendant près de cent ans les théoriciens de l'évolution ont mené la guerre acharnée des Bourguignons lamarckiens contre les Armagnacs darwinistes. La dispute a été fort technique, fort complexe, mais lourde d'arrière-pensées métaphysiques, émotives, voire politiques. En Union soviétique les Armagnacs darwinistes ayant été sommairement condamnés aux camps de travail par Staline, leurs survivants ont été sommairement réhabilités par Khrouchtchev : c'est l'épisode de l'« affaire Lyssenko ». Simplifié à l'extrême, le fond du procès est le suivant : Lamarck pensait que les modifications adaptatives du physique et des modes de vie qu'un animal acquiert pour mieux faire face à son milieu se transmettent à ses descendants (« hérédité des caractères acquis »). Ainsi le fils du boxeur devrait naître avec de gros biceps. Voilà une conception raisonnable et rassurante de l'évolution qui serait le résultat cumulatif de l'apprentissage, de l'étude et de l'expérience ; malheureusement, comme il arrive trop souvent, cette hypothèse du bon sens ne répond guère aux faits.

---

* Cf. la thèse du « changement de paradigmes » de Thomas Kuhn[2], et aussi le chapitre sur « L'évolution des idées » dans *le Cri d'Archimède*.

Jusqu'ici, malgré de grands efforts, le lamarckisme n'a pas su prouver de manière concluante que les caractères acquis se transmettent aux descendants ; et il paraît à peu près certain que, si l'expérience affecte l'hérédité, ce n'est pas par des voies si directes ni si simples.

Mais l'échec du lamarckisme sous sa forme primitive ne signifie pas que le singe dactylographe soit la seule autre explication possible. Sans nul doute les mutations fortuites conservées par la sélection naturelle jouent un rôle dans le processus de l'évolution, de même que les heureux hasards dans l'évolution de la science. La question est de savoir si c'est là toute la vérité, ou même la part la plus importante de la vérité.

Depuis plusieurs années les évolutionnistes ont proposé un grand nombre de corrections et d'amendements à la théorie néo-darwiniste ; rassemblées, ces modifications laisseraient bien peu de chose de la théorie originale, comme les amendements qui bouleversent entièrement le contenu d'un projet de loi. Mais, nous l'avons dit, chaque critique s'est attaqué à un point particulier, si bien que « tout est brisé, plus de cohésion », comme le déplorait John Donne au moment d'une crise semblable dans la cosmologie médiévale. Dans ce chapitre et dans ceux qui suivent je voudrais ramasser quelques-uns de ces fragments ou débris, en essayant de les ajuster.

Docilité et détermination

Il faut cinquante-six générations de cellules pour produire un être humain à partir d'un œuf fécondé. Cela se fait en plusieurs étapes dont chacune comporte : *a*) la multiplication des cellules par division et la croissance subséquente des cellules-filles ; *b*) la spécialisation structurelle et fonctionnelle des cellules (différenciation) ; et *c*) le façonnement de l'organisme (morphogenèse). Il va sans dire que ce sont là trois aspects complémentaires d'un processus unitaire.

La morphogenèse procède d'une manière indubitablement hiérarchique. Le développement de l'embryon qui, d'abord masse informe, se fait ébauche et passe par des stades successifs d'articulation croissante, suit le schéma bien connu que nous avons décrit précédemment ; en notant des analogies avec la lente apparition d'une statue dans un morceau de bois sous la gouge du sculpteur, ou avec le développement d'une idée amorphe qui s'explicite en phonèmes. La différenciation graduelle des groupes de cellules jusqu'à leur spécialisation finale présente la même image arborescente, hiérarchiquement organisée. La population cellulaire qui constituera la peau peut se spécialiser encore en glandes sudoripares, en couches cornées, etc. À chaque étape, des *déclencheurs* et des *rétroactions* biochimiques déterminent quelles voies de développement, parmi plusieurs possibles, un groupe de cellules va effectivement suivre.

Ainsi quand les cupules optiques (futures rétines) qui croissent à partir du cerveau au bout de deux tiges (les futurs nerfs optiques) entrent physiquement en contact avec la surface, la peau qui recouvre la zone de contact se replie dans les cavités et se différencie en lentilles transparentes. La cupule optique induit la peau à former un cristallin, et à son tour le cristallin induit les tissus adjacents à former une membrane transparente, la cornée. Bien plus, si l'on transplante une cupule optique sous la peau du ventre d'un embryon de grenouille, la peau qui la recouvre se différenciera obligeamment pour former un cristallin. Cette *docilité* du tissu embryonnaire, cette promptitude à se différencier en l'espèce d'organe la mieux adaptée à la position du tissu dans l'organisme en croissance, peut nous apparaître comme une manifestation de la *tendance à l'intégration*, de la subordination de la partie aux intérêts du tout.

Mais la « docilité » n'est qu'un aspect de l'opération, l'autre étant la « détermination ». Il s'agit là de deux termes techniques : « docilité » désigne la capacité multipotentielle du tissu embryonnaire de suivre telle ou telle branche de la hiérarchie du développement selon les circonstances. Mais sur chaque branche il y a un point de non-retour à partir duquel le stade suivant de développement du tissu est « déterminé » de manière irréversible. Si au stade primitif du clivage, on coupe en deux un embryon de grenouille, chaque moitié deviendra grenouille complète et non demi-grenouille comme elle ferait normalement. À ce stade chaque cellule, bien qu'elle fasse *partie* de l'embryon, a gardé le potentiel génétique de devenir, si besoin est, *toute* une grenouille : c'est un véritable holon à tête de Janus. Mais à chaque étape ultérieure du développement les générations successives de cellules se spécialisent de plus en plus, et le terrain des « options » d'un tissu cellulaire donné — son potentiel génétique — se rétrécit d'autant. Ainsi un fragment d'ectoderme peut avoir encore la potentialité de former une cornée ou une glande cutanée, mais non pas un foie ni un poumon. Ici comme en d'autres domaines la spécialisation aboutit à une perte de flexibilité. On pourrait comparer ce processus à la série des options qui s'offrent à l'étudiant depuis son premier choix entre Faculté des lettres et Faculté des sciences, jusqu'à la « détermination » définitive qui fait de lui un océanographe zoologiste, spécialiste des échinodermes. À chaque moment décisif, à chaque carrefour, un hasard, un incident peut jouer le rôle du « déclencheur » qui « l'induit » à prendre telle ou telle option. Après un certain temps, chaque décision devient, dans une grande mesure, irréversible. Une fois zoologiste, plusieurs spécialités lui restent ouvertes ; mais il peut difficilement revenir en arrière pour se faire avocat ou physicien. « Un degré à la fois » : c'est encore la même règle des hiérarchies.

Dès que se décide l'avenir du développement d'un tissu, ce dernier peut se comporter d'une manière étrangement « déterminée ». Au stade de la gastrulation, quand l'embryon ressemble à un sac partiellement renfoncé, il est possible de dire quel organe produira chaque zone. Si à ce stade primitif un fragment de tissu d'un embryon amphibien, qui normalement donnerait naissance à un œil, est transplanté sur la région caudale d'un autre embryon plus âgé, il ne deviendra pas un œil, mais un conduit rénal ou quelque autre organe caractéristique de cette zone. Mais à un stade ultérieur de la croissance de l'embryon, la zone oculaire présomptive perd cette docilité et, en quelque endroit qu'on la transplante, deviendra un œil, même sur la cuisse ou le ventre de son hôte. Le groupe cellulaire, à ce stade — bourgeon ou « champ morphogénétique » — transplanté ailleurs, sur le même embryon ou sur un autre, formera l'organe complet qu'il devait former : œil, membre, ou même cœur. Cette farouche détermination des champs morphogénétiques à proclamer leur individualité exprime, dans notre terminologie, la *tendance à l'affirmation de soi dans le développement.*

Tout champ morphogénétique a les caractères holistes d'une unité autonome, d'un holon auto-régulateur. Si on lui enlève la moitié de son tissu, la partie restante ne formera pas une moitié d'organe, mais bien un organe complet. Si à un certain stade de son développement la cupule optique est découpée en plusieurs parties séparées, chaque fragment formera un œil, plus petit, mais normal ; et même comme nous l'avons vu (p. 71) les cellules d'un tissu, artificiellement écrasées et filtrées, peuvent se reformer.

Ces propriétés d'autonomie et d'autorégulation des holons au sein de l'embryon en croissance sont une sauvegarde extrêmement précieuse : elles garantissent qu'en dépit des accidents qui peuvent survenir au cours de son développement, le produit fini sera conforme aux normes. Étant donné les millions de cellules qui se divisent, se différencient et se meuvent dans le milieu continuellement changeant des fluides et des tissus avoisinants — le « paysage épigénétique » de Waddington — il faut admettre qu'il n'existe pas deux embryons, même jumeaux identiques, qui soient formés exactement de la même manière. On a comparé les mécanismes autorégulateurs qui corrigent toute déviation par rapport à la norme et qui garantissent, pour ainsi dire, le résultat final, aux dispositifs de rétroaction homéostatique de l'organisme adulte : on en arrive ainsi à parler d'homéostasie du développement. Le futur individu est virtuellement prédéterminé dans les chromosomes de l'œuf fécondé ; mais pour exécuter cette épure, des milliards de cellules devront être fabriquées et moulées en une structure intégrée. L'esprit se refuse à imaginer que les gènes d'un œuf fécondé puissent contenir des dispositifs incorporés pour parer à chacun des hasards que chacune de ses cinquante-six générations de cellules-filles rencontrera peut-être au cours de ce processus. Cependant le problème est un peu moins déconcertant si nous substituons au concept d'« épure génétique », qui suppose un plan à copier servilement, le concept de *règles* génétiques, règles fixes, mais laissant des possibilités de choix, c'est-à-dire des stratégies souples guidées par la rétroaction et les repères du milieu. Mais comment cette formule peut-elle s'appliquer au développement de l'embryon ?

Le clavier génétique

Les cellules d'un embryon, toutes d'origine identique, se différencient pour donner des produits aussi variés que des cellules musculaires, plusieurs sortes de cellules sanguines, un grand nombre d'espèces de cellules nerveuses, et ainsi de suite, malgré que chacune d'entre elles porte dans ses chromosomes le même lot d'instructions héréditaires. Les activités de la cellule, chez l'embryon comme chez l'adulte, sont régies par les gènes situés dans les chromosomes. Mais puisque nous avons la preuve que *toutes* les cellules du corps, quelle que soit leur fonction, contiennent le *même* jeu complet de chromosomes, comment une cellule nerveuse et une cellule rénale peuvent-elles accomplir des tâches si différentes, si elles sont gouvernées par les mêmes lois ?

Il y a une génération, on aurait donné à cette question une réponse fort simple, que j'exprimerai au moyen d'une analogie un peu frivole. Représentons les chromosomes par le clavier d'un immense piano : des milliers de touches dont chacune sera un gène. Toutes les cellules du corps portent dans leurs noyaux un clavier microscopique, mais complet. Mais chaque cellule spécialisée n'a le droit de frapper qu'une seule corde, selon sa spécialité, le reste de son clavier génétique se trouvant inactivé par du sparadrap. L'œuf fécondé et les toutes premières générations de ses cellules-filles ont le clavier entier à leur disposition. Mais à chaque « point de non-retour » les générations successives voient s'élargir de plus en plus le domaine du sparadrap. Pour finir, une cellule musculaire ne peut plus faire qu'un seul geste : se contracter — elle n'a qu'une seule corde à frapper.

En termes de génétique le sparadrap est un « répresseur ». L'agent qui frappe la touche et active le gène est un « inducteur ». Un gène mutilé est une touche désaccordée. Et lorsqu'il y a ainsi un grand nombre de notes vraiment fausses le résultat est une nouvelle mélodie, bien plus belle qu'auparavant : un oiseau au lieu d'un reptile, un homme au lieu d'un singe. Voilà du moins ce que l'on nous priait de croire ; il semble que la théorie se soit fourvoyée quelque part.

L'erreur s'est produite en effet à partir d'une conception atomiste du gène. La génétique est née à l'époque de l'apogée de l'atomisme : les réflexes étaient des atomes de comportement, les gènes des unités atomiques d'hérédité. Tel gène était responsable de la couleur des yeux, tel autre de la nature des cheveux, un troisième de l'hémophilie ; et l'organisme passait pour une collection de ces unités caractérielles mutuellement indépendantes, — une mosaïque de particules élémentaires rassemblées comme les montres de Mekhos. Cependant dès le milieu de notre siècle les concepts rigoureusement atomistes de la génétique mendélienne s'étaient considérablement assouplis. On comprit qu'un seul gène peut affecter une grande variété de caractéristiques différentes (pléiotropie), et réciproquement qu'un grand nombre de gènes peuvent contribuer à la production d'une seule caractéristique (polygénèse). Il arrive que des caractères mineurs, comme la couleur des yeux, dépendent d'un unique gène, mais c'est la polygénèse qui l'emporte, et les traits fondamentaux de l'organisme dépendent de la totalité des gènes : le matériel génétique ou « génôme » dans son ensemble.

À ses débuts la génétique ne parlait guère que de gènes « dominants » ou « récessifs » ; mais son vocabulaire s'est enrichi peu à peu : il y a des gènes répresseurs, aporépresseurs, inducteurs, modifiants et commutateurs, des gènes opérateurs qui en activent d'autres, et même des gènes qui régularisent le taux des mutations dans les gènes. Ainsi l'action des gènes fut-elle conçue à l'origine comme le déroulement d'une séquence linéaire simple, analogue à celle d'un magnétophone ou semblable à l'enchaînement behavioriste des réflexes conditionnés ; et aujourd'hui il devient de plus en plus clair que l'appareil génétique opère comme micro-hiérarchie *auto-régulatrice*, et qu'il est muni de dispositifs de rétroaction orientant des stratégies souples[*]. C'est ce qui protège l'embryon en croissance contre les hasards de l'ontogenèse ; c'est ce qui le protégerait aussi contre les hasards évolutionnaires de la phylogenèse, ou les mutations fortuites de ses propres matériaux héréditaires — les cabrioles du singe dactylographe.

Au moment où j'écris, une suggestion de ce genre se heurte encore au scepticisme des généticiens les plus orthodoxes, d'autant, peut-être, que si elle était admise elle conduirait à modifier de manière décisive nos conceptions du processus de l'évolution, comme nous le verrons au chapitre suivant. Du moins l'atomisme est-il en régression. Si la différenciation et la morphogenèse procèdent par étapes hiérarchiques, l'activité coopérative du génôme doit aussi procéder en ordre hiérarchique. Ce génôme est situé dans le noyau, qui est lui-même dans la cellule, laquelle est entourée

---

[*] Cf. le titre du traité de biologie de Waddington : *The Strategy of Genes*.

d'une membrane, environnée de fluides organiques et d'autres cellules, formant un tissu ; celui-ci à son tour est en contact avec d'autres tissus. C'est dire que le génôme opère dans une *hiérarchie d'environnements* (p. 103).

Les types de cellules (cérébrales, musculaires, etc.) diffèrent entre eux par la structure et la chimie des cytoplasmes, les différences étant dues aux interactions du génôme, du cytoplasme et de l'environnement de la cellule. Dans chaque tissu en voie de croissance et de différenciation une portion différente du génôme total est en activité : c'est uniquement la branche de la hiérarchie des gènes qui a affaire aux fonctions assignées au tissu en question ; le reste des gènes est mis en sommeil. Quant aux dispositifs qui font ainsi intervenir tels gènes et non tels autres ce sont encore les déclencheurs et les rétroactions que nous connaissons bien : « inducteurs » chimiques, « organisateurs », « opérateurs », « répresseurs », etc. Il va sans dire que leur fonctionnement n'est que très imparfaitement compris, et que la prolifération de termes nouveaux n'est quelquefois qu'une méthode commode pour masquer notre ignorance des détails. Du moins connaissons-nous les grands principes de l'opération. C'est un processus circulaire, aux cercles de plus en plus étroits, comme ceux d'une spirale, à mesure que la cellule se spécialise de plus en plus. Les gènes commandent les activités de la cellule au moyen d'instructions codées relativement simples qui s'explicitent dans les opérations complexes du cytoplasme. Mais à leur tour les activités des gènes répondent à des rétroactions du cytoplasme qui est exposé à la hiérarchie des environnements. Outre les déclencheurs chimiques, celle-ci comporte beaucoup d'autres facteurs qui, dans le « paysage épigénétique », sont pertinents à l'avenir de la cellule et dont les gènes doivent être informés. Pour employer une expression de James Bonner[3], la cellule doit pouvoir « tester » ses voisines pour en repérer, entre autres caractères, « l'étrangeté ou la similitude ». En renvoyant au génôme des renseignements sur la nature du terrain, le cytoplasme codétermine les gènes à activer ou à mettre en sommeil de façon temporaire ou permanente.

Le sort d'une cellule dépend donc finalement de la position de cette cellule dans l'embryon en croissance, de sa situation exacte dans le paysage épigénétique. Les cellules qui appartiennent au même champ morphogénétique (par exemple un futur bras) doivent avoir la même orchestration génétique et se comporter en parties d'une unité cohérente ; et leur spécialisation ultérieure de « solistes » (doigts ou phalanges) dépendra encore de leur position *à l'intérieur* du champ. Chaque bourgeon d'organe est un holon *bifrons* : par rapport aux premiers stades de son développement, son destin est, dans l'ensemble, irrévocablement déterminé ; mais, par rapport à l'avenir, ses parties sont encore « dociles » et vont se différencier en empruntant la voie de développement la mieux adaptée à leur environnement local. « Détermination » et « docilité », potentiel d'affirmation de soi et potentiel d'intégration sont les deux côtés d'une même médaille.

Dans les types de hiérarchies dont nous venons de parler le facteur temps a joué un rôle relativement secondaire. Dans la hiérarchie de développement, le sommet de l'arbre renversé est l'œuf fécondé, l'axe de l'arbre en voie de ramification est le progrès du temps, et les niveaux de la hiérarchie sont les stades de développement successifs. La structure de l'embryon en croissance à n'importe quel moment donné est une coupe à angles droits à l'axe du temps, et les deux faces de Janus sont tournées l'une vers le passé, l'autre vers l'avenir.

Résumé

Ce chapitre n'avait pas pour but de décrire le développement de l'embryon, mais d'appeler l'attention sur les principes fondamentaux que ce développement partage avec d'autres formes de processus hiérarchiques que nous avons examinées auparavant. J. Needham a parlé un jour des « efforts de la blastule qui veut devenir poulet ». L'ensemble des dispositifs grâce auxquels elle réussit pourrait s'appeler « techniques pré-natales ». Selon une autre formule de James Bonner, « nous savons que la nature, comme l'homme, accomplit des tâches complexes en les divisant en un grand nombre de tâches simples subordonnées[4] ». Le développement, la maturation, l'apprentissage, l'action sont des processus continus, il faut donc s'attendre que les techniques pré-natales et post-natales soient gouvernées par les mêmes principes généraux.

Parmi ces principes* nous avons vu, reflétés dans le développement de l'embryon : l'ordre en voie de ramification hiérarchique, de la différenciation et de la morphogenèse ; la « dissécabilité » de cet ordre en holons auto-régulateurs à divers niveaux ou stades ; leur caractère de *Janus bifrons* (autonomie contre dépendance, détermination contre docilité) ; leurs règles génétiques fixes et leurs stratégies adaptables orientées par des rétroactions de la hiérarchie des environnements ; l'action des déclencheurs (inducteurs, etc.) mettant en mouvement des mécanismes pré-installés et des filtres (« tests ») qui trient et acheminent les informations ; le déclin de la flexibilité à mesure qu'augmentent la différenciation et la spécialisation. Enfin nous avions noté la « persuasion clandestine » des règles fixes qui régissent une technique en agissant automatiquement ou instinctivement. *Mutadis mutandis*, une relation analogue paraît établie entre le code génétique d'origine ancienne et les « techniques pré-natales » de l'embryon en voie de croissance.

---

* Voir à l'annexe un résumé de ces principes.

X

ÉVOLUTION : THÈME ET VARIATIONS

Je refuse de croire que Dieu joue le monde aux dés.

Albert EINSTEIN.

Après le développement de l'individu, passons à la phylogenèse et au problème crucial du progrès de l'évolution.

La théorie orthodoxe (« néo-darwiniste » ou « synthétique ») veut expliquer tous les changements qui se produisent au cours de l'évolution par des mutations fortuites et des recombinaisons de gènes ; la plupart des mutations sont nuisibles, mais il se trouve qu'il y en a une très petite proportion d'utiles, qui sont conservées par la sélection naturelle. Nous l'avons vu : ce qualificatif de « fortuites » signifie dans le contexte que les changements héréditaires provoqués par mutation n'ont aucun rapport avec les besoins d'adaptation de l'animal, et qu'ils peuvent modifier son physique et son comportement « dans n'importe quelle direction ». Dans cette optique l'évolution ressemble à un jeu de colin-maillard. Le professeur Waddington, universitaire officiel mais quasi trotskyste, que j'aurai souvent l'occasion de citer dans ce chapitre, propose une autre comparaison : « Supposer que l'évolution de mécanismes biologiques merveilleusement adaptés n'a dépendu que d'une sélection dans une série fortuite de variations toutes produites par pur hasard, revient à suggérer qu'en lançant des briques sur un tas de briques nous finirons par obtenir une maison tout à fait charmante[1]. »

À ce propos voici un exemple fort simple. Le panda géant (qui sert de mascotte au Fonds mondial de Protection de la Faune) possède aux pattes de devant un sixième doigt qui lui est très commode pour manier les pousses de bambou dont il fait sa nourriture. Mais ce doigt supplémentaire serait parfaitement inutile sans les muscles et les nerfs qui lui correspondent. Pour que, parmi toutes les mutations possibles, celles qui ont donné les os, muscles et nerfs supplémentaires se produisent indépendamment dans la même population, les chances sont à coup sûr infiniment petites. Il n'y a pourtant dans ce cas que trois variables en jeu. Si nous sommes en présence de vingt facteurs (estimation bien modeste pour l'évolution d'un organe complexe), la probabilité de leur altération simultanée, due au seul hasard, devient absurde, et les miracles, alors, tiennent lieu d'explications scientifiques.

Donnons un exemple moins élémentaire. La conquête de la terre ferme par les vertébrés a commencé à l'évolution des reptiles à partir d'une forme amphibienne primitive. Les amphibiens se reproduisaient dans l'eau, leurs jeunes étaient aquatiques. L'innovation décisive des reptiles fut de déposer leurs œufs sur la terre ferme ; ils ne dépendaient plus de l'eau, ils devenaient libres de parcourir les continents. Mais le reptile à naître, à l'intérieur de l'œuf, avait encore besoin d'un milieu aquatique ; sans eau il se serait desséché bien vite. Il lui fallait aussi de la nourriture : les amphibiens éclosent à l'état de larves capables de pourvoir à leurs besoins, tandis que les reptiles éclosent pleinement développés. L'œuf de reptile dut recevoir par conséquent une grosse masse de jaune pour servir d'aliment, et un albumen pour fournir l'eau. Ni le jaune ni le blanc n'auraient eu en soi de valeur sélective. De plus, le blanc d'œuf, dont l'humidité risquait de s'évaporer, nécessitait un contenant : d'où la production d'une coquille à l'aide d'un matériau ressemblant soit à du cuir soit à du calcaire. Mais ce n'est pas fini. L'embryon reptilien enfermé dans sa coquille ne pouvait se débarrasser de ses excréments comme l'embryon amphibien qui a tout l'étang à sa disposition : il lui fallut donc une sorte de vessie — la membrane allantoïde qui, à certains égards, annonce le placenta des mammifères. Mais ce problème résolu, il restait que l'embryon, emprisonné dans une coquille dure, avait encore besoin d'un outil pour en sortir. Les embryons de certains poissons et amphibiens dont les œufs sont enveloppés d'une membrane gélatineuse, ont des glandes au museau, qui, le moment venu, secrètent une substance chimique qui dissout la membrane. Mais les embryons entourés d'une coquille dure ont besoin d'un outil mécanique : ainsi les serpents et les lézards profitent d'une dent qui se transforme en ouvre-boîte, et les oiseaux ont une caroncule, excroissance rigide au sommet du bec. Chez certaines espèces — comme l'oiseau appelé indicateur — qui pondent dans le nid d'autrui à la manière des coucous, la caroncule sert aussi à autre chose : elle devient un crochet pointu que l'envahisseur à peine éclos utilise pour exterminer ses frères adoptifs, et dont il se défait ensuite.

Tout cela se rapporte à un seul aspect de l'évolution des reptiles ; il va sans dire que d'innombrables transformations essentielles de structure et de comportement furent encore requises pour rendre viables ces espèces nouvelles. Les changements ont pu être graduels, mais à chaque étape, si petite soit-elle, il fallut que *tous* les facteurs en jeu coopèrent harmonieusement. La provision de liquide dans l'œuf n'a aucun sens s'il n'y a une coquille. La coquille serait non seulement inutile, mais létale sans l'allantoïde et sans l'ouvre-boîte. Chaque changement, pris isolément, pouvait être nuisible et agir *contre* la survie. On ne saurait avoir une mutation A se produisant seule, la conserver par sélection naturelle, puis attendre des milliers ou des millions d'années pour que la mutation B vienne la rejoindre, suivie par C beaucoup plus tard, et par D. Chaque mutation se produisant seule disparaîtrait avant de jamais pouvoir se combiner à d'autres : elles sont toutes interdépendantes. La doctrine qui fait de leur assemblage une série de coïncidences aveugles est un affront non seulement au bon sens mais surtout aux principes fondamentaux de l'explication scientifique.

Les défenseurs de la théorie orthodoxe, sans doute inconfortablement conscients d'une lacune essentielle, ont parlé quelquefois du bout des lèvres de « problèmes non résolus », qu'ils ont vite remis sous le coude. « Il y a vingt ans tout semblait facile, écrit Sir Peter Medawar (auteur dont la tolérance à l'égard des opinions d'autrui n'est pas excessive) : la mutation était source de diversité, la sélection choisissait… Notre complaisance était due, je suppose, à un défaut de tempérament bien compréhensible : les hommes de science tendent à ne pas se poser de questions dont ils n'aperçoivent pas quelque rudiment de réponse. Les questions gênantes tendent à rester informulées ou, si on les formule, à recevoir des réponses grossières[2]*... »

Une manière commode d'éluder ces questions gênantes fut de concentrer son attention sur le traitement statistique des mutations dans de grandes populations de la mouche *Drosophila melanogaster*, animal favori des généticiens parce qu'il se reproduit très rapidement et n'a que quatre paires de chromosomes. La méthode est fondée sur la mesure des variations de quelques caractéristiques isolées et généralement minimes, telles que la couleur des yeux ou la répartition des poils. Ancrés dans la tradition atomiste, les partisans de la doctrine ne surent pas voir, apparemment, que ces mutations — virtuellement toutes nuisibles — d'un unique facteur n'avaient aucun rapport avec le problème central du progrès de l'évolution, qui requiert des changements simultanés de tous les facteurs affectant la structure et la fonction d'un organe complexe. L'obsession des poils de la drosophile chez le généticien accuse une analogie plus que superficielle avec l'obsession des tringles à rats chez le behavioriste. L'une et l'autre dérivent d'une philosophie mécaniste qui regarde l'être vivant comme une collection d'éléments de comportement (les unités S-R) et d'éléments d'hérédité (les gènes mendéliens).

Sélection interne

À cette doctrine nous opposons ici le concept de hiérarchie ouverte, en examinant s'il peut s'appliquer au processus de l'évolution. Je commencerai par citer la réponse de Waddington à des problèmes du type que soulève le doigt du panda géant :

> Nous sommes quelques-uns pour qui les explications orthodoxes modernes ne semblent pas très satisfaisantes. Il y a un problème bien connu : beaucoup d'organes sont choses fort complexes et, pour introduire

---

* Ceci est à comparer à la solennelle déclaration de Sir Julian Huxley : « Dans le domaine de l'évolution la génétique a donné sa réponse fondamentale, et les biologistes de l'évolution ont le loisir de poursuivre d'autres problèmes[3]. »

dans leur fonctionnement un perfectionnement quelconque, il faudrait opérer des modifications simultanées dans plusieurs caractères différents… et c'est là, semble-t-il, ce qu'on n'attendrait pas de la seule influence du hasard.

Il y a toujours eu, il y a encore, des biologistes de bonne réputation qui estiment que de telles considérations font douter que des changements héréditaires fortuits puissent fournir une base suffisante à l'évolution. Mais je crois que la difficulté disparaît en grande partie si l'on se rappelle qu'un organe comme l'œil n'est pas simplement une collection d'éléments — rétine, cristallin, iris, etc. — assemblés et qui par hasard s'ajustent. C'est une chose qui est formée graduellement pendant que l'animal adulte se développe à partir de l'œuf ; et à mesure que l'œil se forme, les différentes parties s'influencent mutuellement. Plusieurs auteurs ont montré que si, par des moyens expérimentaux, on agrandit anormalement la rétine et le globe oculaire, ceci provoquera l'apparition d'un cristallin plus grand, ou du moins approximativement de la taille appropriée à la vision. Il n'y a donc pas de raison pour qu'une mutation fortuite n'affecte pas *tout l'organe harmonieusement* ; et il existe une possibilité raisonnable qu'elle puisse l'améliorer… En fait, un changement fortuit dans un facteur héréditaire n'aboutira pas ordinairement à altérer un seul élément de l'animal adulte ; il produira une modification de tout le système de développement et pourra ainsi altérer un organe complexe dans son ensemble[4].

Nous nous rappelons que l'ébauche de l'œil en voie de croissance chez l'embryon est un holon autonome qui, privé d'une partie de son tissu, deviendra néanmoins un œil normal, grâce à ses propriétés auto-régulatrices. Il n'est pas surprenant qu'il dispose des mêmes forces auto-régulatrices, ou « stratégies souples » de croissance, si la perturbation est provoquée non plus par un agent humain mais par un gène mutant comme le suggère Waddington. La mutation fortuite ne fait que déclencher le processus ; les « techniques prénatales » de l'embryon feront le reste à toutes les générations successives. L'œil agrandi devient une innovation évolutionnaire[*].

---

[*] Ajoutons que l'exemple de l'œil agrandi est typique de l'action d'un gène mutant. Les gènes règlent les taux de réaction chimique, y compris les taux de croissance ; et l'un des effets les plus fréquents des mutations de gènes est d'altérer la vitesse de croissance d'une partie par rapport aux autres, modifiant ainsi les proportions de l'organe.

Mais le développement embryonnaire est un processus hiérarchique à plusieurs niveaux, ce qui conduit à penser que des contrôles sélectifs et régulateurs opèrent à divers niveaux pour *éliminer* les mutations nuisibles et *coordonner* les effets des mutations acceptables. Plusieurs auteurs[*] supposent que ce processus de filtrage commence peut-être à la base même de la hiérarchie, au niveau de la chimie moléculaire du génôme. Les mutations sont des modifications chimiques probablement causées par l'impact de radiations cosmiques et d'autres facteurs sur les cellules germinales. Il s'agit de modifications de la séquence des unités chimiques dans les chromosomes — les quatre lettres de l'alphabet génétique : elles équivalent généralement à des erreurs de typographie. Mais il existe apparemment, là encore, une hiérarchie de correcteurs chargés de les éliminer. « La lutte pour la survie des mutations commence à l'instant où se produit la mutation, écrit L. L. Whyte. Il est évident que des changements totalement arbitraires ne seront pas stables physiquement, chimiquement ni fonctionnellement... Seuls les changements qui aboutissent à un système muté satisfaisant à certaines conditions physiques, chimiques et fonctionnelles strictes seront capables de survivre...[5] » Tous les autres seront éliminés, soit par la mort de la cellule mutée et de ses descendantes à un premier stade, soit, comme nous allons le voir, par les remarquables propriétés auto-régulatrices du génôme dans son ensemble.

D'après la théorie orthodoxe la sélection naturelle est due entièrement à la pression du milieu qui détruit les inaptes et répand sur les plus aptes les grâces d'une abondante descendance. Cependant à la lumière des considérations qui précèdent, une mutation nouvelle, avant de se présenter aux épreuves darwinistes de la survie dans l'environnement extérieur, doit se soumettre à une *sélection interne* qui examine son adaptabilité physique, chimique et biologique.

Le concept de sélection interne, de hiérarchie des contrôles qui éliminent les conséquences des mutations nuisibles et coordonnent les effets des utiles est le chaînon qui manquait dans la théorie orthodoxe entre les « atomes » d'hérédité et le flot vivant de l'évolution. À défaut

---

[*] Von Bertalanffy, Darlington, Spurway, Lima da Faria, L. L. Whyte.

de ce chaînon les premiers comme le second sont inintelligibles. Sans aucun doute il se produit des mutations fortuites : elles sont observables en laboratoire. Sans aucun doute la sélection darwinienne est une force puissante. Mais entre ces deux événements, entre les modifications chimiques d'un gène et l'apparition du produit fini, nouveau venu sur la scène de l'évolution, il y a à l'œuvre toute une hiérarchie de processus internes qui imposent des limites strictes au nombre des mutations possibles et qui réduisent ainsi considérablement l'importance du facteur chance. Tout se passe comme si le singe dactylographe frappait sur une machine à écrire fabriquée de telle sorte qu'elle n'imprime que des syllabes ayant un sens. Et s'il apparaissait des syllabes dépourvues de sens, la machine les effacerait automatiquement. Pour poursuivre la métaphore, nous peuplerions les échelons supérieurs de la hiérarchie de lecteurs, de correcteurs d'épreuves et d'éditeurs, dont les tâches ne seraient plus d'éliminer, mais de corriger, de réarranger et de coordonner — comme dans l'exemple de l'œil mutant.

Une micro-hiérarchie gouverne en effet les techniques prénatales de l'embryon qui lui permettent d'atteindre son but, quels que soient les accidents qu'il puisse rencontrer au cours de son développement. Mais la phylogenèse est une suite d'ontogenèses, et ceci nous conduit à affronter la grande question : le mécanisme de la phylogenèse est-il lui aussi muni d'une sorte de livret d'instructions évolutionnaires ? Y a-t-il une stratégie du processus de l'évolution comparable à la « stratégie des gènes », à la « directionnalité » de l'ontogenèse (comme dit E. S. Russell) ?

Résumons-nous. L'atomisme génétique est mort. La stabilité héréditaire et le changement héréditaire se fondent, l'une et l'autre, non pas sur une mosaïque de gènes, mais sur l'action du génôme « comme un tout ». Cette expression sauve la face, et on l'emploie de plus en plus ; mais elle est vide, à moins d'intercaler entre le génôme comme un tout et le gène individuel, une hiérarchie de sous-ensembles génétiques, de holons d'hérédité auto-régulateurs, qui régissent le développement des organes, et *aussi leurs modifications possibles*, en canalisant les effets des mutations fortuites. Une hiérarchie munie de sauvegardes intégrées et auto-régulatrices est quelque chose de stable : ce n'est pas une étoffe à tirer d'un côté ou de l'autre comme le modèle de Patou. Elle est sujette à variations, elle est capable de changement, mais dans des voies coordonnées seulement, et *seulement dans des directions limitées*. Que peut-on dire des principes généraux qui déterminent ces orientations ?

Énigme de l'homologie

Le principe fondamental de la stratégie de l'évolution nous renvoie à la parabole de l'horloger : c'est la standardisation des sous-ensembles. Mais comme généralement nous n'avons pas une idée très claire du mécanisme de nos montres, soulevons plutôt le capot d'une voiture. Les sous-ensembles sont faciles à nommer : châssis, moteur, batterie, direction, freins, différentiel et ainsi de suite, jusqu'au système de chauffage. Ces éléments sont tous des unités plus ou moins autonomes, des holons mécaniques de plein droit. On peut prendre un moteur ou une batterie standard, les enlever de la voiture et les faire fonctionner seuls comme des organes *in vitro*. On peut les installer sur un autre modèle de voiture ou sur une machine toute différente, comme un canot à moteur. Mais comment les automobiles *évoluent-elles* ?

Les fabriquants savent bien qu'il n'y a aucun avantage à partir de zéro pour dessiner un nouveau modèle, en commençant au niveau des éléments ; ils se servent des éléments déjà existants, qui tous sont l'aboutissement de longues expériences, et ils procèdent sur certains d'entre eux à des modifications, à des perfectionnements minimes — par exemple en rendant la carrosserie plus aérodynamique, en améliorant le refroidissement ou en rembourrant les sièges.

On pourrait montrer que la même économie préside à l'évolution biologique. Que l'on compare les roues avant du dernier modèle d'automobile avec celles d'un modèle d'avant-guerre : elles sont construites selon le même principe. Que l'on compare la structure des membres antérieurs de l'Homme, du Chien, des Oiseaux et de la Baleine, et l'on verra que l'évolution a conservé le même dessin fondamental :

FIGURE 6

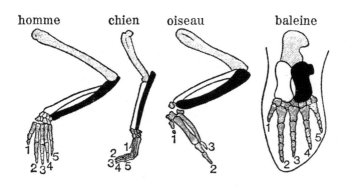

Membres antérieurs de vertébrés
(d'après *Life, an Introduction to Biology*, de G. G. Simpson).

Le bras et l'aile sont dits *organes homologues* parce qu'ils ont le même dessin d'os, de muscles, de vaisseaux sanguins et de nerfs et qu'ils descendent du même organe ancestral. Leurs fonctions sont si différentes que l'on attendrait logiquement des structures différentes. En fait, l'évolution a procédé, comme le fabricant d'automobiles, en modifiant simplement un élément déjà existant (le membre antérieur de l'ancêtre reptile à partir duquel les oiseaux et les mammifères se sont ramifiés il y a deux cent millions d'années), et non pas en recommençant à zéro. Lorsque la nature a pris un brevet pour manufacturer un organe-élément, elle s'y tient obstinément : l'organe ou le dispositif deviennent holons évolutionnaires stables.

Le principe est partout valable, depuis le niveau infra-cellulaire jusqu'au « circuit de montage » du cerveau des primates. Le même modèle d'organites fonctionne dans les cellules des souris et des hommes ; la même marque de protéine contractile sert aux mouvements de l'amibe et aux doigts du pianiste ; les quatre mêmes éléments chimiques constituent l'alphabet de l'hérédité d'un bout à l'autre des règnes animal et végétal. La générosité proverbiale de la nature est compensée par un conservatisme moins évident et par une extrême économie de structures homologues fondamentales, qui va des organites aux cerveaux. « Le concept d'homologie, écrit Sir Alister Hardy, est absolument essentiel à la compréhension de l'évolution. » Mais il ajoute tristement : « Mais à vrai dire nous ne pouvons nullement l'expliquer d'après la théorie biologique d'aujourd'hui[6]. »

La raison de cet échec, nous l'avons vu, est que la théorie orthodoxe supposait que les structures homologues dans des espèces différentes étaient dues à des gènes « atomiques » hérités d'un ancêtre commun (et modifiés par mutation au cours de leur longue histoire) ; alors qu'il est amplement prouvé maintenant que des structures homologues peuvent être produites par l'action de gènes tout différents. La seule façon d'échapper à ce cul-de-sac est apparemment de substituer à l'atomisme génétique le concept de la micro-hiérarchie génétique, pourvue de règles propres, et permettant un grand nombre de variations, mais seulement dans certaines directions sur *un nombre de thèmes limité*. On retrouve ainsi une idée fort ancienne qui remonte à Goethe, sinon à Platon. Cela autorise une brève digression historique qui montrera peut-être pourquoi le concept d'homologie a tant d'importance pour le biologiste, et aussi pour le philosophe.

Archétypes de la biologie

Bien avant Darwin les naturalistes se divisaient en évolutionnistes (Buffon, Lamarck, Geoffroy Saint-Hilaire, etc.) et anti-évolutionnistes, lesquels pensaient que le Créateur avait placé sur terre, simultanément et tout-faits, la girafe, le moustique et le morse. Mais les uns comme les autres étaient frappés de la similarité des organes et des structures dans des espèces par ailleurs entièrement différentes. C'est Geoffroy Saint-Hilaire, le premier à parler d'« organe homologue », qui pose la question dans sa *Philosophie anatomique*, publiée en 1818 : « N'est-il pas généralement reconnu que les vertébrés sont construits sur un plan uniforme, et par exemple que le membre antérieur peut se modifier pour courir, grimper, nager ou voler, alors que l'arrangement des os demeure le même[7]… ? »

Goethe était devenu évolutionniste avant cela, en étudiant la morphologie des plantes et des animaux. Il avança dans *la Métamorphose des Plantes* (1790) que tous les végétaux pouvaient dériver d'un ancêtre commun, la plante primordiale, *Urpflanze*, et que tous les organes des végétaux sont des modifications homologues (il n'employait pas le mot) d'une unique structure, exprimée sous sa forme la plus simple dans la feuille. *La Métamorphose* fut accueillie avec hostilité (déjà au faîte de la gloire, Goethe ne put la faire publier par son éditeur de Leipzig, et dut aller chez Cotta à Gotha) ; mais elle eut une influence considérable sur les *Naturphilosophen* allemands qui combinaient l'anatomie comparative avec le mysticisme transcendantal. Ces gens n'étaient pas évolutionnistes, mais restaient fascinés devant l'universelle récurrence des mêmes schémas fondamentaux dans la structure des animaux et des plantes, et pensaient que ces « archétypes », comme ils les appelaient, permettaient d'entrevoir le plan de la création divine.

C'est en Sicile, semble-t-il, où il passa ses journées à herboriser, que Goethe eut l'idée de la plante primordiale, ancêtre de tous les végétaux existants. À son retour, en 1787, il confia à Herder :

> J'ai vu le cœur du problème, clairement et sans doute possible ; tout le reste je l'aperçois déjà dans l'ensemble, il ne manque que des détails. La plante ancestrale sera la plus merveilleuse création du monde, que la Nature elle-même m'enviera. À l'aide de ce modèle et de la clef qui l'ouvre on peut *ad infinitum* inventer des plantes qui, toutefois, doivent être consistantes — c'est-à-dire des plantes qui, si elles n'existent pas, pourraient exister, et qui, loin d'être des fantaisies de peintre ou de poète, doivent posséder une nécessité, une justesse inhérente. La même loi s'applique à tous les autres domaines de la vie[8].

Les conditions de « nécessité » et de « justesse » auxquelles doivent se conformer toutes espèces existantes ou possibles, Gœthe fut évidemment incapable de les définir ; mais son intuition lui montrait qu'elles écartaient les créations arbitraires de l'imagination artistique, ou de la science-fiction. Elles devaient se conformer à certains archétypes, certains schémas *limités en nombre par la structure fondamentale et la chimie de la matière organique*. L'évolution ne peut procéder au hasard, aveuglément : elle doit obéir à un plan bien ordonné, comparable aux « sévères lois éternelles qui guident les planètes sur leurs orbites* ».

Les *Naturphilosophen* disciples de Goethe s'attachèrent au concept des archétypes sans conserver la croyance à l'évolution. Pour eux, les archétypes n'étaient plus comme pour Goethe des formes ancestrales à partir desquelles avaient évolué les organes homologues, mais plutôt les traces du plan divin : des leitmotive qui eussent coexisté depuis le premier jour de la Création en même temps que toutes leurs variations possibles. Certains grands anatomistes de l'Europe, à cette époque, pensaient à peu près de même, tel Richard Owen qui définit l'organe homologue comme « le *même* organe dans des animaux différents en toute diversité de formes et de fonctions ». Tout en démontrant sans se lasser la multitude de ces organes dans le règne animal, il l'attribuait à l'économie du Créateur, comme Kepler avait attribué ses lois planétaires à l'ingéniosité du divin Géomètre.

Mais quelles que fussent les croyances, le concept d'homologie devait subsister, et devenir la pierre angulaire de la théorie moderne de l'évolution. Les animaux et les plantes sont faits d'organites homologues telles que les mitochondries, d'organes homologues tels que les branchies et les poumons, de membres homologues tels que les bras et les ailes. En fait *les phénomènes d'homologie supposaient un principe hiérarchique dans la phylogenèse comme dans l'ontogenèse.* Mais cela ne fut jamais explicité et les principes de l'ordre hiérarchique furent à peine remarqués ; et c'est sans doute pourquoi on mit si longtemps à remarquer les contradictions internes de la théorie orthodoxe.

La loi du balancement

La stabilité des holons de l'évolution se manifeste aussi à des niveaux plus élevés, et par exemple dans les relations géométriques découvertes par d'Arcy Thompson et qui démontrent qu'une espèce peut se transformer en une autre espèce, tout en conservant son plan

---

* FAUST, *Prologue.*

d'origine. La figure 7 montre deux poissons d'allure fort différente, le poisson porc-épic (Diodon) et le poisson lune (Orthogoriscus).

FIGURE 7

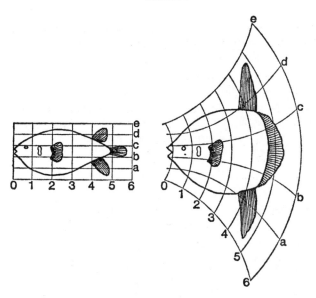

D'après d'Arcy Thompson, *On Growth and Form*, 1917.

J'ai comparé l'évolution des organes homologues à la pratique des constructeurs d'automobiles dont les nouveaux modèles ne diffèrent des précédents que par des modifications de tels ou tels éléments, la plupart des pièces standardisées demeurant les mêmes. Dans le cas de ces poissons, la modification ne porte pas sur un organe particulier, mais sur le châssis et la ligne dans son ensemble. Mais il ne s'agit pas d'un nouveau dessin arbitraire : le schéma est resté le même ; il s'est trouvé seulement déformé régulièrement selon une équation mathématique simple. Imaginons le dessin du diodon imprimé, avec son réseau de coordonnées cartésiennes sur une feuille de caoutchouc qui serait plus épaisse, et par conséquent plus résistante, du côté tête que du côté queue. Étirez ce caoutchouc en le saisissant par le haut et par le bas : le résultat sera le poisson lune. Les points correspondants de l'anatomie des deux poissons auront les mêmes coordonnées (par exemple l'œil est situé sur 0,5 en « longitude » et C en « latitude »).

Thompson a montré la généralité de ce phénomène. En plaçant le schéma d'un animal sur une grille de coordonnées, puis en dessinant un autre animal appartenant au même groupe zoologique, il est possible de passer d'une forme à l'autre au moyen d'un simple procédé de géométrie « élastique » qui peut s'exprimer par une formule mathématique. Les dessins de la figure 8 représentent la transformation d'un crâne de babouin en crâne de chimpanzé et en crâne d'homme, à l'aide de coordonnées harmonieusement déformées.

FIGURE 8

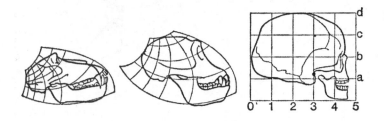

Crânes de babouin, de chimpanzé, d'homme.

Or ces jeux mathématiques nous font pénétrer dans les coulisses de l'évolution. Voici les commentaires de d'Arcy Thompson :

Nous savons d'avance que la principale différence entre le type humain et le type simien dépend de l'agrandissement ou de l'expansion du cerveau et de la boîte crânienne chez l'Homme, expansion accompagnée d'une diminution relative des mâchoires. En même temps l'angle facial s'élargit et devient presque un angle droit chez l'Homme, et la configuration de chacun des os qui constituent la face et le crâne subit une altération. Pour commencer nous ne savons pas, et les méthodes ordinaires de comparaison ne nous indiquent pas dans quelle mesure ces divers changements font partie d'une transformation d'ensemble harmonieuse et cohérente, ou si nous devons regarder par exemple les changements subis par les régions frontale, maxillaire, occipitale, mandibulaire, comme une congère de modifications séparées ou de variables indépendantes. Mais dès que nous avons marqué un certain nombre de points sur le crâne du gorille ou du chimpanzé correspondant à ceux que recoupe notre réseau de coordonnées sur un crâne humain, nous voyons que ces points correspondants peuvent être immédiatement reliés par des courbes d'intersection qui forment un nouveau système de coordonnées et constituent une simple « projection » du crâne humain... Bref, il devient aussitôt manifeste que les modifications des mâchoires, de la boîte crânienne et des régions intermédiaires font toutes partie d'un seul processus continu et intégral[9].

Ce processus est certainement le contraire d'une évolution due à des changements fortuits « dans n'importe quelle direction », et qui aboutirait, comme dit Thompson, à une « congère de modifications séparées ou de variables indépendantes ». En fait, les variations sont interdépendantes, et elles obéissent au sommet de la hiérarchie qui coordonne le schéma d'ensemble en harmonisant les taux de croissance relatifs des différentes parties.

Ainsi l'expansion rapide du cerveau des anthropoïdes s'est-elle accompagnée, dans les autres parties du crâne, de changements appropriés effectués par une élégante transformation géométrique. Le XVIIIe siècle connaissait bien cette sorte de phénomènes que le XXe a mis si longtemps à redécouvrir. C'est ici le principe de l'équilibre des organes, que Gœthe nommait « loi budgétaire de la Nature », et Geoffroy Saint-Hilaire « loi du balancement ». Logiquement, du concept d'homéostasie du développement il n'y a qu'un pas au concept d'homéostasie dans l'*évolution*, à la loi du balancement appliquée aux changements phylo-génétiques. Pour rester fidèles à Gœthe nous pourrions y voir la conservation, à travers tous les changements, de certains archétypes fondamentaux en même temps qu'un effort de réalisation optimale en réponse aux pressions de l'adaptation.

Les Doppelgänger

Le dernier phénomène à citer dans ce contexte est une énigme enveloppée d'un mystère. L'énigme concerne les marsupiaux ; le mystère est que les évolutionnistes refusent de considérer l'énigme.

Presque tous les mammifères sont soit marsupiaux, soit placentaires. (Le « presque » tient compte des monotrèmes en voie d'extinction, comme l'ornithorynque, sorte de fossile vivant qui pond des œufs comme les reptiles, mais allaite ses petits.) Les marsupiaux, que l'on pourrait appeler les parents pauvres des mammifères « normaux » comme nous, c'est-à-dire placentaires, ont évolué parallèlement à ces derniers. Dans le ventre de sa mère l'embryon de marsupial ne reçoit presque aucune nourriture : il naît à peine développé et continue à se former dans la poche élastique que sa mère porte sur le ventre. Un kangourou nouveau-né est vraiment un produit à demi fini, long de trois ou quatre centimètres, aveugle, sans poils, les pattes postérieures à l'état de bourgeons embryonnaires. Le rêveur peut se demander si les petits humains, mieux développés à la naissance, mais presque aussi faibles, seraient plus heureux dans une poche maternelle que dans un berceau, et si cela augmenterait leurs inclinaisons œdipales. Mais quels que soient les avantages et les inconvénients de la méthode marsupiale de reproduction, on doit retenir qu'elle est radicalement différente de la méthode placentaire.

Les deux lignées se sont séparées tout au début de l'évolution des mammifères, à l'ère des reptiles, et se sont développées de manière distincte à partir d'un ancêtre commun ressemblant probablement à une souris, pendant quelque cent cinquante millions d'années. La question qui se pose est de savoir pourquoi les dizaines d'espèces produites par la lignée d'évolution indépendante marsupiale sont si étonnamment semblables à des espèces placentaires. L'on dirait presque que deux artistes n'ayant jamais entendu parler l'un de l'autre, n'ayant jamais eu le même modèle, ont peint chacun une série parallèle de portraits presque identiques. La figure 9 montre à gauche des mammifères placentaires, à droite des marsupiaux correspondants.

Répétons qu'en dépit des apparences les deux séries d'animaux ont évolué indépendamment l'une de l'autre. L'Australie a été coupée du continent asiatique au Crétacé supérieur, à une époque où les mammifères n'étaient encore que de minuscules créatures luttant obscurément pour une existence précaire. Il semble que les marsupiaux aient évolué plus tôt que les placentaires à partir d'un ancêtre ovipare commun, aux caractéristiques partiellement reptiliennes, partiellement mammifères ; en tout cas les marsupiaux, et non les placentaires, peuplèrent l'Australie avant l'isolement de cette terre. Les premiers immigrants, nous l'avons dit, ressemblaient à des souris, analogues probablement à la souris marsupiale à pattes jaunes, qui existe encore, mais beaucoup plus primitive. Or ces souris, confinées sur leur continent isolé, se sont ramifiées pour donner naissance à des versions marsupiales de taupes, de fourmiliers, d'écureuils, de chats, de loups, chaque version évoquant une copie quelque peu maladroite du placentaire correspondant[*].

Mais alors, si l'évolution est une foire d'empoigne policée seulement par la sélection des plus aptes, pourquoi l'Australie n'a-t-elle pas produit quelques monstres comme en invente la science-fiction ? Les seules créations modérément fantaisistes de cette île ont été, en cent millions d'années, le kangourou et le wallabie, le reste de sa faune consiste en assez médiocres répliques de types placentaires plus efficaces : ce sont des variations sur un petit nombre de thèmes archétypiques[**].

Comment résoudre cette énigme ? L'explication orthodoxe se trouve résumée dans le passage suivant d'un ouvrage d'ailleurs excellent que j'ai plus d'une fois cité : « Le loup (marsupial) de Tasmanie et le loup véritable sont l'un et l'autre des coursiers prédateurs, se nourrissant d'autres animaux ayant à peu près mêmes tailles et mêmes habitudes. La similarité adaptative (l'adaptation à des milieux similaires) suppose similarité de structure et de fonction. Le mécanisme d'une telle évolution est la sélection naturelle[10]. » Et G. G. Simpson, de l'université Harvard, à propos du même problème, conclut à la « sélection de mutations fortuites[11] ».

---

[*] D'autres marsupiaux ont évolué, indépendamment aussi, en Amérique du Sud.

[**] Les raisons de l'infériorité des marsupiaux par rapport aux placentaires seront examinées au chapitre XVI.

F<small>IGURE</small> 9

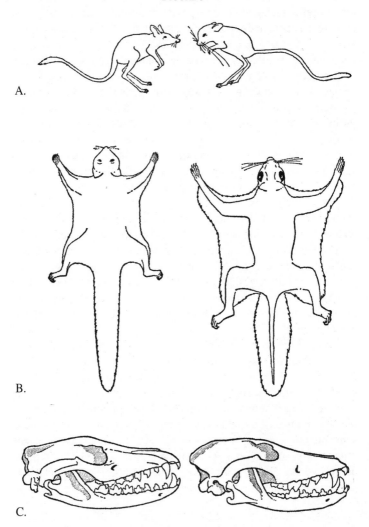

A. Gerboise marsupiale et gerboise placentaire. — B. Phalanger marsupila et écureuil volant (d'après Hardy). — C. Crânes de loup placentaire et de loup marsupial de Tasmanie (d'après Hardy).

C'est le *deus ex machina* qui reparaît. Veut-on vraiment nous faire croire que les circonstances décrites par des termes aussi vagues que « se nourrissant d'autres animaux ayant à peu près mêmes tailles et mêmes habitudes » (et qui pourraient s'appliquer à des centaines d'espèces différentes) suffisent à expliquer l'apparition, deux fois de suite, indépendamment l'une de l'autre, des crânes presque identiques de la figure 9 ? Autant dire que la seule manière de faire un loup est de le faire en forme de loup.

Les trente-six intrigues

J'ai comparé (chap. VI) la série des mécanismes de filtrage que le flux des perceptions doit franchir pour accéder à la conscience et se faire admettre dans la mémoire, aux dix-sept portes du Kremlin. Les organes des sens, les yeux, les oreilles, la peau, sont exposés au bombardement continuel de la « florissante et bourdonnante confusion », comme dit William James, du monde extérieur ; sans la vigilance des sentinelles, nous serions à la merci d'une foule d'importuns, tout ne serait que confusion dans l'intellect et la mémoire incapables de se reconnaître dans le chaos des sensations.

Nous pouvons appliquer la même métaphore aux gardiens avisés qui défendent les portes de l'hérédité contre le chaos qui se produirait s'ils donnaient libre accès aux mutations fortuites « dans n'importe quelle direction ». On peut penser que des mutations au niveau quantique élémentaire ont lieu constamment sous l'effet de radiations et d'autres facteurs influant sur le génôme. Les molécules géantes des chaînes chromosomiques qui comportent des millions d'atomes doivent aussi être environnées par la florissante et bourdonnante confusion de leur univers infra-microscopique. La plupart de ces changements seraient transitoires, vite rectifiés par les dispositifs auto-régulateurs du génôme, ou sans effet notable sur son fonctionnement. Les mutations, relativement peu nombreuses, virtuellement capables d'affecter l'hérédité seraient soumises aux filtres et au triage des degrés successifs de la hiérarchie. J'ai cité plusieurs étapes de ce triage, dont il existe des preuves solides : l'élimination des syllabes « mal orthographiées » du code génétique, « l'homéostasie du développement » qui veille à ce que des mutations affectent de façon harmonieuse tout un organe ; à des degrés supérieurs les processus analogues qui assurent l'équilibre entre les organes (transformations de Thompson, loi du balancement) ; l'évolution d'organes homologues à partir de différentes combinaisons de gènes, et d'espèces semblables à partir d'origines différentes*.

La conclusion qui se fait jour est qu'il doit exister des lois unitaires à la base de la diversité de l'évolution, qui permettent des variations sans limites sur un petit nombre de thèmes. Dans notre terminologie nous dirions que le processus de l'évolution, comme toute opération hiérarchique, est régi par des règles fixes et guidé par des stratégies adaptables. Ces dernières s'expliquent partiellement (voir ci-dessous) par les pressions sélectives du milieu : prédateurs, concurrents, etc. ; mais les lois qui canalisent les progrès possibles de l'évolution dans certaines grandes avenues ne peuvent pas se rapporter à ces facteurs externes, qui n'entrent en jeu qu'*après* qu'un changement proposé par des gènes mutants a été examiné et approuvé aux barrières successives des contrôles internes de l'organisme. Ce sont ces contrôles internes qui définissent le « canon de l'évolution ».

Au cours des dernières années plusieurs biologistes ont caressé cette idée, sans en expliciter toute la signification**. Ainsi von Bertalanffy : « Tout en appréciant à sa valeur la théorie moderne de la sélection, nous arrivons cependant à une conception de l'évolution essentiellement différente. Elle paraît bien être non pas une série d'accidents… dans un matériau chaotique de mutations… Elle est gouvernée par des lois définies, et nous croyons que la découverte de ces lois constitue l'une des tâches les plus importantes de l'avenir[12]. » Waddington et Hardy ont retrouvé l'un et l'autre les formes archétypales de Gœthe ; Helen Spurway déduit des données de l'homologie que l'organisme a un « spectre de mutations restreint » qui « détermine ses possibilités d'évolution[13] ».

Mais que veulent dire au juste ces auteurs par « sélection archétypale », « lois organiques co-déterminant l'évolution », « spectre

---

* Nous renoncerons à des termes techniques comme « homéoplastie », « convergence », « parallélisme », qui sont purement descriptifs et qui n'expliquent rien.

** Voir à ce sujet une excellente étude de L. L. Whyte, *Internal Factors in Evolution*, et le compte rendu de cet ouvrage par W. H. Thorpe dans *Nature*, 14 mai 1966.

de mutations » ou « influences formatrices guidant le changement évolutionnaire dans certaines avenues[14] » ? Ils semblent vouloir dire, sans parler si clairement, qu'étant donné les conditions de notre planète, la chimie et la température de son atmosphère, les matériaux et l'énergie disponible, la vie, depuis le premier caillot de boue vivante, ne pouvait progresser que dans un certain nombre de directions et d'un certain nombre de manières. Mais, de même que les loups d'Australie et d'Europe étaient virtuellement préfigurés dans une sorte de souris ancestrale, cela suppose que cette bestiole aussi était préfigurée dans le chordé ancestral et même bien avant, en remontant au protiste ancestral et à la première fibre d'acide nucléique capable de se reproduire.

Si cette conclusion est juste, elle donne un peu à penser sur la place de l'homme dans l'univers. Elle met un terme aux fantaisies de la science-fiction en ce qui concerne des formes futures de la vie sur terre. Mais d'autre part elle ne signifie absolument pas que l'univers soit un mécanisme rigoureusement déterminé qui se déroulerait comme un ressort d'horlogerie. Elle signifie, pour revenir à l'un de nos leitmotive, que l'évolution se joue conformément à des règles qui en limitent les possibilités, tout en laissant assez de champ pour un nombre infini de variations. Les règles sont inhérentes à la structure fondamentale de la matière vivante ; les variations proviennent de stratégies adaptables.

Autrement dit, l'évolution n'est ni une foire d'empoigne ni l'exécution du programme rigidement prédéterminé d'un ordinateur. Elle serait comparable à une composition musicale dont les possibilités sont limitées par les règles de l'harmonie et par la structure de la gamme — règles et structure qui, néanmoins, permettent un nombre infini de créations originales ; ou encore au jeu d'échecs, qui obéit à des règles fixes et comporte des variations également inépuisables. Enfin le grand nombre d'espèces animales vivantes (environ un million) et le petit nombre de classes (une cinquantaine) et de phylums (une dizaine) pourraient se comparer au grand nombre des ouvrages littéraires et au petit nombre des thèmes fondamentaux. La littérature est faite tout entière de variations sur un nombre limité de leitmotive, dérivés des expériences et conflits archétypiques de l'homme, et adaptés chaque fois à un nouvel environnement : coutumes, conventions, langage de l'époque. Il n'y a pas d'intrigues originales dans Shakespeare ; et selon Carlo Gozzi, approuvé par Gœthe, il n'existe au monde que trente-six situations dramatiques. Encore Gœthe pensait-il qu'il y en a probablement moins, mais le nombre exact des intrigues demeure le secret bien gardé des romanciers et auteurs dramatiques. Un ouvrage littéraire est construit à partir de holons thématiques qui, de même que les organes homologues, n'ont pas nécessairement un ancêtre commun.

Trois fois au moins, et sans doute bien davantage, des yeux munis de lentilles ont évolué indépendamment chez des animaux aussi différents que les mollusques, les araignées et les vertébrés. La plupart des insectes, à la différence de l'araignée, ont des yeux composés, qui ne sont que des modifications du même principe d'optique : la surface lisse et incurvée du cristallin se divise en alvéoles : petites lentilles cornéales dont chacune est pourvue d'un tube sensible à la lumière. Ce sont les deux seuls types fondamentaux d'yeux proprement dits[*] d'un bout à l'autre du règne animal. Mais là encore, les variations et les raffinements sont innombrables, depuis l'œil en trou d'épingle du nautile, qui fonctionne d'après le principe de la chambre obscure sans lentille, et en passant par les lentilles rudimentaires de l'étoile de mer, jusqu'aux mécanismes de précision à l'aide desquels divers groupes d'animaux parviennent à l'accommodation et à la mise au point de l'œil sur des objets à des distances variables. Les poissons, peut-être parce qu'ils ont le temps, rapprochent tout le cristallin de la rétine pour accommoder sur des objets éloignés. Les mammifères sont arrivés à une méthode plus élégante qui consiste à modifier la courbure du cristallin, qui s'aplatit pour les objets proches et s'épaissit pour la vision lointaine. Les oiseaux de proie recourent à une stratégie encore plus efficace pour garder l'œil sur leur victime pendant qu'ils fondent sur elle : au lieu d'ajuster le cristallin, relativement inerte, ils changent rapidement la courbure de la cornée, qui est plus souple. Autre raffinement essentiel, la vision colorée a évolué indépendamment aussi plusieurs fois. Et enfin le déplacement des yeux, qui ont passé graduellement d'une position temporale à leur position frontale,

---

* C'est-à-dire formant des images, par opposition aux unités phototropiques primitives qui ne réagissent qu'aux différences d'intensité de la lumière.

a abouti à la vision binoculaire, c'est-à-dire à la fusion des deux images dues aux deux yeux en une seule image cérébrale à trois dimensions.

Je n'écris pas cela afin de chanter les louanges de la vue, mais pour attirer l'attention sur les réussites remarquables de stratégies d'adaptation utilisant au mieux les possibilités limitées de l'organisme. Les limites sont inhérentes à la structure physico-chimique de la matière vivante telle qu'elle existe sur terre — et probablement sur toute planète dont les conditions seraient lointainement semblables à celles de la nôtre. Mais il n'y a point de bornes à ce qu'un artiste peut faire des trente-six thèmes de Gozzi.

XI

ÉVOLUTION (*suite*) :
LE PROGRÈS PAR L'INITIATIVE

*Quand tu ne sais pas où va un chemin, tu peux être
sûr qu'il t'y mènera.*

Leo ROSTEN.

« Stratégie d'adaptation », « utilisant des possibilités »… Ces
expressions supposent un effort orienté vers la réalisation optimale
du potentiel évolutionnaire.

Au cours des dernières années il est redevenu respectable
scientifiquement de parler d'orientation en ontogenèse : depuis la
canalisation du développement embryonnaire jusqu'à la finalité des
comportements instinctifs et acquis. Mais non pas en phylogenèse.
Dans ce domaine l'attitude officielle est assez bien représentée par les
lignes suivantes de G. G. Simpson : « Il semble bien que le problème
(de l'évolution) est aujourd'hui essentiellement résolu et que l'on
connaît le mécanisme de l'adaptation. Il se trouve qu'il est foncièrement
matérialiste, sans le moindre signe de finalité en tant que variable
agissante dans l'histoire de la vie, toute Cause Finale se trouvant
repoussée à l'incompréhensible position d'une Cause Première. » Et
plus loin : « L'homme est l'aboutissement d'un processus matérialiste
sans finalité qui ne l'avait pas prévu. Il n'a pas été planifié[1]. »

Il n'y a pas lieu d'engager un débat philosophique sur ce genre
de déclaration, puisqu'elle se fonde sur une fausse alternative. À en
croire Simpson, l'évolution est ou bien « foncièrement matérialiste »

(et l'on ne sait ce que cela veut dire dans ce contexte), ou bien l'œuvre d'un Auteur du Grand Dessein, d'un dieu ; ou bien l'homme est l'aboutissement d'un processus purement accidentel, ou bien il faut qu'il ait été « planifié » depuis le commencement. Mais dans le contexte biologique le mot « finalité » n'implique ni un Auteur ni une image toute faite du but ultime à atteindre. Le renard qui entreprend sa chasse nocturne ne cherche pas tel lièvre ou tel lapin, il cherche une proie ; le joueur d'échecs ne peut généralement pas prévoir ni planifier le dernier mat : il s'emploie à tirer avantage des possibilités qui s'offrent sur l'échiquier. Finalité signifie activité orientée vers un but, et non agitation au hasard, stratégies souples au lieu de mécanismes rigides, et comportement adaptable — mais soumis aux conditions de l'organisme : l'adaptation au froid ne se fait pas par abaissement de la température du corps, mais par consommation accrue de combustible. En un mot, la finalité, comme l'écrit E. W. Sinnott, est « l'activité orientée d'organismes individuels qui distingue les choses vivantes des objets inanimés[2] ». Ou encore, selon le prix Nobel H. J. Muller, « la finalité n'est pas importée dans la nature et il n'y a pas lieu de s'interroger à son propos comme sur quelque chose d'étrange ou de divin qui viendrait s'introduire pour faire avancer la vie… Elle est simplement implicite dans le fait de l'organisation biologique, et elle demande à être étudiée plutôt qu'admirée ou "expliquée"[3] ».

Redisons-le : il est de nouveau respectable de parler d'orientation et de finalité en ce sens limité, dans l'ontogenèse ; mais l'on trouve encore hérétique (ou du moins de mauvais goût) d'appliquer ces termes à la phylogenèse. Cependant la phylogenèse est une abstraction qui n'acquiert un sens concret que lorsqu'on s'aperçoit que « la phylogenèse, ou descendance évolutive, est une suite d'ontogenèses » et que « l'évolution s'opère par des changements dans l'ontogenèse ». Ce sont là des citations de Simpson[4] lui-même : elles répondent à son rébus sur le Grand Dessein caché derrière la finalité. En fait, *la finalité se trouve en chacun des organismes vivants qui, depuis le commencement de la vie, lutte et travaille pour utiliser au mieux ses possibilités limitées.*

Agir avant de réagir

Quand les évolutionnistes orthodoxes parlent d'« adaptations » ils pensent, comme les behavioristes à propos des « réponses », à un processus ou mécanisme essentiellement passif, régi par le milieu. Cette conception s'accorde peut-être avec leur philosophie, mais certainement pas avec les faits qui prouvent, pour citer encore G. E. Coghill, que « l'organisme agit sur le milieu avant de réagir au milieu[5] ». Coghill a démontré que chez l'embryon les nerfs moteurs entrent en activité, et les mouvements font leur apparition, avant que les nerfs sensoriels soient fonctionnels. À l'instant de son éclosion ou de sa naissance l'animal attaque le milieu solide ou liquide à l'aide de cils, de flagelles ou de fibres musculaires contractiles ; il palpite, il rampe, il glisse, il nage ; il gigote, crie, respire, dévore tout ce qu'il peut autour de lui. Il ne se borne pas à s'adapter au milieu, il adapte constamment le milieu à soi : il mange et boit son milieu, lutte et s'accouple avec lui, fouille et bâtit en lui ; il ne se contente pas de répondre au milieu, il lui pose des questions en l'explorant. Le besoin d'explorer est désormais reconnu par la jeune génération de zoopsychologues comme un instinct biologique aussi fondamental que la faim et l'instinct sexuel — et parfois encore plus puissant que ces derniers. D'innombrables expériences — à commencer par celles de Darwin — ont montré que la curiosité, « la recherche de l'aventure », est un besoin instinctif chez les rats, les oiseaux, les dauphins, les chimpanzés, les hommes ; il en est de même du « comportement ludique » — ou disons simplement de l'envie de jouer.

La *pulsion exploratrice* touche directement à la théorie de l'évolution, comme l'avaient bien vu vers 1900 aux moins deux grands biologistes — Baldwin et Lloyd Morgan — et comme on s'est hâté de l'oublier ensuite. Plus récemment, toutefois, « l'effet Baldwin » a été redécouvert indépendamment par Hardy et Waddington : Hardy en a donné un exemple amusant à une séance de la Société Linné en 1956. Quelques années plus tôt des mésanges bleues particulièrement avisées avaient remarqué que les bouteilles déposées le matin au seuil des maisons contiennent un liquide blanc auquel elles trouvèrent le moyen d'accéder en ôtant les bouchons avec leurs becs. Le liquide leur parut si agréable qu'elles apprirent ensuite à déchirer les fermetures en carton, puis à soulever les capsules en métal. La technique s'est répandue très vite, apparemment par imitation, « dans toute la population mésangère d'Europe[6] ».

Les carafes de lait ne seront plus jamais en sécurité. Cependant, poursuit Hardy, si les carafes étaient des organismes vivants — des sortes de mollusques à coquille cylindrique — et si les mésanges continuaient à s'y attaquer, au bout d'un certain temps seuls les mollusques-carafes à bouchons épais survivraient, et la sélection naturelle produirait une espèce dite à-bouchons-épais ; seulement elle produirait peut-être aussi une espèce de mésanges munies de « becs plus spécialisés, en forme d'ouvre-bouteilles[7] ».

L'apparition d'animaux-carafes à gros bouchons serait un exemple du type darwinien *passif* d'évolution par pression sélective des prédateurs présents dans le milieu. Mais l'évolution de mésanges à becs plus efficaces indiquerait un type tout différent de processus évolutif, fondé sur l'*initiative* de quelques individus entreprenants. Ces derniers découvrent une nouvelle manière de se nourrir, une technique nouvelle qui, en se répandant par imitation, s'incorpore aux modes de vie de l'espèce. La mutation heureuse (ou re-combinaison de gènes) qui produit des becs appropriés à la nouvelle technique ne vient qu'après, comme une sorte d'approbation génétique de la découverte. L'acte initial dans le processus, le travail de pionnier évolutionnaire, pour ainsi dire, a été accompli par les activités exploratrices de la mésange, par la curiosité qui l'a poussée à enquêter sur le milieu au lieu d'en subir simplement les pressions. Nous avons vu que la fameuse machine à écrire du singe est contrôlée par la sélection interne ; nous faisons maintenant un pas de plus dans la programmation : le singe n'a qu'à poursuivre ses essais jusqu'à ce qu'il frappe une certaine touche pré-spécifiée.

Le bec ouvre-bouteilles a beau être imaginaire, nos conclusions s'appuient sur de nombreuses observations. Par exemple l'un des « pinsons de Darwin » des îles Galapagos, *C. pallidus*, creuse des trous ou des crevasses dans les écorces et, « quand il a fini d'excaver, saisit une épine de cactus ou une brindille de trois ou quatre centimètres qu'il tient longitudinalement dans son bec pour l'enfoncer dans l'ouverture avant de l'abandonner au moment d'attraper l'insecte qui émerge…

Quelquefois l'oiseau transporte la brindille et l'enfonce dans les trous et les rainures de tous les arbres qu'il explore les uns après les autres... Il s'agit là de l'un des rares emplois connus d'outils chez les oiseaux » (Hardy[8]).

Pour nous conformer à la théorie orthodoxe, nous devrions croire qu'une mutation fortuite en modifiant la forme du bec de cet oiseau (qui d'ailleurs n'est pas fort différent de celui des autres pinsons) a été la *cause* du développement de cette ingénieuse manière de chasser. Et il nous faudrait croire aussi que c'est le même *deus ex machina* qui a forcé la mésange à ouvrir les carafes de lait. Accordons plutôt à Hardy que « dans la conception actuelle l'accent doit être mal placé », et que le principal facteur causal du progrès évolutionnaire *n'est pas* la pression sélective du milieu, mais bien l'initiative de l'organisme vivant, « l'animal inquiet, perceptif, explorateur qui découvre de nouveaux modes de vie, de nouvelles sources de nourriture, exactement comme les mésanges ont découvert la valeur des carafes de lait... Ce sont les adaptations dues au comportement de l'animal, à son inlassable exploration de l'environnement, à son initiative, qui distinguent les grandes lignes divergentes de l'évolution ; ce sont ces qualités dynamiques qui ont abouti aux différents rôles de la vie qui s'ouvrent aux nouveaux groupes animaux à la phase de leur expansion que l'on désigne du terme technique de radiation adaptative — pour donner des lignées de coursiers, de grimpeurs, de fouisseurs, de nageurs et de conquérants des airs[9] ».

C'est ce que l'on pourrait appeler le progrès par l'initiative ou la théorie « faites votre évolution vous-même ». Cela ne supprime pas le rôle des mutations fortuites, mais le rabaisse, dans le tableau d'ensemble, à celui d'un coup au but, qui devait se produire tôt ou tard, sur une cible préparée à l'avance. Une fois qu'il s'est produit, l'habitude ou la technique spontanément acquise devient héréditaire et s'incorpore au répertoire inné de l'animal : elle n'a plus à être inventée ni apprise, elle est devenue un instinct endossé par le génôme*. En

* Dans une série d'expériences sur la drosophile Waddington a démontré qu'il y a effectivement « assimilation génétique » de caractères acquis. Mais cela ne signifie pas nécessairement que Lamarck avait raison et que le caractère acquis (dans ce cas un changement de structure des ailes de la mouche, produit par exposition des nymphes à la chaleur) est la *cause* directe de la mutation qui la rend héréditaire au

fait, la portée et l'importance des mutations fortuites se trouvent tellement réduites par les divers facteurs que nous avons cités dans ce chapitre et dans le précédent que la controverse Darwin-Lamarck perd beaucoup de son intérêt.

Ceci deviendra peut-être plus clair si nous traçons un parallèle entre les rôles que joue le hasard dans l'évolution et dans la découverte scientifique. Les behavioristes tendent à attribuer toutes les idées originales au hasard pur et simple. Mais l'histoire des sciences enseigne que la plupart des découvertes ont été faites par plusieurs hommes indépendamment les uns des autres, à peu près en même temps[*] ; et ce seul fait (à part de toute autre considération) suffit à montrer que, lorsqu'une époque est mûre pour un type donné d'invention ou de découverte, l'étincelle favorable se produira forcément tôt ou tard. « La fortune favorise l'esprit préparé », a écrit Pasteur ; et de même, dirons-nous, les mutations fortunées favorisent l'animal préparé.

Certes un érudit stupide et diligent pourrait faire de l'histoire des sciences une histoire d'heureux hasards : le bain d'Archimède, le chandelier pendulaire de Galilée, la pomme de Newton, la bouilloire de Watt, le cœur de poisson de Harvey, le pressoir de Gutenberg, la culture gâtée de Pasteur, la goutte au nez de Fleming…, et tant d'autres anecdotes apocryphes ou authentiques, peu importe. Mais notre homme devrait être bien bête pour ne pas voir que si tel hasard

---

bout de quelques générations de sorte que le changement d'ailes se produit même *sans* exposition à la chaleur. Il se pourrait que des mouches mutantes fussent déjà présentes dans la population de drosophiles et sélectionnées ensuite sur une base darwinienne ; il se pourrait aussi que la mutation appropriée soit apparue par hasard au cours du processus. Waddington laisse pendante la question de savoir s'il a donné une confirmation expérimentale de Lamarck ou une imitation d'hérédité lamarckienne au moyen d'un mécanisme darwinien ; il conclut qu'« il serait imprudent d'éliminer *a priori* l'occurrence d'une mutation dirigée en rapport avec le milieu » et qu'« il semble sage de ne rien décider à ce sujet[10] ». Nous voilà loin de l'attitude presque fanatique de la citadelle néo-darwiniste.

Mais en outre Waddington soutient que si la sélection naturelle agit principalement en faveur de comportements plastiques, adaptables, en ce cas le processus de canalisation au cours du développement deviendra lui-même si souple qu'il n'aura plus besoin d'une mutation génétique particulière pour endosser le caractère nouveau, mais simplement « d'une mutation fortuite pour assumer la fonction d'allumage du stimulus originel provenant du milieu. Le type de changement héréditaire envisagé par Baldwin est donc beaucoup plus vraisemblable que cet auteur ne s'en rendait compte[11] ».

[*] Cf. *Le Cri d'Archimède*, p. 92 et *sq.*

ne s'était pas produit, cent autres auraient eu le même effet de déclic sur l'esprit préparé à l'accueillir, ou sur l'esprit d'un contemporain travaillant dans le même sens ; et il faudrait un historien bien vicieux pour ne pas voir que la cause première, la force directrice du progrès scientifique, est la curiosité, l'initiative des hommes de science, et non pas l'apparition fortuite de chandeliers, de pommes et de marmites « dans n'importe quelle direction ».

Or telle est précisément la conception qui préside à l'interprétation orthodoxe non seulement de l'évolution de nouvelles formes animales, mais aussi de nouveaux types de comportement. La seule explication que nous offre le néo-darwinisme est que les nouvelles formes de comportement naissent aussi de mutations fortuites affectant le système nerveux et conservées par la sélection naturelle. Si, à part quelques modestes essais, l'on a si peu étudié l'évolution du comportement (à la différence de l'évolution des structures physiques) c'est peut-être qu'inconsciemment l'on redoute de mettre encore à l'épreuve le système déjà fatigué de la génétique néo-darwiniste. Prenons un exemple fort banal : en apercevant un prédateur certains oiseaux comme le moineau et la corneille jettent un cri d'alarme pour avertir toute leur volée. Tinbergen a fait remarquer que « ce cri d'alarme est un parfait exemple d'activité utile au groupe mais dangereuse pour l'individu[12] ». Faut-il donc admettre que le « circuit de montage » du système nerveux du moineau, qui déclenche le cri en réponse au stimulus d'une forme d'épervier, est apparu par mutation fortuite *et* qu'il s'est perpétué par la sélection naturelle en dépit de sa valeur de survie négative pour le mutant ? On pourrait poser la même question à propos de l'origine phylogénétique des duels ritualisés chez de nombreuses espèces — cerfs, iguanes, oiseaux, chiens, poissons. C'est ainsi que les chiens se roulent sur le dos en signe de défaite et de reddition, en exposant aux crocs du vainqueur ce qu'ils ont de plus vulnérable, le ventre et la veine jugulaire. L'attitude est assez risquée ; et quelle valeur *individuelle* de survie y a-t-il à *ne pas* frapper (ou mordre ou encorner) au-dessous de la ceinture ?

On alignerait des pages d'exemples d'activités animales complexes et intentionnelles qui défient toute explication par les mutations fortuites et la sélection naturelle. Et il faudrait commencer la liste par un animal marin unicellulaire, parent de l'amibe, qui se construit de jolies maisons d'aiguilles avec des spicules d'éponge. Depuis ce protozoaire sans yeux ni système nerveux, simple masse de protoplasme flottant, et en passant par les araignées géomètres, les insectes maçons, les oiseaux voleurs de lait, les chimpanzés fabricants d'outils, jusqu'à l'homme, nous voyons se répéter la même leçon : c'est une suite de types de comportement instinctif et acquis qu'il est impossible d'expliquer logiquement comme résultats de changements fortuits de structure corporelle. Selon Ewer, « le comportement tend toujours à précéder la structure et ainsi à jouer un rôle décisif dans le processus évolutionnaire[13] ». Dans cette perspective, l'évolution ne serait plus un conte dit par un idiot, mais plutôt une épopée récitée par un bègue, quelquefois en ânonnant, d'autres fois à toute vitesse.

Encore Darwin et Lamarck

Reste un dernier carré de phénomènes qu'il paraît impossible d'expliquer par l'un ou l'autre des processus que nous avons passés en revue et qui réclameraient une explication lamarckienne en termes d'hérédité des caractères acquis. Tel est par exemple le vieux problème de la plante des pieds, dont la peau est plus épaisse que partout ailleurs. Tout irait bien si l'épaississement commençait après la naissance et surtout après les premiers pas. Mais la peau durcit déjà *chez l'embryon*. Un phénomène semblable, encore plus frappant, est celui des callosités des poignets du phacochère, sur lesquels cet animal « s'agenouille » pour manger, et de celles des genoux du chameau ; et il faut citer aussi les renflements bulbeux sur lesquels s'accroupit l'autruche. Toutes ces callosités apparaissent dès le stade embryonnaire : ce sont des caractères héréditaires. Mais est-il concevable que ces callosités aient évolué par mutations fortuites juste à l'endroit où l'animal en avait besoin ? Ou faut-il penser qu'il y a connexion causale — lamarckienne — entre les besoins de l'animal et la mutation qui les satisfait ? Waddington lui-même, qui n'élimine pas entièrement la possibilité de l'hérédité lamarckienne, préfère invoquer l'effet Baldwin et la canalisation du développement, bien que l'on ne voie guère comment cela peut expliquer de façon satisfaisante des phénomènes de ce genre.

En revanche, on ne voit pas mieux comment une callosité acquise pourrait bien produire des changements dans le génôme. Encore cela n'est-il pas impossible. Les cellules germinales sont isolées des autres, c'est vrai, mais ce splendide isolement n'est pas absolu, et elles peuvent être affectées par des rayonnements, par la chaleur et par certains corps chimiques. Il serait donc imprudent, comme dit Waddington, d'éliminer *a priori* la possibilité que des modifications d'activité chez des gènes de cellules somatiques causent des modifications d'activité chez des gènes de cellules germinales au moyen d'hormones ou d'enzymes. Herrick[14] laisse aussi la question pendante. Waddington a même proposé un modèle de mutation directrice, lamarckienne, pour indiquer qu'en l'état actuel de la biochimie un tel processus est concevable[15].

Il serait vain de ressasser ici les arguments pour et contre. Dans quelques années le débat n'aura peut-être plus qu'un intérêt historique, comme la controverse de Newton et de Huyghens sur la nature corpusculaire ou ondulatoire de la lumière. Il se produit sans nul doute des sélections darwiniennes d'après des mutations fortuites, mais elles n'expliquent pas tout, il s'en faut, et cela pour deux raisons : la première est que les événements fortuits opèrent dans un rayon fort limité par les facteurs que nous avons examinés plus haut ; la seconde est que dans la théorie orthodoxe sous sa forme actuelle le terme même de sélection est devenu ambigu. Il signifiait jadis « survivance des plus aptes » ; mais pour citer une dernière fois Waddington, « survivance ne veut évidemment pas dire longévité de l'individu. Survit le mieux l'individu qui laisse la plus nombreuse descendance. De même l'animal "le plus apte" n'est pas nécessairement le plus fort, ni le plus sain, ni le vainqueur d'un concours de beauté. Essentiellement, son aptitude est de laisser la plus nombreuse descendance. En fait, le principe général de sélection naturelle revient à dire que les individus qui laissent la plus nombreuse descendance sont ceux qui laissent la plus nombreuse descendance. C'est une tautologie[16] ».

D'un autre côté, les lamarckiens n'ont pu fournir de preuves expérimentales d'une hérédité de caractères acquis que l'on ne pourrait interpréter — ou écarter — sur une base darwinienne. Cela ne prouve rien non plus — sinon que si l'hérédité lamarckienne existe, *elle doit être assez rare*. Il ne saurait en être autrement car, si toutes les expériences des ancêtres laissaient leurs traces dans l'hérédité, elles aboutiraient à un chaos de formes, à un tohu-bohu d'instincts. Mais certains cas irréductibles font qu'il paraît au moins probable que certaines adaptations structurelles bien définies, comme l'épaisseur de la plante des pieds ou les callosités de l'autruche, acquises au cours des générations, aient abouti finalement à des modifications du génôme qui les ont rendues héritables. La biochimie n'exclut pas cette possibilité ; et l'insistance quasi fanatique que l'on met à la rejeter n'est qu'un nouvel exemple de l'intolérance et du dogmatisme des orthodoxies scientifiques.

Il semble donc que les modes d'évolution néo-darwinistes et néo-lamarckiens sont des cas extrêmes aux deux bouts d'un large spectre de phénomènes évolutionnaires. J'ai cité quelques-uns de ces phénomènes ; il en reste un, particulièrement important pour l'homme.

XII

ÉVOLUTION (*suite et fin*) :
DÉFAIRE ET REFAIRE

Qui a vu le vent ? Ni vous ni moi.
Mais quand les arbres courbent la tête.
C'est le vent qui passe.

Christina ROSSETTI.

Il y a eu des époques de « radiation adaptative » : éclosions soudaines de formes nouvelles se ramifiant à partir de l'arbre de l'évolution en un temps relativement court. Telles furent l'apparition des reptiles au mésozoïque et celle des mammifères au paléocène, la première il y a deux cents millions d'années, la seconde environ quatre-vingts millions. Le phénomène opposé est le déclin et l'extinction de certaines branches de l'évolution. L'on estime que pour chacune des espèces qui existent aujourd'hui (il y en a un million) des centaines ont dû disparaître dans le passé. Et autant que nous pouvons en juger, la plupart des lignées qui n'ont pas péri sont en état de stagnation : leur évolution s'est arrêtée à divers stades au cours d'un passé lointain.

Impasses

La principale cause de stagnation et d'extinction est l'ultra-spécialisation. Prenons l'exemple de cette charmante et pathétique créature que l'on nomme koala dont la spécialité est de se nourrir des feuilles d'une certaine variété d'eucalyptus et rien d'autre, et qui, en guise de doigts, a des crochets admirablement faits pour s'agripper à l'écorce — et rien d'autre. Son équivalent humain — le charme en moins — est le pédant, l'esclave de l'habitude dont la pensée et le comportement suivent d'immuables ornières. (Certaines chaires d'universités semblent expressément destinées à l'élevage des koalas.)

Il y a quelques années Sir Julian Huxley a donné, dans la *Yale Review*, ce bref résumé de l'évolution :

> Le cours de l'évolution paraît avoir été en gros le suivant. À partir d'un type primitif généralisé, diverses lignées rayonnent et exploitent le milieu de diverses manières. Certaines atteignent relativement tôt la limite de leur évolution, du moins pour ce qui touche à des modifications importantes. Elles se bornent ensuite à des changements mineurs, comme la formation de nouveaux genres et de nouvelles espèces. D'autres sont construites de telle sorte qu'elles peuvent poursuivre leur carrière en engendrant des types nouveaux qui réussissent dans la lutte pour la vie parce qu'ils dominent mieux l'environnement et qu'ils en sont plus indépendants. Ces changements sont légitimement qualifiés de « progressifs ». Le nouveau type répète le processus. Il rayonne un certain nombre de lignées dont chacune se spécialise dans une direction particulière. La majorité butte sur des culs-de-sac et n'avance plus : la spécialisation est un progrès unilatéral et après un temps plus ou moins long elle atteint une limite biochimique…
>
> Parfois toutes les branches d'un tronc donné sont arrivées à leur limite, soit pour s'éteindre, soit pour persister sans grand changement. C'est ce qui est arrivé, par exemple, aux échinodermes qui, avec leurs oursins, leurs étoiles de mer, leurs crinoïdes, holothuries, ophiures et autres types aujourd'hui disparus, ont poussé la vie qui était en eux dans une série d'impasses ; ils n'ont pas avancé depuis cent millions d'années peut-être, et n'ont donné naissance à aucun type important.
>
> En d'autres cas toutes les lignées subissent ce sort, sauf une ou deux qui répètent le processus. Toutes les lignées de reptiles ont abouti à des impasses, sauf deux : l'une qui s'est transformée en oiseaux, l'autre qui est devenue mammifères. Du tronc des oiseaux, toutes les lignées ont fini en cul-de-sac, et tous les mammifères aussi, sauf un, celui qui est devenu l'homme[1].

Mais, cela posé, Huxley tirait une conclusion beaucoup moins convaincante : « L'évolution apparaît comme un nombre énorme d'impasses avec de rares voies de progrès. C'est comme un labyrinthe dont presque chaque détour serait fatal[2]. »

Ceci nous ramène à la conception behavioriste du rat dans le labyrinthe, modèle de l'apprentissage humain. Dans les deux cas, le postulat explicite ou tacite est que le progrès obéit au hasard, aux mutations fortuites conservées par la sélection naturelle, aux essais fortuits conservés par renforcement, et qu'il n'y a rien de plus à chercher.

Le refus de la spécialisation

Dans les trois chapitres précédents j'ai cité plusieurs phénomènes qui réduisent le facteur chance à un rôle subordonné. Je voudrais maintenant aborder une autre façon de s'évader du labyrinthe, que les historiens de l'évolution appellent du vilain nom de *paedomorphose*, forgé par Garstang il y a un demi-siècle. Mais si l'on reconnaît l'existence de ce phénomène, on en parle fort peu dans les livres parce qu'il va à l'encontre du *Zeitgeist* — comme l'effet Baldwin et l'énigme des marsupiaux. En gros, le phénomène de la paedomorphose indique qu'en certaines circonstances l'évolution peut revenir en arrière, pour ainsi dire, refaire le chemin qui l'avait conduite à une impasse et repartir dans une direction plus prometteuse. Ce qui est capital ici c'est l'apparition, au stade larvaire ou embryonnaire de l'ancêtre, d'une nouveauté évolutionnaire utile, nouveauté qui peut disparaître avant que l'ancêtre devienne adulte mais qui reparaît et se conserve *au stade adulte du descendant*. En voici un exemple.

Selon une théorie avancée par Garstang en 1928 et qui semble maintenant assurée, les chordés — et par conséquent les vertébrés comme nous — descendent du stade larvaire d'un échinoderme primitif, probablement une sorte d'oursin ou d'holothurie. À vrai dire l'holothurie adulte ne serait pas un ancêtre bien encourageant, on dirait, gisante au fond de la mer, une saucisse de cuir mal farcie. Mais la larve de l'holothurie, qui flotte librement, paraît plus riche de promesses : elle possède une symétrie bilatérale comme les poissons, elle est munie d'une bande ciliaire, qui annonce le système nerveux, et de beaucoup d'autres caractères raffinés que l'on ne trouve pas chez l'adulte. On doit donc admettre que l'adulte sédentaire reposant au fond de l'eau a dû s'en remettre aux larves mobiles pour répandre l'espèce dans tout l'Océan comme les plantes qui égrènent dans le vent ; que les larves, obligées de quêter leur nourriture, et exposées bien plus que les adultes à des pressions sélectives devinrent graduellement plus pisciformes, et qu'éventuellement elles atteignirent à la maturité sexuelle sans quitter leur état larvaire ni leur liberté de mouvement — donnant ainsi naissance à un nouveau type d'animal qui ne devait plus s'installer au fond de la mer et qui allait éliminer entièrement de sa biographie le stade sédentaire et sénile.

Cette accélération de la maturation sexuelle par rapport au développement du reste du corps — autrement dit le retardement graduel du développement au-delà de la maturité sexuelle — est un phénomène bien connu dans l'évolution. Appelé *néoténie*, ce phénomène a pour conséquence que l'animal commence à se reproduire alors qu'il conserve encore des traits larvaires ou juvéniles ; et il arrive souvent que la plénitude de l'état adulte n'est jamais atteinte : elle se trouve éliminée du cycle vital.

Pareille tendance à l'« enfance prolongée », accompagnée d'un rétrécissement des stades adultes finals, équivaut à un rajeunissement et à une spécialisation de la race : c'est une évasion du cul-de-sac du labyrinthe évolutionnaire. « Le problème n'est pas de savoir comment les vertébrés se sont formés à partir d'échinodermes, écrit J. Z. Young en adoptant les vues de Garstang ; mais plutôt comment les vertébrés ont éliminé de leur histoire biologique le stade adulte de l'échinoderme. Il est parfaitement raisonnable de considérer que cela s'est accompli par paedomorphose[3]. »

En fait, la néoténie revient à remonter l'horloge biologique lorsque l'évolution risque de s'arrêter. Gavin de Beer a comparé la conception classique de l'évolution (telle qu'elle apparaît chez Julian Huxley dans la métaphore du labyrinthe) à la conception classique de l'univers, système d'horlogerie. « Dans cette perspective, écrit-il, la phylogenèse ralentirait peu à peu et deviendrait stationnaire.

L'espèce ne pourrait plus évoluer et se trouverait dans la condition à laquelle on a appliqué le terme de "sénescence raciale". Il serait difficile alors de comprendre comment l'évolution a pu produire tant de changements phylogénétiques dans le règne animal, et l'on arriverait à la triste conclusion que l'horloge évolutionnaire est au bout de son ressort. En fait, une telle situation offrirait un dilemme analogue à celui de la conception selon laquelle... l'univers a été remonté une fois pour toutes et ses réserves d'énergie s'épuisent irrémédiablement. Nous ne savons pas comment l'énergie se reforme dans l'univers physique ; mais le processus analogue dans le domaine de l'évolution organique paraît bien être la paedomorphose. Une race peut rajeunir en expulsant de la fin de leurs ontogenèses le stade adulte de ses individus, et elle peut alors rayonner dans tous les sens... jusqu'au retour de la sénescence raciale due à la gérontomorphose[4]. »

Le « rajeunissement » de la race donne aux changements d'évolution l'occasion d'opérer sur les phases enfantines et malléables de l'ontogenèse : d'où le terme de paedomorphose, formation de l'enfant. Par contraste, la « gérontomorphose », selon le mot de De Beer, est la modification de structures adultes déjà hautement spécialisées. La distinction est capitale, car la gérontomorphose ne peut aboutir à des changements radicaux ni à de nouveaux départs ; elle ne peut que faire avancer dans la même direction une lignée déjà spécialisée — généralement pour l'amener à une impasse. De Beer conclut :

> Les termes de gérontomorphose et de paedomorphose ne désignent donc pas seulement des stades de la vie d'un animal, ils ont aussi le sens de vieillissement et de rajeunissement raciaux. Il est intéressant de noter qu'à la suite de considérations d'un ordre différent Child[5] a abouti à des conceptions similaires. Si l'évolution est dans une certaine mesure différenciation et vieillissement séculaires du protoplasme, la possibilité d'un rajeunissement évolutionnaire ne doit pas être perdue de vue. L'apparition et l'accroissement relativement rapides de certaines formes, ici et là, au cours de l'évolution, sont peut-être l'expression de ce genre de modifications[6].

Reculer pour mieux sauter

Il semble que ce retour en arrière de la vie qui veut fuir les impasses du labyrinthe se soit répété à chaque tournant décisif de l'évolution. J'ai cité le développement des vertébrés à partir de la forme larvaire d'un échinoderme primitif. Selon toute probabilité, les insectes sont sortis d'une espèce de mille-pattes — et non d'un mille-pattes adulte, dont la structure est trop spécialisée, mais de sa forme larvaire. La conquête de la terre ferme a été commencée par des amphibiens dont la lignée remonte au type le plus primitif de poissons à respiration pulmonaire ; alors que les branches ultérieures et apparemment perfectionnées de poissons à branchies ont toutes abouti à des impasses. La même histoire s'est répétée à la grande étape suivante, celle des reptiles qui viennent d'amphibiens primitifs, et non des formes ultérieures que nous connaissons.

Et enfin le cas le plus frappant de paedomorphose est l'évolution de notre espèce. On reconnaît généralement aujourd'hui que l'homme adulte ressemble plus à un embryon de singe qu'à un singe adulte. Chez l'embryon simien comme chez l'homme adulte le rapport du poids du cerveau au poids total du corps est extrêmement élevé. Chez l'un comme chez l'autre la fermeture des sutures du crâne est retardée pour permettre l'expansion du cerveau. L'axe longitudinal de la tête humaine — c'est-à-dire la direction de sa vision — est à angle droit par rapport à la colonne vertébrale : c'est une condition qui, chez les singes et les autres mammifères, ne se trouve qu'au stade embryonnaire. Il en est de même de l'angle formé par la colonne vertébrale et le canal urogénital — ce qui rend compte de la singularité de l'accouplement humain, face à face. Il y a d'autres traits embryonnaires (fœtalisés, pour parler comme Bolk) chez l'homme adulte : absence de visière frontale, rareté et apparition tardive de la pilosité ; croissance tardive des dents, et bien d'autres, parmi lesquels « les lèvres roses qui ont probablement évolué chez les jeunes comme adaptation à l'allaitement prolongé et ont persisté chez l'adulte, peut-être sous l'influence de la sélection sexuelle » (De Beer[7]).

« Si l'évolution humaine doit continuer selon les mêmes principes que dans le passé, écrit J.B.S. Haldane, elle accentuera probablement encore la prolongation de l'enfance et le retard de la maturité. Certaines des caractéristiques de l'homme adulte disparaîtront[8]. » Il y a d'ailleurs un revers de la médaille, qu'Aldous Huxley a signalé dans l'un de ses derniers romans désespérés : la prolongation artificielle de la vie humaine, en termes absolus, pourrait donner à des traits du primate *adulte* l'occasion de reparaître chez les vieillards : Mathusalem deviendrait gorille[*]. Mais cette affreuse perspective ne nous concerne pas ici.

L'essence du processus que je viens de décrire est une *retraite* qui part de formes adultes spécialisées de structure et de comportement, pour aller vers un stade plus ancien ou plus primitif mais plus malléable aussi et moins engagé — retraite suivie d'une avance soudaine dans une nouvelle direction. C'est comme si momentanément le flot de la vie remontait son cours, puis s'ouvrait un nouveau lit. Je tenterai de montrer que cette façon de reculer pour mieux sauter fait souvent partie de la stratégie d'ensemble du processus de l'évolution, et qu'elle joue aussi un grand rôle dans le progrès de la science et des arts.

La figure 10 empruntée à Garstang, a pour but de représenter le progrès de l'évolution par paedomorphose. Z à Z_9 indique la progression des zygotes (œufs fécondés) sur l'échelle de l'évolution ; A à A_9 représente les formes adultes résultant de chaque zygote. Ainsi le trait plein de Z_4 à A_4, par exemple, représente l'ontogenèse, la transformation de l'œuf en adulte ; le pointillé de A à A_9 représente la phylogenèse — l'évolution de formes supérieures. Mais remarquons que les lignes de l'évolution ne vont pas tout droit d'une forme A_4 à une autre forme A_5 : ce serait la gérontomorphose, la transformation d'un état adulte. La ligne de progrès part du stade embryonnaire, inachevé, d'une forme A_4. Cela représente une sorte de recul par rapport au produit fini et un nouveau départ vers l'innovation évolutionnaire Z_5-A_5. A_4 par exemple pourrait être l'holothurie adulte ; le point d'embranchement sur la ligne A_4-Z_4 serait alors

---

* Huxley, *After Many a Summer*. Certaines caractéristiques physiques des vieillards semblent indiquer que les gènes qui pourraient produire de telles transformations sont encore présents dans nos gonades, mais que leur activité est entravée par le retard néotenique de l'horloge biologique. La conclusion évidente est que la prolongation de la vie humaine n'est désirable que si elle s'accompagne de techniques exerçant une influence parallèle sur l'horloge génétique.

la larve d'holothurie. On encore A_8 étant l'ancêtre primate de l'homme, le point d'embranchement serait son embryon, beaucoup plus semblable à A_9, qui serait l'homme.

FIGURE 10

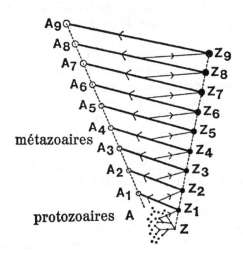

(D'après Garstang.)

Mais le diagramme de Garstang pourrait représenter aussi un aspect fondamental de l'évolution des *idées*. Il y a certaines analogies entre l'apparition des nouveautés biologiques et la création intellectuelle. Que dans l'évolution mentale l'hérédité sociale par la tradition et l'écriture remplace l'hérédité biologique, c'est un truisme. Mais l'analogie va plus loin : pas plus que l'évolution biologique, le progrès intellectuel ne suit une ligne continue d'A_6 en A_7 ; il n'est pas davantage cumulatif au sens strict, comme ce serait le cas s'il continuait à s'édifier sur l'acquit de la génération précédente. L'un et l'autre avancent en zigzag, comme l'indique le diagramme. Dans l'histoire des sciences les révolutions consistent chaque fois à sortir d'une impasse. L'évolution du savoir n'est continue que pendant les périodes de consolidation et d'élaboration qui suivent les grandes découvertes. Mais tôt ou tard la consolidation mène à une orthodoxie de plus en plus figée, et de là à l'hyperspécialisation : au koala. Puis une crise se produit, et une nouvelle échappée, suivie d'une autre période de consolidation et d'une nouvelle orthodoxie, et le cycle recommence.

Mais la nouvelle structure théorique qui naît d'une découverte ne s'élève pas sur le sommet de l'ancienne ; elle se développe à partir du point où le progrès avait fait fausse route. Les grands tournants de l'évolution des idées ont un caractère décidément paedomorphique. Chacun des zygotes du diagramme pourrait représenter l'idée séminale, à partir de laquelle une théorie se développe jusqu'à atteindre sa pleine maturité. C'est ce que l'on appellerait l'ontogenèse d'une théorie : l'histoire des sciences est la série de ces ontogenèses. Les véritables nouveautés ne proviennent pas directement d'une théorie adulte, mais d'une nouvelle idée séminale : elles ne sortent pas de l'oursin sédentaire, mais de la larve mobile. C'est seulement dans les calmes périodes de consolidation que nous rencontrons la gérontomorphose des petits perfectionnements ajoutés aux théories bien établies.

Dans l'histoire de la littérature et de l'art les zigzags sont encore plus apparents : le diagramme de Garstang montrerait fort bien comment les époques de progrès cumulatif dans une école ou une technique donnée s'achèvent inévitablement dans la stagnation, le maniérisme ou la décadence jusqu'au jour où la crise est résolue par une révolution de la sensibilité, de l'accent et du style[*].

Si à première vue cette analogie peut paraître artificielle, j'essaierai de montrer qu'elle a un fondement solide dans les faits. L'évolution biologique est dans une grande mesure une histoire d'évasion qui raconte comment la vie a échappé aux impasses de l'ultra-spécialisation, tandis que l'évolution des idées raconte comment l'intelligence s'est dégagée des servitudes successives de l'habitude ; dans les deux cas le mécanisme de l'évasion se fonde sur le même principe : défaire et refaire, ou reculer pour mieux sauter.

[*] Cf. *Le Cri d'Archimède*, chap. X et XXIII.

Résumé

Après cette anticipation, revenons une dernière fois à notre point de départ, le singe dactylographe. Selon la doctrine orthodoxe le singe procède à coups de hasard, de même que l'évolution mentale, selon la doctrine behavioriste, procède par tâtonnements aveugles. Dans les deux cas le progrès est assuré par la méthode du bâton et de la carotte : les essais réussis étant récompensés par la carotte de la survivance, les nuisibles se trouvant éliminés par le bâton de l'extinction.

Nous proposons une autre façon de voir, sans nier que le tâtonnement soit inhérent à tout développement progressif. Mais il y a une énorme différence entre les coups au hasard du singe dactylographe et les processus orientés que nous avons passés en revue, en partant des contrôles et des réglages hiérarchiques incorporés au système génétique pour arriver au cheminement de la paedomorphose, à ses reculs et à ses bonds en avant. La conception orthodoxe suppose la récitation intégrale de toutes les réactions disponibles dans le répertoire de l'animal ou dans le moulin à prières des mutations, jusqu'à ce que l'on tombe par hasard sur la réponse juste. Notre conception repose aussi sur le tâtonnement — la sortie d'une impasse suivie d'un nouveau départ n'est pas autre chose — mais un tâtonnement complexe et orienté vers un but, et qui consiste à explorer lentement, à revenir en arrière, puis à avancer pour s'élever dans l'échelle de l'existence. « La finalité n'est pas importée dans la nature... Elle y est implicitement » (H.J. Muller[9]).

Les faits que j'ai cités sont connus depuis quelque temps un par un, séparément, et en général les évolutionnistes orthodoxes n'en ont pas vu la signification. Mais si l'on fait la synthèse de ces faits isolés, le problème de l'évolution apparaît sous un nouveau jour. Peut-être y a-t-il un singe qui cogne sur la machine à écrire, mais celle-ci est agencée de manière à vaincre le singe. L'évolution est un processus à règles fixes et stratégies adaptables. Le code de ces règles est inhérent aux conditions de la planète ; il dirige le progrès dans un nombre d'avenues limité, et en même temps toute matière vivante s'efforce à l'utilisation optimale des possibilités qui lui sont offertes. L'action combinée de ces deux facteurs se manifeste à chaque niveau : micro-hiérarchie du génôme, canalisation du développement embryonnaire, stabilisation par homéostasie du développement. Les organes homologues — ces holons de l'évolution — et les formes animales similaires mais d'origines distinctes apportent les archétypes de l'unité dans la diversité. L'initiative de l'animal, sa curiosité, son besoin d'explorer, sont les entraîneurs du progrès, qu'en de rares occasions peut aider un mécanisme d'hérédité quasi-lamarckien ; la paedomorphose permet d'échapper aux impasses et de repartir dans une autre direction ; enfin la sélection darwinienne opère dans les limites assez étroites de son domaine.

Le rôle d'une mutation fortuite est essentiellement de déclencher l'action coordonnée du système ; soutenir que l'évolution est le produit du hasard revient à confondre le déclenchement avec les processus complexes et orientés qu'il met en marche. L'orientation vers un but se manifeste de diverses manières aux divers niveaux de la hiérarchie ; à chaque niveau il y a tâtonnement, mais à chaque niveau le tâtonnement prend une forme plus raffinée. Il y a quelques années deux éminents psychologues, Tolman et Krechevsky, firent sensation en proclamant que si le rat apprend à parcourir un labyrinthe c'est qu'il forme des hypothèses[10]. Peut-être sera-t-il bientôt permis de prolonger la métaphore et de dire que l'évolution avance en faisant et en rejetant des hypothèses, tandis qu'elle explicite une idée schématique.

XIII

GRANDEUR DE L'HOMME

Nous sommes tous dans le ruisseau, mais certains d'entre nous regardent les étoiles.

Oscar WILDE.

Les activités des animaux et des hommes vont de l'automatisme machinal à l'improvisation ingénieuse, selon les défis qu'ils ont à relever (cf. chap. VIII). Toutes choses égales d'ailleurs, un environnement monotone conduit à la mécanisation des habitudes, aux routines stéréotypées qui, répétées dans les mêmes conditions immuables, suivent rigoureusement leur immuable cours. Le pédant devenu esclave de ses habitudes pense et agit comme un automate ; son équivalent biologique est l'animal ultra-spécialisé : le koala rivé à son eucalyptus.

En revanche un milieu changeant, variable, lance des défis qui ne seront relevés que par un comportement souple, des stratégies variables, une vivacité prête à exploiter les occasions favorables. Le parallèle biologique se trouve dans les stratégies évolutionnaires dont nous avons parlé ci-dessus.

Cependant il peut arriver que le défi dépasse une limite critique telle que les techniques habituelles de l'organisme ne suffisent plus. En pareil cas — ce sont les crises qui scandent l'évolution biologique comme l'histoire humaine — deux possibilités se présentent. La première, *dégénératrice*, conduit à la stagnation, au vieillissement biologique, voire à l'extinction soudaine. Cela est arrivé plus d'une fois au cours de l'évolution ; pour chaque espèce qui a survécu, cent autres ont succombé à l'épreuve. Nous nous demanderons dans la troisième partie de cet ouvrage si notre espèce n'affronte pas en ce moment une crise unique dans son histoire, et si elle n'est pas en danger de succomber à l'épreuve.

L'autre réaction possible à une crise est *régénératrice* au sens large ; elle suppose de profondes réorganisations de structure et de comportement qui aboutissent à un progrès biologique ou mental. J'aimerais montrer qu'il s'agit chaque fois de reculer pour mieux sauter — processus d'activation de virtualités créatrices, latentes ou inhibées dans le cours normal de l'existence. Dans la phylogenèse les grands progrès sont dus à l'activation de potentiels embryonnaires par paedomorphose. Dans l'évolution intellectuelle il semble qu'il se produise quelque chose d'analogue à chaque tournant décisif. Le lien entre l'apparition de nouveautés biologiques et celle des innovations intellectuelles se trouve dans un attribut fondamental des êtres vivants : leur capacité d'auto-réfection ou régénération, aussi inhérente à la vie que la capacité de reproduction, dont elle se distingue à peine chez les organismes inférieurs qui se multiplient par division ou bourgeonnement.

Régénération

Pour comprendre cette connexion il convient d'aller progressivement des animaux primitifs aux animaux supérieurs pour finir à l'homme. La régénération est, selon Needham, « l'un des tours de magie les plus spectaculaires du répertoire des organismes vivants[1] ». Ses manifestations les plus impressionnantes se trouvent chez d'humbles créatures comme les planaires et les polypes. Si l'on coupe en deux transversalement une planaire, le côté tête se fera une queue, le côté queue se fera une tête ; on peut la couper en cinq ou six, chaque tranche peut reformer un animal complet.

Parmi les animaux supérieurs les amphibiens sont capables de régénérer un membre ou un organe. Chez la salamandre, après amputation d'une patte, les tissus des muscles et du squelette proches de la surface exposée se dé-différencient et prennent une apparence de cellules embryonnaires[2]. Vers le quatrième jour il se forme un blastème ou bourgeon de régénération semblable au bourgeon de l'embryon normal ; à partir de là, le processus imite de très près la croissance des membres dans le développement embryonnaire. La région du moignon a régressé à un stade quasi embryonnaire et révèle des virtualités génétiques de croissance qui sont inhibées dans les tissus adultes normaux[*]. J'ai comparé le génôme d'une cellule spécialisée à un piano dont la plupart des touches seraient coincées par du sparadrap ; les tissus régénérateurs ont tout le clavier à leur disposition. La « magie » de l'auto-réfection connaît ainsi une phase régressive (catabolique) et une phase progressive (anabolique), et obéit au principe *défaire et refaire*. « Le trauma joue un rôle semblable à celui de la fécondation dans le développement embryonnaire » (Hamburger[4]). Le choc déclenche la réaction créatrice.

Le remplacement d'un membre ou d'un œil perdus est un phénomène d'un ordre tout différent de celui des processus adaptatifs dans un milieu normal. La régénération serait en somme une « méta-adaptation » à des défis traumatisants. Mais la force d'accomplir de tels exploits ne se manifeste que lorsque le défi dépasse un certain seuil critique. La capacité régénératrice d'une espèce lui procure ainsi un dispositif de sécurité supplémentaire au service de la survivance, qui entre en jeu quand les mesures adaptatives normales échouent — de même que les amortisseurs hydrauliques d'une automobile peuvent entrer en action quand la limite d'élasticité des ressorts de suspension est dépassée.

Mais c'est plus qu'un dispositif de sécurité : nous avons vu que les grands changements phylogénétiques ont été aussi provoqués par un recul des formes adultes aux formes embryonnaires. En fait, on pourrait décrire la principale ligne de développement qui a abouti à notre espèce comme une suite d'opérations d'auto-réfection phylogénétique : une

---

[*] Pour être exact, l'origine du matériau qui forme le blastème demeure assez controversée ; selon Hamburger[3], il est vraisemblable qu'il s'agit en partie de cellules dé-différenciées et en partie de tissus cellulaires connectifs du type mésenchyme, qui remplissent une fonction semblable à celle des cellules « de réserve » ou de « régénération » dans les organismes primitifs.

série de tentatives réussies pour échapper aux impasses en défaisant et en remodelant des structures mal adaptées[*].

En gravissant les échelons des reptiles aux mammifères, on voit que la force régénératrice de structures corporelles diminue, remplacée peu à peu par une capacité croissante du système nerveux à réorganiser le comportement. (Certes, en définitive, ces réorganisations fonctionnelles doivent comporter aussi de très fines modifications structurelles du système nerveux, de sorte que nous avançons encore sur une ligne continue.) Il y a plus d'un siècle le physiologiste allemand Pflüger démontra qu'une grenouille décapitée est quelque chose de plus qu'un ensemble de réflexes automatiques. Si l'on dépose une goutte d'acide sur le derrière de la patte antérieure gauche de ce malheureux animal, la patte postérieure du même côté vient l'essuyer, ce qui est le réflexe médullaire normal. Mais si sa patte de derrière gauche est immobilisée, la grenouille s'essuie avec sa patte postérieure *droite*. Ainsi même cette bête sans tête — préparation spinale, comme dit l'euphémisme — se montre-t-elle capable d'improviser quand l'acte réflexe est entravé.

Avant 1950 K. S. Lashley et ses collaborateurs, dans une série d'expériences classiques, ont démontré que le système nerveux n'est pas un mécanisme rigide. « Lorsque des organes moteurs habituellement utilisés sont rendus non fonctionnels par prélèvement ou paralysie, il y a utilisation spontanée immédiate d'autres systèmes moteurs qui, auparavant, n'avaient pas été associés, ou employés, à l'exécution de cette activité[5]. » La grenouille qui se sert de sa patte de droite au lieu de sa patte de gauche dans le réflexe de se gratter en est un exemple très simple ; mais Lashley a montré que le système nerveux est capable d'exploits beaucoup plus surprenants ; que des tissus du cerveau qui normalement ont une fonction spécialisée peuvent, dans certaines circonstances, prendre les fonctions d'autres tissus qui ont été endommagés — un peu comme les pourvoyeuses de la ruche prennent la relève des bâtisseuses que l'on a enlevées. Citons un exemple parmi

---

[*] Évidemment l'auto-réfection par l'individu ne produit aucune innovation évolutionnaire, elle ne fait que restaurer sa capacité de fonctionner normalement dans un milieu stable ; en revanche « l'auto-réfection phylogénétique » implique des changements évolutionnaires en milieu instable.

beaucoup d'autres : Lashley avait dressé des rats à toujours choisir la plus brillante de deux cibles alternées. Il priva ces rats de leur cortex visuel et, naturellement, leur capacité discriminatoire disparut. Mais ensuite, contrairement à toute attente, les animaux mutilés surent rapprendre la même technique. C'est qu'une autre région du cerveau qui normalement n'est pas spécialisée dans l'apprentissage visuel dut assumer cette fonction et suppléer à la zone détruite.

Bien plus, quand un rat connaît bien les détours d'un labyrinthe, il continuera à faire un parcours juste, quelles que soient les parties endommagées de son cortex moteur ; et si l'infirmité le rend incapable de tourner à droite, il y arrivera en faisant trois quarts de tour à gauche. On peut aveugler le rat, le priver d'odorat, le paralyser partiellement de diverses manières — ce qui dans chaque cas devrait désemparer complètement l'automate à réflexes en chaîne qu'il est censé être. Or « l'un se traîne à travers le labyrinthe sur ses pattes de devant ; un autre tombe à chaque pas mais s'en tire par une série de détentes ; un troisième roule sur le dos à chaque tournant, mais ne roule dans aucun cul-de-sac et réussit un parcours sans erreur[6] ».

Formes supérieures de régénération

Au sommet de l'échelle, nous voyons chez l'homme la faculté de régénération physique réduite au minimum, cette perte étant compensée par la capacité de remodeler les schémas de comportement — de relever les défis critiques par des réponses créatrices.

Même au niveau de la perception élémentaire l'apprentissage de la vision à travers des lunettes qui mettent le monde à l'envers (voir p. 82) témoigne de cette capacité. On a pratiqué sur des animaux (reptiles et singes) des expériences qui produisent le même effet, en coupant le nerf optique et en le laissant repousser après avoir retourné en demi-cercle l'extrémité coupée. Le résultat est que ces animaux voient le monde à l'envers, cherchent à gauche la nourriture qu'on leur présente à droite, et en bas ce qu'on leur offre en haut : ils ne s'adaptent jamais. En revanche les humains auxquels on inflige des lunettes inversantes surmontent l'épreuve. Pour commencer, le sujet est complètement désorienté : il se voit la tête en bas, les pieds sur un plancher devenu plafond. Ou bien, avec des lunettes qui invertissent de gauche à droite, il donne dans le mur dont il essayait de s'éloigner. Mais après un certain temps, ce qui peut vouloir dire plusieurs jours, le sujet s'accoutume à vivre dans un monde renversé qui lui semble alors plus ou moins normal. L'image rétinienne et sa projection sur le cortex visuel sont encore à l'envers ; mais grâce à l'intervention d'échelons supérieurs de la hiérarchie, l'image mentale s'est réorganisée. Dans l'état actuel des connaissances, la physiologie explique assez mal ce phénomène. Tout ce que l'on peut dire est que si notre orientation, nos réactions motrices au champ visuel dépendent de circuits installés dans le cerveau, il doit falloir pour vivre dans un monde à l'envers défaire et refaire une part considérable du schéma de montage de ces circuits.

Ces lunettes sont d'impitoyables instruments ; mais la plupart d'entre nous portent toute la vie des verres de contact dont ils ignorent l'existence et qui déforment les perceptions de manière plus subtile. La psychothérapie ancienne et moderne, depuis le chamanisme jusqu'aux formes contemporaines de techniques d'analyse ou d'abréaction a toujours reposé sur cette variété du défaire et refaire qu'un éminent praticien, Ernst Kris, a nommé « régression au service du moi[6a] ». Le neurotique bardé de compulsions, de phobies et de mécanismes de défense est victime d'une spécialisation rigide d'adaptation fausse, c'est un koala désespérément accroché à un poteau télégraphique. Le but du thérapiste est d'amener le malade à une régression temporaire ; à lui faire rebrousser chemin jusqu'à l'endroit où il s'était fourvoyé, afin de le rappeler à une vie nouvelle, métamorphosé.

Le même schéma se répète en d'innombrables variations sur le thème mythologique de mort-et-résurrection. C'est Joseph jeté dans un puits, Mohammed retiré au désert, Jésus ressuscité des morts, Jonas englouti puis rendu par la baleine. Le *Stirb und Werde* de Gœthe, la retraite et le retour de Toynbee, la nuit obscure précédant la renaissance spirituelle du mystique, dérivent du même archétype : reculer pour mieux sauter.

Régénération et réalisation de soi

Il n'y a pas de frontière nette entre la régénération et la réalisation de soi. Toute activité créatrice est une sorte d'autothérapie, une tentative pour surmonter des défis traumatisants. Dans le cas de l'homme de science, le traumatisme peut venir de nouvelles données qui ébranlent les fondations d'une théorie bien établie et remettent en question les croyances les plus chères ; des observations qui se contredisent, des problèmes qui engendrent frustrations et conflits. Dans le cas de l'artiste le défi et la réponse se manifestent dans une lutte haletante pour exprimer l'inexprimable, vaincre la résistance du matériau, échapper aux déformations et aux contraintes qu'imposent les techniques et les styles conventionnels de l'époque.

Nous pouvons alors reprendre le fil abandonné au chapitre précédent : les découvertes décisives dans les sciences, dans les arts, dans la philosophie consistent à fuir les impasses, l'esclavage des habitudes intellectuelles, l'orthodoxie, l'ultra-spécialisation. Ces évasions à leur tour consistent à défaire et à refaire, comme les progrès de l'évolution biologique ; et la marche zigzagante des sciences et des arts suit aussi le tracé du diagramme de Garstang.

Toute révolution a un aspect destructif et un aspect constructif. La destruction est l'œuvre d'une renonciation à des doctrines jusqu'alors inattaquables, et à des axiomes apparemment évidents. Le progrès de la science, semblable à une piste dans le désert, est jonché des squelettes de théories oubliées qui jadis semblaient posséder la vie éternelle. Le progrès en art suppose une révision tout aussi déchirante des valeurs acceptées, des critères de pertinence, des cadres de la perception. Quand on traite de l'évolution de l'art et de la science en adoptant le point de vue de l'historien, ces destructions et reconstructions paraissent aller de soi, on en fait une partie inévitable du développement. Mais si l'on s'interroge sur l'individu concret qui a opéré le changement révolutionnaire, on se heurte au problème psychologique de la nature de la création. J'en ai parlé longuement dans *Le Cri d'Archimède* ; j'aimerais pourtant en dire quelques mots ici, puisque cette question n'est pas étrangère à notre thème actuel. Certains lecteurs pourront donc reconnaître dans le présent chapitre quelques passages de mon livre précédent, mais ils verront aussi que la discussion va un peu plus loin.

Un coup d'œil sur l'évolution de l'astronomie nous fera mieux comprendre le « schéma en zigzag ». Newton a dit un jour que s'il voyait plus loin que les autres c'est qu'il se tenait sur les épaules des géants, ses prédécesseurs. Mais se tenait-il vraiment sur leurs épaules, ou sur quelque autre partie de leur anatomie ? À Galilée, il prit les lois de la chute des corps, mais rejeta son astronomie. Il adopta les lois planétaires de Kepler, mais démolit le reste de l'édifice képlérien. Pour point de départ il ne prit pas leurs théories achevées, « adultes », mais il en retraça le développement jusqu'à l'endroit où elles avaient dévié. Et l'édifice de Kepler n'avait pas été construit non plus sur le sommet de l'édifice de Copernic, monstrueux assemblage d'épicycles, dont il ne garda que les fondations. Et Copernic non plus n'avait pas continué Ptolémée : il était retourné à Aristarque, des siècles en arrière. Toutes les grandes révolutions, nous l'avons dit, ont un caractère remarquablement paedomorphique : elles exigent autant de destruction que de reconstruction.

Mais pour détruire une habitude mentale sanctifiée par le dogme ou la tradition il faut surmonter de très redoutables obstacles intellectuels et affectifs. Je ne parle pas seulement des forces d'inertie de la société ; le principal foyer de résistance contre les nouveautés hérétiques se situe dans le crâne de l'individu qui les conçoit. Témoin Kepler et son cri d'angoisse quand il découvrit que les planètes ne tournent pas en cercles mais en ellipses : « Qui suis-je, moi Johannes Kepler, pour détruire la divine symétrie des orbites circulaires ? » Il est plus difficile de désapprendre que d'apprendre ; et il semble que le démontage de structures rigides de la connaissance qu'il faut rassembler ensuite dans une nouvelle synthèse ne soit généralement pas une tâche à accomplir au grand jour de l'intelligence consciente et rationnelle. On y réussit mieux en retournant aux formes de pensée plus fluides, moins engagées, moins spécialisées qui normalement agissent dans les zones crépusculaires de la conscience.

La science et l'inconscient

Une superstition populaire veut que les savants fassent leurs découvertes au moyen de raisonnements verbaux strictement rationnels et précis. Les témoignages prouvent qu'il n'en est rien*. Pour ne citer qu'un exemple, en 1945 Jacques Hadamard avait organisé aux États-Unis une enquête parmi d'éminents mathématiciens pour les interroger sur leurs méthodes de travail. Les résultats indiquèrent qu'à deux exceptions près les mathématiciens en question ne pensaient ni en mots ni en signes algébriques : ils recouraient à des images, principalement visuelles, et fort vagues. C'est ainsi qu'Einstein écrivit : « Je ne crois pas que les mots du langage, écrits ou parlés, jouent le moindre rôle dans le mécanisme de ma pensée, qui s'appuie sur des images plus ou moins claires de type visuel et parfois musculaire. Il me semble que ce que vous appelez pleine conscience est un cas-limite qui ne peut jamais être pleinement atteint car la conscience est chose étroite[7] ».

Cette déclaration est typique. Au dire des penseurs qui ont pris la peine de décrire leurs méthodes de travail *non seulement la pensée verbale mais même la pensée consciente en général ne joue qu'un rôle secondaire dans la brève phase décisive de l'acte créateur lui-même*. L'accent qu'ils placent presqu'à l'unanimité sur des intuitions spontanées, d'origine inconsciente, qu'ils sont incapables d'expliquer, donne à penser que depuis le siècle des lumières on a grandement surestimé le rôle des processus strictement rationnels et verbaux dans la découverte scientifique. L'irrationnel fait partie intégrante de tout processus créateur, non seulement dans les arts (où l'on est prêt à l'accepter) mais aussi dans les sciences exactes.

L'homme de science qui, devant un problème rebelle, régresse de la pensée verbale à une vague imagerie visuelle, paraît suivre le conseil de Woodworth : « Il faut souvent s'écarter du langage afin de penser clairement. » Le langage peut faire écran entre le penseur et la réalité ; et bien souvent la création commence où finit le langage, en redescendant à des niveaux pré-verbaux d'activité mentale.

---

* Voir *Le Cri d'Archimède*, chap. V-XI.

Certes, je ne veux absolument pas dire que le savant ou l'artiste ont dans le crâne un petit démon de Socrate qui travaillerait à leur place ; et il importe de ne pas confondre l'activité mentale inconsciente avec le « processus primaire » que Freud définit comme dénué de logique, régi par le principe de plaisir, accompagné de violentes décharges affectives, et enclin à confondre perception et hallucination. Entre ce processus très primaire et le processus dit second, que gouverne le principe de réalité, il semble qu'il faille intercaler plusieurs niveaux d'activité mentale qui ne sont pas de simples mélanges du primaire et du second, mais bien des systèmes cognitifs de plein droit, chacun obéissant à des règles particulières. On ne saurait amalgamer l'illusion paranoïaque, le rêve, la songerie, l'association libre, la mentalité des enfants à divers âges ou des primitifs à divers stades, car chacun de ces systèmes a sa logique ou ses règles du jeu. Mais si différentes qu'elles soient à bien des égards, toutes ces formes d'activité mentale ont certains traits en commun parce que, ontogénétiquement et peut-être phylogénétiquement, elles sont plus anciennes que celles de l'adulte civilisé. Elles sont moins rigides, plus tolérantes, prêtes à combiner des idées apparemment incompatibles et à percevoir les analogies les plus insolites. Ce sont, pourrait-on dire, des « jeux clandestins », qui, si on ne les maintenait à leur place, risqueraient de faire sauter les cadres de la pensée disciplinée. Mais dans des conditions exceptionnelles, quand la pensée disciplinée est à bout de ressources, un abandon momentané à ces jeux clandestins peut soudain produire une solution : quelque combinaison d'idées, audacieuse, inattendue que ne saurait concevoir ou ne pourrait admettre l'esprit rationnel et conscient. J'ai proposé de nommer « bisociations » ces bonds de l'imagination créatrice afin de les mettre à part des associations banales. Nous y reviendrons ; on peut retenir pour le moment que l'acte créateur dans l'évolution intellectuelle procède lui aussi en reculant pour mieux sauter : en s'abandonnant à une régression temporaire, suivie d'un bond en avant. Nous pouvons même pousser l'analogie : l'inventeur qui crie *Eurêka !* exprimerait ainsi sa joie d'être sorti de l'impasse et d'avoir réussi une régénération mentale.

Association et Bisociation

Humphrey a donné une définition commode de la pensée associative[8] : « Le terme d'"association" ou "association mentale" est un terme général souvent employé en psychologie pour désigner les conditions dans lesquelles se produisent les événements mentaux d'expérience ou de comportement. » Autrement dit, le mot « association » indique simplement le processus par lequel une idée conduit à une autre.

Mais une idée a des connexions associatives, établies par l'expérience, avec beaucoup d'autres idées ; et il dépend du *type* de pensée dans lequel nous nous trouvons engagés que telle ou telle de ces connexions entre en jeu dans une situation donnée. La pensée rationnelle suit toujours des règles et même le rêve a ses règles du jeu. Au laboratoire de psychologie l'expérimentateur impose par exemple la règle des antithèses : quand il dit « sombre » le sujet répond « clair ». Mais si la règle veut des synonymes, le sujet associera aussitôt « sombre » à « noir », « nuit », « ombre » etc. Il est absurde de parler des stimuli comme s'ils agissaient dans le vide ; la réaction que provoque un stimulus donné dépend des règles du jeu que nous sommes en train de jouer : elle dépend du *canon* de cette technique mentale particulière (cf. chap. III). Seulement nous ne vivons pas en laboratoire et les règles du jeu ne sont pas données par des commandements explicites ; dans le cours normal de la pensée et du langage les règles sont implicites et inconscientes.

Cela s'applique non seulement aux règles de grammaire, de syntaxe et de logique vulgaire ou savante, mais aussi à celles qui gouvernent les structures plus complexes que l'on nomme « systèmes de référence », « univers du discours » ou « contextes d'association », ainsi qu'à la « persuasion clandestine » qui influence nos raisonnements. Dans *Le Cri d'Archimède*, j'ai proposé le terme de « matrice » pour désigner d'une manière générale ces structures cognitives, c'est-à-dire les *habitudes et techniques mentales gouvernées par des règles fixes mais capables de diverses stratégies dans l'attaque d'un problème*. Autrement dit, les matrices sont des holons de connaissance et possèdent, des holons, toutes les caractéristiques que nous avons examinées plus haut.

Elles sont régies par l'ensemble de leurs règles, mais guidées par la rétroaction de l'environnement : répartition des pièces sur l'échiquier, articulations du problème. Elles vont des extrêmes de la rigidité pédantesque jusqu'au libéralisme le plus ouvert — dans certaines limites. Elles s'ordonnent en hiérarchies d'abstraction « verticales », entrecroisées de réseaux d'association « horizontaux ».

Répétons que toute pensée routinière ou ordinaire est comparable à une partie jouée selon des règles fixes avec des stratégies plus ou moins souples. Le jeu d'échecs permet des stratégies plus variées que le jeu de dames, un plus grand nombre de choix parmi les mouvements qu'autorisent les règles. Mais il y a une limite ; et l'on trouve aux échecs des situations désespérées d'où les plus subtiles stratégies ne sauraient vous tirer — à moins d'offrir un double martini à l'adversaire. De fait, en matière d'échecs, aucune règle ne vous en empêche ; mais enivrer quelqu'un tout en demeurant sobre soi-même, c'est un autre jeu et le contexte est fort différent. Or, la combinaison des deux jeux est une bisociation. En d'autres termes, l'association ordinaire consiste à penser conformément à des règles données et pour ainsi dire sur un seul plan. L'acte bisociatif consiste à combiner deux codes différents et à vivre sur plusieurs plans en même temps.

Non que je veuille rabaisser la valeur des méthodes disciplinées, qui donnent cohérence et stabilité au comportement, ordonnance bien structurée à la pensée. Mais quand le défi excède la limite critique, les méthodes ordinaires d'adaptation ne suffisent plus. Le monde va, et des faits nouveaux surgissent, créant des problèmes que l'on ne peut résoudre dans les systèmes conventionnels de référence en leur appliquant les règles admises. C'est alors la crise, la poursuite désespérée d'un remède, et l'improvisation hérétique qui mène à une synthèse nouvelle : l'acte de régénération mentale.

Le latin *cogitare* vient de *co-agitare*, secouer ensemble. *La bisociation consiste à combiner deux matrices cognitives jusque-là sans rapport entre elles, de telle sorte que s'ajoute à la hiérarchie un nouveau plan qui incorpore les structures précédemment séparées.* L'homme a toujours connu les mouvements des marées. De même que les phases de la Lune. Mais l'idée de relier les premiers aux secondes, l'idée que les marées obéissent à l'attraction de la Lune, cette idée, autant que nous sachions, est venue pour la première fois à un astronome allemand, au XVIIe siècle ; et Galilée, lorsqu'il l'apprit, la tourna en ridicule. Moralité : plus les structures précédemment distinctes sont familières, plus la nouvelle synthèse est frappante sur le moment ; et plus elle paraît évidente aussi, dans le rétroviseur. L'histoire de la science est une histoire de mariages entre idées d'abord étrangères les unes aux autres et bien souvent considérées comme incompatibles. Les aimants étaient connus dans l'antiquité : on y voyait une curiosité de la Nature. Au Moyen Âge on s'en servait à deux fins : comme boussoles, et comme moyen de ramener à leurs maris les épouses volages. On connaissait également bien les curieuses propriétés de l'ambre qui, par frottement, acquiert la vertu d'attirer les objets légers. Le Moyen Âge ne s'intéressa guère à l'électricité, pas plus que les Grecs, qui nommaient l'ambre *elektron*. Pendant près de deux mille ans, l'électricité et le magnétisme passèrent pour des phénomènes absolument distincts. Puis, en 1820, Hans-Christian Œrsted découvrit qu'un courant électrique passant par un fil faisait dévier l'aiguille d'une boussole qui se trouvait sur sa table. Dès lors les deux contextes commencèrent à s'unir pour devenir l'électro-magnétisme, en créant une sorte de réaction en chaîne qui continue et ne cesse de s'amplifier.

La réaction AHA

De Pythagore qui combina l'arithmétique et la géométrie, à Newton qui combina les lois de Galilée sur le mouvement des projectiles avec les équations de Kepler sur les orbites planétaires, et jusqu'à Einstein qui unifia l'énergie et la matière en une seule et sinistre équation, le schéma est toujours le même. L'acte créateur n'est pas comme Dieu, il ne crée rien à partir de rien ; il combine, mélange et relie des idées, des faits, des systèmes de perception, des contextes associatifs déjà existants mais séparés. Ce croisement — qui est une auto-fécondation dans un cerveau — paraît être l'essence de la créativité, et justifier le terme de « bisociation »[*].

---

* Des vues analogues ont été souvent exposées, par exemple par Henri Poincaré expliquant la découverte comme l'heureuse rencontre « d'atomes crochus de la pen-

Ainsi de Gutenberg qui inventa la presse à imprimer (ou en tout cas l'inventa pour son compte). Sa première idée fut de fondre les caractères comme autant de sceaux ou de médailles. Mais comment rassembler des milliers de sceaux pour en faire une impression uniforme sur du papier ? Pendant des années il buta sur ce problème et un jour, dans sa Rhénanie natale, il alla aux vendanges et probablement s'y enivra. « J'ai regardé couler le vin, écrivit-il, et en remontant de l'effet à la cause, j'ai étudié la force de cette presse à laquelle rien ne résiste... » Alors l'illumination se fit : le pressoir et le sceau se combinèrent pour donner la presse à copier.

Cette illumination, cet éclair, cette minute de vérité qui d'un seul coup rassemble les éléments du puzzle, les psychologues de la Gestalt la nomment expérience AHA. Mais ce n'est pas le seul type de réaction que puisse produire le déclic bisociatif. Une réponse bien différente sera provoquée par une histoire comme celle-ci : Un marquis de la cour de Louis XV entre dans le boudoir de sa femme et la trouve dans les bras d'un évêque. Il se dirige alors calmement vers la fenêtre et se met en devoir de bénir la foule. « Que faites-vous ? s'écrie la femme effrayée. — Monseigneur remplit mes fonctions, répond le marquis, je remplis les siennes[*]. »

On peut appeler le rire réaction HAHA. Voyons-en rapidement l'aspect logique, puis l'aspect émotif.

La réaction HAHA

Le comportement du marquis est à la fois inattendu et parfaitement logique — mais d'une logique qui n'est pas habituellement appliquée à ce genre de situation. C'est la logique de la division du travail, du

---

sée » dans l'inconscient. Selon Sir Frederick Bartlett : « Le trait le plus important de la pensée expérimentale originale est la découverte d'un recoupement... là où l'on ne voyait auparavant qu'isolement et différence[9]. » Jérôme Brunner[10] considère que toutes les formes de créativité résultent de « l'activité combinatoire ». McKellar[11] parle de la « fusion » de perceptions, Kubie[12] de la « découverte de connexions inattendues entre les choses » ; ainsi revient-on au mot de Gœthe : « Reliez, reliez toujours. »

* Je reprends cette historiette déjà citée dans Le Cri d'Archimède à cause de sa netteté, la structure logique de la plupart des anecdotes ne se révélant qu'au terme de longues explications.

quid pro quo, d'un prêté pour un rendu. Et nous nous attendions à voir les réactions du marquis gouvernées par de tout autres lois : celles de la morale sexuelle. C'est l'interaction de ces deux contextes d'association, exclusifs l'un de l'autre, qui produit l'effet comique. Elle nous oblige à percevoir la situation au même moment dans deux systèmes de référence logiques en eux-mêmes, mais habituellement incompatibles ; elle nous fait fonctionner simultanément sur deux longueurs d'onde. Tant que dure cette situation insolite, l'événement n'est pas perçu dans un seul système de référence, comme c'est normalement le cas ; il est *bisocié*.

Mais cette condition insolite ne dure pas longtemps. L'acte de la découverte aboutit a une synthèse durable, une *fusion* des deux systèmes de référence précédemment étrangers l'un à l'autre ; dans la bisociation comique nous avons une *collision* entre des systèmes incompatibles qui se rencontrent un instant. La différence n'est pas absolue, cependant. Il dépend de facteurs subjectifs que les systèmes soient ou non compatibles, qu'ils se heurtent ou s'unissent, car, après tout, c'est dans l'esprit des gens que se produisent le choc ou la fusion. Dans l'esprit de Kepler, les mouvements de la Lune et les mouvements des marées s'unirent et devinrent des branches d'une même hiérarchie causative. Mais Galilée traita littéralement comme une plaisanterie la théorie de Kepler : « Une fantaisie occulte », disait-il. L'histoire de la science abonde en découvertes accueillies par des éclats de rire parce qu'elles semblaient marier des incompatibles, jusqu'à ce que le mariage porte fruit et que l'on s'aperçoive que la prétendue incompatibilité des partenaires ne tenait qu'à des préjugés. En revanche l'humoriste choisit délibérément des codes de comportement ou des univers du discours discordants afin d'en exposer dans l'entrechoc les incongruités cachées. La découverte comique étale le paradoxe, la découverte scientifique le résout.

De ce point de vue, le geste du marquis est une inspiration vraiment originale. Pour suivre les règles du jeu conventionnelles, il devrait tirer l'épée et se précipiter sur l'évêque. Mais à la cour de Louis XV on ne tue pas un prélat, ce serait un crime de mauvais goût. Pour résoudre le problème, c'est-à-dire pour sauver la face et en même temps humilier l'adversaire, il faut introduire dans la situation et combiner, bisocier au premier système de référence un second système, régi par d'autres règles du jeu. Toute invention comique est un acte créateur, une découverte malicieuse.

Rire et émotion

Il faut insister sur cette malice, ce qui nous fait passer de la *logique* de l'humour au *facteur émotif* de la réaction HAHA. Quand un habile causeur raconte une anecdote, il crée une certaine tension qui monte à mesure que progresse la narration, mais qui n'atteint jamais le dénouement attendu. Le mot de la fin est une guillotine qui tranche le développement logique de la situation ; elle trompe brutalement notre attente dramatique, la tension devient superflue et elle explose dans le rire. En d'autres termes, le rire nous débarrasse de la tension émotive devenue sans objet, que la raison refuse et qui doit d'une façon ou de l'autre s'écouler dans des voies physiologiques de moindre résistance.

Dans les tableaux de Hogarth ou de Rawlinson, la gaieté brutale des scènes de taverne montre bien que les personnages sont en train de travailler à se débarrasser de leur surplus d'adrénaline à l'aide de contractions des muscles faciaux, de grandes claques sur les cuisses et de respirations explosives à travers des glottes à demi fermées. Les émotions expulsées dans le rire sont l'agression, la gourmandise sexuelle, le sadisme conscient ou inconscient — toutes manifestations du système adrénalo-sympathique. Cependant devant le dessin d'un caricaturiste subtil, le rire homérique fait place à un mince sourire amusé : le flot d'adrénaline se cristallise en un grain de sel attique. (Que l'on songe par exemple à la définition classique : Qu'est-ce qu'un sadique ? Quelqu'un qui est bon pour les masochistes.) Le mot « esprit » relève de deux domaines, qui sont contigus : aucune frontière nette ne les divise. En passant des formes d'humour les plus grossières aux plus subtiles, la plaisanterie s'estompe en épigramme ou en rébus, l'imitation comique se change en analogie discrète ; et les émotions concernées passent par des transitions semblables. Le voltage émotif qui se décharge dans le gros rire c'est l'agression privée de son objectif ; la tension qui se décharge dans la réaction AHA résulte d'un défi intellectuel. Elle se déclenche au moment où se fait la lumière quand nous saisissons l'astuce ou l'allusion, quand nous apercevons la solution d'un casse-tête ou d'un problème scientifique.

Répétons donc que les deux domaines de l'humour et de la découverte forment un continuum. En les parcourant, de la gauche au centre, pour ainsi dire, nous voyons le climat affectif changer graduellement de la malice du bouffon à l'objectivité impartiale du sage. Et si nous poursuivons le voyage dans le même sens, nous passons aussi par degrés insensibles dans le troisième domaine de la créativité, celui de l'artiste. L'artiste également suggère plus qu'il n'expose et il parle par énigmes ; aussi trouvons-nous une transition symétriquement inverse à l'autre extrémité du spectre en passant de formes artistiques hautement intellectualisées à une affectivité plus sensuelle pour aboutir à la béatitude sans pensée du mystique.

La réaction AH

Mais comment définir le climat émotif de l'art ? Comment classifier les émotions qui donnent naissance à l'expérience du beau ? Les manuels de psychologie expérimentale ne nous renseignent guère sur ce point. Quand les behavioristes parlent d'émotion, ils se réfèrent presque toujours à la faim, au sexe, à la colère et à la peur, et autres effets d'une décharge d'adrénaline. Ils n'ont rien à dire de la curieuse réaction que l'on éprouve à écouter du Mozart, à contempler l'Océan ou à lire pour la première fois les *Sonnets sacrés* de John Donne. On ne trouvera pas non plus dans les livres la description des processus physiologiques qui accompagnent cette réaction : les yeux qui se mouillent, la respiration que l'on reprend, et cette sorte de calme ravi qui s'ensuit avec l'apaisement de toutes les tensions. Appelons cela la réaction AH pour compléter la trinité :

HAHA !	AHA	AH…

Le rire et les larmes, le masque comique et le masque tragique, sont aux deux extrêmes d'un spectre continu ; deux réflexes qui, physiologiquement, sont à l'opposé l'un de l'autre. Le rire appartient à la branche adrénalo-sympathique du système nerveux autonome, les larmes à la branche para-sympathique ; le premier tend à l'action, les secondes à la passivité et à la catharsis. Dans le rire la respiration comporte de profondes aspirations, suivies d'éclats et d'explosions : ha ha ha ! Dans les pleurs au contraire, un halètement — les sanglots — est suivi de longues expirations soupirantes ; a-a-ah…

De même les émotions qui s'épanchent dans la réaction AH sont à l'opposé de celles qui explosent dans le rire. Ces dernières appartiennent au type adrénergique, agresso-défensif : dans notre théorie ce sont des manifestations de la tendance à l'affirmation de soi. Leurs contraires seraient les émotions auto-transcendantales, dérivées de la tendance à l'intégration. Elles peuvent se ramener à ce que Freud nomme sentiment océanique : cette expansion de la conscience que l'on éprouve parfois dans une cathédrale vide où l'éternité regarde à la fenêtre du temps, lorsque le moi semble fondre comme un grain de sel dans un lac.

Art et émotion

La polarité des tendances à l'intégration et à l'affirmation de soi est inhérente à tout ordre hiérarchique, comme nous l'avons vu, et elle se manifeste à tous les niveaux, depuis le développement embryonnaire jusqu'à la politique internationale. La tendance à l'intégration, dont nous nous occupons ici, reflète la « partiellité » d'un holon, sa dépendance, son appartenance, par rapport à un ensemble plus complexe. Elle est partout à l'œuvre, de la symbiose physique des organites, et en passant par la grégarité de la harde et du troupeau, aux forces de cohésion des sociétés d'insectes et de primates.

L'individu considéré comme un tout représente le sommet de la hiérarchie de son organisme, et en même temps il est une partie, une unité élémentaire de la hiérarchie sociale. Cette dichotomie se reflète dans son affectivité. L'affirmation du moi en tant que tout autonome et indépendant s'exprime dans l'ambition, l'esprit de compétition, les comportements agressif et défensif, selon les cas. La tendance à l'intégration se manifeste dans la dépendance de l'individu, en tant que partie, à l'égard de sa famille, de sa tribu, de son groupe social. Mais — et ce mais est essentiel — la participation à un groupe social ne suffit pas toujours à satisfaire le potentiel d'intégration de l'individu, et il y a des gens auxquels elle ne procure aucune satisfaction. Tout homme est un holon et éprouve le besoin de faire partie de quelque chose qui transcende les frontières du moi ; ce besoin est à la racine des émotions « auto-transcendantales ». Il *se peut* qu'il soit comblé par l'identification sociale — à laquelle nous reviendrons dans la troisième partie. Mais cette entité supérieure, à qui l'individu désire si ardemment abandonner son identité peut aussi être Dieu, la Nature ou l'Art, la magie des formes, l'océan des sons ou les symboles mathématiques de la convergence vers l'infini. C'est le type d'émotions qui entre en jeu dans la réaction AH.

Les émotions transcendantales sont extrêmement variées. Joyeuses ou tristes, tragiques ou lyriques, elles ont un commun dénominateur : le sentiment de participation intégrante à une expérience qui transcende les frontières du moi.

Les émotions d'affirmation de soi tendent à l'activité corporelle ; les émotions transcendantales sont essentiellement passives et cathartiques. Les premières se manifestent dans les comportements agresso-défensifs ; les secondes dans l'empathie, la participation et l'identification, l'admiration, l'émerveillement. Les larmes ouvrent une issue à l'excès d'émotions transcendantales, comme le rire aux émotions d'affirmation de soi. Dans le rire, la tension explose brusquement, l'émotion flouée ; dans les pleurs, elle s'écoule peu à peu, sans rompre la continuité affective : l'émotion et la pensée demeurent unies. Les émotions auto-transcendantales ne tendent pas à l'action, mais au calme et au repos. La respiration et le pouls ralentissent ; l'apaisement s'achemine vers les états de transe de la mystique contemplative ; l'émotion est d'une qualité que ne peut consumer aucun acte volontaire spécifique. On ne rapportera pas chez soi le splendide paysage que l'on contemple ; aucun exercice corporel ne vous fera plonger dans l'infini ; que l'on soit « éperdu » d'admiration, « ravi » par un sourire, « anéanti » devant la beauté, l'on trouve toujours des mots qui expriment l'abandon et la passivité. Le surcroît d'émotion ne peut se décharger dans une activité musculaire intentionnelle, elle ne peut que se consumer dans des processus internes — glandulaires et viscéraux.

Les diverses causes qui peuvent entraîner l'écoulement des larmes — ravissement esthétique ou religieux, deuil, joie, sympathie, attendrissement sur soi — ont en commun un élément fondamental : le désir de transcender les frontières insulaires de l'individu, d'entrer en communion symbiotique avec un être humain, vivant ou mort, ou quelque autre entité supérieure, réelle ou imaginaire, dont le moi sent qu'il fait partie.

Négligées par la psychologie, les émotions auto-transcendantales n'en sont pas moins fondamentales, et autant que leurs contraires, elles sont fermement enracinées dans la biologie. Freud et Piaget, entre autres, ont souligné que l'enfant au cours de ses premiers mois, ne fait pas de différence entre le moi et l'environnement. Le sein qui le nourrit lui semble une possession plus intime que les orteils de son corps. Il a conscience d'événements, mais non de lui-même comme entité distincte. Il vit dans un état de symbiose mentale avec le monde extérieur, en continuant la symbiose biologique pré-natale. L'univers est centré sur le moi, et le moi *est* l'univers : c'est ce que Piaget nomme conscience « protoplasmique » ou « symbiotique ». Il s'agit en quelque sorte d'un monde fluide, traversé par le flux et le reflux des besoins physiologiques et par de petits orages qui vont et viennent sans laisser de trace. L'eau baisse peu à peu, les premières îles de la réalité objective émergent ; les contours se solidifient et se précisent ; les îles deviennent continents et la carte des territoires asséchés se dessine ; mais l'univers liquide coexiste avec cette terre, il l'entoure, le pénètre de canaux et de lagunes, vestiges de la communion symbiotique primitive, origine de ce « sentiment océanique » que l'artiste et le mystique s'efforcent de recouvrer à un niveau supérieur du développement, sur une courbe plus élevée de la spirale.

C'est aussi l'origine de la magie sympathique que pratiquent tous les peuples primitifs — et d'autres qui le sont moins. Quand le chamane se déguise en dieu de la pluie, il fait pleuvoir. En dessinant un bison blessé, on s'assure d'une bonne chasse. Telle est l'antique source unitaire d'où sortirent les danses et les chants rituels, le théâtre religieux des Achéens et le calendrier des prêtres astronomes de Babylone. Les ombres de la caverne de Platon symbolisent la solitude de l'homme ; les peintures d'Altamira symbolisent ses forces magiques.

Nous sommes loin d'Altamira et de Lascaux, mais les inspirations de l'artiste et les intuitions du savant s'abreuvent encore à la même source — qu'il vaudrait mieux aujourd'hui appeler rivière souterraine. Les souhaits ne déplacent pas les montagnes, sauf dans nos rêves. La conscience symbiotique n'est jamais tout à fait vaincue, elle se trouve simplement reléguée aux niveaux primitifs de la hiérarchie mentale où les frontières du moi sont encore fluides, estompées — estompées comme la distinction entre l'acteur et le personnage auquel il s'identifie, et auquel le spectateur aussi s'identifie. L'acteur en scène est à la fois lui-même et un autre, à la fois danseur et dieu de la pluie. L'illusion dramatique est, dans l'esprit du spectateur, la coexistence de deux univers mutuellement incompatibles ; la conscience de ce spectateur, dont la conscience est suspendue entre deux plans, donne un parfait exemple du processus bisociatif. Il accuse même des symptômes physiques — palpitations, transpiration, larmes — en réagissant aux périls d'une Desdémone qui n'est qu'une ombre sur l'écran, il le *sait*.

La trinité créatrice

Mais qu'Othello ait le hoquet, et au lieu de coexister les deux plans juxtaposés dans l'esprit du spectateur entrent en collision. L'imitation comique provoque la réaction HAHA parce que le parodiste éveille l'agression et la malice, tandis que l'incarnation tragique réussit à faire taire l'incrédulité et coexister des plans incompatibles, parce que le tragédien induit le spectateur à s'identifier : elle excite les émotions transcendantales, inhibe ou neutralise les émotions agressives. Même la peur et la colère que l'on peut éveiller ainsi chez le spectateur sont des émotions éprouvées par procuration et qui proviennent de l'identification du spectateur à son héros — ce qui est en soi un acte d'auto-transcendance. De telles émotions par procuration contiennent un élément dominant de sympathie qui facilite la catharsis, conformément à la définition de la tragédie selon Aristote : « Au moyen d'actions éveillant l'horreur et la pitié, elle purge l'âme de ses passions. » L'art est une école d'auto-transcendance.

Nous arrivons ainsi à une nouvelle généralisation. *La réaction HAHA signale la collision de contextes bisociés, la réaction AHA en signale la fusion, et la réaction AH la juxtaposition*[*]. Lorsqu'on lit un poème, deux systèmes de référence sont en interaction dans l'esprit, celui du sens et celui des rythmes sonores. De plus les deux matrices opèrent à deux niveaux de conscience, la première en plein jour, l'autre, beaucoup plus profond, sur ces plans archaïques de la hiérarchie mentale qui vibrent encore au tambour du chamane, et nous rendent particulièrement réceptifs et obéissants aux messages qui nous parviennent rythmés ou accompagnés d'un rythme[**].

Le raisonnement pratique concerne une seule matrice, l'expérience artistique en implique au moins deux. Le rythme et la mesure, la rime et l'euphonie ne sont pas des éléments artificiels du langage, mais des combinaisons de systèmes de référence modernes et intellectualisés avec des jeux archaïques plus chargés de puissance émotive. Il en est de même de l'imagerie poétique : la pensée visuelle est une forme d'activité mentale plus ancienne que la pensée conceptuelle ; nous rêvons surtout en images. En d'autres termes l'activité créatrice suppose toujours *régression temporaire* vers ces niveaux archaïques, tandis qu'un processus simultané se poursuit parallèlement sur un plan plus élevé, plus intellectuel et critique : le poète est semblable à un plongeur muni d'un tuyau pour respirer.

On a dit que la découverte scientifique consiste à voir une analogie où personne n'en voyait auparavant. Dans le *Cantique des Cantiques*, lorsque Salomon compara le cou de la Sulamite à une tour d'ivoire il découvrit une analogie que personne n'avait vue avant lui ; lorsque Harvey compara un cœur de poisson à une pompe mécanique, il en fit autant, de même que le caricaturiste qui dessine un nez en forme de concombre. En fait, tout canevas combinatoire, bisociatif est

---

[*] Cette différence se reflète dans le progrès presque cumulatif de la science à travers une suite de confluents, comparé au caractère presque intemporel de l'art qui répète sans cesse sous de nouvelles expressions les mêmes schémas d'expérience fondamentaux. Mais j'ai dit deux fois *presque*, car la différence n'est que de degrés ; le progrès de la science n'est pas cumulatif, au sens strict : il avance en zigzag ; et une forme d'art donnée à une époque donnée se développe souvent de manière cumulative.

[**] Selon Proust, « la superposition de deux éléments, l'un intellectuel, l'autre métrique… est un élément essentiel de la complexité ordonnée, c'est-à-dire du beau ».

trivalent : il peut se mettre au service de l'humour, de la découverte ou de l'art, selon les cas.

L'homme a toujours regardé la nature en superposant à l'image rétinienne une grille mythologique, anthromorphique ou scientifique. L'artiste impose son style en soulignant les contours ou les surfaces, la stabilité ou le mouvement, les courbes ou les cubes. Ainsi travaille évidemment le caricaturiste, mais ses motifs et ses critères de pertinence sont différents. Et de même l'homme de science. Une carte géographique est à un paysage ce qu'une esquisse est à un visage ; tout diagramme, tout modèle, toute représentation schématique ou symbolique de processus physiques ou mentaux sont des caricatures impartiales ou des portraits stylisés de la réalité.

Pour parler comme les behavioristes nous dirions que Cézanne, regardant un paysage, reçoit un stimulus auquel il réagit par un coup de pinceau sur la toile — et voilà tout. En réalité les deux activités ont lieu sur deux plans différents. Le stimulus provient d'un milieu, qui est le paysage ; la réponse agit sur un autre milieu qui est une surface rectangulaire de tant de centimètres carrés. Les deux milieux obéissent à deux codes différents : un coup de pinceau isolé ne représente pas un détail isolé dans le paysage. Il n'y a pas de correspondances ponctuelles entre les deux plans. La vision de l'artiste est bifocale, de même que la parole du poète est bivocale quand il bisocie le son et le sens.

Résumé

Ce que j'ai tenté d'indiquer dans ce chapitre, c'est que toutes les activités créatrices — les processus conscients et inconscients sous-jacents aux trois domaines de l'inspiration artistique, de la découverte scientifique et de l'invention comique — ont en commun un schéma fondamental : la co-agitation, le brassage de zones du savoir, cadres de perception ou univers du discours déjà existants mais précédemment séparés. Or, la pensée rationnelle consciente n'est pas toujours le meilleur outil pour ce brassage. Il est inappréciable tant que le défi proposé n'excède pas une certaine limite ; mais si tel est le cas, il faut recourir à une démolition puis à une réfection de la hiérarchie mentale, à une régression temporaire parvenant à l'acte bisociatif qui ajoutera un nouveau degré à la structure ouverte. C'est la plus haute forme de régénération mentale, la plus noble manière de refuser la stagnation, l'ultra-spécialisation et l'inadaptation; mais elle était annoncée par des phénomènes analogues, aux échelons inférieurs de l'évolution, dont nous avons parlé dans d'autres chapitres.

Les trois domaines de la créativité forment un continuum. Entre la science et l'art, entre la réaction AH et la réaction AHA, les frontières sont fluides, qu'il s'agisse d'architecture, de cuisine, de psychiatrie ou d'historiographie. On ne voit nulle part le point exact où l'humour devient sagacité, où la science s'arrête, où l'art commence. Le climat affectif dans les trois domaines passe également par des transitions continues. À une extrémité du spectre, l'amateur de grosses farces a pour motivation une malice agressive; l'artiste, à l'opposé, par une nostalgie de transcendance. C'est une combinaison équilibrée de ces deux motivations qui pousse l'homme de science au travail dans la région médiane du continuum : l'ambition et l'esprit de compétition sont neutralisés par le dévouement à la tâche. La science est l'art de la neutralité.

D'après un cliché vénérable, la science cherche le vrai, l'art le beau. Mais les critères du vrai, tel que la vérification expérimentale, ne sont pas si précis que l'on veut bien le croire. Certaines données expérimentales peuvent s'interpréter de plus d'une manière, et c'est pourquoi l'histoire des sciences contient des controverses aussi passionnées que l'histoire de la critique littéraire. En outre, la vérification d'une découverte vient *après coup*; l'acte créateur est un saut dans l'inconnu pour le savant comme pour l'artiste : l'un et l'autre dépendent au même titre de leurs intuitions faillibles. Et les plus grands mathématiciens ou physiciens avouent qu'à ces moments décisifs, quand ils ont fait le saut, ils n'étaient pas guidés par la logique mais par un sens de la beauté qu'ils ne savent définir. Réciproquement, peintres et sculpteurs, sans parler des architectes, ont été toujours guidés et souvent obsédés par des théories et des critères scientifiques ou pseudo-scientifiques : sections d'or, lois de la perspective, lois de la proportion du corps humain chez Léonard et chez Dürer, doctrine du cylindre et de la sphère chez Cézanne, doctrine des cubes de Braque. Il en est évidemment de même de la littérature depuis les lois de la tragédie grecque, et de la musique, fondée sur les règles de l'harmonie et du contrepoint. En d'autres termes l'expérience du vrai, si subjective qu'elle soit, est requise pour que naisse l'expérience du beau ; et réciproquement, l'« élégance » de la solution d'un problème procure au connaisseur l'expérience du beau. Illumination intellectuelle et catharsis émotive sont des aspects complémentaires d'un processus indivisible.

J'ai essayé dans ce chapitre de donner l'esquisse d'une théorie de la création que j'ai développée ailleurs, tout en la poussant un peu plus loin. Cette esquisse est évidemment très schématique ; je ne puis que prier le lecteur qui s'y intéresserait de se reporter à mon précédent ouvrage et de m'excuser d'en avoir extrait quelques passages.

XIV

LE CHEVAL DANS LA LOCOMOTIVE

*Les grandes questions sont celles que posent les
enfants intelligents et qu'ils cessent de poser à force
de ne recevoir aucune réponse.*

George WALD.

Parvenus à cette étape, certains lecteurs s'écrieront peut-être qu'il
est sacrilège de parler d'auto-réfection à propos d'une symphonie de
Brahms ou des Lois de Newton, et de les comparer à la mutation d'une
larve d'holothurie, à la régénération d'une patte de salamandre ou à une
guérison par psychothérapie. Or, je considère que cette vue générale
de l'évolution biologique et mentale révèle le fonctionnement des
forces créatrices, d'un bout à l'autre dirigé vers la réalisation optimale
des virtualités de la matière vivante et des cerveaux : une tendance
universelle au « développement spontané d'états plus hétérogènes
et plus complexes[1] ». Ces mots du grand physiologiste C. J. Herrick
signalent l'un des faits fondamentaux de la vie, que la science avait
longtemps perdu de vue et qu'elle est encore lente à redécouvrir.

La Seconde Loi

L'évangile de la science de la terre plate était la fameuse Seconde
Loi de la thermodynamique, d'après laquelle l'univers est en train
de ralentir comme une horloge fatiguée, parce que son énergie se

dégrade sans cesse, inexorablement, dissipée en chaleur, et à la fin il ne sera plus qu'une seule masse de gaz, informe, homogène, de température uniforme juste au-dessus du zéro absolu, inerte, immobile — une *Wärmetod* cosmique. Ce n'est que récemment que la science a commencé à secouer les effets hypnotiques de ce cauchemar et à se rendre compte que la Seconde Loi *s'applique seulement au cas spécial des systèmes clos* (comme celui d'un gaz enfermé dans un récipient parfaitement isolé). Mais même dans la nature inanimée il n'existe pas de tels systèmes clos et nul ne saurait dire si l'univers dans son ensemble est, en ce sens, un système clos. En tout cas les organismes vivants sont des « systèmes ouverts », qui maintiennent leur forme et leurs fonctions complexes en échangeant continuellement énergie et matériaux avec leur milieu. Loin de « se dépenser » comme une horloge qui dissipe son énergie par frottement, l'organisme vivant « construit » constamment des substances plus complexes à partir des substances dont il se nourrit, des formes d'énergie plus complexes à partir de l'énergie qu'il absorbe, et des structures d'information plus complexes — perceptions, sentiments, idées — à partir des sensations captées par ses organes récepteurs.

« L'organisation hiérarchique d'une part, et les caractéristiques des systèmes ouverts d'autre part, sont les principes fondamentaux de la nature vivante, et l'avancement de la biologie théorique dépendra surtout du développement d'une théorie de ces deux principes[2]. » Ces lignes, écrites il y a bien des années par von Bertalanffy, l'un des pionniers de la nouvelle orientation de la biologie, ne furent pas accueillies avec beaucoup d'enthousiasme. L'idée que les organismes, par contraste avec les machines, seraient principalement *actifs* au lieu d'être simplement *réactifs*, qu'au lieu de s'adapter passivement à l'environnement ils seraient « créateurs en ce sens que de nouveaux schémas de structure et de comportement sont constamment fabriqués » (Herrick[3]), cette idée répugnait profondément au *Zeitgeist*. Ces « systèmes ouverts » capables de se maintenir indéfiniment en état d'équilibre dynamique ressemblaient de façon bien suspecte aux machines à mouvement perpétuel éliminées à jamais par l'implacable Seconde Loi. Que cette loi ne s'applique pas à la matière vivante, qu'elle soit en un sens *renversée* par la matière vivante, cela était dur à accepter, en effet, pour une orthodoxie encore convaincue que les phénomènes de la vie devaient finalement se ramener aux lois de la physique. En fait c'est un physicien et non un biologiste, c'est Erwin Schrödinger qui a résumé la position dans un paradoxe célèbre : « L'organisme se nourrit d'entropie négative[4]. » Le mot entropie (« énergie transformée ») désigne l'énergie dissipée par frottement et autres processus d'usure, en mouvements fortuits de molécules, irrécupérable. En d'autres termes l'entropie mesure la perte d'énergie, la dégradation de l'ordre. On retrouve donc la Seconde Loi en disant que l'entropie d'un système clos tend toujours à augmenter vers un maximum où tout l'ordre aura disparu comme dans le mouvement chaotique de molécules gazeuses[*] ; de sorte que si l'univers est un système clos il doit éventuellement se « défaire » et passer de l'état de cosmos à celui de chaos.

Ainsi l'entropie devint-elle un concept-clef de la science d'inspiration mécaniste, un autre nom pour Thanatos, dieu de la mort. Il y a donc une perversité typique à parler « d'entropie négative » pour désigner la faculté vitale de créer des systèmes complexes à partir d'éléments simples, des structures à partir de l'informe, de l'ordre à partir du désordre. Il est également caractéristique que Norbert Wiener, le père de la cybernétique, ait défini l'information comme « essentiellement une entropie négative[5] ». La théorie des communications ramène en effet l'entropie au « bruit » qui cause une perte d'information (bruit acoustique comme les parasites de la radio, ou « bruit visuel » qui déforme les images de la télévision). Nos perceptions deviennent alors des bruits négatifs, le savoir devient ignorance négative, le divertissement absence d'ennui, le cosmos absence de chaos. Mais quelle que soit la terminologie, il reste que les organismes vivants ont la faculté d'édifier des perceptions ordonnées et cohérentes et des systèmes complexes de connaissance à partir du chaos des sensations qui les assaillent ; de son environnement la vie extrait de l'information en même temps qu'elle s'en nourrit et qu'elle en synthétise les énergies. La même tendance « constructive » se manifeste irrésistiblement dans la phylogenèse, dans les phénomènes d'évolution par initiative, dans le lent progrès vers des formes et des fonctions plus complexes, dans l'émergence de nouveaux degrés de

---

[*] Le mot « gaz » vient du grec *chaos*.

la hiérarchie organique et de nouvelles méthodes de coordination, aboutissant à une plus grande indépendance par rapport à un milieu de plus en plus maîtrisé.

Il serait vain de trop s'émouvoir de l'emploi de formules négatives pour décrire ces processus évidemment positifs : ce n'est que le reflet des craintes inconscientes de l'homme de science qui redoute l'hérésie du vitalisme et le retour aux entéléchies d'Aristote, aux monades de Leibniz ou à l'élan vital de Bergson. De fait on ne gagnerait rien à ressusciter romantiquement des concepts qui souffraient, comme disait Whitehead, d'un « caractère concret déplacé ». Il semble plus sage de s'en tenir aux formulations neutres et prudentes d'empiristes chevronnés qui cependant refuseraient d'admettre que la terre est plate et que l'évolution du chaos à l'ordre est l'œuvre d'événements chaotiques. À ceux que j'ai déjà cités ajoutons Herbert Spencer qui définissait l'évolution comme « une intégration de la matière… partant d'une homogénéité incohérente et indéfinie pour aboutir à une hétérogénéité définie et cohérente[6] ». Le biologiste allemand Woltereck a nommé « anamorphose » la tendance fondamentale et universelle de la nature à l'émergence de formes plus complexes ; L. L. Whyte en a fait « le principe fondamental du développement des structures[*] » ; Einstein a rejeté le concept de hasard en refusant « de croire que Dieu joue le monde aux dés » ; Schrödinger en est venu à postuler l'existence d'un moi qui finalement « contrôle les mouvements des atomes[7] ». Et enfin selon von Bertalanffy : « D'après la Seconde Loi de la thermo-dynamique la direction générale des événements physiques va vers une diminution de l'ordre et de l'organisation. Par contraste, il semble y avoir dans l'évolution une direction vers un ordre croissant[8]. »

---

[*] « Deux grandes tendances opposées apparaissent dans les processus naturels, vers l'ordre local et vers l'uniformité du "désordre" général. La première se manifeste dans tous les processus par lesquels une zone d'ordre tend à se différencier d'un environnement moins ordonné. C'est ce que l'on voit dans la cristallisation, dans la combinaison chimique et dans la plupart des processus organiques. La seconde tendance se manifeste dans les processus de rayonnement et de diffusion, elle mène à une uniformité de "désordre" thermique. Les deux tendances agissent normalement en sens contraires, la première produisant des zones d'ordre différencié, et la seconde les dispersant. » (Whyte[9]).

C'est cette direction que nous appelons ici Tendance à l'Intégration. J'ai tenté de montrer qu'elle est inhérente au concept d'ordre hiérarchique et qu'elle se manifeste à tous les niveaux, de la symbiose des organites dans la cellule aux communautés écologiques et aux sociétés humaines. Chaque holon vivant a tendance à préserver et affirmer son individualité, quelle qu'elle soit, et en même temps à fonctionner comme partie intégrée d'un tout existant ou d'un tout évoluant.

Voilà jusqu'où l'on peut aller, je pense, avec assez de confiance. Au-delà, les débuts de l'évolution se cachent dans la brume. L'évolution, comme dit le cliché, est un voyage dont on ignore le point de départ et la destination, une aventure dans un océan sans rivages ; mais nous pouvons du moins tracer l'itinéraire qui nous a conduits du stade de l'holothurie à la conquête de la Lune ; et pour nier qu'il y ait un vent qui gonfle la voile il ne faut pas seulement aimer les hypothèses gratuites, il faut avoir aussi une certaine hargne métaphysique.

Mais quant à dire que ce vent, venu du fond de l'histoire, pousse le navire devant lui, ou qu'au contraire il le tire dans l'avenir, c'est une simple affaire de commodité. L'intentionnalité de tous les processus vitaux — le travail de la blastula en voie de devenir poulet, en dépit de tous les obstacles et de tous les dangers auxquels elle est exposée, les ingénieuses improvisations des animaux et des hommes pour atteindre le but de leurs efforts — pourrait amener un observateur sans préjugés à conclure que l'attraction de l'avenir est aussi réelle et parfois plus décisive que la pression du passé. On pourrait comparer la pression à la force exercée par un ressort comprimé, l'attraction à celle d'un ressort bandé, aiguillé sur l'axe du temps. Elles ne sont pas plus mécanistes l'une que l'autre. La physique moderne est en train de repenser ses conceptions du temps. Si l'avenir est entièrement déterminé au sens de Laplace, les deux descriptions sont également valables. S'il est indéterminé au sens de Heisenberg, le facteur inconnu qui opérerait dans les interstices de la causalité pourrait être influencé par l'avenir aussi bien que par le passé. Il serait bon de garder l'esprit ouvert à propos de finalité comme de causalité, même au risque de scandaliser le *Zeitgeist**.

---

* Dans un ouvrage récent Waddington argumente en faveur d'une « conception quasi-finaliste[10] ».

Le balancement du pendule

En 1949, dans un livre intitulé *The Concept of Mind*, le professeur Gilbert Ryle, philosophe oxonien fort enclin au behaviorisme, attaqua la distinction que l'on fait ordinairement entre les faits physiques et les faits mentaux en appelant ces derniers (en guise d'insulte, délibérée, comme il le dit) « le fantôme dans la machine ». Un peu plus tard, dans une émission de la BBC, il améliora sa métaphore, et le fantôme devint un cheval dans une locomotive[11]. Le professeur Ryle est un éminent représentant de la soi-disant École de philosophie d'Oxford qui, selon le mot d'un de ses critiques, Gellner, « traite la pensée authentique comme une maladie[12*] ». Or en dépit des acrobaties verbales des behavioristes et de leurs alliés, les problèmes fondamentaux de l'esprit et de la matière, du libre-arbitre et du déterminisme, demeurent à l'ordre du jour et plus urgents que jamais, non comme thèmes de débats philosophiques, mais comme questions immédiatement liées à la morale politique et individuelle, à la justice criminelle, à la psychiatrie et à toute notre conception de la vie. Par le seul fait de nier l'existence du fantôme dans la machine d'un esprit qui dépend des actions du corps mais qui en est aussi responsable — nous courons le risque d'en faire un très méchant fantôme.

Avant l'avènement du behaviorisme les psychologues et les logiciens soutenaient que les événements mentaux ont des caractéristiques spéciales qui les distinguent des faits matériels, alors que les physiologistes en général penchaient pour l'opinion matérialiste selon laquelle tous les faits mentaux peuvent se ramener aux opérations du « standard téléphonique » situé dans le cerveau. Mais au cours des cinquante dernières années la situation s'est presque renversée. Tandis que les maîtres d'Oxford ricanaient du cheval dans la locomotive, les hommes qui se consacraient à l'anatomie, à la physiologie, à la pathologie et à la chirurgie du cerveau se convertissaient de plus en plus à la conception opposée, qui pourrait se traduire par un soupir de résignation : « Le cerveau est le cerveau, l'esprit est l'esprit et nous

* Cf. Smythies[13], John Beloff[14], Gellner[15], Kneale[16].

ignorons comment ils se rencontrent. » Voyons un exemple du type d'expérience qui devait aboutir à une telle conclusion.

Le célèbre neurochirurgien Wilder Penfield, de l'université McGill, au Canada, a élaboré des techniques d'expérimentation sur des cerveaux exposés en cours d'opération, avec le consentement des opérés. Ces derniers sont conscients ; les expériences, indolores, consistent à appliquer des courants électriques à basse tension sur des points choisis à la surface du cortex cérébral. Le cortex étant insensible, le sujet ne reçoit aucune sensation du courant de stimulation, mais se rend compte des gestes que le courant lui fait exécuter. Et Penfield écrit :

> Quand le chirurgien applique une électrode sur la zone motrice du cortex qui fait bouger la main du côté opposé, et qu'il demande au malade pourquoi il a remué la main, la réponse est : « Ce n'est pas moi. C'est vous qui me l'avez fait faire… » On peut dire que le malade se considère comme ayant une existence séparée de son corps.
>
> Un jour, comme j'avais annoncé à un malade mon intention de stimuler les zones motrices du cortex, en lui demandant d'empêcher sa main de bouger, il la saisit de l'autre main et lutta pour la maintenir en place. Ainsi une main, sous le contrôle de l'hémisphère droit stimulé par une électrode, et l'autre main que le sujet contrôlait par l'hémisphère gauche, étaient poussées à se battre. Derrière l'« action cérébrale » d'un hémisphère il y avait l'esprit du malade. Derrière l'action de l'autre hémisphère, l'électrode[17].

Penfield conclut ainsi ce texte mémorable (contribution au colloque de 1961 sur le « contrôle de l'esprit », au Centre médical de l'université de Californie, à San Francisco) :

> Il y a, comme vous voyez, de nombreux mécanismes démontrables (dans le cerveau). Ils servent automatiquement les fins de l'esprit quand on fait appel à eux… Mais quel est l'agent qui fait appel à ces mécanismes en choisissant l'un plutôt que l'autre ? Est-ce un autre mécanisme, ou y a-t-il dans l'esprit autre chose d'une essence différente ?… Déclarer que ces deux choses n'en font qu'une ne les rend pas telles, mais arrête le progrès de la recherche[18].

Il est intéressant de comparer la réaction des malades de Penfield à celle des sujets à qui l'on fait mettre en action une suggestion post-hypnotique, comme changer de chaise, se toucher les chevilles ou dire « février » en entendant le mot « trois ». Dans les deux cas les actes du sujet sont causés par l'expérimentateur ; mais alors que le sujet qui, sans le savoir, obéit à un ordre post-hypnotique explique automatiquement par une rationalisation plus ou moins plausible pourquoi il s'est touché les chevilles, les malades de Penfield comprennent qu'ils obéissent à une contrainte physique : « Jamais un malade ne m'a dit : De toute manière je voulais faire ça. » L'on est tenté de dire que l'hypnotiseur impose sa volonté à l'esprit du sujet, et le chirurgien seulement à son cerveau.

Ainsi le vent est-il en train de tourner, comme l'ont bien démontré deux colloques récents sur le « contrôle de l'esprit » (1961)[19] et sur « le cerveau et l'expérience consciente » (1966)[20]. L'illustre neurologue Sir Charles Sherrington n'était plus de ce monde, mais l'on revenait sans cesse, comme à un leitmotiv, à ce qu'il avait écrit à propos du problème du psychique et du physique : « Que notre être consiste en *deux* éléments fondamentaux, je suppose que cela ne présenterait pas d'improbabilité inhérente plus grande que de le faire reposer sur un seul... Nous devons considérer que non seulement le problème du rapport de l'esprit au cerveau n'est pas résolu, mais même qu'il n'existe encore aucune base pour commencer à le résoudre[21]. »

La scène et les acteurs

Cependant si les tenants de la terre plate ont remarquablement échoué à démontrer que le problème du corps et de l'esprit est un faux problème, il serait également vain de retourner, à l'autre extrême, à un strict dualisme cartésien. Il n'y aurait guère plus d'intérêt à revenir aux diverses théories qui ont été avancées pour mettre les deux termes en relation : interaction, parallélisme, épiphénoménalisme, hypothèse de l'identité, etc.*. Demandons-nous plutôt si la conception de hiérarchie ouverte peut éclairer d'un jour nouveau ce très vieux problème.

---

* À part les colloques déjà mentionnés, qui abordent le problème du point de vue neurophysiologique, un excellent colloque philosophique a été édité récemment par J. R. Smythies, *Brain and Mind* (1965).

Le premier pas, le pas décisif, consiste à refuser de penser en termes de dichotomie esprit-matière pour envisager au contraire une hiérarchie à niveaux multiples. La matière n'est plus un concept unitaire ; la hiérarchie des niveaux macroscopique, moléculaire, atomique, nucléaire plonge sans jamais toucher le fond dans lequel la matière se dissout en concentrations d'énergie et peut-être en tensions dans l'espace. Dans la direction opposée, nous rencontrons la même situation : une série ascendante de niveaux qui partent des réactions automatiques et semi-automatiques pour aller à la conscience et à la conscience de soi, puis à la conscience que le moi a d'avoir conscience de soi, et ainsi de suite sans jamais atteindre de plafond.

La tradition cartésienne identifiant esprit et « pensée consciente » est profondément enracinée dans nos habitudes : elle nous fait constamment oublier le fait évident et banal que la conscience n'est pas affaire de tout ou rien, mais de *degrés*. Une échelle de gradations continue s'étend de l'inconscience qui résulte d'un coup sur la tête aux formes de conscience restreinte du sommeil profond, du rêve, de la songerie, de la somnolence ou des automatismes épileptiques et jusqu'aux états de conscience parfaitement claire. Ce sont les *états* de conscience qui déterminent l'éclairage, plus ou moins brillant, de la scène où se produit l'activité mentale. Mais l'extrémité inférieure de l'échelle descend bien au-dessous du niveau humain : les éthologistes qui passent leur vie à observer des animaux refusent de tracer la limite inférieure de la conscience, les neurologues parlent de « conscience spinale » chez les animaux inférieurs, et les biologistes de « conscience protoplasmique » chez les protozoaires[*]. Bergson disait bien que l'inconscience d'une pierre qui tombe est autre chose que l'inconscience d'un chou qui pousse…

Chez l'homme les états de conscience sont facilement influencés par les drogues qui altèrent le fonctionnement d'ensemble du cerveau ; mais ils le sont aussi par le type d'activités qui se poursuit sur la scène — selon que, dans mon lit, je pense aux prochaines vacances

---

[*] Tels que les foraminifères (cf. chap. XI) qui construisent des maisons micros-copiques avec des spicules d'éponges mortes. D'après Hardy, ce sont des « merveilles d'architecture, on les croirait bâties d'après un plan ». Or, il s'agit d'animaux unicel-lulaires qui n'ont évidemment pas de système nerveux.

ou que je compte des moutons. On trouve ainsi la situation paradoxale d'une boucle de rétroaction où les activités de l'agent allument ou éteignent automatiquement les lampes du théâtre, lesquelles à leur tour influencent le jeu des acteurs. Le rêve, comme d'autres « jeux clandestins », ne suit pas les mêmes règles que les pièces jouées sous un éclairage *a giorno*.

Il faut distinguer cependant entre ces *états généraux de conscience* — degrés d'éveil, de fatigue, d'intoxication — et le *degré de conscience d'une activité spécifique*. Les premiers se rapportent au fait « d'être conscient », le second à celui « d'être conscient *de* quelque chose ». Il s'agit d'une part de l'éclairage d'ensemble de la scène, d'autre part du projecteur braqué sur tel ou tel acteur. Qu'il y ait interaction nous le savons déjà. Mais la conscience d'une activité particulière a aussi son échelle variable. Chez l'homme cette échelle comporte, en partant du bas, les silencieuses activités auto-régulatrices des viscères, des glandes, des processus physiologiques qui se passent normalement à notre insu, puis les perceptions au seuil de la conscience, puis les automatismes que nous exécutons comme des robots, et enfin la concentration sur un problème de tout le faisceau lumineux de l'attention, qui isole un seul acteur sur la scène dont tout le reste est dans l'obscurité.

Changement de commandes

Nous arrivons ici à une question importante. Nous avons vu (chap. VIII) qu'une même activité — la conduite d'une automobile par exemple — peut, selon les circonstances, s'exercer automatiquement sans que l'on ait vraiment conscience de ses actes, ou au contraire s'accompagner de divers degrés de conscience. En conduisant sur une bonne route peu encombrée, je peux passer les commandes au « pilote automatique » de mon système nerveux, et penser à autre chose. Doubler quelques camions est un mécanisme à demi conscient ; mais si je dois doubler en prenant des risques j'ai besoin de toute mon attention. De telles possibilités ne concernent pas seulement le domaine sensori-moteur, mais aussi les techniques cognitives telles que l'addition ou la soustraction, ou le débit du conférencier qui « se laisse parler », comme l'ami de Lashley (chap. II).

Il semble que plusieurs facteurs déterminent le degré d'attention consciente que requiert telle ou telle activité. L'acquisition d'une technique par apprentissage exige un haut degré de concentration, alors qu'avec la pratique cette technique, de mieux en mieux maîtrisée, peut s'exécuter « toute seule » — ce qui est une autre façon de dire que les règles qui gouvernent les comportements réglés fonctionnent dans l'inconscient ; et cela s'applique également aux techniques manuelles, perceptuelles et cognitives. Le processus par lequel l'acquisition se condense en habitude se poursuit constamment : il équivaut à une transformation continuelle d'une activité « mentale » en activité « mécanique ».

Ainsi peut-on décrire négativement la conscience comme *la qualité qui décroît en proportion de la formation d'habitudes*. La transformation de l'apprentissage d'une activité en activité machinale s'accompagne d'une diminution des lumières de la conscience. On peut donc s'attendre que l'inverse se produise quand l'activité machinale se trouve perturbée, et qu'il y aura alors passage du « mécanique » à l'« attention ». L'expérience le confirme tous les jours ; mais quelles sont les conséquences ?

Les habitudes et les techniques sont des holons fonctionnels, tous équipés de règles fixes et de stratégies souples. Cette flexibilité des stratégies implique qu'il y ait plusieurs choix. La question est de savoir comment se font les choix. Les automatismes sont auto-régulateurs en ce sens que la stratégie en est automatiquement guidée par des rétroactions du milieu, sans qu'il soit nécessaire d'en référer à des échelons supérieurs. Ils opèrent par boucles de rétroaction comme des servo-mécanismes ou des dispositifs d'atterrissage contrôlés par radar. J'ai cité plus haut (chap. VII) le garçon à bicyclette et le danseur de corde comme exemples « d'homéostasie cinétique ». Les manœuvres du funambule sont certainement fort souples, mais elles ne requièrent pas de décisions conscientes : la rétroaction visuelle et cinesthésique procure toutes les instructions voulues. Il en va de même pour la conduite d'une voiture, — tant qu'il n'arrive rien d'inattendu, car alors s'impose un choix stratégique qui dépasse la compétence des automatismes et pour lequel il faut en référer à des échelons supérieurs. Cette passation des commandes d'un certain niveau de la hiérarchie à un niveau plus élevé — passage d'un comportement « machinal » à un comportement « mental » — semble être l'origine de l'expérience subjective du libre-arbitre. C'est ce qu'éprouve le malade sur la table d'opération lorsqu'il tâche consciemment d'empêcher avec sa main gauche le mouvement machinal de sa main droite, et c'est ce qui fait, comme dit Penfield, « qu'il se considère comme ayant une existence séparée de son corps ».

La conception sérielle

Mais ici nous risquons de retomber dans un trop simple dualisme cartésien. L'opéré qui a le cerveau à l'air est évidemment un cas extrême, exceptionnel. L'automobiliste qui en un fragment de seconde doit décider d'écraser le chien ou de mettre en jeu la vie de ses passagers ne pense pas que son moi mène une existence séparée de son corps. Ce qui se passe à l'instant critique est un brusque passage à un niveau supérieur d'une hiérarchie à niveaux multiples, d'une activité semi-automatique à une activité plus consciente — ce qui est un changement relatif, et non absolu. Et quelle que soit la décision consciente, l'exécution doit encore s'en remettre à des techniques automatisées à des niveaux inférieurs (coup de frein, coup de volant, etc.).

« La conscience est une donnée primitive de l'existence, écrit Thorpe, et comme telle on ne peut la définir pleinement[22]... Les faits donnent à penser qu'aux niveaux inférieurs (de l'évolution), la conscience, si elle existe, doit être extrêmement généralisée et pour ainsi dire non structurée ; et qu'avec le développement du comportement intentionnel et d'une puissante faculté d'attention, la conscience associée à l'attente devient de plus en plus vive et précise[23]. »

Ce que je voudrais faire entendre c'est que ces gradations de « structuration », de « vivacité » et de « précision » se retrouvent non seulement le long de l'échelle de l'évolution, mais aussi parmi les membres d'une même espèce, et dans le même individu à différents stades de développement et dans des situations différentes. Chaque passage à l'échelon supérieur de la hiérarchie mène à des états de conscience plus vifs et mieux structurés ; chaque descente a l'effet opposé. Voyons cela d'un peu plus près.

De l'apport sensoriel au cortex cérébral une fraction seulement atteint la conscience et de cette fraction une partie seulement entre dans le faisceau lumineux de l'attention focale. Mais pour devenir simplement conscientes les sensations passent déjà par divers processus de transformation : certaines longueurs d'ondes électro-magnétiques ont revêtu les qualités subjectives de couleurs, des ondes sonores sont devenues notes de musique, etc. C'est le premier pas du processus sériel qui fait passer des « événements physiques » au rang d'« événements mentaux », et certains philosophes y voient le mystère fondamental tandis que d'autres n'y voient aucun problème et font remarquer que les abeilles aussi perçoivent les formes et les couleurs et que les chiens ont un monde olfactif bien à eux. Je fuis délibérément cette controverse sans issue, car le *même problème* se pose à chaque passage ascendant dans les hiérarchies de la perception, de l'action et de la connaissance. Des vibrations d'air ne deviennent pas musique en une seule transformation magique du physique au mental, mais par *toute une série* d'opérations qui abstraient des figures temporelles et les assemblent en structures plus compréhensives à des niveaux supérieurs de la hiérarchie. De cela dépend l'appréciation consciente de la musique et le degré de « conscience musicale » correspond au degré d'intégration, en un ensemble cohérent, des structures mélodiques, harmoniques et rythmiques.

Pour prendre un autre exemple, qui nous ramènerait aux discussions du chapitre II, on peut se demander comment nous convertissons en idées des variations de pression d'air, et réciproquement. La compréhension du langage dépend d'une série constamment répétée de « sauts quantiques », pour ainsi dire, d'un niveau à l'autre de la hiérarchie linguistique : les phonèmes ne peuvent s'interpréter qu'au niveau des morphèmes, les mots doivent se rapporter au contexte et les phrases à un contexte plus large ; et, derrière le sens, se tient l'intention, l'idée non formulée, le train des pensées. Mais il faut des aiguilleurs pour guider les trains, et les aiguilleurs doivent avoir des instructions. Et ainsi de suite : la régression à l'infini n'est pas une invention de philosophe. Dans une nouvelle d'Alfred Hayes (*The Beach at Ocean View*) l'héroïne réfléchit à la série d'événements qui ont abouti à la mort accidentelle de son enfant :

Parce qu'on pense toujours que les choses arrivent comme en succession. Alors on dit : parce que. On croit que ce parce que explique tout. Et puis on examine le parce que, comme j'ai fait, comme je l'ai tellement fait, et il s'ouvre et dedans il y en a un autre plus petit, et encore un autre dans celui-là, et on continue à les ouvrir et on trouve toujours d'autres parce que…

Le dualisme classique ne connaît qu'une seule barrière entre le corps et l'esprit. La conception hiérarchique exige au contraire une *perspective sérielle, et non plus dualiste.* Chaque passage ascendant de la série qui mène à l'assimilation de la musique ou du langage équivaut au franchissement d'une barrière entre un état inférieur et un état supérieur de conscience. L'« explicitation » d'une idée est le processus inverse, qui, partant de « riens vaporeux » aboutit au mouvement mécanique des organes de la parole. Cela s'opère également par une série dont chaque degré déclenche des « mécanismes » nerveux tout montés et de plus en plus automatisés. L'image ou l'idée informulée qui met le processus en action appartient à un niveau plus « mental » et plus éthéré que son incarnation dans la parole ; l'invisible machine à faire des phrases fonctionne dans l'inconscient automatiquement et peut tomber en panne si l'on endommage certaines zones bien définies du cortex ; et le dernier stade, qui consiste à articuler les sons, est accompli par des contractions musculaires entièrement mécaniques. Chaque pas à la descente entraîne une remise de responsabilité à des mécanismes plus automatisés, chaque pas à la montée à des processus de cérébration plus intellectuels. La dichotomie de l'esprit et de la matière n'est pas localisée sur une frontière unique, elle est présente à tous les niveaux de la hiérarchie. En fait, c'est une manifestation de notre vieil ami *Janus bifrons.*

En d'autres termes, l'« explicitation » d'une intention — qu'il s'agisse d'exprimer une idée, ou simplement d'allumer une cigarette — est un processus de *particularisation* qui consiste à mettre en mouvement des sous-mécanismes, des holons fonctionnels ayant un caractère de partiellité subordonnée et autonome. En revanche, le report des décisions à des niveaux supérieurs, de même que l'interprétation et la généralisation de ce que reçoivent les sens, est un processus d'*intégration* qui tend à établir un plus haut degré d'unité et de totalité de l'expérience. Ainsi toute montée, tout « saut quantique » dans la hiérarchie représenterait un mouvement quasi holiste, toute descente un mouvement particulariste, le premier étant caractérisé par des attributs mentaux et une conscience plus claire, le second par des attributs mécaniques et une conscience en voie d'obscurcissement.

Dans cette perspective la conscience est une qualité émergente qui évolue par stades de plus en plus complexes et structurés dans la phylogenèse, manifestation ultime de la Tendance Intégrante vers la création de l'ordre à partir du désordre, et d'« information » à partir du « bruit ». Selon un autre grand neurophysiologue, R. W. Sperry,

> Avant l'apparition de la conscience dans l'évolution, tout le processus cosmique n'était, comme on l'a dit, qu'une pièce jouée devant des fauteuils vides, et d'ailleurs incolore et silencieuse puisque, d'après la physique actuelle, il n'y avait avant l'avènement du cerveau ni *couleur* ni *son* dans l'univers, ni saveur ni arôme, et probablement bien peu de sensations, point de sentiments ni d'émotions. Avant le cerveau l'univers était aussi sans douleur ni anxiété… Il n'y a sans doute rien de plus important dans toute la science que de chercher à comprendre les événements très singuliers de l'évolution grâce auxquels des cerveaux ont réussi le tour qui leur a permis d'ajouter au schéma cosmique la couleur, le son, la douleur, le plaisir et tous les autres aspects de l'expérience mentale[24].

Le moi de la planaire

Quand il dirige ses regards vers le haut — ou vers l'intérieur — tout homme a le sentiment qu'il y a en lui un noyau ou un sommet de sa personnalité qui « contrôle sa pensée et dirige le projecteur de son attention » (Penfield) : un sentiment de totalité. S'il regarde au dehors ou en bas il n'a conscience que de l'activité en cours : conscience partielle qui s'obscurcit peu à peu jusqu'à la pénombre des automatismes, puis jusqu'à l'inconscience des processus viscéraux, du chou qui pousse et de la pierre qui tombe.

Mais vers le haut la hiérarchie est également ouverte. Le moi qui dirige le projecteur de mon attention n'est jamais pris dans le faisceau de cette lumière. Les opérations mêmes qui engendrent le langage comprennent des processus que le langage ne peut pas exprimer (cf.

chap. II). C'est un paradoxe aussi vieux qu'Achille et la Tortue que le sujet ne saurait devenir pleinement objet de sa propre expérience. Si apprendre et connaître consistent à se faire un modèle personnel de l'univers*, il s'ensuit que le modèle ne saurait inclure un modèle complet de soi-même, puisqu'il doit toujours se tenir derrière le processus qu'il est censé représenter. À chaque progrès de conscience en s'élevant vers le sommet de la hiérarchie — le moi comme totalité intégrée — il recule comme un mirage. « Connais-toi toi-même » est l'adage le plus vénérable, et le plus inapplicable.

En revanche, cette capacité de conscience de soi, quoique limitée, incomplète, place l'homme dans une catégorie à part. Les plus humbles animaux donnent apparemment des signes d'attente et d'attention où l'on peut voir des formes primitives de conscience ; les primates, les chiens, les chats ont peut-être des rudiments de conscience de soi ; l'homme cependant occupe un pic solitaire.

Or nous avons vu (chap. IV) que si l'on découpe transversalement en six un ver planaire, chaque segment est capable de reformer un animal complet, si bien que le dualiste classique devrait admettre que l'« âme » du ver s'est divisée en six entités. Cependant dans notre théorie, le moi, l'esprit ou l'âme, n'est pas considéré comme une entité distincte, un tout au sens absolu ; chacun de ses holons fonctionnels dans la hiérarchie à niveaux multiples — des régulations viscérales aux habitudes intellectuelles — est considéré comme possédant une certaine mesure d'individualité pourvue des attributs janusiens de la partiellité et de la totalité ; le degré de son intégration en une personnalité unifiée varie avec les circonstances, elle n'est jamais absolue. La conscience totale du moi, l'identité du connaissant et du connu, si proche qu'elle puisse être, n'est jamais atteinte. Elle ne pourrait l'être qu'au sommet de la hiérarchie qui sera toujours un peu plus haut que le grimpeur.

De ce point de vue, il n'est plus absurde de supposer que les fragments de la planaire, dont les tissus sont retournés à la condition de l'embryon en croissance, recommencent à édifier une hiérarchie de corps-et-esprit, peut-être même accompagnée d'une obscure conscience

---

* Cf. Craik, *The Nature of Explanation* (1943), un des ouvrages de base de la théorie des communications.

de soi. Si la conscience est une qualité émergente, l'affreux paradoxe de l'âme divisée — implicite dans le platonisme et les philosophies orientales — cesse d'exister.

Le lent développement de la conscience dans la phylogenèse se répète à certains égards dans l'ontogenèse. J'ai cité, au chapitre précédent, Freud et Piaget à propos du monde fluide de l'expérience du nouveau-né où n'existe encore aucune frontière précise entre moi et non-moi. Dans une série d'études célèbres Piaget a montré que l'établissement de cette frontière est un processus graduel : ce n'est que vers l'âge de sept ou huit ans, en moyenne, que l'enfant devient pleinement conscient de son identité personnelle distincte. « Cet ingrédient particulier du moi (la conscience de soi) doit être construit par l'expérience », écrit Adrian[25]. Mais ce travail de construction n'a pas de fin.

Un chemin de la liberté

J'ai comparé les stades successifs de ce processus à une série mathématique infinie convergeant vers l'unité* ou à une spirale dont le centre ne sera atteint qu'après un nombre infini d'involutions.

Mais la poursuite du moi est le passe-temps assez abstrait des philosophes et des psychologues ; pour le commun des mortels elle n'a d'importance qu'au moment où interviennent des décisions d'ordre moral, ou un sens de responsabilité d'actes accomplis : en d'autres termes elle est liée au problème du libre-arbitre. Quel est l'agence qui gouverne mes pensées ? Qu'y a-t-il derrière cette agence ? L'énigme ne tourmente que lorsqu'on se sent coupable de la méchanceté ou de la bêtise de ses pensées ou de ses actes.

Je me plais à imaginer un dialogue, à la table d'honneur d'un collège d'Oxford, entre un vieux professeur déterministe de stricte observance et un jeune et fougueux invité australien. « Si vous continuez à nier que je suis libre de mes décisions, je vous envoie mon poing dans la gueule ! » s'écrie l'Australien. Le vieux devient pourpre : « C'est

---

* La série la plus simple est S = (1/2 + 1/4 + 1/8 + 1/16 + … 1/n) dans laquelle n doit approcher de l'infini pour que la somme S approche de l'unité.

inadmissible ! C'est impardonnable ! — Excusez-moi, je me suis
emporté. — Vous devriez vous dominer !... — Merci. L'expérience
a réussi. »

En effet. « Impardonnable », « vous devriez », « vous dominer »,
sont autant d'expressions qui impliquent que le comportement de
l'Australien *n'est pas* déterminé par l'hérédité et le milieu, et qu'il
était libre de choisir entre la politesse et la grossièreté. Quelles que
soient ses convictions philosophiques, un homme ne peut vivre sans
croire implicitement à la responsabilité personnelle ; et la responsabilité
suppose liberté de choisir.

Que l'on veuille bien me permettre de citer des lignes que j'ai
écrites il y a longtemps, à une époque où je m'intéressais surtout aux
aspects politiques de ce problème.

Il est 6 heures du soir, j'ai bu un verre et je suis très tenté d'en boire
deux de plus, et d'aller dîner dehors au lieu d'écrire cet essai. Voilà
un quart d'heure que je me bats contre moi, et j'ai fini par enfermer
le gin et le vermouth dans l'armoire, et par me mettre à mon bureau,
très content de moi. Du point de vue déterministe, cette satisfaction est
parfaitement illégitime, puisque le résultat était déjà acquis avant que je
n'eusse commencé à « lutter contre moi » ; il était également décidé que
j'éprouverais cette illégitime satisfaction et que j'écrirais ce que j'écris.
Naturellement tout au fond du cœur je ne crois pas qu'il en soit ainsi, et
je ne le croyais certainement pas il y a un quart d'heure. L'aurais-je cru,
ce que j'appelle ma « lutte contre moi » n'aurait pas eu lieu, et la fatalité
m'aurait servi d'excuse pour continuer à boire. Ainsi mon incrédulité au
déterminisme fait nécessairement partie de l'ensemble des facteurs qui
déterminent ma conduite ; l'une des conditions pour que ma vie s'inscrive
dans le cadre de mon destin, c'est que je ne croie pas que ce cadre existe.
La destinée ne peut s'accomplir qu'en me forçant à n'y pas croire. Ainsi
le concept même du déterminisme implique un divorce entre la pensée
et l'action ; il condamne l'homme à vivre dans un monde où les règles
de conduite sont basées sur les « comme si » et les règles de logique sur
les « parce que ».

Ce paradoxe n'est pas limité au déterminisme scientifique ; le
Musulman, qui vit dans un monde de déterminisme religieux, offre le
même divorce de l'esprit. Bien qu'il croie, selon les mots du Coran,
que « tous les hommes portent leur destinée attachée à leur cou », il

maudit cependant son ennemi et se maudit lui-même quand il commet une sottise, comme si chacun était maître de choisir. Il se conduit dans son genre exactement comme le vieux Karl Marx qui enseignait que la structure intellectuelle de l'individu est le produit de son milieu et qui cependant injuriait tous ceux qui, conformément à ce qu'avait fait d'eux leur milieu, ne pouvaient pas ne pas le contredire[26].

L'expérience subjective de la liberté est une donnée immédiate comme la sensation colorée ou le sentiment de la douleur. C'est le sentiment d'opérer un choix qui n'est ni forcé ni inévitable. Il semble se produire de l'intérieur et prendre sa source au cœur de la personnalité. Les psychiatres déterministes eux-mêmes reconnaissent que chez un malade la perte de l'expérience de volonté propre aboutit à l'effondrement de toute la structure mentale. Et cependant cette expérience se fonde-t-elle sur une illusion?

Au colloque sur le Cerveau et l'Expérience consciente, dont j'ai parlé plus haut, la plupart des participants auraient répondu non. L'un des orateurs, le professeur MacKay, théoricien des communications et spécialiste des ordinateurs, dont on aurait pu attendre des vues mécanistes, conclut sa conférence en ces termes : « La croyance que nous avons d'être normalement libres de nos décisions, loin d'être réfutable, est la seule valable même du point de vue de la physique pré-heisenbergienne la plus déterministe[27]... »

MacKay fondait son raisonnement en partie sur l'indétermination en physique moderne, mais surtout sur un paradoxe logique auquel j'ai déjà fait allusion : le déterminisme suppose que le comportement est prévisible, ce qui signifie qu'un ordinateur idéal, ayant enregistré toutes les données qui me concernent, pourrait prédire tout ce que je vais faire ; mais ces données devraient inclure ma croyance à ma liberté, qui ferait alors partie de la programmation.

Toutefois les arguments de la logique et de l'épistémologie (à propos desquels je ne puis que renvoyer à l'article de MacKay) me paraissent moins convaincants que ceux de la conception hiérarchique. Les règles fixes qui gouvernent les activités d'un holon lui laissent un certain nombre de choix. Au niveau viscéral, ces choix sont faits par les boucles de rétroaction des régulations homéostatiques. Mais à des niveaux plus élevés, la diversité des choix augmente avec la complexité, et les décisions dépendent de moins en moins de boucles fermées et de mécanismes stéréotypés. Que l'on compare le jeu de morpions au jeu d'échecs. Dans les deux cas chacune de mes tentatives est libre, en ce sens qu'elle n'est pas déterminée par les règles du jeu. Mais tandis que le premier jeu n'offre qu'un très petit nombre de choix déterminés par des stratégies simples presque automatiques, le bon joueur d'échecs est guidé dans ses décisions par des préceptes stratégiques d'un niveau de complexité beaucoup plus élevé, et ces préceptes ont eux-mêmes une marge considérable d'incertitude : ils forment un réseau délicat et précaire de pour et de contre. C'est ce passage à des niveaux supérieurs qui fait que le choix est *conscient*, et c'est le fragile équilibre des pour et des contre qui lui donne la saveur subjective de la *liberté*.

Du point de vue objectif le facteur décisif me paraît être que les « degrés de liberté », comme disent les physiciens, augmentent en ordre ascendant. Plus le niveau auquel on renvoie la décision est élevé, moins le choix est prévisible ; et les décisions ultimes demeurent le privilège du sommet — alors que le sommet lui-même ne demeure pas, il s'élève sans cesse. Le moi, responsable en dernier recours des actions de l'homme, échappe toujours au rayon de sa propre conscience, et par conséquent ses actes ne sauraient être prédits par le parfait ordinateur, même pourvu de toutes les données puisque ces données seront nécessairement incomplètes[*] : elles aboutiront pour finir à la régression infinie de boucles emboîtées les unes dans les autres, de « parce que » cachés dans des « parce que ».

Une sorte de maxime

Si nous redescendons les degrés de la hiérarchie, les décisions reviennent à des mécanismes semi-automatiques, puis pleinement automatiques, et à chaque passation des commandes à des niveaux

---

[*] Ceci est lié aux arguments de MacKay et aussi à la proposition de Karl Popper[28] d'après laquelle aucun système d'information (tel qu'un ordinateur) ne peut incorporer en lui-même une représentation à jour de lui-même *qui comprenne cette représentation*. Une proposition assez semblable a été avancée par Michael Polanyi à propos de l'indétermination des conditions-limite des systèmes physico-chimiques[29].

inférieurs, l'expérience subjective de la liberté diminue en même temps que la lumière de la conscience. L'habitude est l'ennemie de la liberté : la mécanisation des habitudes tend à la *rigor mortis* du pédant-robot (cf. chap. VIII). Si les machines ne peuvent s'humaniser, les hommes peuvent devenir semblables à des machines.

Il y a une autre ennemie de la liberté : la passion ou, plus précisément, la classe agresso-défensive des émotions du type faim-colère-peur-appétit sexuel. Quand ces émotions sont soulevées, le contrôle des décisions passe à ces niveaux primitifs de la hiérarchie que les puritains nommaient « la brute qui est en nous » et qui, en fait sont, en corrélation avec des structures, phylogénétiquement primitives, du système nerveux (cf. *infra*, chap. XVI). La perte de liberté qui résulte de cette passation des commandes aux postes inférieurs se reconnaît dans le concept juridique de « responsabilité atténuée », comme dans le sentiment subjectif d'agir sous la contrainte : « Je ne pouvais pas m'en empêcher... J'ai perdu la tête... Je ne me possédais plus. » C'est encore le principe de Janus. Si je cherche en moi ou au-dessus l'inaccessible noyau d'où mes décisions semblent émaner, je me sens libre. Si je regarde de l'autre côté, je trouve le robot ou la brute.

C'est ici que se présente le dilemme moral des jugements que nous portons sur autrui. Comment savoir si, ou dans quelle mesure, la responsabilité d'un homme était atténuée lorsqu'il a agi, et s'il pouvait « s'en empêcher » ? Compulsion et liberté sont les deux extrémités du tableau gradué d'une balance, mais la balance n'a pas d'aiguille et je ne peux lire le tableau. Le plus sûr est d'attribuer le minimum de responsabilité aux autres, et le maximum à soi. D'après cette hypothèse, la vieille maxime : Tout comprendre, c'est tout pardonner, devrait être modifiée ainsi : *Tout comprendre, ne rien se pardonner.* Sans doute cet adage semble-t-il mêler l'humilité morale à l'orgueil intellectuel. Mais il est relativement sans danger.

La hiérarchie ouverte

Alors que les émotions d'affirmation de soi (agresso-défensives) *rétrécissent* le champ de la conscience (la passion n'est pas aveugle, elle a des œillères), les émotions transcendantes *l'élargissent*, arrivant à faire que le moi paraît se dissoudre dans le « sentiment océanique » de la contemplation mystique ou du ravissement esthétique. Les émotions d'affirmation du moi tendent à restreindre la liberté de choix, les émotions transcendantales tendent à nous libérer du choix pour nous donner « la paix qui dépasse l'entendement ».

Cette dilution du moi semble le contraire de la poursuite de la conscience totale. Cependant dans la littérature mystique il y a entre les deux un lien étroit. Le but du hatha yoga, par exemple, est d'atteindre un degré supérieur de conscience du moi en plaçant les viscères et les muscles pris individuellement sous le contrôle de la volonté. Mais l'on considère que ces pratiques ne sont que le moyen d'atteindre un état de « conscience pure, sans objet ni contenu autre que la conscience elle-même* ». Dans cet état, pense-t-on, le moi individuel passager se met en situation d'osmose spirituelle avec l'*Atman*, l'âme universelle, en laquelle elle se fond. Toutes les écoles mystiques ne recourent pas aux mêmes voies, mais toutes semblent admettre que la conquête du moi est un moyen de transcender le moi.

Je me rends bien compte que j'ai éludé plus d'une question dans ce chapitre. Je n'ai pas tenté de *définir* la conscience qui, étant la condition première de toute activité mentale, ne peut pas être définie par cette activité : je considère, comme MacKay, que « ma conscience est une donnée immédiate, dont il serait absurde de douter puisqu'elle est la fondation sur laquelle s'édifie mon doute[30] ».

Nous ne pouvons pas dire ce qu'est la conscience, mais nous savons s'il y en a plus ou moins, et de quelle qualité subtile ou grossière. C'est une qualité émergente qui évolue vers des niveaux de complexité supérieurs et qui est inséparablement liée aux activités du cerveau. Le dualisme classique regardait les activités mentales et les activités corporelles comme des catégories différentes, les monistes éclairés y voyaient des aspects complémentaires du même processus ; mais cela ne résout pas le problème de leur corrélation. La conception hiérarchique fait de cette distinction absolue une distinction relative, elle remplace la théorie dualiste par une hypothèse sérialiste, dans laquelle le « mental » et le « mécanique » sont des attributs relatifs,

---

* Cf. *Le Lotus et le robot*, Première Partie.

la domination de l'un ou de l'autre dérivant d'un changement de niveaux. Cela laisse encore sans réponse une foule de problèmes, mais du moins cela pose quelques nouvelles questions. On pourrait ainsi, par exemple, aborder les phénomènes de perception extra-sensorielle en y voyant un niveau émergent de conscience supra-individuelle, ou au contraire une version primitive de la conscience « psycho-symbiotique », antérieure à la conscience du moi, que l'évolution aurait abandonnée en faveur de cette dernière. Mais ceci dépasse le cadre de notre étude.

Les concepts apparentés de « hiérarchie ouverte » et de « régression à l'infini » ont servi de leitmotiv à ces pages. Il y a des hommes de science qui n'aiment pas le concept de régression à l'infini parce qu'il leur rappelle d'ennuyeux paradoxes de logiciens, comme celui du menteur crétois. Mais on peut voir les choses autrement. L'on a comparé la conscience à un miroir dans lequel le corps contemple ses activités. Ce serait peut-être une meilleure approximation de la comparer à une Galerie des Glaces où un miroir réfléchit son reflet dans un autre miroir, et ainsi de suite. Nous ne pouvons échapper à l'infini : il s'impose à nous dès que nous considérons les atomes ou les astres ou les causes des causes qui remontent à l'éternité. La science de la terre plate l'ignore comme l'ignoraient, au Moyen Âge, les théologiens de la terre plate ; mais une véritable science de la vie admettra nécessairement l'infini et ne le perdra jamais de vue. Dans deux de mes livres[31], j'ai essayé de montrer que, tout au long des âges, les grands novateurs, dans l'histoire des sciences, ont vu que les phénomènes étaient transparents à un autre ordre de réalité, ils ont cru à l'ubiquité du fantôme dans la machine, serait-ce une machine aussi simple qu'une boussole magnétique ou une bouteille de Leyde. L'homme de science qui perd ce sens du mystère peut rester excellent technicien, mais il cesse d'être un savant. L'un des plus grands, Louis Pasteur, a su exprimer cela dans des lignes que j'aime toujours citer :

> La notion de l'infini dans le monde, j'en vois partout l'inévitable expression. Par elle, le surnaturel est au fond de tous les cœurs. L'idée de Dieu est une forme de l'idée de l'infini. Tant que le mystère de l'infini pèsera sur la pensée humaine, des temples seront élevés au culte de

l'infini, que le Dieu s'appelle Brahma, Allah, Jéhovah ou Jésus... Les Grecs avaient compris la mystérieuse puissance de ce dessous des choses. Ce sont eux qui nous ont légué un des plus beaux mots de notre langue, le mot enthousiasme — εν θεος — un Dieu intérieur. La grandeur des actions humaines se mesure à l'inspiration qui les fait naître. Heureux celui qui porte en soi un dieu, un idéal de la beauté et qui lui obéit : idéal de l'art, idéal de la science, idéal de la patrie, idéal des vertus de l'Évangile. Ce sont là les sources vives des grandes pensées et des grandes actions. Toutes s'éclairent des reflets de l'infini[32].

Voilà un credo que l'on partage avec joie : ce sera une bonne conclusion pour cette Seconde Partie.

J'ai tenté d'y exposer les principes généraux d'une théorie des Systèmes Hiérarchiques Ouverts (SHO), qui s'opposerait aux théories orthodoxes actuelles. Il s'agit essentiellement d'essayer de rassembler et d'unifier trois écoles de pensée, qui ne sont pas nouvelles, et que l'on peut représenter par trois symboles : l'arbre, la bougie et le pilote. L'arbre symbolise l'ordre hiérarchique. La flamme d'une bougie, qui échange constamment ses matériaux mais conserve sa structure stable, est l'exemple le plus simple d'un « système ouvert ». Le pilote représente le contrôle cybernétique. Que l'on y ajoute les deux faces de Janus, pour la dichotomie de la partiellité et de la totalité, et le signe mathématique de l'infini, et l'on aura la bande dessinée de la théorie SHO. Les lecteurs moins séduits par le pittoresque sont priés une fois de plus de se reporter au résumé donné en annexe.

Il faut maintenant passer de l'ordre au désordre, à la maladie de l'homme, et essayer d'en diagnostiquer les causes.

TROISIÈME PARTIE

LE DÉSORDRE

XV

MALAISE DE L'HOMME

Nous sommes tous comme des impurs. Et toute notre justice est comme un vêtement souillé.

ÉSAÏE, 64, 5.

La polarité des potentiels d'intégration et d'affirmation de soi dans les systèmes biologiques et sociaux est un postulat fondamental de la présente théorie. C'est une suite logique du concept d'ordre hiérarchique — vénérable truisme qui paraît si évident et qui se révèle si fécond quand on prend la peine d'en dérouler les implications.

Le potentiel d'intégration d'un holon pousse celui-ci à se comporter comme partie d'une unité plus grande et plus complexe ; son potentiel d'affirmation de soi le pousse à se comporter comme s'il était lui-même un tout autonome et autarcique. Dans tous les types de hiérarchie que nous avons examinés, et à tous les niveaux de chaque hiérarchie, nous avons vu cette polarité reflétée dans une *coincidentia oppositorum*. Celle-ci se manifeste dans des phénomènes apparemment paradoxaux qui ont provoqué de farouches controverses entre biologistes parce que l'accent mis sur l'une ou l'autre des tendances opposées dépendait des conditions de l'expérience. Dans le développement embryonnaire, par exemple, le même tissu cellulaire peut avoir des propriétés tantôt « régulatrices » tantôt « en mosaïque » à des stades différents. Dans les organismes sociaux, l'on connaît trop bien la dichotomie entre coopération et concurrence, depuis les tensions familiales ambivalentes jusqu'à la douloureuse coexistence des Nations Unies. Mais sur le comportement émotif de l'individu cette polarité a des effets paradoxaux et profondément troublants.

Les trois dimensions de l'émotion

Les émotions sont des états mentaux accompagnés de sentiments intenses et comportant des modifications étendues dans l'organisme. On les a nommées aussi « pulsions surchauffées ». Une caractéristique manifeste de toutes les émotions est le sentiment de plaisir ou de déplaisir qui leur est attaché : leur « tonalité hédonique ». Freud pensait que le plaisir vient de « la diminution, abaissement ou extinction de l'excitation psychique » et le « dé-plaisir (*Unlust*, l'absence de plaisir qui est tout autre chose que la douleur physique) d'un accroissement de cette excitation[1] ».

Certes, cela est vrai tant qu'il s'agit de la satisfaction ou de la frustration des besoins biologiques urgents. Mais c'est manifestement faux dans le cas des excitations que nous trouvons plaisantes. Les préliminaires de l'acte sexuel augmentent certainement la « quantité d'excitation » et par conséquent devraient être pénibles ; tout indique qu'ils ne le sont pas. Il n'y a aucune réponse satisfaisante dans Freud à cette très banale objection*. Dans le système freudien la pulsion sexuelle est essentiellement quelque chose dont il faut se débarrasser — par consommation ou par sublimation ; le plaisir ne vient pas d'une poursuite, mais d'une évacuation.

Le behaviorisme, de Thorndike à Hull, a adopté une attitude semblable ; elle n'a reconnu qu'un seul type fondamental de motivation, et il est négatif : la « réduction de pulsion », c'est-à-dire la diminution des tensions dues aux besoins biologiques. Mais en réalité les recherches sur la « privation de stimuli » (entreprises pour étudier les réactions des cosmonautes à la longue monotonie du vol spatial) ont montré que l'organisme a besoin d'un courant continu de stimulation et que sa soif d'expérience et d'excitation est sans doute aussi fondamentale que la soif tout court. Selon le mot de Berlyne, « les humains et les animaux supérieurs passent la plupart de leur

---

* L'attitude de Freud à l'égard du plaisir a été étudiée en détail par Schachtel[2].

temps en état d'excitation relativement élevée… et s'exposent avec un grand empressement aux situations les plus stimulantes[3] ». Après le pain, les jeux du cirque.

En fait l'*Unlust* (déplaisir, frustration, etc.) ne provient pas de l'accroissement d'excitation comme tel ; il apparaît lorsqu'une pulsion ne trouve pas d'issue ou qu'elle est si intense que les issues normales sont insuffisantes, ou pour les deux raisons à la fois. Une surchauffe modérée peut être ressentie comme excitation agréable pendant que l'on anticipe ou imagine l'acte de consommation. Les fatigues physiques du sport sont volontiers acceptées dans l'attente agréable d'une récompense qui peut n'avoir rien de plus substantiel que la joie de l'accomplissement. La frustration se change en soulagement dès que le but paraît à portée de la main, c'est-à-dire bien avant la satisfaction proprement dite de la pulsion. De plus, il existe des émotions de seconde main provenant d'une identification partielle avec une autre personne, ou avec une héroïne de l'écran, et qui se satisfont de récompenses par procuration ; la consommation est vécue dans l'imagination, dans un comportement intériorisé. La « tonalité hédonique » dépend donc de plusieurs facteurs, et on pourrait la décrire comme *un rapport de rétroaction sur l'avance ou le recul de la pulsion vers son but réel, attendu, ou imaginaire.*

L'on peut classer les émotions d'après leur source, c'est-à-dire d'après la nature de la pulsion qui leur donne naissance : faim, appétit sexuel, curiosité, instinct maternel, etc. On peut aussi faire intervenir un autre facteur, qui est le taux de plaisir ou de déplaisir. Pour employer une analogie grossière mais utile, comparons notre système d'émotions à une série de robinets dont chacun verserait une boisson différente, et qui seraient ouverts ou fermés selon les besoins. Chaque robinet représenterait alors une pulsion particulière, le taux de plaisir étant représenté par son débit, qui peut être tranquille et régulier ou saccadé et contrarié par des hausses et des baisses de pression.

Il y a un troisième facteur : c'est le degré de toxine propre à chaque boisson. La tendance agresso-défensive qui entre dans la composition d'une émotion donnée sera symbolisée par son taux d'alcool toxique ; la tendance transcendantale par le contenu de liquide neutre sédatif. Tout cela nous procure donc une vue tridimensionnelle des émotions. Le premier facteur est la nature de la source, représentée par tel ou tel robinet ; le second est la tonalité hédonique : le débit ; le troisième est la proportion d'affirmation de soi ou d'auto-transcendance. C'est surtout de ce troisième aspect que nous nous occuperons.

L'une des difficultés d'un tel sujet est que l'on éprouve bien rarement des émotions pures. Le barman a coutume de mélanger les liquides de nos robinets : l'appétit sexuel peut se combiner à la curiosité et virtuellement à n'importe quelle pulsion. La tonalité hédonique tend aussi à l'ambivalence ; l'anticipation peut rendre agréable le pénible, et l'élément inconscient de la pulsion peut donner lieu à des sentiments qui changent les signes plus en signes moins ; la souffrance éprouvée par le masochiste à un certain niveau de conscience peut être ressentie comme plaisir à un autre niveau. Mais nous voulons examiner un troisième type d'ambiguïté.

En laissant de côté les extrêmes de la fureur aveugle à un bout du spectre et de la transe mystique à l'autre bout, nous voyons que la plupart de nos états émotifs combinent paradoxalement les deux tendances fondamentales. Que l'on considère une pulsion instinctive comme le *soin de la progéniture*, que partagent pratiquement tous les oiseaux et tous les mammifères. Quelles que soient les émotions auxquelles cet instinct donne naissance chez les animaux (certaines de leurs manifestations sont assez paradoxales), chez l'homme la forme en est souvent désastreusement ambivalente. Le parent regarde l'enfant comme « sa chair et son sang », et c'est un lien biologique qui transcende les frontières du moi ; en même temps les mères possessives et les pères dominateurs sont de classiques exemples d'affirmation du moi.

Dans l'*amour sexuel* les deux tendances sont encore à l'œuvre : d'un côté les impulsions vont à l'agression, à la domination, à la subjugation ; de l'autre à l'empathie et à l'identification. Le mélange, plus ou moins toxique, est fort variable : du viol à l'adoration platonique.

La *faim* est apparemment une pulsion biologique simple, dont on ne s'attend guère qu'elle fasse naître des émotions ambiguës et complexes. Les dents sont symboles d'agression, et l'homme qui dévore un plat de viande s'affirme de façon assez crue. Mais il est un autre aspect de la manducation qui a rapport à la magie et aux religions primitives : on pourrait l'appeler empathie par ingestion. En partageant la chair d'un animal, d'un homme, d'un dieu, immolé, on accomplit un acte de transsubstantiation ; l'on absorbe les vertus et la sagesse de la victime, une sorte de communion mystique s'établit. Les coutumes et les rites ont changé ; mais le principe comporte toujours un échange entre le dieu, l'animal, l'homme, — quels que soient les peuples : aborigènes d'Australie, Aztèques, Grecs au temps du culte de Dionysos. Pour ce culte, selon la version la plus expressive du mythe, Dionysos est mis en pièces et dévoré par les Titans, qui à leur tour sont immolés par la foudre de Zeus ; l'homme naît de leurs cendres, et il est l'héritier à la fois de leur perversité et de la chair divine. Transmise par les mystères orphiques, la tradition du dieu mangé a pénétré sous une forme sublimée et symbolique dans les rites du christianisme. Au XVIe siècle encore des gens furent excommuniés par l'Église luthérienne parce qu'ils niaient l'ubiquité — la présence réelle du corps et du sang du Christ dans l'hostie consacrée. Pour le dévot la sainte communion est l'expérience suprême de l'auto-transcendance ; et il n'y a point d'offense à faire remarquer qu'une tradition ininterrompue relie l'ingestion à la transsubstantiation comme moyen de briser les barrières du moi.

On retrouve des échos de l'antique communion en divers rites de commensalité : repas de baptême et de funérailles, offrande symbolique du pain et du sel, interdiction, chez les Hindous, de partager le repas d'une autre caste. L'érotisme oral et certaines expressions bizarres comme « amour dévorant », connues dans la plupart des langues, nous rappellent encore que même en mangeant l'homme ne vit pas seulement de pain et que l'*acte de conservation individuelle apparemment le plus simple peut contenir un élément de transcendance.*

Et inversement le soin des malades et des pauvres, la protection des animaux, le dévouement civique, les œuvres de charité, sont d'admirables entreprises altruistes — et bien souvent d'admirables occasions d'affirmer son autorité, inconsciemment peut-être. Les traits de ressemblance qui apparentent l'infirmière-major à l'adjudant, le chirurgien à la vedette témoignent de l'infinie variété des combinaisons dont peuvent faire partie les tendances à l'intégration et à l'affirmation de soi.

Pour éviter toute confusion remarquons bien que, d'après notre théorie tridimensionnelle des émotions, l'affirmation de soi et l'auto-transcendance ne sont pas des émotions spécifiques, mais des tendances

qui entrent dans la composition de toutes les émotions et en modifient
le caractère selon que l'une ou l'autre domine. Cependant, pour faire
court, il est parfois commode de parler sans rigueur d'« émotions
transcendantales » au lieu d'« émotions dans lesquelles dominent
les tendances auto-transcendantales ».

Les périls de l'agression

Pour résumer : l'individu, considéré comme un tout, représente
le sommet de la hiérarchie organique ; considéré comme une partie,
il est la plus petite unité de la hiérarchie sociale. Sur cette frontière
entre organisation physiologique et organisation sociale les deux
potentiels opposés que nous avons reconnus à tous les niveaux se
manifestent sous forme de comportement émotif. Quand tout va
bien, les tendances affirmatives et intégrantes de l'individu se font
contrepoids plus ou moins uniformément dans sa vie émotionnelle :
il vit dans une sorte d'équilibre dynamique avec sa famille, sa tribu,
sa société, et aussi avec l'univers de valeurs et de croyances qui
constituent son milieu mental.

Une certaine proportion d'affirmation du moi, d'« individualisme »,
d'ambition et d'esprit de compétition est aussi indispensable dans une
société dynamique que l'autonomie des holons est indispensable à
l'organisme. Une idéologie bien intentionnée mais fumeuse, qui est
devenue à la mode comme contre-coup des horreurs de ces dernières
décennies, voudrait condamner absolument l'esprit agressif sous toutes
ses formes. Pourtant, sans une quantité modérée d'individualisme
agressif il n'y aurait de progrès ni social ni culturel. Ce que John
Donne appelait une « sainte colère » est une force motrice essentielle
du réformateur social, du satiriste, de l'artiste et du penseur. Nous
avons vu que l'originalité créatrice, dans les sciences ou les arts, a
toujours un côté constructif et un côté destructif — destructif des
conventions établies de la technique, du style, du dogme ou des
préjugés. Et comme la science est faite par des hommes, l'aspect
destructif des révolutions scientifiques reflète nécessairement un
certain élément destructeur dans l'esprit du savant, une certaine
disposition à s'attaquer aux idées reçues. Il en va évidemment de

même de l'artiste, même s'il n'est pas un « fauve ». Ainsi l'agression est-elle comparable à l'arsenic : à petites doses c'est un stimulant, à hautes doses, un poison.

Il faut donc considérer à présent l'aspect empoisonné des émotions d'affirmation de soi. Dans des conditions de stress, l'organe surexcité tend à échapper aux contrôles qui le régissent et à s'affirmer au détriment de l'ensemble, voire à monopoliser les fonctions de l'ensemble. La même chose se produit si les forces de coordination de l'ensemble se trouvent trop affaiblies — par sénescence ou à la suite d'une lésion centrale — pour pouvoir contrôler les diverses parties*. Dans les cas extrêmes ceci peut aboutir à des modifications pathologiques irréversibles, telles que les tumeurs malignes et leur prolifération aberrante de tissus échappant au contrôle génétique. À un niveau moins extrême, presque tout organe, ou toute fonction, peut se débrider temporairement et partiellement. Dans la douleur la partie lésée tend à monopoliser l'attention de l'organisme entier ; à la suite de certaines tensions, surtout émotives, il arrive que les sucs digestifs attaquent les parois de l'estomac ; dans les états de fureur ou de panique l'appareil adrénalo-sympathique prend le relais des centres supérieurs qui coordonnent normalement le comportement, et quand le sexe est en cause il semble que les gonades remplacent le cerveau.

Ce ne sont pas seulement les parties du corps qui, en état de tension excessive, peuvent affirmer une indépendance nuisible : les structures mentales aussi. L'idée fixe, les obsessions du maniaque sont des holons cognitifs déchaînés. Il y a toute une gamme de désordres intellectuels dans lesquels une partie subordonnée exerce sa tyrannie sur l'ensemble : attachement, relativement inoffensif, à une théorie bien-aimée, domination insidieuse de complexes refoulés (auxquels Freud donne le nom caractéristique de « complexes autonomes » parce qu'ils échappent au contrôle du moi), et enfin psychoses, dans lesquelles des pans entiers de la personnalité semblent faire sécession pour mener une existence quasi indépendante. Dans les hallucinations

---

* D'après la terminologie de C. M. Child, la partie est « physiologiquement isolée » de l'ensemble[4].

paranoïaques la hiérarchie perceptuelle elle-même tombe sous le joug du holon mental déchaîné qui lui impose ses règles du jeu.

Mais la démence clinique n'est qu'une manifestation extrême de tendances latentes qui sont plus ou moins tenues en laisse dans l'esprit normal, — ou dans ce que nous appelons ainsi. Les aberrations humaines sont dues, pour une grande part, à la poursuite obsédante et obsédée d'une vérité partielle traitée comme la vérité absolue : d'un holon qui se fait passer pour le tout. Les fanatismes religieux, politiques et philosophiques, l'acharnement des préjugés, l'intolérance des orthodoxies scientifiques et des cliques littéraires, témoignent tous de la même tendance à édifier des « systèmes clos » centrés sur quelque demi-vérité dont on proclame la valeur universelle et absolue en dépit de toutes les preuves du contraire. Dans les cas extrêmes, le holon cognitif déchaîné peut se comporter comme un tissu cancéreux qui envahirait les autres structures mentales.

Quant aux holons sociaux — classes professionnelles, groupes ethniques, etc. — il apparaît également que dans des conditions normales ils vivent en état d'équilibre dynamique avec leur milieu naturel et social. Dans les hiérarchies, des contrôles institutionnels modèrent les tendances affirmatives de ces groupes à tous les niveaux, depuis les classes dans leur ensemble jusqu'aux individus. Là encore, l'idéal de la coopération pacifique et sans heurt, sans concurrence, sans tensions, se fonde sur une confusion entre le désirable et le possible. Faute d'un minimum d'agressivité dans ses éléments, le corps social perdrait son individualité et ses articulations, ce ne serait qu'une gelée amorphe. Mais lorsque les tensions excèdent un certain seuil critique, tel ou tel holon social, l'armée, les paysans ou les syndicats, peut entrer en état de surexcitation et tendre à s'imposer au détriment de l'ensemble, tout comme un organe surexcité. Il arrive aussi que le déclin des forces d'intégration de l'ensemble aboutisse à des résultats semblables, comme l'indique de façon grandiose la chute des empires.

La pathologie du dévouement

Ainsi les tendances d'affirmation du moi, chez l'individu, sont-elles un facteur constructif nécessaire — tant qu'elles ne s'émancipent pas.

Dans cette perspective les manifestations sinistres de violence et de cruauté se ramèneraient à des cas pathologiques extrêmes d'impulsions foncièrement saines que l'on a privées, pour une raison ou pour une autre, de leur assouvissement normal. Procurez aux jeunes d'inoffensifs exutoires de l'agression — terrains de jeux, sports de compétition, aventure, expériences sexuelles — et tout ira bien.

Malheureusement l'on a souvent essayé ces remèdes, ils n'ont jamais rien guéri. Pendant trois ou quatre mille ans, prophètes hébreux, philosophes grecs, mystiques hindous, sages chinois, prêcheurs chrétiens, philosophes français, « utilitariens » anglais, moralistes allemands et pragmatistes américains ont dénoncé les périls de la violence et fait appel à ce qu'il y a de meilleur dans la nature humaine, sans effets bien appréciables. Il doit y avoir une raison à cet échec.

La raison tient, à mon avis, à une série d'erreurs en ce qui concerne les principales causes qui ont poussé l'homme à faire de son histoire le gâchis que l'on sait, qui l'ont empêché de profiter des leçons du passé et qui maintenant mettent en question son existence. La première de ces erreurs est d'accuser de tout le mal l'égoïsme, la cupidité, etc., autrement dit les tendances d'affirmation de soi, les tendances agressives de l'individu. Je voudrais montrer que l'égoïsme n'est pas le premier coupable, et que les appels aux bons côtés de la nature humaine sont fatalement inefficaces, parce que le grand danger réside précisément dans ce que nous considérons d'habitude comme « ce qu'il y a de meilleur en l'homme ». En d'autres termes je souhaite indiquer que *les tendances à l'intégration sont incomparablement plus dangereuses que les tendances à l'affirmation du moi*. Les sermons des réformateurs se sont toujours adressés à des sourds parce qu'ils se trompaient d'accusés.

Il ne s'agit pas d'un paradoxe. La plupart des historiens m'accorderaient, je pense, que dans les holocaustes de l'histoire les poussées d'agression individuelle égoïste n'ont joué qu'un petit rôle ; les massacres ont toujours été, avant tout, des offrandes aux dieux, au roi, à la patrie ou au bonheur futur de l'humanité. Les crimes de Caligula deviennent insignifiants si on les compare aux hautes œuvres de Torquemada. Le nombre des victimes des voleurs, bandits de grand chemin, gangsters et autres criminels à n'importe quelle période de l'histoire est négligeable par rapport aux foules vertueusement immolées au nom de la vraie religion, de la politique juste ou de l'idéologie correcte. Ce n'est pas par colère mais par sollicitude que l'on a torturé et brûlé vifs des hérétiques, pour le salut de leurs âmes. Les luttes tribales se sont succédé dans l'intérêt avoué de la tribu, et non de l'individu ; les guerres de religion ont fait rage pour décider d'un point de théologie ou d'une nuance sémantique. Et les guerres de succession, les guerres dynastiques, les nationales, les civiles, ont toujours eu aussi des raisons fort éloignées de l'intérêt personnel des combattants*. Les « purges » communistes, comme le mot l'indique, ont été administrées par souci d'hygiène sociale afin de préparer l'humanité à l'âge d'or de la société sans classes. Les chambres à gaz et les fours crématoires ont fonctionné pour assurer l'avènement d'une autre version du millénium. Eichmann (comme l'a bien montré Hannah Ahrendt dans son compte rendu du procès)[5] n'était ni un monstre ni un sadique, mais un bureaucrate consciencieux qui croyait de son devoir d'exécuter tous les ordres et faisait de l'obéissance la suprême vertu ; loin d'être sadique, il faillit s'évanouir le jour où il assista à une fournée de crématoire.

Disons-le : les crimes de violence commis pour des mobiles personnels égoïstes sont historiquement insignifiants par rapport à ceux que l'on a perpétrés *ad majorem gloriam Dei*, par esprit de sacrifice à un drapeau, un chef, une croyance religieuse ou une conviction politique. L'homme a toujours été prêt non seulement à tuer, mais aussi à mourir pour des causes bonnes, mauvaises ou complètement futiles. Y a-t-il meilleure preuve de la réalité du besoin de transcendance que cet empressement à périr pour un idéal ?

Quelle que soit l'époque considérée, ancienne, moderne ou préhistorique, tout indique que la tragédie humaine a pour cause le dévouement plus que la violence. « Le pire des fous est le saint enragé », cet épigramme de Pope s'applique à tous les grands moments de l'histoire, depuis les croisades idéologiques de l'âge totalitaire jusqu'aux rites qui commandent la vie des primitifs.

---

* Le pillage et le viol ont sans doute incité à la guerre une minorité de mercenaires et d'aventuriers ; mais ces derniers ne décidaient pas de la guerre.

Le rituel du sacrifice

Les anthropologues ont accordé trop peu d'attention aux manifestations très anciennes et universelles de ce ferment de délire dans la psyché humaine : l'institution du sacrifice humain, le meurtre rituel d'enfants, de vierges, de rois et de héros destiné à flatter ou apaiser les dieux. On le trouve à l'aube des civilisations dans toutes les parties du monde, il a persisté en pleine apogée des civilisations antiques et des cultures précolombiennes, et on le pratique encore, sporadiquement, en des lieux écartés. Il est de mode de mépriser ces faits, qui ne seraient que bizarreries sinistres dues aux ténébreuses superstitions du passé ; mais c'est oublier l'universalité du phénomène, c'est aussi négliger l'indication qu'il nous fournit sur l'élément délirant de la structure mentale de l'homme, et son importance quant aux problèmes de notre temps.

En 1959 j'ai séjourné à Chillong, en Assam, chez un ami aujourd'hui disparu, Verrier Elwin. Elwin, ethnologue réputé, marié à une belle fille de l'Orissa, était conseiller du gouvernement indien pour les Affaires tribales. Un matin, l'un de ses trois fils, un petit garçon de dix ans, intelligent et calme, s'offrit à m'accompagner en promenade. À un tournant du chemin où l'on perdait de vue la maison, l'enfant donna des signes d'inquiétude et me pria instamment de rentrer. J'acquiesçai, non sans lui demander ce qui se passait. Après quelque hésitation il avoua qu'il avait peur de rencontrer des méchants, les Khasis, qui tuent les petits garçons.

Plus tard Elwin m'expliqua que l'enfant n'avait fait que lui obéir en refusant de s'éloigner de la maison. On soupçonnait la tribu des Khasis de pratiquer encore le sacrifice humain. De temps à autre on parlait d'enfants disparus. Il y avait peu de risques de rencontrer des Khasis en patrouille dans les faubourgs de Chillong, mais cependant... Et Elwin m'exposa la méthode traditionnelle du sacrifice khasi : elle consistait à enfoncer des bâtons dans les narines de l'enfant, jusqu'au cerveau ; plus l'enfant criait, plus il saignait, plus les dieux étaient contents.

Je rapporte cette histoire pour donner un exemple de ce que signifie concrètement la notion abstraite de sacrifice humain. Il fallait assurément que ces Khasis fussent fous ? Précisément, l'acte est un symptôme de maladie mentale. Mais c'est une maladie qui a été universelle, répandue dans toutes les races et toutes les cultures. Dans une étude récente sur le cannibalisme et le sacrifice, G. Hogg écrit :

> Le sacrifice était évidemment un geste, le geste suprême si l'on veut. Il n'est aucune partie du monde où le sacrifice n'ait joué sous une forme ou sous une autre un rôle essentiel dans le mode de vie des peuples… Le sacrifice et bien souvent le sacrifice humain faisait partie intégrante des rites sacerdotaux, et l'immolation fut largement associée à la consommation de chair humaine… La pratique du cannibalisme comme tel fut sans doute une institution moins bien établie que le sacrifice humain. Néanmoins, sauf dans le cas des Fidjiens et de certaines autres tribus mélanésiennes, chez qui le goût de la chair humaine semble avoir dominé toute autre considération, le motif rituel fondamental est virtuellement le même partout. Dans le sacrifice d'êtres humains comme dans le partage de portions de leur chair avant ou après le sacrifice, se trouve toujours le principe sous-jacent du transfert de « substance psychique »… Au Mexique les rites sacramentels atteignirent un degré de complexité probablement plus élevé que partout ailleurs. On considérait la chair humaine comme la seule nourriture acceptable pour les dieux dont il fallait se concilier les faveurs. On regardait donc des êtres humains soigneusement choisis comme des représentations de dieux tels que Quetzalcoatl et Tetzcallipoca et, dans des cérémonies très élaborées, on finissait par les sacrifier à ces dieux qu'ils représentaient, les témoins étant invités à se partager des portions de la chair afin de s'identifier aux dieux à qui l'on venait de faire le sacrifice[6].

Cela n'a rien à voir avec les sept péchés capitaux — orgueil, avarice, luxure, colère, gourmandise, envie et paresse — contre lesquels tonnent les sermons des moralistes. Le péché le plus mortel, la transcendance du moi dans un dévouement aberrant, n'est pas compris dans la liste.

Mais quel jury nous dira si le dévouement est « juste » ou s'il se fourvoie ? Pour rester avec les Aztèques, relisons une page de Prescott qui semble indiquer un certain rapport entre leur folie et notre temps. Prescott estime que le nombre des jeunes gens, vierges et enfants, sacrifiés *annuellement* dans l'empire aztèque allait de vingt mille à cinquante mille ; et il ajoute :

> Le sacrifice humain a été pratiqué par bien des nations, sans excepter les plus raffinées de l'antiquité, mais nulle part sur une échelle comparable à ceux d'Anahuac. La quantité des victimes immolées sur ses autels maudits ébranlerait la foi des croyants les plus scrupuleux… Comme il est étrange que dans tous les pays, les pires passions du cœur humain furent allumées au nom de la religion…
>
> En réfléchissant aux usages révoltants rapportés dans les pages qui précèdent, on a de la peine à concilier leur existence avec quoi que ce soit qui évoque une forme régulière de gouvernement ou un avancement de la civilisation. Pourtant les Mexicains purent prétendre à plus d'un titre au caractère de nation civilisée. Peut-être comprendra-t-on mieux cette anomalie en réfléchissant à la situation de certains des pays les plus cultivés de l'Europe au XVIe siècle, après l'établissement de l'Inquisition moderne, institution qui chaque année fit ses milliers de morts dans des supplices pires que les sacrifices aztèques, qui arma le bras du frère contre le frère et, plaçant son sceau brûlant sur les lèvres, fit davantage pour arrêter la marche du progrès que tout autre complot jamais ourdi par la malice humaine.
>
> Le sacrifice humain, si cruel qu'il soit, n'a rien de dégradant pour sa victime. On peut dire au contraire qu'il l'ennoblit en la consacrant aux dieux. Les Aztèques, bien qu'il fût si terrible chez eux, l'embrassaient quelquefois volontairement comme la mort la plus glorieuse, celle qui assurait l'entrée au paradis. L'Inquisition au contraire couvrait ses victimes d'infamie dans ce monde et les assignait à la « perdition » éternelle dans l'autre[7].

Prescott consacre ensuite un paragraphe aux rites de cannibalisme qui accompagnaient les sacrifices aztèques ; et aussitôt il accomplit une remarquable volte-face mentale :

> En de telles circonstances, ce fut un bienfait de la Providence que le pays fût livré à une autre race, qui le sauverait des superstitions brutales qui s'étendaient chaque jour, avec l'empire, de plus en plus loin. Les institutions avilissantes des Aztèques fournissent la meilleure excuse de la conquête. Il est vrai que les conquérants apportèrent l'Inquisition. Mais ils apportèrent aussi le christianisme, dont le rayonnement charitable devait

survivre quand les flammes farouches du fanatisme se seraient éteintes, et dissiper les sombres formes d'horreur qui avaient si longtemps pesé sur les belles terres d'Anahuac[8].

Seulement Prescott devait savoir que peu après la conquête du Mexique le « rayonnement charitable » du christianisme se manifesta dans la guerre de Trente Ans, qui extermina une part fort appréciable de la population européenne.

L'observateur martien

La révolution scientifique et le Siècle des Lumières parurent donner le signal d'un nouveau départ. Et ce fut bien cela pour ce qui concernait la conquête, puis le viol de la nature ; mais la maladie de l'homme n'en fut pas guérie pour autant, elle s'aggrava au contraire. Aux guerres de religion succédèrent les guerres patriotiques et ensuite idéologiques, menées avec le même esprit de sacrifice et la même ferveur. L'opium des religions révélées céda devant l'héroïne des religions laïques dont les doctrines ordonnaient le même renoncement de la personnalité et dont les prophètes obtinrent la même vénération. Démons et succubes furent remplacés par de nouveaux diables : les sous-hommes juifs cherchaient dans l'ombre à dominer le monde, les capitalistes bourgeois organisaient la famine, les ennemis du peuple, monstres à forme humaine, nous cernaient, prêts à bondir. Au cours des années 30 et 40 le ferment paranoïaque explosa avec une violence sans précédent dans les plus puissantes nations d'Europe. Au cours des deux décennies qui ont suivi la dernière guerre mondiale, il y a eu quarante guerres locales ou civiles. Et au moment où j'écris ces lignes des catholiques, des bouddhistes et des matérialistes dialectiques se livrent, à l'intérieur d'une guerre, à la guerre civile afin d'imposer la Vraie Foi au peuple d'une nation asiatique, tandis que des moines et des écolières s'arrosent d'essence et se font brûler vifs devant les photographes conformément à un nouveau rite d'immolation *ad majorem gloriam*.

Un épisode du livre de la Genèse a inspiré d'innombrables peintres. C'est la scène où l'on voit Abraham ligoter son fils à des fagots et s'apprêter à lui trancher la gorge avant de le brûler pour l'amour de Iahvé. Tout le monde désapprouve que l'on égorge un enfant pour des raisons personnelles ; la question est de savoir pourquoi tant de gens, pendant si longtemps, ont approuvé le geste démentiel d'Abraham. Pour parler vulgairement on soupçonne qu'il y a quelque chose de détraqué dans l'esprit humain, et cela depuis toujours. En langage plus scientifique, il y aurait lieu d'examiner sérieusement la possibilité d'une erreur grave qui se serait produite dans l'évolution du système nerveux de l'*homo sapiens*. Nous savons que l'évolution peut aboutir à des impasses, et nous savons aussi que l'évolution du cerveau humain a été un processus extraordinairement rapide, presque explosif. Nous y reviendrons dans le chapitre suivant ; pour le moment retenons simplement, comme hypothèse, que le courant de délire qui traverse toute notre histoire est peut-être une forme endémique de paranoïa incorporée aux circuits de montage du cerveau humain.

Il est certes facile d'imaginer qu'en étudiant notre histoire un observateur objectif venu d'une planète plus avancée arriverait à ce diagnostic. Nous sommes toujours disposés à suivre ces fantaisies de la science-fiction tant qu'il ne faut pas en prendre les conclusions au pied de la lettre et les appliquer à la réalité qui nous entoure. Mais précisément, essayons d'imaginer la réaction de l'observateur quand il découvre que, pendant près de deux mille ans, des millions d'êtres, par ailleurs intelligents, ont été convaincus que l'immense majorité du genre humain ne partageant pas leurs croyances et n'en accomplissant pas les rites, devait être plongée dans les flammes durant l'éternité sur l'ordre d'un dieu aimant. Cette observation n'est pas très neuve, je sais. Mais si l'on écarte des phénomènes aussi singuliers en parlant simplement d'indoctrination ou de superstition on ne résout pas la question, qui est au cœur même de la détresse humaine.

La béate autruche

Avant d'aller plus loin essayons d'éliminer une objection fréquemment soulevée. Lorsque, si prudemment que ce soit, l'on présente l'hypothèse d'un courant paranoïaque qui serait inhérent à la condition humaine, on est aussitôt accusé d'avoir une conception partiale et morbide de l'histoire, de se laisser hypnotiser par les aspects négatifs, de ne choisir que les pierres noires de la mosaïque en négligeant les triomphes du progrès humain. Que ne recueille-t-on au contraire les pierres blanches : l'âge d'or de la Grèce, les monuments d'Égypte, les merveilles de la Renaissance, les équations de Newton, la conquête de la Lune ?

Sans contredit, cette façon de voir est plus réjouissante. Et j'ai suffisamment écrit moi-même sur le côté créateur de l'homme pour que l'on ne m'accuse pas de rabaisser ses exploits. Seulement il n'est pas question de choisir, selon son humeur ou son tempérament, entre le blanc et le noir, mais bien de les voir ensemble, de prendre note du contraste et de s'interroger sur ses causes. S'appesantir sur la grandeur de l'homme et se boucher les yeux devant les symptômes de ce qui est peut-être sa démence, n'est pas un signe d'optimisme, c'est un signe « d'autruchisme ». On pense à l'attitude de ce brave médecin qui déclara que Van Gogh n'était sûrement pas fou — c'était quelques jours avant son suicide — puisqu'il peignait si bien. Plusieurs auteurs, pour qui j'éprouve par ailleurs beaucoup de sympathie, écrivent apparemment avec la même bonne humeur quand ils envisagent l'avenir de l'homme : Jung et ses disciples, Teilhard de Chardin et autres humanistes de l'Évolution.

Dans une perspective mieux équilibrée peut-être faudrait-il comparer l'histoire humaine à une symphonie richement orchestrée jouée sur un fond de tambours sauvages. Un scherzo quelquefois nous le ferait oublier, mais à la longue le tam-tam monotone l'emporte et tend à couvrir toute la musique.

Intégration et identification

Les poètes ont toujours dit que l'homme est fou, et le public a toujours opiné du bonnet en pensant que c'était une métaphore. Mais s'il fallait prendre l'affirmation à la lettre, nous n'aurions plus grand-chose à espérer, semble-t-il : un fou saurait-il diagnostiquer sa folie ? En fait, oui. Car il n'est pas toujours tout à fait fou. En périodes de répit, des psychotiques écrivent des descriptions étonnamment lucides de leur maladie ; et même dans les phases aiguës de psychoses artificielles provoquées par des drogues comme le LSD, le sujet tout en vivant des visions délirantes sait que ce sont des délires.

En essayant de diagnostiquer la maladie de l'homme il convient de procéder par étapes et avec prudence. Rappelons-nous en premier lieu que toutes nos émotions consistent en « sentiments mêlés » auxquels participent à la fois les tendances d'affirmation et de transcendance du moi. Mais celles-ci peuvent agir l'une envers l'autre de plusieurs manières, dont les unes sont bénéfiques et les autres désastreuses.

L'interaction la plus commune, la plus normale, est de modération mutuelle : les deux tendances se font contrepoids et s'équilibrent. L'esprit de compétition est modéré par l'acceptation des règles de la conduite civilisée. L'élément agressif du désir sexuel ne cherche que sa satisfaction, mais dans des relations harmonieuses il se combine avec un besoin non moins fort de procurer à autrui plaisir et satisfaction. L'irritation provoquée par un comportement désagréable est mitigée par l'empathie, la compréhension des mobiles de ce comportement. Chez le savant ou l'artiste, l'ambition est contre-balancée par l'immersion dans le travail. Dans une société idéale, les deux tendances se composeraient harmonieusement chez les citoyens, qui seraient en même temps efficaces et saints, yogis et commissaires. Mais que les tensions montent ou que l'intégration faiblisse, et la compétition se change en âpreté, le désir en violence, l'agacement en fureur, l'ambition en mégalomanie et le commissaire en terroriste.

Toutefois j'ai déjà dit qu'à l'échelle de l'histoire, les ravages causés par les excès de l'individualisme sont relativement peu de chose par rapport aux effets du dévouement mal placé. Il serait bon d'étudier un peu plus les processus qui déterminent ces dévouements.

Les tendances d'intégration opèrent dans les mécanismes de l'empathie, de la sympathie, de la projection, de l'introjection, de l'identification, de l'adoration, qui tous amènent l'individu à sentir qu'il fait *partie* d'une entité plus vaste que lui et qui transcende les frontières de son moi (cf. chap. XIII). Ce besoin psychologique d'appartenance, de participation, de communion est aussi fondamental, aussi réel que son contraire. La question décisive est celle de la *nature* de l'entité supérieure dont l'individu se sent faire partie. Dans la petite enfance la conscience symbiotique rassemble le moi et le monde dans une unité indivisible. Le reflet en subsiste dans la magie sympathique des primitifs, dans la croyance à la transsubstantiation, dans les liens mystiques qui unissent la personne à sa tribu, à son totem, à son ombre, à son effigie et plus tard à son dieu. Dans les grandes philosophies orientales le Moi qui est Toi, l'identité du « soi réel » avec l'*Atman*, le tout unique, s'est préservée d'âge en âge. En Occident elle n'a survécu que dans la tradition mystique du christianisme ; depuis Aristote la philosophie et la science européennes ont fait de chaque homme une île. Elles n'ont pu tolérer les vestiges de conscience symbiotique qui survivaient en d'autres cultures ; le besoin de transcendance du moi dut être sublimé et canalisé.

L'un des moyens d'y parvenir fut la transformation de la magie en art et en science : les privilégiés purent ainsi atteindre la transcendance du moi à un tour supérieur de la spirale, ou par cette sublime expansion de la conscience que Freud nomme sentiment océanique et Maslow « expérience-sommet[9] », et que j'ai appelé pour ma part réaction AH. Mais une minorité seulement a les qualifications requises pour ainsi franchir les murailles du moi ; les autres ne trouvent que quelques issues traditionnelles. Historiquement parlant, pour l'immense majorité des hommes la seule réponse au désir d'intégration, au besoin d'appartenir et de trouver un sens à l'existence, a été l'identification à la tribu, à la caste, à la nation, à l'Église ou au parti — à un holon social.

Mais nous en arrivons à un point d'une extrême importance. Le processus psychologique aboutissant à cette identification relève principalement d'un type de projection primitif, infantile qui peuple le ciel et la terre de pères colériques, de fétiches à adorer, de diables à exorciser, de dogmes à croire aveuglément. Cette forme grossière d'*identification* est toute différente de l'*intégration* dans une hiérarchie sociale bien ordonnée. C'est une régression à une forme infantile de transcendance du moi, et dans les cas extrêmes c'est presque un raccourci pour rentrer dans le sein maternel. Citons Jung pour changer : « On parle de notre mère l'Église, et même du sein de l'Église… Les catholiques appellent les fonts baptismaux : *immaculatus divini fontis uterus*[10]. » Mais il n'est pas nécessaire d'aller si loin pour constater que les expressions adultes et sublimées de la tendance d'intégration sont dans les sociétés humaines l'exception plutôt que la règle. À s'en tenir à l'évidence historique il semble qu'en tout temps les hommes se sont conduits comme les oies de Konrad Lorenz qui, avec un attachement fort dévoyé, suivaient leur gardien en le prenant pour leur mère parce que c'était le premier être qu'elles avaient vu bouger au moment de leur éclosion.

Aussi loin qu'on puisse reculer dans l'histoire, les sociétés humaines ont toujours assez bien réussi à imposer la sublimation des impulsions *agressives* de l'individu, et à transformer la petite brute qui hurle dans son berceau en un membre de la société plus ou moins policé et civilisé. Mais elles ont remarquablement échoué à assurer une sublimation analogue des tendances de *transcendance* du moi. En conséquence, le besoin d'appartenance, privé d'issues convenablement adultes, s'est surtout manifesté sous des formes primitives ou perverties. Nous apercevrons plus loin, je l'espère, la cause de ce contraste entre les développements des deux tendances fondamentales. Mais voyons-en d'abord les conséquences psychologiques et sociales.

Les périls de l'identification

Comment fonctionne l'identification ? Considérons le cas le plus simple, où ne sont en jeu que deux individus, deux amies, Mme Dupont et Mme Durand. Mme Durand vient de perdre son mari dans un accident ; en versant des larmes de compassion Mme Dupont participe à la douleur de son amie, s'identifie partiellement à elle par un acte d'empathie, de projection ou d'introjection, comme on voudra l'appeler. Un processus semblable a lieu quand l'autre n'est pas une personne réelle mais l'héroïne d'un film ou d'un roman. Cependant, il est essentiel de distinguer clairement entre deux processus émotionnels qui sont différents, bien que ressentis en même temps. Le premier est l'acte d'identification lui-même, caractérisé par le fait que le sujet oublie plus ou moins sur le moment sa propre existence et participe à celle d'un autre, qui peut d'ailleurs se trouver très loin et même dans une autre époque. C'est évidemment une expérience transcendante du moi, et aussi satisfaisante que purificatrice, puisque tant qu'elle dure Mme Dupont oublie ses propres soucis, ses jalousies et tout ce qu'elle reproche à son mari. L'acte d'identification *inhibe* temporairement les tendances d'affirmation du moi.

Mais le second processus peut avoir l'effet opposé : il arrive que le processus d'identification soulève des émotions par *procuration*. Lorsque Mme Dupont « partage la douleur de Mme Durand » le premier processus de *partage* mène instantanément au second, qui est l'expérience de la *douleur*. Seulement il peut s'agir aussi bien d'un sentiment d'angoisse ou de colère. L'on s'apitoie sur le jeune Oliver Twist, et le résultat est que l'on a envie d'étrangler Fagin. Le partage, expérience transcendantale et cathartique, peut servir de véhicule à la colère, — une colère vécue par procuration *à la place d'autrui*, mais authentiquement ressentie.

La colère que l'on ressent aux machinations du traître sur l'écran — que les spectateurs mexicains naguère n'hésitaient pas à cribler de balles — est une colère authentique. En regardant un film d'épouvante nous avons les symptômes physiques de l'angoisse : palpitations, tension des muscles, soubresauts. Voilà le paradoxe, — et la maladie. Nous avons vu, d'une part, que les impulsions transcendantales de projection, participation et identification, *inhibent* l'affirmation du moi, nous purgent de nos soucis et désirs égoïstes. Mais d'autre part le processus d'identification peut *stimuler* des sursauts de colère, de peur et de vengeance qui, bien que ressentis à la place d'autrui, ne s'expriment pas moins dans des symptômes adrénalo-toxiques bien connus. Que la menace ou l'offense soient dirigées contre l'individu ou contre la personne ou le groupe avec lesquels il s'identifie, les mécanismes physiologiques qui entrent en action sont essentiellement les mêmes. Ils affirment le moi, bien que le moi ait momentanément changé d'adresse et se soit, par exemple, projeté sur le héros de l'écran, sur l'équipe locale de football ou sur la patrie.

L'art est une école de transcendance du moi ; mais un rassemblement patriotique aussi, et une séance de vaudou, et une danse guerrière. Que nous soyons capables de pleurer la mort d'Emma Bovary qui n'est que de l'encre sur du papier, c'est le triomphe de notre force d'imagination. Et l'illusion du théâtre vient finalement de la magie sympathique, de l'identification partielle du spectateur, de l'acteur et du dieu ou du héros que l'acteur personnifie. Mais cette magie est sublimée : le processus d'identification n'est qu'ébauché, c'est une suspension momentanée de l'incrédulité ; il n'entrave pas les facultés critiques, ni ne sape l'identité de la personne. C'est ce que font au contraire la séance de vaudou ou le rassemblement de Nuremberg. Les films projetés par le ministère de la Vérité, dans le *1984* d'Orwell, ont pour but de ramener le public au niveau primitif et de déclencher des orgies de haine collective. Et pourtant les spectateurs ressentent par procuration des émotions qui ne sont nullement égoïstes : c'est une vertueuse indignation dont les manifestations sont d'autant plus sauvages qu'elle est impersonnelle, qu'elle transcende le moi et que l'on peut s'y livrer la conscience tranquille.

Ainsi la grandeur et la tragédie de la condition humaine viennent-elles l'une et l'autre de notre faculté de transcender le moi. C'est une force qui peut s'employer à la destruction comme à la création ; elle est aussi capable de faire de nous des artistes que des tueurs, mais plus probablement des tueurs. Elle peut modérer les impulsions égoïstes ; elle peut aussi soulever des émotions violentes éprouvées au nom de l'entité avec laquelle s'est établi le rapport d'identification. L'injustice ou la prétendue injustice faite à cette entité provoquera aisément un comportement plus fanatique que ne le ferait une insulte essuyée personnellement. L'histoire de l'oreille de Jenkins est devenue un cliché comique, mais à l'époque ce fut une cause de la déclaration de guerre à l'Espagne. L'exécution d'Edith Cavell pendant la Première Guerre mondiale souleva contre la brutalité teutonne plus d'indignation spontanée que les exécutions massives des Juifs pendant la Seconde. Il était facile de s'identifier à une héroïque infirmière de la Croix-Rouge, alors que des Juifs persécutés suscitent peut-être de la pitié, mais aucune poussée d'identification.

Conscience hiérarchique

Ce mécanisme par lequel la transcendance du moi sert d'instrument ou de véhicule à des émotions de la classe opposée trouve son expression la plus désastreuse dans la psychologie du groupe.

J'ai souligné plusieurs fois que les impulsions égoïstes de l'homme constituent un danger historique bien moindre que ses tendances d'intégration. L'individu qui se livre à un excès d'affirmation agressive de son moi s'expose aux représailles de la société : il se met hors la loi, il se place *en dehors* de la hiérarchie. Le vrai croyant au contraire s'*y insère* plus étroitement ; il pénètre dans le sein de l'Église ou du Parti ou généralement du holon social auquel il abandonne sa personnalité. Car l'identification sous sa forme primitive entraîne toujours une certaine dégradation de l'individualité, une certaine abdication des facultés critiques et de la responsabilité personnelle. Le prêtre est le bon pasteur de son troupeau, mais nous employons la même métaphore par dérision en parlant des masses qui suivent un démagogue comme des moutons ; les deux expressions, l'une approbatrice, l'autre péjorative, expriment la même vérité.

Ceci nous ramène à la différence essentielle entre l'*identification* primitive qui aboutit au troupeau homogène, et les formes adultes d'*intégration* à une hiérarchie sociale. Dans une hiérarchie équilibrée l'individu maintient son caractère de holon social, de tout-partie qui, en tant que totalité, jouit de l'autonomie dans les limites des contraintes imposées par les intérêts de la collectivité. Il demeure une totalité individuelle de plein droit, et on lui demande même d'affirmer ce caractère « holiste » par son originalité, son initiative et surtout sa responsabilité personnelle. Les mêmes critères s'appliquent aux grands holons sociaux — groupes professionnels, syndicats, classes sociales — des échelons supérieurs de la hiérarchie. On leur demande d'exercer les vertus contenues dans le principe de Janus : en agissant en tant que totalités autonomes et auto-régulatrices mais conformément aux intérêts nationaux — ou internationaux. On pourrait dire qu'une société idéale de ce genre possède une « conscience hiérarchique », chaque holon, à chaque niveau, étant conscient à la fois de ses droits en tant que totalité et de ses devoirs en tant que partie.

Mais les phénomènes ordinairement désignés par les termes de « mentalité de groupe » ou de « psychologie des masses » (*Massenpsychologie*) reflètent une attitude foncièrement différente. Répétons que cette attitude se fonde non pas sur l'interaction *intégrée*, mais sur un rapport d'*identification*. L'intégration à une hiérarchie sociale sauvegarde l'identité et la responsabilité personnelles de ses holons ; l'identification en suppose, tant qu'elle dure, l'abandon partiel ou total.

Nous avons vu que cet abandon peut prendre des formes diverses dont certaines sont bénéfiques et les autres nuisibles. Dans l'enchantement mystique ou esthétique le moi se dissout dans le sentiment océanique ; l'orgasme se nomme quelquefois « la petite mort » ; si la passion est aveugle, le véritable amour brouille la vue ; l'on va au théâtre pour échapper à son moi. La transcendance du moi suppose toujours un abandon ; mais la mesure et la qualité du sacrifice dépendent du degré de sublimation et de la nature de ses voies. Dans les phénomènes les plus sinistres de psychologie des masses, la sublimation est minimale et toutes les voies se trouvant *gleichgeschaltet* sont alignées dans la même direction.

Induction et hypnose

Parmi les manifestations inoffensives de psychologie de groupe, il y a des phénomènes d'une parfaite banalité comme la contagion du rire ou du bâillement ou de l'évanouissement. La contagion du rire, dans une classe ou un dortoir de jeunes filles par exemple, paraît transmise par un germe subtil qui flotte dans l'air, ou par une sorte d'induction mortelle. « Chaque fois qu'on se regardait avec Annie on se remettait à rire. À la fin on n'en pouvait plus. » Il n'y a pas que les demoiselles : les soldats alignés pour les prises d'armes sont exposés aux mêmes phénomènes : qu'un gaillard s'évanouisse, une demi-douzaine s'écroule. Dans certains meetings religieux les symptômes sont plus animés : dès que la première dévote se met à pousser des cris, à trembler, à sauter ou à se contorsionner, les autres éprouvent le besoin irrésistible de l'imiter. On a vu des manifestations plus étranges : la danse de la tarentule au Moyen Âge, les hallucinations collectives des nonnes de Loudun qui se traînaient par terre sous l'étreinte de démons obscènes, les lynchages de toute espèce, les réjouissances populaires au pied des gibets, le déferlement des joyeuses commères devenues « tricoteuses ». Mais par contraste il faut citer les rites froidement disciplinés des rassemblements de Nuremberg et des défilés sur la place Rouge, ou encore — autre contraste — les hordes hurlantes des jeunes bacchantes yé-yé et les troupes chevelues de leurs tendres Narcisses.

Tous ces phénomènes, inoffensifs, sinistres ou grotesques, ont en commun un élément fondamental : les gens qui y participent abandonnent dans une certaine mesure leurs individualités indépendantes, ils se dépersonnalisent plus ou moins ; et leurs impulsions sont dans la même mesure synchronisées, alignées dans le même sens comme de la limaille de fer aimantée. La force qui les unit reçoit des noms assez variés : « contagion sociale », « induction mutuelle », « hystérie collective », « hypnose de masse », etc. ; l'élément commun est toujours l'identification au groupe, au détriment d'une partie de l'identité personnelle. L'immersion dans l'esprit de groupe est en quelque sorte la transcendance du pauvre.

Freud et d'autres auteurs l'ont comparée aussi à un état semi-hypnotique ou quasi hypnotique.

L'état hypnotique, dont la démonstration est facile, ne se définit ni ne s'explique aisément. C'est pour cela sans doute, et aussi à cause des étranges pouvoirs qu'il confère à l'hypnotiseur, que la science occidentale l'a si longtemps traité avec méfiance et scepticisme, alors que dans les sociétés tribales et dans les grandes civilisations de l'Orient on l'a utilisé pour le bien et pour le mal. Mesmer l'employa à des cures spectaculaires, mais n'avait aucune idée du mécanisme de l'hypnose ; les explications fantaisistes qu'il empruntait au magnétisme animal, aussi bien que ses procédés de théâtre, ne firent qu'empirer le discrédit de l'hypnose. Au cours du XIXe siècle des chirurgiens anglais réussirent des opérations graves sans douleur, sous hypnose, et leurs rapports furent accueillis avec mépris. La médecine orthodoxe refusait d'admettre la réalité d'un phénomène, facilement démontrable pourtant, et qui un certain temps servit même de jeu de salon. Peu à peu le préjugé se dissipa ; Charcot et son école, et Freud à ses débuts, produisirent quotidiennement des phénomènes hypnotiques dont ils firent des procédés thérapeutiques. Déjà en 1841 le médecin écossais James Baird avait proposé le mot « hypnotisme » qui paraissait plus respectable que mesmérisme, magnétisme ou somnambulisme*. Aujourd'hui des hypnotiseurs patentés, de plus en plus nombreux, font de l'anesthésie chez les chirurgiens dentistes et en obstétrique, en psychothérapie, en dermatologie, l'hypnose est d'usage courant. Tant et si bien que l'on oublie de se demander comment elle fonctionne,

---

* Ce dernier terme était dû à un disciple de Mesmer, Chastenay de Puységur, qui avait remarqué que ses patients en transe paraissaient agir et se mouvoir comme des somnambules.

d'autant plus qu'elle est surtout difficile à expliquer en termes de psychologie de la terre plate.

Une explication, ou du moins une description, qui en vaut une autre, a été donnée par Kretschmer il y a cinquante ans : « Dans l'état hypnotique les fonctions du moi paraissent suspendues, sauf celles qui communiquent avec l'hypnotiseur comme par une fente dans un écran[11]. » La fente concentre le rayon du rapport hypnotique, le reste du monde de l'hypnotisé se trouvant éliminé ou brouillé par l'écran.

Une description plus récente, due à un psychologue d'Oxford, aboutit à des conclusions similaires :

> La transe hypnotique humaine (par opposition aux états cataleptiques chez les animaux) porte un nom qui vient d'une ressemblance avec le somnambulisme. La transe hypnotique n'est pas un état de sommeil, ni, j'y insiste, un état d'inconscience… Il n'est pas possible de la catégoriser d'une manière qui serait universellement acceptable. Elle demeure une véritable énigme. C'est certainement un état d'inertie, mais seulement pour ce qui concerne les actions spontanées. En réponse aux ordres de l'hypnotiseur une activité vigoureuse peut s'ensuivre sans interrompre la transe ni détruire le rapport. C'est ce rapport qui est si caractéristique. L'initiative de l'individu hypnotisé est soumise à celle de l'hypnotiseur, dont les suggestions ne semblent laisser aucune alternative. Si vous demandez à un ami d'aller fermer la porte il se peut qu'il le fasse ; il se peut aussi qu'il vous réponde de le faire vous-même. La personne hypnotisée se lève et va fermer la porte[12].

Et enfin, on lit dans le *Dictionnaire de Psychologie* de Drever : « *Hypnose* : état provoqué artificiellement, à maints égards semblable au sommeil, mais spécialement caractérisé par une suggestibilité exagérée et la constance du contact ou rapport avec l'opérateur[13]. »

Dans son ouvrage sur *la Psychologie du groupe et l'analyse de l'Ego*, Freud prend l'état hypnotique pour point de départ. Il regarde l'hypnotiseur et l'hypnotisé comme « un groupe de deux » et pense que la transe hypnotique donne la clef de « la profonde altération des activités mentales d'individus soumis à l'influence d'un groupe[14] ». En effet, le « pouvoir hypnotique » qu'exercent les prophètes et les démagogues sur leur public « envoûté » est devenu un tel cliché que l'on risque d'en négliger la pertinence littérale et pathologique. Il n'y a rien à changer à l'étude classique de Gustave Le Bon sur la mentalité des foules héroïques et sanguinaires de la Révolution française (étude sur laquelle Freud et d'autres ont travaillé ensuite). Chez l'individu soumis à l'influence de la foule, comme chez l'hypnotisé, l'initiative personnelle est sacrifiée au chef et « les fonctions du moi paraissent suspendues », sauf celles qui « sont en rapport avec l'opérateur ». Il s'ensuit un état d'inertie mentale, une forme atténuée de somnambulisme, un « envoûtement » qui, d'ailleurs, à tout moment, peut éclater en violences au commandement du chef. Les foules sont toujours prêtes au comportement « fanatique » (ou « héroïque »), c'est-à-dire qu'elles n'ont « plus qu'une idée », parce que les différences individuelles entre leurs membres sont temporairement suspendues et leurs facultés critiques anesthésiées ; la masse est ainsi tout entière *réduite* à un commun dénominateur primitif, un niveau de communication que tous peuvent partager : quand on n'a plus qu'une idée il faut qu'elle soit très simple. Mais en même temps le dynamisme émotif de la foule est *renforcé* par induction mutuelle entre les membres, et par le fait que les fentes de l'écran — ou les œillères — sont toutes alignées dans la même direction. C'est une sorte d'effet de résonance qui fait que les membres de la foule se sentent faire partie d'une force irrésistible — bien plus, d'une force qui, par hypothèse, *ne peut pas se tromper*. L'identification dispense de responsabilité individuelle ; comme dans le rapport hypnotique l'initiative et la responsabilité des actes du sujet sont remises à l'hypnotiseur. C'est exactement le contraire de la « conscience hiérarchique », de la conscience de liberté individuelle dans les limites d'une hiérarchie réglée. Cette conscience hiérarchique a les deux faces de Janus, la mentalité de la foule est un simple profil à œillère.

Elle ne suppose pas seulement la mise entre parenthèses de la responsabilité personnelle, mais aussi la suppression momentanée des tendances d'affirmation du moi. Nous avons déjà rencontré ce paradoxe : l'identification totale de l'individu au groupe le rend sans égoïsme en plus d'un sens. Elle le rend indifférent au danger et moins sensible à la souffrance physique : c'est encore une forme atténuée d'anesthésie hypnotique. Elle le rend capable d'accomplir des exploits fraternels, altruistes, héroïques qui peuvent aller jusqu'au sacrifice — et en même temps de se conduire avec une impitoyable cruauté envers l'ennemi ou la victime du groupe. Mais la brutalité que manifestent les membres d'une foule fanatique est impersonnelle et dénuée d'égoïsme ; elle s'exerce dans l'intérêt, ou dans l'intérêt supposé, de l'ensemble, au nom duquel l'individu doit être prêt non seulement à tuer, mais aussi à mourir. En d'autres termes, le comportement agressif du groupe est fondé chez les membres du groupe sur un comportement de transcendance du moi, qui entraîne souvent le sacrifice des intérêts personnels et même de la vie dans l'intérêt de l'ensemble. En un mot, l'égotisme du groupe se nourrit de l'altruisme des membres.

Le paradoxe est moins surprenant quand on se rappelle que le groupe est un holon social pourvu d'une structure spécifique et de règles propres qui ne sont pas celles qui gouvernent le comportement individuel de ses membres (cf. p. 57). Certes, une foule est un holon fort primitif : l'équivalent humain d'un troupeau ou d'une meute. Il n'en est pas moins vrai que la foule prise dans son ensemble n'est pas simplement la somme de ses parties et qu'elle possède des traits caractéristiques que l'on ne trouve pas au niveau des individus qui la composent*.

Il va sans dire que lorsque la fureur du groupe se déchaîne les individus peuvent donner libre cours à leurs impulsions agressives. Mais c'est une forme seconde d'agressivité, catalysée par un acte antérieur d'identification et bien distincte de l'agressivité primaire qui se fonde sur des mobiles personnels. Il se peut que les manifestations physiques de cette agressivité seconde soient indiscernables de celles de l'autre — tout comme la colère qu'excite le traître de cinéma

---

* Dans un article récent sur *L'évolution des systèmes de règles de conduite*, le professeur F. A. von Hayek s'efforce de « distinguer entre les systèmes de règles de conduite qui gouvernent le comportement des membres individuels d'un groupe (ou les éléments d'un ordre quelconque) et l'ordre ou le schéma d'actions qui en résulte pour le groupe dans son ensemble… Il devrait être évident que ces deux choses diffèrent, bien qu'en fait elles soient fréquemment confondues[15] ».

Il peut arriver que les règles qui gouvernent le comportement individuel et le comportement de groupe s'opposent diamétralement. Il y a bien longtemps, quand j'écrivais des romans, j'ai fait composer par un de mes personnages — avocat romain du Ier siècle avant Jésus-Christ — un traité intitulé : « Des raisons qui incitent les hommes à agir contre les intérêts des autres quand ils sont seuls et contre leurs propres intérêts quand ils sont en groupe[16]. »

produit les symptômes physiques d'une colère dirigée contre un être de chair et d'os. Mais dans les deux cas il s'agit d'agression en tant que processus second provenant d'une identification, soit avec le groupe, soit avec un personnage de l'écran.

Il y a des sociologues qui voient dans la guerre une manifestation des instincts agressifs refoulés ; il faut qu'ils n'aient jamais combattu dans le rang et l'on soupçonne aussitôt qu'ils n'ont pas la moindre idée de la mentalité du simple soldat en temps de guerre. On trouve chez les soldats l'attente — on a dit que l'attente occupe 90 % de la vie militaire — on trouve la rogne et la grogne, d'énormes préoccupations sexuelles, la peur de temps en temps et, surtout, l'espoir que tout cela finira bientôt et qu'on rentrera vite dans la vie civile. Mais la *haine* n'existe pas. Dans la guerre moderne l'ennemi est généralement invisible, et le « combat » se réduit au maniement impersonnel d'armes à longue portée. Dans les guerres classiques les attaques étaient lancées par des unités, c'est-à-dire par des groupes, contre des positions tenues par d'autres groupes ; on apercevait à peine les visages des ennemis qu'il fallait tuer ou qui vous tueraient ; essayer de tuer était en la circonstance une condition *sine qua non*, mais l'agressivité individuelle ne jouait à peu près aucun rôle. Pas plus, d'ailleurs, que la « défense du foyer et de la famille ». Les soldats ne combattent pas chez eux, mais à des centaines ou des milliers de kilomètres pour défendre les foyers, les familles, le territoire, etc. du *groupe* dont ils font partie. La haine exprimée et parfois réelle des Boches, des Fascistes ou des Rouges ne relève pas davantage de l'agressivité personnelle ; elle est dirigée contre un groupe, ou plutôt contre le commun dénominateur que partagent tous les membres du groupe. La victime individuelle de cette haine n'est pas punie en tant qu'individu, mais en tant que représentant symbolique du dénominateur commun.

Au cours de la Première Guerre mondiale les adversaires étaient capables de fraterniser d'une tranchée à l'autre le jour de Noël et de recommencer à se tirer dessus le lendemain de la fête. Rite, rite mortel, la guerre n'est pas le résultat de l'affirmation agressive du moi, mais de l'identification dans la transcendance du moi. Sans loyalisme envers la tribu, l'Église, le drapeau ou l'idéal, il n'y aurait point de guerres ; et le loyalisme est une belle chose. Je ne veux pas dire, bien sûr, que le loyalisme s'exprime nécessairement dans la violence collective, mais simplement qu'il en est une précondition et que le dévouement qui transcende le moi a toujours agi dans l'histoire comme catalyseur de l'agression seconde.

Les blessures du doux César

Cette idée apparemment abstraite, Shakespeare l'a exprimée avec plus de persuasion que ne sauraient le faire tous les traités de psychologie. Au troisième acte de *Jules César*, dans l'oraison de Marc Antoine, il est un moment décisif où l'orateur, délibérément, apaise la première colère superficielle des citoyens contre les conspirateurs. Il les range en cercle autour du cadavre de César, non pour les pousser déjà à la vengeance mais pour éveiller leur pitié :

> Si vous avez des larmes, préparez-vous à les verser à présent. Vous connaissez tous ce manteau. Je me rappelle la première fois que César le mit : c'était un soir d'été, dans sa tente ; ce jour-là il vainquit les Nerviens. Regardez ! À cette place a pénétré le poignard de Cassius... Et enveloppant sa face dans son manteau, au pied même de la statue de Pompée, qui ruisselait de sang, le grand César tomba. Oh ! quelle chute ce fut, mes concitoyens ! Alors vous et moi, nous tous, nous tombâmes...

Ayant ainsi identifié « vous et moi » et « nous tous » avec le dictateur mort, et avant même de montrer « les blessures du doux César, pauvres, pauvres bouches muettes et les faire parler » pour lui, il fait de la foule ce qu'il veut :

> « Ah ! vous pleurez à présent, et je vois que vous ressentez l'atteinte de la pitié ; ce sont de gracieuses larmes. Bonnes âmes, quoi ? Vous pleurez quand vous n'apercevez encore que la robe blessée de notre César ! Regardez donc : le voici lui-même mutilé comme vous voyez, par des traîtres.
>
> 1er C.   Ô lamentable spectacle !
> 2e C.   Ô noble César !
> 3e C.   Ô jour funeste !
> 4e C.   Ô traîtres ! Ô scélérats !

1er C.   Ô sanglant, sanglant spectacle !

2e C.   Nous serons vengés. Vengeance ! Marchons, cherchons, brûlons, incendions, tuons, égorgeons ! Que pas un traître ne vive* !

Et le meurtre reprend son essor sur les ailes des plus nobles sentiments.

Structure des croyances

La mentalité de groupe trouve une forme extrême dans une tourbe en action. Mais pour en être affectée il n'est pas nécessaire que la personne soit physiquement présente dans une foule : bien souvent l'identification à un groupe, une nation, une Église, un parti est très suffisante. Si l'imagination peut produire tous les symptômes physiques de l'émotion par réaction aux malheurs d'un personnage de roman, combien plus facile le sentiment d'appartenir à un groupe sans que la présence en soit requise. L'homme peut être victime d'une mentalité de groupe jusque dans sa solitude la plus intime.

La foule en action a besoin d'un chef. Il en faut aussi aux mouvements religieux et politiques pour commencer ; une fois établis, ces mouvements profitent évidemment d'une direction efficace, mais le premier besoin du groupe, le facteur qui lui donne sa cohésion de groupe, c'est un credo, un système collectif de croyances, une foi qui transcende les intérêts personnels de l'individu. Il peut s'agir d'un symbole, totem ou fétiche témoignant mystiquement de l'union des membres de la tribu. Ce peut être la conviction d'appartenir à un peuple élu dont les ancêtres ont fait alliance avec Dieu, ou à une race supérieure dont les ancêtres avaient des chromosomes de luxe, ou dont les empereurs descendent du Soleil. On peut encore être persuadé que certaines règles et certains rites donnent accès à une élite dans l'autre monde ou que le travail manuel donne accès à la classe d'élite de l'histoire.

---

* Traduction François-Victor Hugo.

Comment se forment ces puissants systèmes collectifs de croyances ? Quand l'historien essaye de remonter à leurs origines il aboutit inévitablement à la mythologie. Toute croyance chargée d'énergie émotive prend sa source dans les nappes archaïques. Pour les fondateurs de la science moderne il eût été impensable de se passer de Dieu ; Copernic était thomiste, Kepler luthérien et mystique, Galilée croyait en Dieu le Grand Géomètre, et Newton admettait que la création du monde s'était faite en 4004 avant Jésus-Christ. De même les mouvements en faveur des réformes sociales se sont d'abord fondés sur la morale chrétienne.

Le Siècle des Lumières, dont le point culminant fut la Révolution française, marqua un tournant décisif de l'histoire, comme voulut en témoigner théâtralement le geste symbolique de Robespierre installant la déesse Raison sur le trône laissé vacant par le Tout-Puissant. La pauvre déesse fit fiasco. Le mythe chrétien remontait, par la Grèce, la Palestine et Babylone, aux mythes et aux rites de l'homme néolithique ; il procurait un moule archétypique aux émotions de transcendance du moi, à la nostalgie d'absolu. Les tendances et les idéologies progressistes du xixe siècle ne purent en donner que de piètres substituts. Pour tout ce qui concerne le bien-être matériel, la santé publique et la justice sociale, cent cinquante ans de réformes laïques ont certainement apporté plus d'améliorations tangibles que quinze cents ans de christianisme ; mais pour leur reflet dans la mentalité collective c'est une autre affaire. La religion fut peut-être l'opium du peuple, mais les opiomanes ont généralement peu d'enthousiasme pour le régime sain et rationnel qu'on leur propose. Dans l'élite intellectuelle, les progrès rapides de la science donnèrent lieu à une croyance optimiste, et assez superficielle, à l'infaillibilité de la Raison, et à la parfaite clarté d'un univers dont la structure atomique transparente ne laissait aucune place aux ombres, aux crépuscules, aux mythes. La raison devait guider l'émotion comme le cavalier guide son cheval, ce cavalier qui représentait la pensée rationnelle éclairée, ce cheval qui incarnait les « sombres passions » ou « la brute qui sommeille ». Personne ne sut prévoir, nul pessimiste n'osa deviner, que l'Age de Raison s'achèverait dans la plus grande panique de l'histoire et que le cavalier ramperait sous les sabots de la bête. Et comme toujours la bête avait pour mobile un noble idéal :

le messianisme laïque de la Société Sans Classes et du Reich Pour Mille Ans ; et comme toujours nous risquons d'oublier que l'immense majorité des hommes et des femmes qui succombèrent à l'envoûtement totalitaire, poussés par des raisons dénuées d'égoïsme, étaient prêts à accepter tous les rôles qu'exigerait la cause, celui du martyr comme celui du bourreau.

Les mythes fasciste et soviétique ne furent ni l'un ni l'autre des constructions synthétiques, mais un retour aux archétypes et, par conséquent, ils furent capables d'embrasser non seulement l'élément cérébral, mais l'homme tout entier. Tous deux pouvaient créer la saturation émotionnelle.

Le caractère mythologique du fascisme n'a jamais été contesté par ses initiateurs. L'opium fut ouvertement administré aux masses par les chefs. Les archétypes du Sang et du Sol, du Surhomme vainqueur du dragon, les divinités du Walhalla et les Pouvoirs Sataniques des Juifs ont été systématiquement mobilisés au service de la nation. La moitié du génie d'Hitler fut d'avoir frappé juste sur les cordes de l'inconscient. L'autre moitié fut son éclectisme vigilant, son flair pour découvrir les méthodes ultra-modernes d'économie, d'architecture, de technique, de propagande et de guerre. Le secret du fascisme est bien dans le retour aux croyances archaïques dans un cadre ultra-moderne. L'édifice nazi était un gratte-ciel dont le chauffage central était alimenté par des sources chaudes d'origine volcanique[17].

Le mythe soviétique exerça un charme non moins profond sur une bonne part de l'humanité. La société communiste sans classes devait, au dernier tour de la spirale dialectique, ramener l'âge d'or de la mythologie. C'était la version laïque de la Terre promise et du Royaume des Cieux. L'un des traits remarquables de ce mythe archétypique est que l'avènement du Millénium doit être précédé par un violent bouleversement : épreuve de quarante ans dans le désert, Apocalypse, Jugement dernier. Leur équivalent est la liquidation du monde bourgeois par la Terre révolutionnaire. Certains textes des débuts de l'URSS, comme la littérature chinoise contemporaine exaltant la justice révolutionnaire infligée à une « société capitaliste pourrie et gangrenée », rappellent les tableaux de Grünewald et de Jérôme Bosch. Le fidèle doit avoir une sainte horreur de l'hérésie « réformiste » qui croit au passage sans massacres au socialisme (ce qui fait que les communistes dénoncent les socialistes, et les Chinois les Russes, comme traîtres à la cause). Point d'apocalypse, point de paradis.

La scission

La propagande fasciste ne se soucia guère d'harmoniser l'émotion et la raison ; elle taxait simplement de « critique destructive » toute objection logique faite à ses doctrines. Le mot attribué à Göring, « quand j'entends le mot culture, je sors mon revolver », était au moins une franche déclaration de guerre à l'intelligence. En revanche, la doctrine léniniste du socialisme scientifique était une héritière directe du Siècle des Lumières. C'était un credo parfaitement rationaliste, fondé sur une conception matérialiste de l'histoire qui tournait en dérision toute émotivité, qualifiée de « sentimentalisme petit-bourgeois ». Comment expliquer que des millions d'adeptes de cette doctrine rationaliste, intellectuels progressistes y compris, aient admis les absurdités du « culte de la personnalité », les procès-spectacles, les purges, l'alliance avec les nazis, et que ceux qui vivaient hors de Russie aient accepté cela volontairement, par auto-discipline, sans pression du Grand Frère ? Le régime stalinien a passé, mais en Chine et ailleurs on en répète fidèlement les rites de mort, en obtenant la même approbation d'une nouvelle génération de sympathisants bien intentionnés. Au moment où j'écris (fin 1966) la Chine subit une de ces purges massives qui sont endémiques dans le système ; et j'ai devant moi les commentaires de l'Agence Chine nouvelle sur un exercice de natation du président Mao Tsé-toung, « soleil radieux qui illumine tous les peuples révolutionnaires » :

> Sa traversée du Yangtsé à la nage a été un puissant encouragement pour le peuple chinois et les révolutionnaires du monde entier, et un coup très dur porté à l'impérialisme, au révisionnisme moderne et aux monstres qui s'opposent au socialisme et à la pensée de Mao Tsé-toung[18].

L'homme moderne est sans doute prêt à admettre que dans l'histoire une forte tendance paranoïaque s'est manifestée par exemple chez les Aztèques ou au temps de la chasse aux sorcières. Il est peut-être moins disposé à convenir de l'aspect tout aussi délirant de la doctrine selon laquelle « presque toute l'humanité, y compris tous les petits enfants mourant sans baptême devaient pendant l'éternité subir des tortures pires que n'en saurait infliger le plus ingénieux des mortels, avec ce corollaire que la contemplation des tortures comptait parmi les délices des élus[19] ». Or, cette doctrine, ce « rêve abominable », selon le mot de Farrar, fit partie des croyances collectives de la majorité des Européens jusqu'à la fin du XVIIe siècle et, pour beaucoup, jusqu'à une époque bien plus récente. Cependant, même ceux qui mesurent pleinement les désordres mentaux qui sont à la base de pareils « rêves » sont bien souvent enclins à les reléguer dans le passé. Il n'est pas facile d'aimer le genre humain et en même temps de reconnaître que la dose paranoïaque est, dans l'histoire contemporaine, aussi manifeste qu'autrefois, mais que les conséquences en sont plus catastrophiques et que, d'après l'évidence des faits, elle n'est pas accidentelle mais endémique, inhérente à la condition humaine.

Sous la variété des symptômes, le schéma est toujours le même : une mentalité scindée, écartelée entre la foi et la raison, entre l'émotion et l'intelligence[*]. La foi en un système de croyance collective se fonde sur un acte d'engagement affectif ; elle repousse le doute, le doute étant le mal : c'est une forme de transcendance du moi qui exige l'abandon partiel ou total des facultés critiques, et qui est comparable à l'état hypnotique.

> Newton n'a pas écrit seulement les *Principia*, mais aussi un traité sur la topographie de l'enfer. Même aujourd'hui nous avons tous des croyances qui non seulement sont incompatibles avec les faits observables, mais aussi avec les faits observés. Les vapeurs de la foi et les glaces de la raison sont enfermées ensemble dans notre cerveau, mais en général n'agissent pas l'une sur l'autre ; les vapeurs ne se condensent pas et les glaces ne fondent pas. Le cerveau humain est schizophrénien et se partage en au moins deux plans qui s'excluent mutuellement... Le primitif sait que son

---

[*] On définit d'ordinaire la schizophrénie par la dissociation des processus intellectuels et affectifs. La schizophrénie paranoïaque se caractérise par des délires persistants et systématiques.

idole est un morceau de bois sculpté et croit cependant qu'elle peut faire pleuvoir; et nos croyances ont beau s'être raffinées progressivement, notre dualité reste fondamentalement identique[20].

Jusqu'à la Renaissance du XIIIᵉ siècle ce dualisme n'entraîna apparemment aucune difficulté particulière, parce qu'il était admis que l'intelligence devait jouer le rôle subalterne de servante de la foi — *ancilla fidei*. La situation changea quand saint Thomas d'Aquin reconnut dans la « lumière de la raison » une source de savoir, indépendante des « lumières de la grâce ». De l'état de servante, la raison fut promue à celui d'associée — associée encore subordonnée mais dont on admettait l'existence de plein droit. Dès lors le conflit était inévitable. De temps à autre il éclata en crises dramatiques : supplice de Michel Servet, scandale Galilée, lutte des darwinistes et des fondamentalistes, opposition obstinée de l'Église catholique au contrôle des naissances. En pareils cas le conflit latent devient manifeste, et l'esprit divisé prend conscience de sa division et cherche à la surmonter en « prenant parti ». Mais ces confrontations au grand jour sont rares ; la façon normale de vivre l'esprit divisé est de raccommoder la coupure à coups de rationalisations et de pseudo-raisonnements : techniques subtiles qu'ont gracieusement enseignées, à toutes les époques, des dialecticiens d'obédiences diverses, depuis les théologiens jusqu'aux évangélistes marxiens. Ainsi arrive-t-on à un *modus vivendi*, appuyé sur des illusions et qui perpétue le courant délirant. Cela ne s'applique pas seulement à l'Occident, mais tout aussi bien à l'hindouisme, à l'islam, au bouddhisme militant ; l'histoire de l'Asie est aussi sanglante, aussi sainte, aussi cruelle que la nôtre.

Les conforts de la double pensée

En somme, sans croyance transcendantale, chaque homme est une misérable petite île. Le besoin de transcender le moi grâce à quelque « expérience-sommet » (religieuse ou esthétique), et (ou) par l'intégration sociale, est inhérent à la condition humaine. Les croyances transcendantales proviennent de certaines structures archétypiques récurrentes qui évoquent des réactions émotives instantanées*. Mais dès qu'elles sont institutionnalisées en tant que propriété collective d'un groupe elles dégénèrent en doctrines rigides qui, sans perdre leur ascendant émotif sur le croyant, font virtuellement outrage à sa raison. C'est ce qui entraîne la coupure : l'émotion réagit au cri du muezzin, l'intelligence se rétracte. Pour éliminer ce désaccord on a trouvé à diverses époques des formes assez diverses de duplicité mentale ; et ce furent autant de puissantes techniques d'aveuglement, les unes grossières, d'autres très raffinées. Les religions laïques, les idéologies politiques tirent aussi leurs origines de l'antique nostalgie d'une société idéale ; mais lorsqu'elles se cristallisent en mouvement ou en parti, il leur arrive de se déformer à tel point que l'action menée dans la réalité contredit carrément l'idéal professé. Si les mouvements idéalistes, religieux ou laïques, ont cette tendance apparemment inévitable à se caricaturer eux-mêmes, la raison en est aux singularités de l'esprit de groupe : sa tendance au simplisme intellectuel combiné à l'émotivité, et sa suggestibilité quasi hypnotique aux figures de chefs et aux systèmes de croyances.

Je puis en parler d'expérience pour avoir appartenu pendant sept ans (1931-1938) au parti communiste au temps de la terreur stalinienne. En racontant cette époque j'ai décrit les opérations de l'esprit dupé comme les manœuvres compliquées d'une défense de la citadelle de la foi contre les incursions hostiles du doute. Plusieurs lignes concentriques de défense protègent la forteresse. Les murs extérieurs sont là pour écarter les faits désagréables. Pour les esprits simples cela est facilité par la censure officielle, la suppression de toute littérature dangereuse et par la crainte de se laisser contaminer, ou compromettre, par des contacts avec les gens suspects d'hérésie. Si grossières que soient ces méthodes, elles ont vite fait d'imposer une vue du monde bornée et sectaire. Éviter l'information défendue, cette attitude est d'abord imposée de l'extérieur ; elle devient bientôt une habitude, une révulsion contre les paquets de mensonges colportés par l'ennemi. Pour la majorité des fidèles, cela suffit amplement à assurer un loyalisme sans faille ; les esprits plus exigeants sont souvent

---

* Cf. l'ouvrage classique de William James sur *Les Variétés de l'expérience religieuse*, et l'étude plus récente d'Alister Hardy, *The Divine Flame*.

contraints de reculer sur des positions intérieures. En 1932 et 1933, années de la grande famine qui suivit la collectivisation forcée des terres, j'ai beaucoup voyagé en Union soviétique en écrivant un livre qui ne fut jamais publié. J'ai vu les villages déserts, les gares envahies par des foules de familles qui mendiaient et les nourrissons squelettiques, proverbiaux, mais pas tout à fait réels, avec leurs bras comme des bâtons, leurs ventres gonflés, leurs têtes cadavériques.

Je réagis au choc brutal de la réalité sur l'illusion d'une façon carac-téristique du vrai croyant. J'étais étonné, éberlué, mais les pare-chocs élastiques que je devais à l'éducation du Parti se mirent aussitôt à opérer. J'avais des yeux pour voir, et un esprit conditionné pour éliminer ce qu'ils voyaient. Cette « censure intérieure » est plus sûre et plus efficace que n'importe quelle censure officielle. Cela m'aidait à surmonter mes doutes et à remodeler mes impressions dans la forme désirée. J'appris à classer automatiquement tout ce qui me choquait dans la case des « legs du passé » ; et tout ce qui me plaisait dans celle des « germes du futur ». Au moyen de cette trieuse automatique installée dans sa pensée, il était encore possible en 1932 pour un Européen de vivre en Russie et de rester, malgré tout, communiste. Tous mes amis avaient une de ces trieuses automatiques dans le crâne. L'esprit communiste avait perfectionné les techniques de la duperie de soi-même autant que celles de la propagande de masses. La censure intérieure chez le vrai croyant complète l'œuvre de la censure officielle ; elle est aussi tyrannique que l'obéissance imposée par le régime ; l'homme terrorise lui-même sa conscience, il a un rideau de fer dans le crâne pour protéger ses illusions contre l'intrusion du réel[21].

Ainsi prospère le monde magique de la double pensée. *Le laid est beau, le faux est vrai, et inversement.* Cette phrase n'est pas d'Orwell ; elle a été écrite avec le plus grand sérieux par feu le professeur Suzuki, apôtre du zen moderne, pour illustrer le principe de l'identité des contraires[22]. Les perversions du zen pop veulent que l'on jongle avec l'identité des contraires, celles du communiste que l'on jongle avec la dialectique de l'histoire, celles de la scolastique que l'on combine la Sainte Écriture avec la logique d'Aristote. Les axiomes diffèrent, le mécanisme de la duperie suit à peu près le même schéma. Les faits et les arguments qui réussissent à franchir les remparts extérieurs sont remodelés par la méthode dialectique jusqu'à ce que le « faux » devienne « vrai », la tyrannie démocratie authentique, et la vessie lanterne.

> Peu à peu j'appris à me méfier de ma préoccupation des faits et à regarder le monde à la lumière de l'interprétation dialectique. Cela était satisfaisant et même très plaisant ; quand on possédait bien la technique les prétendus faits prenaient automatiquement la bonne couleur et se rangeaient dans la bonne case. Moralement et logiquement le Parti était infaillible ; moralement parce que ses objectifs étaient justes, c'est-à-dire en accord avec la Dialectique de l'Histoire ; logiquement parce que le Parti était à l'avant-garde du prolétariat et que le prolétariat incarnait le principe actif de l'Histoire… Je vivais dans un monde mental qui était un "univers clos" comparable à l'univers autarcique du Moyen Âge. Tous mes sentiments, toutes mes attitudes envers l'art, la littérature, les relations humaines furent reconditionnées et remodelées conformément à ce schéma[23*].

Le trait le plus frappant du système paranoïaque est sa consistance interne : le malade peut l'exposer avec une force de persuasion extraordinaire. Il en va à peu près de même pour tout « système clos » : j'entends par là une matrice cognitive gouvernée par des règles et qui possède trois caractéristiques principales. En premier lieu elle prétend représenter une vérité universelle, capable d'expliquer tous les phénomènes et de guérir tous les maux de l'humanité. En second lieu, le système ne peut pas être réfuté par les faits puisque toutes les données dangereuses sont automatiquement modifiées et réinterprétées pour pouvoir cadrer avec le schéma. Ces métamorphoses s'opèrent au moyen d'une casuistique compliquée fondée sur des axiomes puissamment émotifs et indifférente aux règles de la logique ordinaire. Troisièmement le système annule

---

* Ces lignes datent de 1952. Quinze ans après, le décor a changé, la pièce continue : « D'après la presse chinoise les œuvres de Shakespeare sont "fondamentalement opposées au réalisme socialiste"… Quant à Carmen, de Bizet, ce n'est que de la "propagande pour la sexualité et l'individualisme". La 9e Symphonie de Beethoven est infectée du concept "d'amour humaniste bourgeois". L'intérêt pour la musique classique bourgeoise ne peut que "paralyser la résolution révolutionnaire" — et l'on discerne des "vues révisionnistes" dans Anna Karénine, de Tolstoï[24]. »

toute critique en expliquant tous les arguments critiques par des motivations subjectives elles-mêmes déduites des axiomes du système. L'école freudienne orthodoxe à ses débuts faillit bien être un système clos : si l'on objectait que pour telle et telle raison on doutait de l'existence du complexe de castration, le freudien vous répliquait que cet argument trahissait une résistance inconsciente qui indiquait que vous aviez vous-même un complexe de castration : on était enfermé dans un cercle vicieux. De même si vous disiez à un stalinien que le pacte avec Hitler vous paraissait déplorable, il vous expliquait que votre conscience de classe, en tant que bourgeois, vous interdisait de comprendre la dialectique de l'histoire. Et si un paranoïaque vous confie que la Lune est une sphère creuse que les Martiens ont emplie de vapeurs aphrodisiaques afin d'endormir l'humanité, et que vous objectiez que cette attrayante théorie manque de preuves, il vous accusera aussitôt d'appartenir à la conspiration mondiale des ennemis de la vérité.

Un système clos est une structure cognitive déformée, c'est de la géométrie non euclidienne dans un espace courbe où les parallèles se coupent, ou les droites s'enroulent. Ses règles se fondent sur un axiome, postulat ou dogme central, auquel le sujet est affectivement engagé et d'où se déduisent les règles de la métamorphose du réel. La déformation ainsi obtenue se mesure en degrés, et cette mesure est un critère important de la valeur d'une théorie. Il peut s'agir d'une forme bénigne de duperie de soi-même chez le savant involontairement enclin à jongler un peu avec les données, et à l'autre extrême il peut s'agir des systèmes délirants du paranoïaque qu'on enferme. En déclarant : « Si les faits ne cadrent pas avec la théorie, les faits ont tort », Einstein faisait preuve d'humour ; et cependant il exprimait les sentiments profonds de l'homme de science attaché à sa théorie. Nous l'avons vu : de temps en temps une mise en vacance de la logique stricte en faveur d'un abandon temporaire aux jeux clandestins est un facteur important de la créativité scientifique et artistique. Mais les génies sont rares. Et si parfois les génies se complaisent à ces jeux non euclidiens où le raisonnement se laisse guider par un préjugé affectif, c'est du moins un préjugé individuel, une déviation dont ils sont responsables ; tandis que l'esprit de groupe reçoit ses croyances de ses chefs ou de son catéchisme, toutes faites.

Mais encore une fois il est d'une importance décisive de connaître le degré de déformation logique nécessaire à l'esprit dupé pour croire et rester content de croire. C'est ce qui permet de répondre au relativisme éthique qui proclame cyniquement que tous les politiciens sont corrompus, et que toutes les idéologies, toutes les religions sont des impostures. Le pouvoir corrompt : cela ne veut pas dire que les hommes au pouvoir sont tous également corrompus.

L'esprit de groupe en tant que holon

J'ai parlé plus haut de la tendance des organes hyperexcités à s'imposer au détriment de l'ensemble, et je suis passé à la pathologie des structures cognitives déréglées : les idées fixes du maniaque, les obsessions, les systèmes clos centrés sur des vérités partielles qui se prétendent vérité absolue. À un niveau supérieur de la hiérarchie se rencontrent, avec des symptômes analogues, des manifestations pathologiques de l'esprit de groupe. La différence entre ces deux sortes de désordre mental est la même qui sépare l'agressivité première, individuelle, de l'agressivité seconde provenant de l'identification de l'individu à un holon social. Le maniaque épris de ses obsessions, le malade interné qui se croit victime d'une conspiration sinistre, sont désavoués par la société ; leurs obsessions ont des objectifs intimes et inconscients. En revanche les délires collectifs de la foule ou du groupe se fondent non pas sur des déviations de l'individu, mais sur sa tendance au conformisme. L'individu qui viendrait affirmer aujourd'hui qu'il a fait un pacte avec le diable et qu'il partage son lit avec des succubes, se verrait promptement envoyé à l'hôpital. Or, il n'y a pas si longtemps que de telles croyances allaient de soi, approuvées qu'elles étaient par le « bon sens » lequel ne diffère pas du sens « commun ».

Nous avons laissé entendre que les maux de l'humanité sont causés non pas par l'agressivité des individus, mais parce que les individus en transcendant leur moi s'identifient à des groupes qui ont pour caractéristiques la bêtise et l'extrême émotivité. Nous en arrivons à la conclusion parallèle que les tendances pathologiques qui traversent toute l'histoire ne sont pas dues à des formes de folie individuelles, mais aux délires collectifs qu'engendrent des systèmes de croyance fondés sur l'émotion. Nous avons vu que la cause profonde de ces manifestations pathologiques est la coupure entre la raison et la foi, ou, plus généralement, le manque de coordination entre facultés émotives et facultés critiques. Il nous faudra savoir maintenant si l'on peut remonter à la cause de cette coordination défectueuse, de ce désordre dans la hiérarchie, dans l'évolution du cerveau humain. Au cas où la neurophysiologie, bien qu'elle soit encore dans l'enfance, saurait nous donner quelque indication sur les causes de la maladie, nous nous rapprocherions d'un diagnostic sincère et pourrions apercevoir, peut-être, dans quelle direction chercher le remède.

Résumé

Les considérations exposées dans les chapitres précédents nous ont amenés à distinguer trois facteurs dans l'émotion : la nature de la pulsion, la tonalité hédonique, et la polarité des tendances à l'affirmation du moi et à la transcendance du moi.

Dans des conditions normales ces deux tendances s'équilibrent. Dans des conditions de stress la tendance à l'affirmation du moi risque d'échapper à tout contrôle et de se manifester dans un comportement agressif. Au plan historique cependant les méfaits causés par la violence individuelle pour des mobiles égoïstes sont insignifiants par rapport aux ravages perpétrés par le dévouement transcendantal à des systèmes de croyances collectives. Il y a dans ce dévouement identification primitive au lieu d'intégration sociale réfléchie ; on y trouve l'abandon partiel de la responsabilité personnelle, on y reconnaît les phénomènes quasi hypnotiques de la psychologie du groupe. L'égotisme du holon social se nourrit de l'altruisme des membres du groupe. Le sacrifice humain, dont les rites ont été universels à l'aube de toutes les civilisations, est un des premiers symptômes de la coupure entre la raison et les croyances fondées sur l'émotion, rupture qui provoque le courant de désordre mental qui traverse toute l'histoire.

XVI

LES TROIS CERVEAUX

Je n'ai aucune envie de laisser le domaine du psycho-
logique flotter en l'air sans fondement organique...
Que les biologistes aillent aussi loin qu'ils peuvent,
allons aussi loin que nous le pourrons. Un jour nous
nous rencontrerons.

Sigmund FREUD.

Donc : lorsque l'on contemple les folies sanglantes de notre histoire il semble extrêmement probable que l'*homo sapiens* est le résultat d'une remarquable erreur dans le processus de l'évolution. L'antique doctrine du péché originel, dont on trouve des variantes dans les mythologies les plus diverses, indique peut-être que l'homme s'est toujours rendu compte de sa déficience, qu'il a toujours eu l'intuition d'un accident qui se serait produit quelque part au commencement de sa lignée.

Défauts de fabrication

La stratégie de l'évolution, comme toutes les stratégies, s'expose à l'erreur. Il n'y a rien de particulièrement improbable à penser que l'équipement inné de l'homme, encore que supérieur à celui de toute espèce connue, puisse néanmoins souffrir d'un grave défaut de montage dans son instrument le plus délicat et le plus précieux : le système nerveux central.

L'alouette est-elle plus heureuse que la truite ? Que l'on en dispute si l'on veut. Il s'agit de deux espèces stagnantes, mais bien adaptées à leurs modes de vie, et dire que ce sont des erreurs de l'évolution parce qu'elles n'ont pas assez de cerveau pour écrire des poèmes serait témoigner d'un orgueil vraiment excessif. Quand le biologiste parle d'erreurs évolutionnaires il a en tête quelque chose de plus tangible et de plus précis : une déviation évidente par rapport aux normes d'efficacité de la nature elle-même, un défaut de construction qui prive un organe de sa valeur de survie : par exemple les bois monstrueux de l'élan irlandais. Certaines tortues, certains insectes sont tellement mal équilibrés que si, en se battant ou par malchance, ils tombent sur le dos ils ne peuvent se relever et meurent de faim : erreur de construction grotesque dont Kafka a fait un symbole de l'infirmité humaine. Mais avant de parler de l'homme il faut examiner brièvement deux erreurs de l'évolution en matière de construction du cerveau, qui sont plus anciennes et qui eurent de très graves conséquences.

La première concerne le développement cérébral des arthropodes qui, avec plus de sept cent mille espèces connues, constituent de loin le plus grand phylum du règne animal. Des cirons microscopiques aux crabes géants en passant par les mille-pattes, les insectes et les araignées, toutes ces espèces ont une chose en commun : leurs masses ganglionnaires, précurseurs du cerveau, entourent leurs canaux alimentaires. Chez les vertébrés le cerveau et la moelle épinière sont dorsaux : ils sont placés derrière le canal alimentaire. Chez les invertébrés la chaîne nerveuse principale est ventrale, et elle se termine par une masse ganglionnaire située au-dessous de la bouche. Cette masse est phylogénétiquement la partie la plus ancienne du cerveau ; la partie plus récente et plus complexe s'est développée *au-dessus*, au voisinage des yeux ou d'autres récepteurs. Ainsi le tube alimentaire passe-t-il au milieu de la masse cérébrale en évolution ; stratégie déplorable puisque si le cerveau grossit le tube alimentaire sera de plus en plus comprimé (Fig. 11).

FIGURE 11

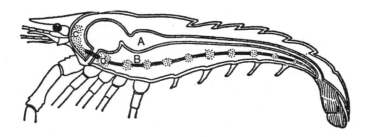

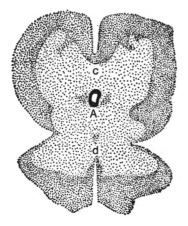

En haut : Rapport entre le canal alimentaire (A) et le système nerveux (B) d'un invertébré. Les masses ganglionnaires supérieure (*c*) et inférieure (*d*) compriment le canal alimentaire. (D'après Wood Jones et Porteus.)

En bas : Section du « cerveau » d'un invertébré du genre scorpion. Les masses ganglionnaires supérieure et inférieure (*c* et *d*) compriment l'étroit canal alimentaire (A) situé au centre. (D'après Gaskell.)

Dans ces conditions, écrit Gaskell (*The Origin of Vertebrates*), le progrès aboutit nécessairement à une crise, étant donné l'inévitable compression du canal alimentaire par la croissance de la masse nerveuse…

Au moment où les vertébrés firent leur apparition, le sens et le progrès des variations chez les arthropodes conduisaient à un terrible dilemme : ou bien la capacité d'absorber la nourriture sans assez d'intelligence pour la capturer, ou bien une intelligence suffisante pour s'emparer de la nourriture et aucune possibilité de la consommer[1].

Le dilemme a dû être particulièrement grave pour « les animaux comme les scorpions et les araignées dont la masse ganglionnaire entoure et comprime le tube alimentaire de telle sorte que rien ne peut passer dans l'estomac sauf les liquides ; le groupe tout entier est devenu suceur de sang. Des animaux de ce genre, les scorpions de mer, étaient l'espèce dominante au moment de l'apparition des vertébrés… L'évolution exigeait un cerveau de plus en plus gros en entraînant comme conséquence une difficulté d'alimentation de plus en plus grande[2] ».

Un autre zoologiste, Wood Jones, ajoute à ce propos :

Devenir suceur de sang, c'est l'échec. C'est une spécialisation qu'accompagne la sénilité phylogénétique, et qui annonce la mort phylogénétique. Voilà la fin du progrès de l'évolution cérébrale chez les invertébrés. Face à l'affreuse alternative d'un avancement intellectuel accompagné de la certitude de mourir de faim ou de la stagnation intellectuelle accompagnée de l'incapacité de manger de vrais repas, ils devaient forcément choisir la stagnation pour pouvoir survivre. Les invertébrés commirent une erreur fatale quand ils commencèrent à se bâtir un cerveau autour de l'œsophage. Leur tentative fut un échec… Il fallait un nouveau départ[3].

Cet échec apparaît dès que l'on constate que même chez les formes supérieures d'invertébrés, les insectes sociaux, le comportement est presque entièrement régi par l'instinct ; l'apprentissage par expérience joue relativement un faible rôle. Et comme tous les membres de la ruche descendent du même couple, sans variétés héréditaires discernables, ils ont fort peu d'individualité : les insectes ne sont pas des personnes. Notre admiration pour la merveilleuse organisation de la ruche ne doit pas nous le dissimuler. Chez les vertébrés au contraire, à mesure qu'on s'élève sur l'échelle de l'évolution, l'apprentissage individuel joue un rôle croissant par rapport à l'instinct — grâce à l'accroissement de la taille et de la complexité du cerveau, qui a pu grossir sans nous contraindre à ne manger que de la bouillie.

Le deuxième récit exemplaire concerne nos vieux amis les marsupiaux, que j'ai appelés les parents pauvres des placentaires parce que chacune de leurs espèces, de la souris au loup, est d'une « facture » inférieure si on la compare à son homologue de la série placentaire. Wood Jones, qui est australien, écrit avec regret : « Ce sont des ratés. Chaque fois qu'un marsupial rencontre un mammifère placentaire il succombe à l'astuce de celui-ci et il est forcé de lui laisser la place. Le renard, le chat, le chien, le lapin, le rat et la souris sont en train d'éliminer leurs parallèles du phylum marsupial[4]. »

La raison en est simple : le cerveau des marsupiaux n'est pas seulement plus petit, il est d'une construction très inférieure. Il existe une sarigue et un lémurien, l'un et l'autre arboricoles et nocturnes, qui présentent certaines ressemblances de taille, d'apparence et d'habitudes. Mais chez le marsupial un tiers environ des hémisphères cérébraux est consacré à l'odorat — la vue, l'ouïe et toutes les fonctions supérieures devant se partager les deux tiers restant. Le lémurien au contraire, plus petit que la sarigue, a un cerveau qui non seulement est plus gros, mais dont la zone consacrée à l'odorat est devenue relativement insignifiante, pour laisser la place, comme il se devait, à celles qui servent des fonctions plus vitales pour une créature arboricole.

Quand les marsupiaux s'installèrent dans les arbres, leur odorat aurait dû perdre de son importance par rapport aux récepteurs à plus grande distance, la vue et l'ouïe, et leur système nerveux aurait dû refléter ce changement. Mais à la différence de nos ancêtres, les placentaires arboricoles, ils n'ont pas opéré ce changement. De plus il leur manque un constituant important du cerveau, que l'on appelle corps calleux, conduit nerveux qui, chez les placentaires, relie les zones « nouvelles » (non olfactives) des deux hémisphères cérébraux. Bien que les détails de son fonctionnement demeurent problématiques, ce corps calleux joue certainement un grand rôle d'intégration, et le développement cérébral des marsupiaux semble avoir beaucoup souffert de son absence.

C'est avec le koala que ce développement s'est arrêté. « C'est le plus grand des marsupiaux arboricoles, nous rappelle Wood Jones, et

le mieux adapté. Pour la taille on peut le comparer au singe patas[5]. »
Mais par rapport à ce singe le koala fait piètre figure : « Il ne grimpe
plus aux arbres, il s'y accroche. Ses mains sont devenues des crochets,
les doigts ne servent plus à cueillir des fruits ou des feuilles ou à
explorer les objets, mais simplement à fixer l'animal, au moyen de
leurs longues griffes recourbées, à l'arbre auquel il s'accroche[6]. »

Il ne peut faire autrement parce que son principal sens est encore
l'odorat, lequel n'est guère utile à un animal arboricole. Le koala pense
avec son nez. Il a un cerveau qui, pour le poids, n'est que le septième
de celui du singe, et dont la plus grande part est occupée par la zone
olfactive qui, chez le singe, a presque disparu ; en outre les zones non
olfactives, chez le koala, n'ont pas de corps calleux pour les relier.
Le koala s'est arrêté au terme de l'évolution des marsupiaux, il reste
accroché à son eucalyptus comme une hypothèse abandonnée, tandis
que son cousin le singe se tient au commencement de l'évolution qui
va des primates à l'homme. Il serait passionnant de savoir si, au cas
où ils auraient été équipés d'un corps calleux, les marsupiaux auraient
engendré un parallèle marsupial de l'homme, comme ils ont donné
des parallèles marsupiaux de l'écureuil et du loup.

« Une excroissance tumorale »

Mais avant de nous féliciter d'avoir un cerveau supérieur qui ne
nous étrangle pas l'œsophage ni ne nous condamne à vivre avec le
nez, nous ferions bien de nous demander si l'homme ne recèle pas
dans son crâne un défaut de construction plus grave peut-être que ceux
dont souffrent arthropodes et marsupiaux ; une erreur de construction
qui le menace d'extinction — mais qui pourrait encore se corriger
par un suprême effort d'auto-réfection.

Un tel soupçon vient en premier lieu de la rapidité extraordinaire
de la croissance du cerveau humain dans l'évolution : rien de pareil
ne s'est jamais produit dans l'histoire des espèces. « Nous savons
maintenant d'après l'étude des fossiles, écrit le professeur Le Gros
Clark, que le cerveau des hominidés n'a pas commencé à grossir de
façon significative avant le début du Pléistocène, alors qu'à partir du
milieu du Pléistocène (environ 500 000 ans) son expansion s'est faite

à une vitesse absolument remarquable — dépassant de loin le rythme des changements évolutionnaires qui s'étaient produits jusqu'alors dans les caractéristiques anatomiques des animaux inférieurs... La rapidité de l'expansion du cerveau au cours du Pléistocène est un exemple de ce qu'on a appelé l'évolution explosive[7]. »

Citons encore ces lignes de Judson Herrick (*The Evolution of Human Nature*) :

> L'histoire de la civilisation est une chronique de l'enrichissement lent mais magnifique de la vie humaine, coupée d'épisodes de destruction absurde de ce qui se trouve accumulé de richesses et de valeurs spirituelles. Ces retours périodiques à la bestialité semblent augmenter de virulence et de violence désastreuse, au point que nous sommes menacés aujourd'hui de perdre tout ce que nous avons acquis en luttant pour une vie meilleure.
>
> Devant ce constat on a émis l'hypothèse que la croissance du cerveau humain a été si loin et s'est faite si vite que le résultat en est proprement pathologique. Le comportement normal dépend de la préservation d'une interaction équilibrée entre facteurs d'intégration et de désintégration, entre structures totales et structures locales et partielles. Donc, prétend-on, le cortex humain serait une sorte d'excroissance tumorale devenue si grosse que ses fonctions échappent au contrôle normal et qu'elle « s'emballe » comme une machine à vapeur qui a perdu son régulateur.
>
> Cette ingénieuse théorie a été publiée par Morley Roberts et citée, apparemment avec approbation, par Wheeler[8]. Leurs arguments semblent valables si l'on tient compte de l'histoire des guerres, des révolutions et des empires écroulés et du bouleversement mondial d'aujourd'hui qui menace la civilisation de destruction totale. Mais au point de vue neurologique c'est un non-sens[9].

Sous cette forme c'est en effet un non-sens. Ce n'est pas simplement en raison de ses dimensions que les « fonctions du cortex échappent au contrôle normal ». Il faut chercher une cause plus plausible.

La cause que paraissent nous indiquer les recherches contemporaines n'est pas l'accroissement quantitatif du cerveau, mais *l'insuffisance de la coordination* entre l'archicortex et le néocortex — entre les zones de notre cerveau qui sont phylogénétiquement anciennes et les zones nouvelles, spécifiquement humaines, qui ont été superposées aux premières avec tant de hâte. Ce manque de coordination entraîne, selon la phrase de P. MacLean, « une dichotomie dans le fonctionnement des cortex ancien et nouveau qui pourrait rendre compte des différences entre comportement émotif et comportement intellectuel[10] ». Alors que « nos fonctions intellectuelles s'accomplissent dans la partie la plus récente et la plus développée du cerveau, notre comportement affectif continue d'être dominé par un système relativement grossier et primitif. Cette situation aide à comprendre la différence entre ce que l'on "sent" et ce que l'on "sait"[11]... ».

Voyons d'un peu plus près ce que peuvent contenir ces déclarations de l'éminent neurophysiologiste.

La physiologie de l'émotion

La distinction entre savoir et sentir, entre la raison et l'émotion, remonte aux Grecs. Dans le *De Anima*, Aristote fait des sensations viscérales la *substance* de l'émotion, qu'il oppose à la *forme* c'est-à-dire au contenu idéationnel de l'émotion. La connexion intime entre l'émotion et les viscères est affaire d'expérience commune et elle a toujours été admise sans discussion par les profanes comme par les médecins : nous savons tous que l'émotion affecte le pouls et les battements du cœur, que la peur stimule les glandes sudoripares et le chagrin les glandes lacrymales, et que les systèmes respiratoire, digestif et, bien entendu, reproductif, sont engagés dans l'expérience de l'émotion. À telle enseigne que le mot « viscéral » suffit à qualifier certaines émotions, y compris le courage ou la peur, et la pitié, qui loge dans les « entrailles ».

Jusqu'en plein XVIIIᵉ siècle la médecine suivit la doctrine de Galien d'après laquelle les pensées circulaient dans le cerveau et les émotions dans les vaisseaux du corps. Au début du XIXᵉ siècle ce dualisme céda définitivement à une version plus moderne : dans ses livres extrêmement féconds, *Anatomie générale*, et *Recherches physiologiques sur la Vie et la Mort*, Xavier Bichat établit une distinction fondamentale entre le *système nerveux cérébro-spinal*, s'occupant de toutes les transactions *externes* de l'animal avec son milieu, et le système « ganglionnaire », ou *système nerveux autonome*, contrôlant tous les organes qui servent à des fonctions *internes*. Le premier système était régi par un centre unique, le cerveau ; le second obéissait à un grand nombre de « petits cerveaux », tels que le plexus solaire, répartis en plusieurs points du corps. Bichat tenait le système nerveux cérébro-spinal pour responsable de tous les actes volontaires, le système autonome, maître des viscères, échappant au contraire à la volonté, de même, naturellement, que les passions ou émotions qui appartenaient toutes au domaine viscéral.

Après avoir régné un siècle, la doctrine de Bichat a perdu presque toute valeur sur la plupart des points ; mais la distinction entre les fonctions des deux systèmes et leur correspondance avec le vieux dualisme de la pensée et de l'émotion demeure généralement valable. Certes on ne croit plus que l'expérience de l'émotion soit localisée dans de « petits cerveaux » au voisinage du cœur ou des intestins. Toute expérience a son centre dans le cerveau, y compris le contrôle du système autonome qui veille aux fonctions viscérales. Naturellement les viscères obéissent à une structure cérébrale très ancienne phylogénétiquement, la région de l'hypothalamus (du grec *thalamos*, la chambre nuptiale, au plus profond de la maison). C'est la zone cruciale, située à proximité de la glande pituitaire et des vestiges du cerveau olfactif primitif, qui régit les fonctions viscérales glandulaires échappant au contrôle de la volonté et qui est intimement liée à l'expérience émotive.

Il ne faut pas en conclure que l'hypothalamus est le « siège » des émotions : ce serait laisser de côté l'aspect idéationnel et réduire les émotions à des réactions viscérales pures et simples. William James était fort proche de cette position dans son fameux article de 1884 qui lança la théorie des émotions de James et Lange. En gros cette théorie affirmait que dans les situations qui requièrent des réactions viscérales (par exemple, l'accélération des battements du cœur dans la fuite devant un danger) la sensation que l'on a de ces réactions *est* l'émotion. Le cœur ne bat pas plus vite parce que l'on a peur, on a peur parce que le cœur bat plus vite ; et l'on se sent triste parce que l'on pleure. C'est la perception de nos réactions viscérales qui colore affectivement l'expérience. La réaction viscérale elle-même, innée ou acquise, est automatique et inconsciente.

Cette théorie de James et Lange a soulevé des controverses qui, quatre-vingts ans après, ne sont pas encore tout à fait apaisées. On crut pourtant qu'en 1929 Walter Cannon lui donna le coup de grâce en montrant que le comportement émotif persiste quand le contact entre les viscères et le cerveau a été coupé. Plusieurs expériences ont en effet jeté le discrédit sur la doctrine de James* qui, si elle affirme que les émotions ne sont « pas autre chose » que les réactions viscérales, est évidemment insoutenable. Mais sa vitalité même témoigne du solide élément de vérité qu'elle contient : comme l'affirme l'observation quotidienne, des sensations organiques diffuses provenant de processus internes qui échappent au contrôle de la volonté entrent pour une part essentielle dans la composition de toute expérience émotive. La théorie de Cannon insistait sur les changements organiques dans les « réactions d'urgence » à la faim, à la douleur, à la colère et à la peur, qui passent par l'hormone adrénaline et le système nerveux autonome. Mais l'attention passait des mécanismes viscéraux aux mécanismes cérébraux qui les contrôlent dans l'hypothalamus : Cannon voyait dans les changements organiques les *expressions* de l'émotion, plutôt que ses causes.

La théorie de Cannon a été critiquée à son tour par Lashley et par d'autres psychologues. Sans entrer dans les détails techniques on peut conclure en tout cas que les émotions sont des « pulsions surchauffées » — dues à des stimulations internes et (ou) externes — qui se trouvent temporairement, voire de façon permanente, privées d'issue adéquate ; l'excitation endiguée stimule l'activité viscérale et glandulaire, affectant la circulation, la digestion, le tonus musculaire, etc. ; « les réverbérations de l'organisme total peuvent alors s'enregistrer au centre comme émotion ressentie » (Herrick[13]). Mandler écrit à ce propos : « En ce qui concerne l'arrière-plan physique de l'émotion, on peut convenir avec le sens commun qu'une sorte de réaction viscérale interne accompagne la production d'un comportement émotif[14] ».

---

* Néanmoins, Mandler a montré récemment que les expériences apparemment décisives de Cannon peuvent s'interpréter autrement : « Si les changements viscéraux sont essentiels à l'établissement du comportement émotionnel, plus tard ce comportement peut avoir été conditionné à des stimuli externes et se produire sans support viscéral… Il faut sans doute dire qu'il n'y aura comportement émotionnel que si des structures et des réactions viscérales intactes ont médiatisé auparavant le lien entre conditions du milieu et comportement… La réaction viscérale est importante pour l'établissement, non pour l'entretien du comportement émotionnel[12]. »

Et l'on constate en outre que *ces réponses viscérales dépendent de structures cérébrales archaïques* dont le schéma fondamental, tout au long de l'évolution, a fort peu changé « depuis la souris jusqu'à l'homme. » (MacLean.)

Les trois cerveaux

Après cette excursion historique revenons à la question des rapports entre ces structures archaïques (et entre les sentiments archaïques auxquels elles donnent lieu) et les nouvelles structures, les nouvelles fonctions de nos cerveaux. La citation suivante, due au professeur Paul MacLean, nous introduira d'emblée au cœur du problème.

L'homme se trouve dans la situation embarrassante d'avoir reçu essentiellement de la nature trois cerveaux qui, malgré de grandes différences de structure, doivent communiquer et fonctionner ensemble. Le plus ancien de ces cerveaux est fondamentalement reptilien. Le second est hérité des mammifères inférieurs, le troisième, s'étant développé récemment chez les mammifères et atteignant son point culminant chez les primates, a rendu l'homme singulièrement homme.

Pour parler allégoriquement de ces trois cerveaux dans le cerveau on peut imaginer que le psychiatre qui fait étendre son malade lui demande de partager le divan avec un cheval et un crocodile. Le crocodile est tout prêt à verser des larmes, le cheval veut bien hennir, mais lorsqu'on les encourage à exprimer verbalement leurs ennuis il devient vite évident qu'aucun enseignement du langage ne peut les aider. Comment s'étonner que le malade qui est personnellement responsable de ces animaux et qui doit leur servir de porte-parole se voie accuser de résistance et de mutisme obstiné[15] ?... Le cerveau reptilien est plein de souvenirs ancestraux, et il fait fidèlement ce que disent les ancêtres, mais ce n'est pas un très bon cerveau pour affronter des situations nouvelles. On dirait qu'il fait une fixation neurotique sur un surmoi ancestral.

Dans l'évolution l'être commence à s'émanciper du surmoi ancestral lorsqu'apparaît le cerveau des mammifères inférieurs que la nature construit par-dessus le cerveau reptilien... Les recherches des vingt dernières années ont montré que le cerveau mammifère inférieur joue un rôle fondamental dans le comportement émotif... Il est beaucoup plus capable que le cerveau reptilien d'apprendre de nouvelles manières d'aborder et de résoudre les problèmes sur la base de l'expérience immédiate. Mais pas plus que le cerveau reptilien il n'a la possibilité d'exprimer ses sentiments par la parole[16].

Dans les pages qui suivent, je m'appuierai délibérément sur les expériences de MacLean et sur ses conclusions théoriques (tout en m'écartant de ces dernières sur certains points de détail). Cette théorie est d'autant plus attirante que la conception en est résolument hiérarchique, au sens où nous employons ce mot dans le présent ouvrage. « Au cours de son évolution, écrit MacLean, le cerveau de l'homme conserve l'organisation hiérarchique des trois types fondamentaux que l'on peut qualifier commodément de reptilien, paléo-mammifère et néo-mammifère. Le système limbique (voir ci-dessous) représente le cerveau paléo-mammifère, héritage des mammifères inférieurs. Chez l'homme ce système limbique est mieux structuré que chez les animaux inférieurs, mais l'organisation fondamentale et la chimie en sont très semblables. On peut en dire autant des deux autres types fondamentaux. Et tout indique que les trois types ont chacun leur mémoire subjective cognitive (dans la solution des problèmes) ainsi que d'autres fonctions parallèles[17]. » On peut paraphraser cela en disant que chacun fonctionne en tant que holon relativement autonome à son niveau.

Sans nous astreindre à une dissertation sur l'anatomie du cerveau, il peut être utile de rappeler quelques remarques concernant l'évolution cérébrale. Les anciens anatomistes comparaient le cerveau à une orange : la partie centrale ressemblant à la pulpe, l'extérieure à la pelure, cette dernière reçut le nom de cortex. La substance blanche, prolongement de la moelle épinière, se prolonge elle-même dans le tronc cérébral, dans lequel ou près duquel se trouvent des grappes et des structures de masses cellulaires telles que l'hypothalamus, le système réticulaire, les ganglions de la base. C'est la partie phylogénétiquement la plus ancienne du cerveau, c'en est la moelle pour ainsi dire : elle correspond en gros aux structures fondamentales du cerveau reptilien. Elle contient les mécanismes essentiels des régulations internes (viscérales et glandulaires), des activités primitives basées sur les instincts ou les réflexes ; elle abrite aussi les centres qui excitent la vigilance de l'animal ou le font dormir. Le cortex au contraire est l'appareil du comportement « intelligent », depuis la capacité d'apprendre des réactions nouvelles au moyen de formes d'acquisition plus ou moins primitives, jusqu'à la pensée conceptuelle. Le cortex émerge au stade de l'évolution où les amphibiens commencent à se changer en reptiles : les premières divisions corticales prometteuses se trouvent chez les tortues. Le cortex est la couche superficielle des hémisphères cérébraux qui se développent à partir du tronc cérébral et se replient autour de lui comme un manteau. Il consiste en une couche extérieure de cellules « grises » et en une doublure interne de fibres blanches. Chez l'homme il a à peu près 3 millimètres d'épaisseur et renferme environ dix milliards de neurones empilés et emboîtés, couvrant une surface d'environ 500 cm², entassés dans les lobes, circonvolutions et invaginations de cette feuille froissée. Un circuit de montage extraordinaire en vérité — et pourtant…

La vieille comparaison de l'orange donne en gros une idée de la structure fondamentale du cerveau ; au-delà, elle devient fallacieuse. À la différence de la pelure d'orange, le cortex n'est pas homogène. Certains types différents de cellules nerveuses dominent dans des zones fonctionnelles différentes, dont on dénombre plus de cent, qui sont d'ailleurs localisées et souvent nommées d'après leur structure microscopique ou selon d'autres critères. Les détails de tels classements sont controversés, mais à en juger sur l'évolution historique et la texture distinctive, le cortex a trois subdivisions fondamentales : l'archicortex, le mésocortex et le néocortex, respectivement coordonnés aux cerveaux reptilien, mammifère primitif et néo-mammifère. L'arrangement spatial de ces trois divisions principales à l'intérieur du cerveau n'est pas facile à expliquer ni à visualiser ; MacLean en a proposé un modèle simplifié sous la forme d'un ballon gonflable à trois segments (Fig. 12)[18].

A, M et N valent pour archicortex, mésocortex, néocortex. « Le ballon non gonflé représente la situation au stade des amphibiens. À l'apparition des reptiles il y a gonflement de l'archicortex et expansion considérable du mésocortex. Au cours de la phylogenèse des mammifères se produit l'un des événements les plus frappants de toute l'évolution : la poussée du néocortex. Dans ce processus l'archicortex et la majeure partie du mésocortex se replient comme deux anneaux concentriques dans le lobe limbique et se trouvent relégués, pour ainsi dire, à la cave du cerveau » (Fig. 13)[19].

FIGURE 12

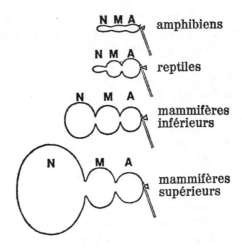

(D'après MacLean.)

FIGURE 13

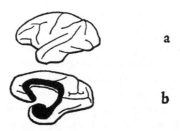

(D'après MacLean.)

Le résultat de cette pliure apparaît dans la figure 13 qui montre un cerveau de singe vu de profil (*a*) et en section verticale (*b*). Les deux anneaux repliés forment une large circonvolution, le *lobe limbique* du cortex cérébral (en noir). Le mot « limbique », forgé en 1878 par

Broca, indique que cette courbure entoure, cerne le tronc cérébral (noyau central non figuré dans le diagramme). En fait le cortex limbique est si étroitement relié au tronc cérébral qu'ils constituent ensemble un système fonctionnellement intégré : le « système limbique » aux caractéristiques reptiliennes et mammifères primitives. On pourrait donc nommer ce système, sans trop de précision, le « cerveau ancien », par opposition au « système néocortical » ou « cerveau récent ».

Déjà Broca avait démontré que « le grand lobe limbique apparaît comme une sorte de dénominateur commun dans le cerveau de tous les mammifères... La préservation fidèle de ce cortex tout au long de la phylogenèse des mammifères contraste avec l'évolution et la croissance rapides du néocortex qui l'entoure, ce dernier représentant la croissance de la fonction intellectuelle... Le cortex limbique est structurellement primitif par rapport au néocortex ; il a essentiellement le même degré de développement et d'organisation dans toute la série des mammifères, ce qui laisse penser qu'il fonctionne à un niveau animal chez l'homme comme chez les animaux[20] ».

L'émotion et le cerveau ancien

Voilà qui est bizarre. Si les faits ne nous enseignaient le contraire, l'on s'attendrait à une évolution transformant peu à peu le cerveau primitif en un instrument plus raffiné — comme elle a transformé la patte en main et les branchies en poumons. Au lieu de quoi, l'évolution a superposé à une structure ancienne une structure supérieure, dont les fonctions se chevauchent en partie avec celles de la première, et qui n'a pas reçu de pouvoir hiérarchique défini sur l'ancienne — ce qui ouvre la porte à la confusion et aux conflits. Examinons de plus près cette dichotomie entre systèmes limbique et néocortical.

MacLean compare le cortex à un écran de télévision qui donnerait à l'animal une image composite du monde extérieur et du monde intérieur. La comparaison est utile dans les limites que s'assigne son auteur mais, avant de l'employer, il vaut mieux indiquer ces limites pour éviter tout malentendu. De toutes les parties du corps le cortex est la plus intimement liée à la conscience et à la conscience de soi ; mais il serait faux de le désigner, comme on le fait quelquefois, comme le *siège* de la conscience. Judson Herrick, mécaniste avisé, écrit à ce sujet : « La recherche d'un siège de la conscience en général ou de toute espèce particulière d'expérience consciente est un faux problème, car l'acte conscient a des propriétés qui ne sont pas définissables dans les termes d'unités spatiales et temporelles qui s'emploient pour mesurer les objets et les événements de notre monde objectif. Ce que nous cherchons et trouvons au moyen de l'étude objective c'est l'appareil qui *engendre* de la conscience. Ce mécanisme a une place dans l'espace et le temps, mais la conscience comme telle n'est localisée nulle part dans le mécanisme » (les italiques sont de moi)[21].

En ce sens le cortex cérébral est donc probablement le principal « appareil qui engendre de la conscience ». Les structures anciennes du tronc cérébral procureraient la « matière brute » de la conscience : la formation réticulaire met l'animal « en éveil » ; les structures hypothalamiques apportent l'élément viscéral ; mais à la fin « le cortex cérébral est au cerveau ce que l'écran de télévision est au téléviseur et ce que l'écran de radar est au pilote[22] ». Si tel est le cas, il faut nous rendre compte que, paradoxalement, l'évolution nous a munis d'au moins deux écrans, un vieux et un neuf.

L'écran limbique a, comme nous l'avons vu, trois caractéristiques principales : *a*) sa structure microscopique est primitive et grossière par comparaison au néocortex ; *b*) son schéma fondamental reste le même que chez les mammifères inférieurs ; *c*) à la différence du nouveau cortex, le système limbique est étroitement relié aux centres du tronc cérébral, et par conséquent aux sensations viscérales et aux réactions émotives — instinct sexuel, faim, peur, agression ; si bien qu'on l'appelait naguère « cerveau viscéral* ». On a modifié ce terme qui donnait l'impression que le système limbique n'avait affaire qu'aux viscères, alors qu'en réalité, comme nous allons le voir, il a aussi ses processus mentaux : il s'émeut et il *pense*, mais non pas en concepts verbaux.

Le système limbique peut se comparer à un écran primitif qui combinerait et souvent mélangerait les projections du milieu viscéral interne avec celles du milieu extérieur. « Un tel cortex a dû donner

---

* On l'avait appelé aussi rhinencéphale, en le considérant comme réservé à l'odorat.

un peu la même confusion qu'un film deux fois exposé. En tout cas il ne devait pas être tout à fait satisfaisant puisque la nature, quand elle se mit à développer le cerveau des néo-mammifères, construisit progressivement un type d'écran plus large et plus fin qui donna surtout une image du monde extérieur faite des impressions de la vue, de l'ouïe et de la surface du corps... Mais la nature dans sa frugalité n'a pas renoncé au vieil écran. Comme il paraissait bon à flairer, à goûter et à sentir ce qui passe dans le corps, elle a gardé les tubes du vieil écran allumés jour et nuit[23]. »

Seulement le cerveau ancien ne s'occupe pas simplement du goût, de l'odorat et des sensations viscérales, en laissant le nouveau regarder à l'extérieur : ce serait une division du travail bien idyllique. La théorie des émotions de Papez-MacLean est née de l'étude de conditions pathologiques dans lesquelles le mécanisme ancien gêne le nouveau et tend à en usurper les fonctions. Papez a remarqué que les lésions du système limbique entraînent de nombreux symptômes qui affectent en premier lieu le comportement émotif. Le cas extrême est la terrible maladie de la rage, dont le virus semble avoir une prédilection pour le système limbique, et qui soumet le malade à « des paroxysmes de fureur et de terreur[24] ». Moins graves mais également révélateurs sont les états émotifs du « mal sacré », l'épilepsie. Hughlin Jackson, l'un des pionniers de la neurologie, a décrit le halo épileptique qui précède l'attaque comme un « état de rêve », une sorte de « double conscience », le malade étant conscient de la réalité qui l'entoure mais comme en un songe ou avec une sensation de déjà vu. Au cours de l'attaque elle-même, on dirait que le cerveau « animal » s'empare de la personnalité. Le besoin de mordre, les grincements de dents, la terreur ou la fureur forment l'accompagnement bien connu de la crise, dont la victime ne garde en général aucun souvenir. Toutes les observations cliniques indiquent qu'en pareils cas le système limbique est le foyer de la décharge épileptique[25]. Témoin encore l'exemple d'une nymphomane de cinquante-cinq ans « qui pendant plus de dix ans s'était plainte d'un continuel sentiment passionné ». Elle eut ensuite des convulsions et il est assez remarquable que les parfums passaient pour exagérer ses symptômes[26], l'odorat étant le plus viscéral des sens. Plus tard enfin une intervention chirurgicale révéla que cette femme souffrait d'une lésion du lobe limbique.

De telles observations sur les humains sont limitées et l'électro-encéphalogramme est une invention récente ; aussi la plupart de nos connaissances en ce domaine proviennent-elles d'expériences sur les animaux. Il y en a surtout de deux sortes : l'excitation électrique ou chimique du cerveau, et l'ablation chirurgicale de certaines régions cérébrales. À ce propos je citerai encore MacLean :

> Pratiquées sur des animaux les expériences d'épilepsie limbique (provoquée par stimulation électrique) ont parfaitement démontré que les décharges de crise provoquées dans le lobe limbique ne s'étendent guère que dans le système limbique. Il est rare que les décharges, pareilles à des taureaux affolés, sautent cette barrière pour envahir le cerveau néo-mammifère. De telles expériences apportent la preuve la plus frappante de la dichotomie fonctionnelle, ou « schizophysiologie » comme on l'a appelée, des systèmes limbique et néocortical. Les malades souffrant d'épilepsie limbique latente peuvent manifester tous les symptômes de la schizophrénie ; la schizophysiologie en question a peut-être rapport à la pathogenèse de cette maladie…
>
> Du point de vue du malade en traitement psychologique, la schizophysiologie dont nous parlons est significative parce qu'elle indique que le cerveau mammifère inférieur est capable dans une certaine mesure de fonctionner indépendamment, de prendre des décisions. L'écran primitif et grossier du cortex limbique donnerait une image confuse du monde intérieur et du monde extérieur. Cela expliquerait en partie les confusions manifestes que l'on note dans les états psychosomatiques[*]. On trouve des descriptions de malades qui mangent apparemment par besoin d'amour, par anxiété ou nervosité, ou par besoin de détruire en le mâchant ce qui excite leur colère et leur haine[27].

Des méthodes d'expérimentation plus récentes, utilisant des électrodes qui permettent la stimulation de certains points précis du cerveau d'un singe, ont donné des résultats encore plus frappants. La stimulation de certains points du système limbique provoque l'érection ou l'éjaculation ; en d'autres points la stimulation provoque des réactions nutritives : mâchonnement, salivation ; d'autres régions entraînent un comportement explorateur, ou agresso-défensif ou

---

[*] Cf. chap. XV, par. « Les trois dimensions de l'émotion ».

effrayé. (Notons d'ailleurs que ces expériences se font sans douleur, et que les singes auxquels on place les électrodes dans ce qu'on nomme les « centres du plaisir » apprennent vite à se stimuler en pressant un levier qui met le courant.) Cependant, une excitation particulière déborde facilement sur des points adjacents qui éveillent des émotions d'une autre sorte. Une activité buccale peut se combiner avec l'agression ; une manifestation agressive avec l'activité sexuelle et celle-ci avec l'activité buccale. La nutrition provoque souvent l'érection chez les bébés comme chez les chiens, dont le comportement a d'ailleurs bien d'autres aspects qui choquaient autrefois la pudeur des dames.

« Schizophysiologie »

Là encore, le contraste entre l'ancien cortex et le nouveau fournit des indications inattendues. Sur l'écran du nouveau cortex sensoriel, le corps est représenté sous la forme bien connue de l'homunculus des manuels, la bouche et la région génitale-anale placées correctement aux deux extrémités opposées de la zone de projection. Mais dans le vieux cerveau mammifère inférieur, « la nature a jugé nécessaire, apparemment, de replier le lobe limbique pour permettre à l'odorat de participer étroitement aux fonctions ano-génitales comme aux fonctions buccales[28] ».

Voilà certainement un curieux témoignage en faveur de la théorie freudienne de la sexualité infantile. En même temps cela doit nous rappeler que la survivance dans notre crâne du cerveau mammifère inférieur n'est pas une métaphore, mais un fait. Dans le contexte sexuel comme dans tous les autres, la maturation semble signifier le passage de la domination du vieux cerveau à la domination du nouveau. Mais sans même parler de bouleversements émotifs et d'états pathologiques, la transition, même chez une personne normale, n'est jamais complète. *La schizophysiologie est incorporée à notre espèce.*

Dans les expériences d'ablation chirurgicale les effets sont plus radicaux. Après excision de certaines parties du lobe limbique, des singes précédemment farouches semblent perdre les réactions instinctives qui leur sont nécessaires pour vivre. Ils deviennent dociles, sans peur et sans colère, ne se défendent pas si on les provoque, n'apprennent pas à éviter les situations pénibles. Ils perdent aussi leurs habitudes alimentaires instinctives : un singe qui normalement se nourrit de fruits commencera à manger du poisson et de la viande crue, et se mettra irrésistiblement n'importe quoi dans la bouche : clous, excréments, allumettes enflammées. Enfin les instincts sexuel et maternel se dérèglent aussi : des matous essayent de s'accoupler avec des poulets, les rates laissent périr leur portée[29].

Cependant le vieux cerveau n'a pas simplement affaire à l'émotion : il perçoit aussi, il se souvient, il « pense » à sa manière, qui est quasi indépendante. Chez les animaux primitifs, le système limbique est le centre intégrateur le plus élevé des pulsions de la faim, du sexe, de la fuite et de la lutte ; les observations anatomiques et physiologiques indiquent qu'il continue à s'acquitter de ces fonctions chez les animaux supérieurs, l'homme inclus. Il occupe, nous l'avons dit, une position stratégique centrale dans la coordination des sensations internes et des perceptions venues du monde extérieur, et dans le déclenchement d'une action appropriée, telle qu'il peut en juger. Bien que dominé par l'instinct il est certainement capable d'apprendre de simples leçons : un singe ne goûtera pas deux fois une allumette enflammée, si son système limbique est intact ; en cas de lésion de ce système, il se brûlera indéfiniment. « On a peine à imaginer cerveau plus inutile que celui qui ne sert à rien qu'à engendrer toute la journée des émotions sans participer à aucune fonction de connaissance ou de mémoire[30]. » Il fonctionne cependant à sa manière phylogénétiquement démodée et que les psychiatres appellent infantile ou primitive.

Sur la base des observations précédentes, on peut conclure que le cortex ancien ne peut guère traiter l'information que d'une façon très grossière et qu'il est sans doute trop primitif pour analyser le langage. Mais il peut avoir la capacité de participer à un symbolisme non verbal. Ceci aurait des implications significatives dans la mesure où le symbolisme affecte la vie émotive de l'individu. On peut imaginer par exemple que le cerveau viscéral, qui ne saurait aspirer à concevoir le rouge comme mot ou comme longueur d'onde spécifique, puisse néanmoins associer symboliquement cette couleur avec des choses aussi diverses que le sang, l'évanouissement, le combat, les fleurs, etc. — autant de corrélations qui aboutissent aux phobies, aux obsessions, etc. À défaut de l'assistance et du contrôle du néocortex, ses impressions se déchargeraient sans modification dans l'hypothalamus et les centres inférieurs du comportement affectif. Considéré à la lumière de la psychologie freudienne, le cerveau ancien aurait un grand nombre d'attributs de l'*id* inconscient. On pourrait dire cependant que *le cerveau viscéral n'est pas entièrement inconscient* (*pas même peut-être à certains stades du sommeil*) *mais qu'il échappe à l'intellect parce que sa structure animale et primitive l'empêche de communiquer en termes verbaux.* Il serait donc plus juste peut-être d'y voir un cerveau animal et illettré[31].

Un goût de soleil

En effet, nos émotions sont notoirement inaptes à s'exprimer par le langage. Les romanciers éprouvent les pires difficultés à décrire ce que leurs personnages ressentent, par opposition à ce qu'ils pensent ou à ce qu'ils font. Nous savons décrire des processus intellectuels dans tous les détails mais nous n'avons que le vocabulaire le plus rudimentaire pour les sensations pourtant vitales de la souffrance physique : les médecins comme les malades le regrettent assez. La douleur est « muette ». L'amour, la colère, le remords, le deuil, la joie, l'anxiété jouent sur un immense arc-en-ciel d'émotions très variables en nuances et en intensité, et que nous sommes incapables d'exprimer verbalement, sauf par quelques clichés — « cœur brisé », « affres du désespoir » — ou par une méthode indirecte en faisant appel à des images visuelles et à des effets hypnotiques de rythmes qui bercent les cœurs « d'une langueur monotone »…

Ainsi pourrait-on dire que la poésie réussit la synthèse des raisonnements du néocortex et des pulsions émotives du cerveau ancien. Ce recul pour mieux sauter, processus apparemment sous-jacent à tout travail créateur, serait une régression temporaire de la pensée néocorticale trop précise aux modes plus fluides et plus « instinctifs » de la pensée limbique : « une régression vers l'*id* au service de l'*ego* ». Rappelons-nous aussi qu'il faut quelquefois « s'éloigner du langage pour penser clairement », alors que le langage est le monopole du néocortex. De même, d'autres phénomènes examinés dans les chapitres sur la créativité et sur la mémoire peuvent s'interpréter en termes de niveaux hiérarchiques dans l'évolution du cerveau. Par exemple, la distinction que nous avons faite entre la mémoire qui abstrait et l'image émotive (chap. VI) paraît refléter la distinction caractéristique entre le cerveau récent et l'ancien*.

Les conséquences de la « schizophysiologie » innée de l'homme vont donc de la création à la pathologie. Il s'agit d'un côté de reculer pour mieux sauter, de l'autre de reculer sans sauter. Les formes varient entre des comportements, qui passent pour plus ou moins normaux, dans lesquels l'affectivité inconsciente ne déforme que modérément le raisonnement, dans des limites socialement approuvées ou tolérées, et des conflits neurotiques latents ou avoués qui peuvent aller jusqu'aux psychoses et aux maladies psychosomatiques. Dans les cas extrêmes la distinction entre le monde extérieur et le monde intérieur s'efface — et cela non seulement dans l'hallucination : le malade paraît retourner à l'univers magique des primitifs. « L'observation clinique de ces malades donne l'impression qu'ils ont une tendance exagérée à regarder le monde extérieur comme faisant partie d'eux-mêmes. Autrement dit, les sensations internes se mêlent à ce qui est vu, entendu, éprouvé, de telle sorte que le monde extérieur est ressenti comme intérieur. À cet égard il y a ressemblance avec les enfants et les primitifs[32]. » Un exemple de ce genre de confusion est le mot d'une petite fille dont la première crise d'épilepsie s'était produite un jour en plein soleil : « J'avais un drôle de goût de soleil dans la bouche. » Un poète pourrait en écrire autant ; mais contrairement à la pauvre enfant il serait conscient de la confusion.

Connaître avec les tripes

Il peut nous arriver à tous d'avoir un goût de soleil. Mais nos pires confusions viennent de ces interférences viscérales non pas avec nos perceptions, mais plutôt avec nos convictions, nos croyances. Les croyances irrationnelles s'ancrent dans l'émotion, on *sent* qu'elles sont vraies. Croire, c'est connaître avec les tripes. Disons du moins que c'est un type de connaissance dominé par l'influence du cerveau ancien et

---

* Cf. également les trois niveaux de la mémoire visuelle selon Kluever[33], p. 89.

muet, même si elle est formulée verbalement. Ici nos considérations neurophysiologiques rejoignent ce que nous avons dit plus haut de certains phénomènes psychologiques. La schizophysiologie du cerveau nous aide à comprendre les traits schizoïdes de l'histoire humaine.

Un système clos, tel que nous l'avons défini au chapitre précédent, est une matrice cognitive dont la logique est déformée, la déformation provenant d'un axiome central, d'un postulat, d'un dogme auquel le sujet est émotionnellement engagé et d'où dérivent les règles d'interprétation des données. Les systèmes cognitifs ne sont évidemment pas les produits de l'un des cerveaux reptilien, paléo ou néo-mammifère : ils résultent d'efforts conjoints, et l'ampleur des déformations est variable selon le niveau dominant et l'étendue de sa domination. Sans contribution des niveaux anciens, reliés aux sensations internes, nous n'aurions sans doute pas d'expérience de notre propre réalité : nous serions comme des « esprits désincarnés » (MacLean[34]). Vice-versa, sans néocortex nous serions à la merci de l'affectivité et notre pensée serait semblable à celle des singes ou des très jeunes enfants. Mais la pensée rationnelle, objective, acquisition récente et fragile, est exposée aux moindres irritations du cerveau ancien qui, une fois en éveil, tend à dominer toute la scène.

Nous savons cependant qu'entre « l'esprit désincarné » de la raison pure et les hennissements passionnés du cortex ancien, il existe une série de niveaux intermédiaires. Nous l'avons dit plus haut (p. 184, sq.), il serait simpliste de discerner seulement deux types d'activité mentale tels que les processus « primaire » et « secondaire » de Freud, le premier obéissant au principe de plaisir, le second au principe de réalité. Entre les deux il convient d'intercaler plusieurs méthodes de cognition, telles que nous les trouvons dans les sociétés primitives à divers stades du développement, chez les enfants à divers âges et chez les adultes en divers états de conscience : rêve, rêve éveillé, hallucination, etc. Chacun de ces systèmes de pensée a ses règles propres qui reflètent, d'une manière que nous sommes bien en peine d'expliquer, les interactions complexes des différents niveaux et des différentes structures du cerveau. Les niveaux ancien et récent sont nécessairement en interaction constante, en dépit de l'insuffisance de leur coordination et de la déficience des contrôles qui devraient stabiliser une hiérarchie bien équilibrée.

L'une des conséquences en est que les symboles verbaux s'associent à des valeurs émotives et à des réactions viscérales — comme le montre assez remarquablement le galvanoscope « détecteur de mensonge ». Et cela ne s'applique pas seulement à des mots ou des idées isolés : des doctrines fort complexes, les théories, les idéologies, sont exposées à la même saturation émotionnelle — sans parler des fétiches, des figures de chefs et des Causes. Malheureusement nous n'avons pas de détecteur pour mesurer l'irrationalité de nos croyances ni l'ingrédient viscéral de nos rationalisations. Le vrai croyant se meut dans un cercle vicieux à l'intérieur de son système clos : il peut prouver tout ce qu'il croit, et il croit tout ce qu'il peut prouver.

Retour à Janus

MacLean distingue deux pulsions fondamentales de motivation, dont chacune donne naissance à des types d'émotion appropriés : la *conservation du moi* et la *conservation de l'espèce*. À la suite de ses expériences sur les singes il propose de localiser la première dans la moitié inférieure du système limbique, la seconde dans la moitié supérieure. Les émotions dérivées des pulsions de conservation du moi constituent la triade classique : faim, colère, peur. Elles dépendent de la division sympathique du système nerveux autonome et de l'effet galvanisant de l'hormone adrénaline déversée dans le sang. Si l'on fait entrer dans ce groupe les éléments agressifs et oraux du comportement sexuel (et nous avons vu que la stimulation électrique d'une de ces réactions déborde sur l'autre) on obtient un inventaire assez complet de ce que nous avons appelé tendances d'*affirmation du moi*.

L'autre catégorie de MacLean, celles des pulsions de conservation de l'espèce, est moins nettement définie. Il y inclut le soin de la progéniture, l'épouillage et autres formes de collaboration sociale chez les singes ; mais il semble y voir, dans la tradition freudienne, des dérivés de la pulsion sexuelle :

> Le souci du bien-être et de la conservation de l'espèce se fonde sur la sexualité et, chez l'homme, se manifeste sous des formes multiples. C'est ce souci qui pousse à courtiser, et éventuellement à élever une

famille. C'est lui qui imprègne nos chansons, nos poèmes, nos romans, l'art, le théâtre, l'architecture. C'est lui qui nous préoccupe quand nous formons des plans pour que nos enfants bénéficient de l'enseignement supérieur. C'est lui qui permet la construction des bibliothèques, des instituts de recherche, des hôpitaux. C'est lui qui inspire la recherche médicale à lutter contre la souffrance et la mort... C'est lui qui nous fait penser aux fusées, aux voyages dans l'espace, et à la possibilité d'une vie immortelle dans un autre monde[35].

En passant de la première à la dernière phase de cette citation le lien avec la sexualité devient de plus en plus ténu, — à moins de croire que toutes les activités sociales, artistiques et scientifiques sont des sublimations ou des substituts de la sexualité. Il est également difficile d'admettre que la « force magnétique », comme dit Konrad Lorenz, qui rassemble un troupeau ou un banc de poissons — attraction qui augmente en proportion géométrique avec le volume du banc, et apparemment, ne dépend d'aucun autre facteur[36] — soit fondée sur la sexualité. La même considération s'applique à la répartition des tâches dans la ruche, qui contient une majorité d'ouvrières asexuées. Pulsion puissante entre toutes, la sexualité n'est pas le seul lien, ni même peut-être le principal lien, qui rassemble les sociétés animales et humaines et qui assure la conservation et le bien-être de l'espèce, — ce qui, chez l'homme, comporte aussi l'art et la spiritualité. Il semble donc plus juste de faire entrer l'instinct sexuel, avec les autres forces de cohésion sociale, dans la catégorie plus générale des « tendances d'intégration ». La sexualité, nous l'avons vu, est relativement tard venue sur la scène de l'évolution, alors que la polarité des tendances d'affirmation du moi et d'intégration est inhérente à tout ordre hiérarchique, et présente à tous les niveaux des organismes vivants comme des organisations sociales.

Certes, dans le règne animal, l'expression de MacLean, « conservation et bien-être de l'espèce » (opposée à l'auto-conservation), couvre pratiquement toutes les manifestations de ce que nous appelons tendances d'intégration ; et si MacLean a raison de les localiser dans la moitié supérieure du système limbique, les pulsions d'auto-conservation se situant dans la moitié inférieure, nous ne pouvons demander meilleure confirmation de la polarité que nous avons postulée.

Ainsi, tant que la discussion se borne aux singes, la question de terminologie se ramène à une querelle de sémantique. Mais quand il s'agit de l'homme, la tendance d'intégration peut prendre des formes très variées, parmi lesquelles l'expérience religieuse et artistique, mais qui ont bien peu de rapport avec la conservation de l'espèce. Elles doivent avoir aussi des corrélations neurophysiologiques.

Nous avons vu qu'il existe une corrélation étroite entre les émotions agresso-défensives et la division sympathique du système nerveux autonome. Il serait tentant de supposer une corrélation symétrique entre les émotions de transcendance du moi et l'autre division du système autonome : le parasympathique. On a fourni certaines preuves à l'appui de cette hypothèse, elles ne sont pas concluantes. En général (mais il y a d'importantes exceptions), l'action des deux divisions est antagoniste : elles se font équilibre. La division sympathique prépare l'animal aux réactions d'urgence sous l'impulsion de la faim, de la douleur, de la colère et de la peur. Elle accélère le pouls, augmente la pression sanguine, apporte un surcroît d'énergie en ajoutant du sucre dans le sang. La division parasympathique fait le contraire, presque à tous égards : elle diminue la pression sanguine, ralentit le cœur, neutralise les excès de sucre, facilite la digestion et l'élimination des déchets ; elle active les glandes lacrymales : elle est généralement calmante et cathartique. Il est caractéristique que le rire soit une décharge sympathique et les pleurs une décharge parasympathique.

Les deux divisions du système nerveux autonome sont contrôlées par le cerveau limbique (hypothalamus et structures adjacentes). Les fonctions en ont été décrites par plusieurs auteurs en des termes différents. Allport[37] met les émotions agréables en rapport avec le parasympathique, les désagréables avec le sympathique. Olds[38] distingue des systèmes émotifs « positifs » et « négatifs » respectivement activés par les centres parasympathiques et sympathiques de l'hypothalamus. En partant d'une position théorique toute différente, Hebb arrive aussi à la conclusion qu'une distinction s'impose entre deux catégories d'émotions, « celles dans lesquelles la tendance est de conserver ou d'augmenter les stimulants originels (émotions agréables ou intégrantes) » et « celles dans lesquelles la tendance est d'abolir ou de diminuer le stimulant (colère, peur, dégoût[39]). Pribram fait une distinction semblable entre émotions « préparatoires » (d'avertissement) et émotions « participantes »[40]. Hess et Gellhorn discernent un système ergotropique (consommateur d'énergie) opérant par l'intermédiaire de la division sympathique pour écarter les stimuli menaçants, et un système trophotropique (conservateur d'énergie) qui opère dans le parasympathique en réaction à des stimuli paisibles ou attrayants[41]. Gellhorn a résumé les effets émotifs de deux sortes de drogues : d'une part les excitants comme la benzédrine, d'autre part les tranquillisants comme la chlorpromazine. Les premières activent le système sympathique, les autres le parasympathique. Administrés à faibles doses, les tranquillisants « modifient légèrement l'équilibre hypothalamique en faveur du parasympathique, procurant un calme et un contentement apparemment semblables à l'état qui précède le sommeil, alors que des altérations plus marquées conduisent à une humeur dépressive[42] ». En revanche, les excitants activent la division sympathique, augmentent l'agressivité chez les animaux et, chez l'homme, à petites doses, provoquent une sensation de clarté d'esprit et d'euphorie, à fortes doses, une surexcitation et un comportement maniaque. Finalement Cobb, pour exprimer en quelques mots le contraste implicite fait de « la colère la réaction la plus adrénergique, et de l'amour la plus cholinergique » c'est-à-dire parasympathique[43].

On contraste ainsi chez les spécialistes une tendance générale à distinguer *deux catégories fondamentales d'émotions*, encore que les définitions en soient différentes et mêlées à la tonalité hédonique (qui, selon nous, est dans chaque catégorie une variable indépendante ; cf. p. 229, *sq.*). On voit aussi que ces auteurs s'accordent généralement à établir une certaine corrélation avec les deux divisions du système nerveux autonome.

Mais cette corrélation n'est ni simple ni bien définie. Par exemple, d'après MacLean « l'érection est un phénomène parasympathique, alors que l'éjaculation dépend de mécanismes sympathiques[44] », ce qui donnerait des catégories plutôt confuses. De plus, une forte stimulation parasympathique peut provoquer des nausées et des vomissements qui, tout en étant certes cathartiques (purifiants, au sens littéral) ne sont pas précisément des actes psychologiques de transcendance du moi. En un mot, le fonctionnement du système nerveux autonome est l'un des aspects physiologiques les plus intrigants de la vie émotive de l'homme ; et l'honnêteté nous oblige à dire que, s'il est démontré que les émotions d'affirmation du moi correspondent à la division adrénalo-sympathique, il n'existe pas de preuve décisive de la corrélation symétrique que nous supposons ici. Cette preuve n'apparaîtra que lorsqu'on jugera dignes de la psychologie expérimentale les émotions autres que la colère, la peur, la faim — ce qui n'est pas le cas à présent. Comme le veut le *Zeitgeist*, les émotions de transcendance du moi restent négligées par la psychologie, en dépit de leur évidente réalité. Le fait de pleurer, par exemple, est certainement un phénomène observable (les behavioristes pourraient même mesurer les larmes en milligrammes par seconde). Mais il est presque totalement ignoré dans les traités de psychologie*.

Quelques autres faits concernant le système nerveux autonome ont un rapport avec notre propos. Dans les états émotifs violents, ou pathologiques, l'antagonisme, c'est-à-dire l'interaction d'équilibre des deux divisions, cesse de prévaloir ; les deux systèmes peuvent au contraire *se renforcer* mutuellement, comme dans l'acte sexuel ; ou encore la surexcitation de l'un peut entraîner un écho de surcompensation dans l'autre[45] ; et enfin le parasympathique peut agir comme *catalyseur* déclenchant l'action de son antagoniste[46].

La première de ces trois possibilités est relative à notre état émotif lorsque nous écoutons, par exemple, un opéra de Wagner, et que des sentiments détendus, cathartiques paraissent se combiner paradoxalement avec une excitation euphorique. La seconde possibilité se reflète dans les états pantelants qui suivent tels ou tels excès d'émotion. La troisième est la plus significative dans le présent contexte : elle montre en termes physiologiques concrets comment un type de réaction émotive peut servir de véhicule à son contraire : ainsi l'identification généreuse au héros de cinéma déclenche une agressivité de seconde main contre le traître ; et l'identification à un groupe ou une croyance déclenche la sauvagerie des foules. Les rationalisations en sont formulées dans les symboles verbaux du néocortex ; mais le dynamisme émotif est engendré par le cerveau ancien, et communiqué aux viscères et aux glandes par le système nerveux autonome.

---

* Voir l'examen de ce sujet, et sa bibliographie, dans *Le Cri d'Archimède* (chap. XII-XIV).

C'est là un autre confluent de la recherche neurophysiologique et de la psychologie, dont les paradoxes s'éclairent ainsi quelque peu ; peut-être commence-t-on aussi à y percevoir le début d'une réponse au problème humain.

Résumé

L'évolution des arthropodes et des marsupiaux montre que des erreurs se produisent dans la construction du cerveau. La stratégie de l'évolution procède par tâtonnements et il n'y a rien d'étrange à supposer qu'au cours de la croissance explosive du néocortex humain elle s'est trompée une fois de plus. La théorie de Papez et MacLean fournit une remarquable démonstration du fonctionnement dysharmonique du cortex phylogénétiquement ancien et du cortex récent — et en conséquence, de la « schizophysiologie » incorporée à notre espèce. Nous pourrions trouver ici un fondement physiologique des dispositions paranoïaques qui se manifestent tout au long de l'histoire, et voir dans quelle direction chercher le remède.

XVII

UNE ESPÈCE EXTRAORDINAIRE

*Je suis obligé de conclure que la majorité de vos
indigènes forme la race la plus pernicieuse d'odieuse
petite vermine que la nature ait jamais laissé ramper
à la surface de la terre.*

Jonathan Swift, *Voyage à Brobdingnag.*

Le cadeau-surprise

Dans l'un de ses essais, Sir Julian Huxley[1] a dressé la liste des
caractéristiques uniquement propres à l'espèce humaine : le langage
et la pensée conceptuelle ; la transmission des connaissances par
l'écriture ; les outils et les machines ; la domination biologique sur
toutes les autres espèces ; la variabilité individuelle ; les membres
antérieurs réservés au maniement des objets ; la fécondité en toute
saison ; l'art, l'humour, la science, la religion, etc. Mais le trait le
plus frappant, au point de vue évolutionniste, ne figure pas dans
cette liste, et d'ailleurs je ne connais aucun biologiste qui l'ait étudié
sérieusement.

Il s'agit de ce qu'on pourrait appeler « le paradoxe du cadeau-
surprise » ; essayons de l'exposer au moyen d'une parabole. Il était
une fois en Arabie un marchand illettré nommé Ali qui savait si
mal compter qu'il se faisait tromper par ses clients, au lieu de les
tromper comme il aurait dû. Chaque soir il priait Allah de lui faire
cadeau d'une abaque — un boulier pour additionner et soustraire.

Or un djinn malicieux transmit la prière à l'un des Bureaux Célestes d'Expédition qui n'était pas du tout celui que visait Ali lequel, un beau matin, en arrivant au bazar trouva son échoppe transformée en un grand building d'acier et, à l'intérieur, un ordinateur IBM dont les oscillateurs fluorescents, les cadrans, les yeux électroniques couvraient les parois de plusieurs étages ; il y avait aussi un mode d'emploi en quelques centaines de pages qui laissa le boutiquier indifférent puisqu'il ne savait pas lire. Après avoir, pendant des jours, manipulé les cadrans au hasard, Ali se mit en fureur et commença à cogner sur une jolie manette qui déclencha l'un des millions de circuits électroniques de la machine… et au bout d'un moment Ali s'aperçut avec ravissement que s'il frappait cette manette trois fois d'abord, cinq fois ensuite, un cadran s'allumait pour montrer le chiffre 8. Il remercia Dieu de lui avoir donné ce beau boulier et jusqu'à sa mort utilisa l'ordinateur à faire des additions — sans jamais se douter qu'il aurait pu en quelques secondes dériver les équations d'Einstein et prédire mille ans d'avance la position des astres.

Les enfants, les petits-enfants d'Ali héritèrent de la machine et du secret de l'addition ; il leur fallut des centaines de générations pour apprendre celui de la multiplication. Nous sommes aussi les descendants d'Ali et, si nous avons découvert bien d'autres utilisations de l'ordinateur, nous ne savons encore employer qu'une fraction infime d'un potentiel qu'on estime à cent milliards de circuits. Car le cadeau-surprise n'est autre, évidemment, que le cerveau humain. Quant au mode d'emploi, on l'a perdu — s'il a jamais existé, comme Platon l'affirmait ; mais c'était par ouï-dire.

La comparaison est moins étrange qu'on ne le croit peut-être. L'évolution, quelles que soient les forces qui la poussent, s'occupe des besoins adaptatifs immédiats de l'espèce ; qu'il s'agisse de structure anatomique ou de fonction, l'émergence de nouveautés est généralement guidée par ces besoins. Il est tout à fait sans précédent que l'évolution procure à une espèce *un organe que le bénéficiaire ne sait pas utiliser* ; un organe de luxe, comme l'ordinateur d'Ali, dépassant de très loin les besoins immédiats et primitifs de son propriétaire ; un organe que l'espèce mettra des millénaires à employer correctement — si jamais elle y arrive.

Le premier représentant de l'*homo sapiens*, l'homme de Cro-Magnon, qui fit son apparition il y a cinquante ou cent mille ans, avait le même cerveau que nous. Mais il ne s'en servit guère ; il ne sortit pas des cavernes ni de l'âge de pierre. En ce qui concerne ses besoins immédiats la croissance explosive du néocortex dépassait de toute une période géologique le but proposé. Pendant des dizaines de milliers d'années, nos ancêtres continuèrent à fabriquer des arcs et des javelots quand ils avaient déjà dans le crâne l'organe qui, demain, nous fera atterrir sur la Lune.

En disant que l'évolution mentale est une caractéristique de l'homme on risque de brouiller les données du problème. Chez les animaux le potentiel d'acquisition est automatiquement limité par le fait que les animaux utilisent pleinement ou presque tous les organes dont ils sont dotés, cerveau inclus. Les capacités de l'ordinateur logé dans le crâne du reptile ou du mammifère sont exploitées à fond et ne laissent aucune marge à un supplément d'acquisitions. L'évolution du cerveau humain, au contraire, a tellement dépassé les besoins immédiats de l'homme que celui-ci essaye encore, péniblement, d'en explorer les possibilités inexploitées. À ce point de vue, l'histoire de la science et de la philosophie n'est que le lent processus par lequel l'homme *apprend à actualiser le potentiel de son cerveau*. Les espaces vierges à conquérir se trouvent surtout dans les lobes du cortex.

Cherchant dans les ténèbres…

Mais pourquoi nous faut-il si longtemps pour apprendre à faire travailler notre cerveau, au sens littéral ? Pourquoi le processus a-t-il été si lent, si spasmodique, si souvent interrompu ? Tel est le nœud du problème. Nous avons déjà proposé une réponse : l'insuffisance de coordination entre le cerveau ancien et le nouveau ; celui-là s'ingère dans les affaires de celui-ci ; les hennissements passionnés des croyances affectives nous empêchent d'écouter la voix de la raison. On connaît le gâchis qui en est résulté pour notre histoire sociale ; mais le progrès de la science « désintéressée » n'en a pas moins souffert. Nous avons l'habitude naïve de nous représenter ce progrès comme un processus continu et cumulatif par lequel chaque époque ajouterait un nouvel article aux connaissances du passé, chaque génération des descendants d'Ali apprenant à mieux utiliser le cadeau divin, pour passer sagement de l'enfance magique et mythologique de la civilisation aux tourments de l'adolescence puis à la maturité objective et rationnelle.

En réalité ce progrès n'a été ni constant ni continu.

La philosophie de la Nature a évolué par bonds entrecoupés de fausses pistes, de culs-de-sac, de retours en arrière, de périodes de cécité et de crises d'amnésie. Les grandes découvertes qui en ont fixé le cours furent quelquefois les trouvailles inattendues de chasseurs poursuivant de tout autres lièvres. Quelquefois aussi le progrès consista simplement à déblayer la voie, ou à donner une nouvelle architecture à des éléments de connaissance qui existaient déjà. L'horlogerie fantastique des épicycles a fonctionné pendant deux mille ans, et l'Europe savait moins de géométrie au xve siècle qu'au temps d'Archimède.

Si le progrès avait été continu et organique, tout ce que nous savons par exemple en théorie des nombres ou en géométrie analytique aurait pu se découvrir après Euclide en quelques générations. Car ce développement ne dépendait ni de la technique ni de la domination de l'homme sur la nature : les mathématiques sont tout entières en puissance dans les dix milliards de neurones de la machine à calculer qu'abrite chaque crâne humain… Le progrès saccadé et foncièrement irrationnel du savoir est sans doute lié au fait que l'évolution a doté l'*homo sapiens* d'un organe dont il ne pouvait se servir convenablement. Les neurologues estiment que même au stade actuel nous n'utilisons que deux ou trois pour cent du potentiel des « circuits » de cet organe[2].

Une vue cavalière de l'histoire des sciences en révèle d'emblée la discontinuité. Après des dizaines de milliers d'années de préhistoire dont nous savons bien peu de chose, brusquement, au vi^e siècle avant Jésus-Christ, apparaît une pléiade de philosophes, à Milet, à Élée, à Samos, qui discutent des origines et de l'évolution et recherchent sous la diversité des êtres les principes ultimes. Les pythagoriciens tentèrent la première grande synthèse : à l'aide des écheveaux distincts de la mathématique, de la musique, de l'astronomie et de la médecine ils voulurent tisser un tapis unique et austère à dessins géométriques. Ce tapis n'est pas encore achevé ; mais pour en faire le plan, il ne fallut que les trois cents ans de l'âge héroïque de la science grecque. Plus tard, après la conquête macédonienne, commença l'orthodoxie et le déclin.

Les catégories d'Aristote furent la grammaire de l'existence, ses esprits animaux régnèrent sur la physique, on savait tout, on avait tout inventé. L'âge héroïque s'était guidé sur l'exemple de Prométhée, ravisseur du feu ; les philosophes hellénistiques s'installèrent dans la caverne de Platon pour y dessiner des épicycles sur les murs, le dos tourné au grand jour du réel.

Après quoi, la période d'hibernation dura quinze siècles. C'est peu de dire que la science s'arrêta, elle se mit à marcher en sens inverse. M. Pyke, philosophe des sciences, nous parle de « l'incapacité de la science à retourner en arrière — le neutron une fois découvert demeure découvert[3] ». Est-ce bien sûr ? Au Ve siècle avant Jésus-Christ les classes cultivées savaient que la Terre est un corps sphérique flottant dans l'espace et tournant sur son axe ; mille ans plus tard on la prenait pour un disque[4].

Dans *La Cité de Dieu*, saint Augustin bannit tous les trésors du savoir de la Grèce, et la beauté, et l'espoir, car la science païenne « s'était prostituée à des démons obscènes. Que Thalès disparaisse avec son eau, et Anaximène avec l'air, les stoïciens et leur feu, Épicure et ses atomes !... » Ils disparurent en effet. Il fut désormais interdit de toucher aux cadrans du cadeau-surprise. La renaissance du XIIe siècle fut suivie du mariage désastreux de la physique d'Aristote et de la théologie de saint Thomas d'Aquin, puis de trois siècles de stérilité, de stagnation et de scolastique « cherchant dans les ténèbres, comme dit Érasme, des objets inexistants ».

Les *seules* périodes de l'histoire de l'Occident au cours desquelles il y eut vraiment progrès cumulatif des connaissances sont les trois siècles d'or de la Grèce, puis les trois derniers siècles de notre ère. Et pourtant l'appareil capable d'engendrer ces connaissances n'a cessé d'être là pendant cet intervalle de deux mille ans, de même que pendant les trente mille ans qui nous séparent d'Altamira et de Lascaux. Il n'eut pas le droit d'engendrer la science. Les fantasmagories émotives des totems et des tabous, des doctrines et des dogmes, de la culpabilité et de la peur ne cessèrent de repousser les « démons obscènes » du savoir.

Pendant la plus grande partie de l'histoire humaine, les merveilleux pouvoirs du néocortex n'eurent l'autorisation de s'exercer qu'au service des vieilles croyances émotives : peintures magiques des grottes de la Dordogne ; traduction en mythologie des images archétypiques ; art religieux de l'Asie et du Moyen Âge européen. La raison fut engagée comme servante de la foi : foi des sorciers, foi des théologiens et des philosophes scolastiques, foi des matérialistes dialectiques et des adorateurs du roi Mbo Mba ou du président Mao. Ce n'est pas la faute des astres, cher Brutus, c'est celle du crocodile et du cheval qui s'agitent dans nos cerveaux. De tous ses traits spécifiques, c'est bien celui-là qui rend l'homme extraordinaire.

Le paisible primate

Comme le veut l'optimisme touchant des biologistes traditionnels, la liste de Huxley des « singularités de l'homme » ne contient que des propriétés positives et désirables. L'autre, la terrible caractéristique de notre espèce, la guerre intraspécifique[*] n'est même pas mentionnée en passant, bien que dans un essai distinct, dans le même volume, Huxley remarque qu'« il n'y a que deux sortes d'animaux qui fassent habituellement la guerre : les fourmis et les hommes. Et encore chez les fourmis la guerre est pratiquée surtout par un groupe, qui ne comprend que quelques espèces parmi les dizaines de milliers que connaît la science[5] ». En réalité, les rats aussi ont des hostilités de clan ou de groupe. Les membres de leurs clans, comme ceux des sociétés d'insectes ne se « connaissent » pas individuellement, ils se reconnaissent à l'odeur caractéristique du nid, de la ruche ou de la localité. L'étranger venu d'un autre clan est instantanément repéré à sa « puanteur » : il faut donc l'attaquer férocement et le tuer si possible.

Mais les hommes et les rats sont des exceptions. En règle générale, dans le règne animal, il n'y a de combats avec invention de tuer qu'entre les prédateurs et leurs proies. La loi de la jungle admet un seul motif légitime de meurtre : la faim ; encore faut-il que la victime appartienne à

---

[*] Guerre à l'intérieur de l'espèce, par opposition à la chasse interspécifique d'une proie appartenant à une autre espèce.

une espèce différente. À l'intérieur de l'espèce de puissantes sauvegardes instinctives empêchent les luttes dangereuses entre individus ou entre groupes. Ces mécanismes d'inhibition, ces interdits instinctifs, qui s'opposent au meurtre ou à la blessure grave des congénères sont aussi forts, chez la plupart des animaux, que les pulsions de la faim, du sexe et de la peur. Les tendances inévitables et nécessaires d'affirmation du moi dans les sociétés animales supérieures sont donc compensées par des mécanismes d'inhibition qui transforment le combat des concurrents en un duel plus ou moins symbolique, mené selon des règles bien établies et qui ne se termine jamais par un meurtre. La lutte s'achève instantanément sur un geste spécifique du concurrent le plus faible : c'est le chien qui se couche sur le dos, exposant son ventre et sa gorge ; c'est le cerf vaincu qui s'éclipse humblement. De même la défense du territoire est presque toujours assurée sans effusion de sang, par des attitudes menaçantes strictement ritualisées, des attaques feintes, etc. Enfin l'ordre des préséances dans les sociétés d'animaux en liberté, depuis les oiseaux jusqu'aux singes, s'établit et se maintient avec un minimum de violence.

Au cours des vingt dernières années, l'observation sur le terrain de la vie des singes en liberté a complètement bouleversé les idées que l'on s'était faites sur la mentalité de nos ancêtres primates. Les premières études, comme celles de Solly Zuckerman avant 1930, se fondaient sur le comportement des singes artificiellement entassés dans les zoos. Ces études ont donné en psychologie d'importants résultats, du même ordre que les études du comportement humain dans les prisons et les camps de concentration : elles font le portrait d'une société névrosée, victime de tensions anormales, dont les membres accablés par l'ennui sont constamment irritables, querelleurs, obsédés par leur sexe, et exposés au règne de chefs tyranniques, assassins quelquefois. Devant ce portrait on se demandait comment pouvaient subsister en liberté des sociétés de singes.

Depuis la Seconde Guerre mondiale, une nouvelle génération de zoologistes, dont les patientes études ont duré des années, a radicalement modifié ce tableau. W.M.S. Russell résume ainsi leurs travaux :

   … Après la Seconde Guerre mondiale l'étude sur le terrain des singes de toute espèce a pris soudain un essor sans précédent. Les rapports des observateurs sont virtuellement unanimes. Carpenter montre que le combat est très rare chez les gibbons et apparemment inexistant chez les singes hurleurs. Sur sept bandes de babouins est-africains Washburn et Devore n'ont aperçu que dans une seule des signes de violence intestine ; ils n'ont vu aucun combat entre les bandes. Southwick qui étudie les singes hurleurs depuis 1950 ne les a jamais vus se battre ni entre membres d'une même bande, ni entre bandes différentes. Jay fournit un rapport semblable sur les houlmans, de même qu'Imanishi sur les singes japonais. Goodall a observé très peu de violences chez les chimpanzés, pas plus que Hall chez les bandes en liberté de l'espèce de babouins que Zuckerman avait précisément étudiée au zoo. Emlen et Shaller n'ont pas noté la moindre trace d'agression dans les bandes de gorilles, les relations entre les bandes étant si amicales que deux bandes qui se rencontrent peuvent passer la nuit ensemble, et que des individus peuvent venir en visite aussi longtemps qu'ils veulent.

Ces rapports sont encore plus impressionnants qu'il n'y paraît d'abord, car la plupart des observateurs s'attendaient à tout le contraire. Les données des observations au zoo avaient fait une telle impression que chaque chercheur crut son espèce exceptionnelle... Nous savons maintenant qu'ils se trompaient : en liberté toutes les espèces de singes sont paisibles... Une société saine de primates en liberté n'a aucune trace de bellicisme grave à l'intérieur des bandes ou entre elles. Il est désormais indéniable que les primates peuvent vivre sans la moindre violence... En rassemblant les rapports faits sur le terrain et ceux qui proviennent des jardins zoologiques, on constate que l'agressivité n'est pas un trait inné chez les individus, apparaissant dans certaines espèces de primates et non en d'autres. Toutes les espèces de primates sont pacifiques dans certaines conditions, violentes dans d'autres conditions. La violence est une propriété des sociétés exposées au stress[6]...

Quelles conclusions peut-on tirer de ce tableau du comportement des primates ? La première est que les primates, comme tous les mammifères en liberté, n'ont absolument rien de l'instinct freudien de destruction. Dans une société normale de babouins ou de rhésus les tendances auto-affirmatives de l'individu sont contrebalancées par ses liens d'intégration avec la famille, le chef et le clan. L'agression n'apparaît que lorsque telles ou telles tensions viennent rompre l'équilibre.

Cela s'accorde parfaitement avec les conclusions auxquelles nous étions parvenus dans nos premiers chapitres. Mais nous n'y trouvons que des indications bien limitées, et passablement banales, sur les origines du mal humain. Que les tensions provoquées par le manque de nourriture, le surpeuplement, les catastrophes naturelles, et ainsi de suite, bouleversent l'équilibre social et entraînent des comportements pathologiques, on le sait fort bien. Il en va de même du parcage dans les prisons, de l'oisiveté forcée du chômage, de l'ennui de l'état réglementé. C'est ce que les psychosociologues ne cessent de répéter en analysant les périls de la vie moderne dans les mégalopolis — et, bien sûr, ils ont raison. Mais ce sont là des phénomènes contemporains qui ont fort peu de rapports avec le cœur du problème : l'émergence de cet extraordinaire désordre mental chez nos ancêtres de la préhistoire, manifesté par le meurtre, le sacrifice humain, les guerres en chaîne. Ces ancêtres ne souffraient pas du surpeuplement, ils ne manquaient pas de terres, ils n'étaient pas urbanisés ; en un mot nous ne saurions accuser des tensions comparables à celles qui accablent les singes en cage ou les habitants de New York. S'hypnotiser sur la pathologie spécifique du xxᵉ siècle, c'est se rendre aveugle au problème beaucoup plus ancien et bien plus fondamental de la sauvagerie chronique des civilisations anciennes et modernes. Nous sommes si préoccupés des ravages sociaux dont sont victimes les occupants des ghettos noirs d'Amérique que nous en oublions les horreurs de l'Afrique noire libre d'autrefois, de même que les horreurs de l'histoire de l'Europe et de l'Asie. En attribuant à l'environnement tout le blâme de la pathologie humaine, on commet tout simplement une pétition de principe. Changements climatiques et pressions du milieu constituent évidemment un facteur extrêmement puissant de l'histoire comme de l'évolution biologique ; mais en général les guerres, les guerres civiles, les holocaustes ont bien d'autres causes.

Où donc chercher les raisons de la Chute, les raisons de cette caractéristique unique qui nous fait pratiquer l'homicide intraspécifique individuellement ou en groupe ?

Le chasseur inoffensif

On a émis l'idée que la Chute a dû se produire lorsque nos ancêtres passèrent du régime végétarien au régime carnivore. Les zoologistes comme les anthropologues écartent nettement cette hypothèse. Les premiers font remarquer que la chasse d'une proie appartenant à une autre espèce est une pulsion biologique totalement distincte de l'agression contre des congénères. Selon Konrad Lorenz,

> la motivation du chasseur est foncièrement différente de celle du combattant. Le buffle que terrasse un lion ne provoque nullement l'agressivité de ce dernier, pas plus que le dindon appétissant que je vois rôtir à la broche ne provoque la mienne. On voit clairement les différences de ces pulsions dans les mouvements expressifs de l'animal : au moment d'attraper un lapin le chien a la même expression d'excitation joyeuse que lorsqu'il accueille son maître ou attend une récompense. D'excellentes photographies ont souvent montré que le lion, à l'instant dramatique, juste avant de bondir, n'exprime pas la moindre colère. Les grognements, l'aplatissement des oreilles, et autres mimiques bien connues du comportement de combat ne s'observent chez les prédateurs que lorsqu'ils sont vraiment effrayés par une proie qui résiste farouchement, et même alors ces expressions ne sont qu'ébauchées[7].

Les Russell arrivent à la même conclusion : « Rien dans le comportement des mammifères ne prouve que l'agression sociale soit plus répandue ou plus intense chez les carnivores que chez les herbivores. » Quant aux humains, « rien ne prouve que la violence sociale ait été plus répandue ou plus intense dans les sociétés de chasseurs carnivores que dans les sociétés d'agriculteurs végétariens. Il y a eu des peuples chasseurs extrêmement guerriers ; mais aucun groupe humain n'a produit de communautés plus pacifiques, que certains Esquimaux qui sont probablement chasseurs depuis le paléolithique[8] ». En revanche, les samouraïs étaient de stricts végétariens, de même que les foules hindoues qui ont massacré si volontiers leurs frères musulmans. Ce ne sont pas les rôtis de renne qui ont causé la Chute.

Lorenz, que je viens de citer, a une théorie plus raffinée, dont l'extrait suivant (condensé) expose l'essentiel :

> Les inhibitions qui modèrent l'agressivité chez divers animaux sociaux, l'empêchant de blesser ou tuer les membres de la même espèce, sont d'autant plus importantes et par conséquent d'autant mieux différenciées

qu'il s'agit d'animaux capables de tuer des êtres vivants à peu près de même taille qu'eux-mêmes. Un corbeau pourrait d'un coup de bec arracher l'œil d'un de ses congénères, un loup pourrait d'un coup de dent sectionner la veine jugulaire d'un autre loup. Il n'y aurait plus ni loups ni corbeaux si de fermes inhibitions n'empêchaient ces gestes. La colombe, le lièvre et même le chimpanzé sont incapables de tuer leurs frères d'un coup de bec ou de dent. Comme il est très rare dans la nature qu'un animal de ce genre blesse grièvement un membre de sa propre espèce, aucune pression sélective n'a agi pour former des inhibitions anti-meurtrières. Il faut déplorer que l'homme ne soit pas nettement pourvu d'une mentalité carnivore. Tous ses ennuis viennent de ce qu'il est foncièrement une créature omnivore inoffensive, sans armes naturelles pour tuer de grosses proies, et par conséquent dénué des dispositifs de sûreté qui empêchent les carnivores « professionnels » d'abuser de leur force pour détruire les membres de leur espèce. Aucune pression sélective ne s'est manifestée dans l'histoire de l'humanité pour former des mécanismes d'inhibition empêchant le meurtre des congénères jusqu'au moment où, tout-à-coup, l'invention d'armes artificielles a bouleversé l'équilibre du potentiel meurtrier et des inhibitions sociales. À ce moment la situation de l'homme fut à peu près celle d'une colombe à qui la nature donnerait soudain un bec de corbeau. Quelles que fussent ses normes innées de comportement social, il était inévitable que l'invention des armes les mît en déroute[9].

On peut signaler bien des failles dans ce raisonnement, et les critiques (dont je fus[10]) n'y ont pas manqué, tout en admettant qu'il contient un élément de vérité. Sans nous perdre dans les détails techniques nous reformulerons la théorie de Lorenz en disant que dès la toute première fabrication d'armes *l'instinct de l'homme et son intellect cessèrent de marcher de pair*. L'*invention* des outils et des armes fut une création intellectuelle, l'œuvre combinée du cerveau et de la main, du merveilleux pouvoir néocortical de coordonner l'habileté des doigts avec les perceptions d'un œil perfectionné, et le tout avec la mémoire et la prévision. Mais l'*emploi* de ces armes dépendit des pulsions motrices, de l'instinct et de l'émotion : du cerveau ancien. Celui-ci manquait de l'équipement nécessaire, les mécanismes d'inhibition, pour manier les nouvelles forces de l'homme, et le cerveau récent n'avait pas assez de pouvoir sur ses émotions. Le raisonnement de Lorenz peut donc se ramener à ceci : *la coordination est inadéquate entre les structures anciennes du système nerveux et les structures modernes trop rapidement développées.*

Néanmoins la conscience de sa force que donne au chasseur le maniement de l'arc et du javelot ne doit pas nécessairement accroître son agressivité ; elle peut même avoir l'effet opposé, comme le montre l'exemple des Esquimaux et d'autres peuples chasseurs. En ce qui concerne les tendances purement auto-affirmatives des individus il n'y a aucune raison pour que l'homme primitif n'ait pu apprendre à s'arranger du surcroît de forces que lui apportaient les armes, en acquérant une responsabilité morale, un surmoi, aussi efficace à sa manière que les interdits instinctifs contre le meurtre des congénères chez les autres animaux chasseurs. Et à en juger d'après les données de l'anthropologie, ces interdits se sont formés en effet — mais seulement pour empêcher l'agression contre la tribu ou le groupe social de l'individu. Le tabou ne s'est pas appliqué aux autres membres de l'espèce. *Ce n'est pas l'agressivité individuelle qui s'est déchaînée, mais le dévouement au groupe social étroit auquel s'identifie l'individu en excluant haineusement tous les autres groupes.* C'est le processus dont nous avons parlé plus haut : la tendance à l'intégration, se manifestant sous des formes primitives d'identification, sert de véhicule aux tendances agressives du holon social.

En d'autres termes : pour l'homme *les différences interspécifiques sont plus décisives que les affinités intraspécifiques* ; les inhibitions qui chez les autres animaux interdisent le meurtre intraspécifique ne valent qu'à l'intérieur du groupe. Ami ou ennemi : chez les rats c'est l'odeur qui en décide. Chez les hommes il existe une affreuse diversité de critères — possessions territoriales, différences ethniques, culturelles, religieuses, idéologiques... — pour décider du parfum des uns et de la puanteur des autres.

La malédiction du langage

D'autres facteurs ont contribué à la tragédie. Le premier est la quantité énorme de différences intraspécifiques entre les individus, les races, les cultures ; c'est une diversité sans parallèle dans les autres espèces. Dans sa liste des caractéristiques biologiques de l'homme, Huxley donne une place de choix à cette extrême variété d'apparences physiques et d'attributs mentaux. Sur l'origine de cette diversité Huxley tient d'intéressants propos dans l'essai cité plus haut. Mais ce qui compte pour nous c'est que ces différences, ces contrastes ont été de puissants facteurs de répulsion mutuelle, le résultat étant que *dans l'ensemble de l'espèce les forces de rupture ont toujours dominé les forces de cohésion.* Lorenz écrit à ce sujet :

> Il n'est pas trop audacieux de supposer que les premiers vrais représentants de notre espèce, les hommes de Cro-Magnon, avaient en gros les mêmes instincts et les mêmes inclinations naturelles que nous. Il est également permis de penser que la structure de leurs sociétés et leurs guerres tribales étaient en gros semblables à ce qu'on peut encore observer dans certaines tribus papoues et dans le centre de la Nouvelle-Guinée. Chacun de leurs villages est perpétuellement en guerre avec les villages voisins ; ils ont, selon le mot de Margaret Mead, des relations de chasse-aux-têtes réciproque « atténuée », ce qui signifie que l'on n'organise pas des raids pour se procurer les précieuses têtes des guerriers voisins, mais simplement qu'à l'occasion on coupe la tête des femmes et des enfants qu'on rencontre dans les bois[11].

Les gens du village voisin ne sont pas considérés comme des congénères ; de même pour les Grecs les barbares « bégayants » n'étaient pas pleinement humains, ni pour l'Église les païens, ni pour les nazis les Juifs. *A priori* on imaginerait que l'aube de la pensée abstraite, conceptualisée, sa communication par le langage, sa préservation par témoignages accumulés — ces débuts de la noosphère de Teilhard de Chardin — auraient contrecarré ces tendances fratricides qui démembraient l'espèce. En fait, le cliché du pouvoir unificateur de la communication verbale n'exprime que la moitié de la vérité, et peut-être moins. En premier lieu, tout le monde sait que si le langage facilite les communications à l'intérieur du groupe, il cristallise les différences culturelles et élève de véritables barrières entre les groupes. Les admirables études, faites sur les sociétés de singes et dont nous venons de parler, ont montré que les groupes de primates d'une même espèce, occupant des habitats différents, tendent aussi à avoir des traditions et des

« cultures » différentes ; mais cette différenciation n'aboutit jamais à des conflits — et cela en grande partie, suppose-t-on, en raison de l'absence de barrières linguistiques. En revanche chez les humains les forces séparatistes du langage sont partout à l'œuvre : langues nationales et tribales, dialectes, vocabulaires spécialisés et accents de classe, jargons professionnels… Les deux millions d'aborigènes de Nouvelle-Guinée, auxquels on a fait allusion ci-dessus en citant Margaret Mead, parlent sept cent cinquante langues différentes. Depuis l'âge de pierre le symbole de la tour de Babel n'a rien perdu de sa valeur. Il est assez remarquable qu'à l'époque où les ondes hertziennes et les satellites de communication rassemblent en un seul public tous les peuples de la planète, aucun organisme responsable (sauf une poignée d'espérantistes obstinés) ne fait le moindre effort pour propager une *lingua franca* universelle ; et en même temps des gens se font assommer dans les rues pour la primauté du maharati ou du gudjerati en Inde, du flamand ou du français en Belgique, du français ou de l'anglais au Canada. Espèce émotionnellement déséquilibrée, nous avons l'étrange pouvoir de changer en malédiction toutes les grâces, y compris celle du langage.

Cependant, le grand danger du langage tient beaucoup moins à son séparatisme qu'à ses forces magiques, hypnotiques, émotives. Les mots peuvent cristalliser la pensée, formuler et préciser des images vagues, des intuitions fumeuses. Mais ils servent aussi à rationaliser des craintes et des désirs irrationnels, à donner un semblant de logique aux plus folles superstitions, à prêter le vocabulaire du cerveau récent aux fantasmes et aux délires de l'ancien. Finalement les mots peuvent servir de charges explosives pour déclencher les réactions en chaîne de la psychologie de groupe. L'ordinateur d'Ali est capable de produire les *Pensées* de Pascal, et tout aussi bien les hurlements d'Hitler. Sans langage pour formuler les doctrines religieuses et idéologiques, les croyances fermées, les slogans, les manifestes, nous serions comme les pauvres babouins, inaptes à la guerre à l'intérieur de l'espèce. Ainsi les divers avantages qui procurent l'unicité de l'homme forment-ils en même temps un réseau tragique dont le schéma fondamental demeure la schizophysiologie.

La découverte de la mort

Un autre facteur, qui est l'un des fils principaux de ce canevas, est la découverte de la mort — et le refus de l'accepter. La découverte vient du cerveau récent, le refus vient de l'ancien. L'instinct admet implicitement l'existence comme allant de soi, il la défend dans la colère et la peur contre les dangers ; il ne peut pas concevoir qu'elle se change en non-existence. Ce refus est un leitmotiv de l'histoire qui perpétue le conflit de la foi et de la raison. Dans les plus anciennes cultures primitives, chez les aborigènes d'Australie ou chez les Papous tels qu'ils étaient au siècle dernier, « personne ne meurt de mort naturelle. Même pour les vieilles gens, on prétend que la mort est un ensorcellement ; et de même pour tous les malheurs qui arrivent. Un homme fait une chute mortelle ? C'est un sorcier qui l'a fait tomber. Un autre est blessé par un sanglier, mordu par un serpent ? C'est encore un sorcier. C'est encore lui qui, de loin, peut faire qu'une femme meurt en accouchant, etc. » (Lévy-Bruhl[12]).

Le refus d'accepter la mort comme un phénomène naturel, ou comme un phénomène définitif, a peuplé le monde de sorciers, de fantômes, d'esprits des ancêtres, de dieux, de demi-dieux, d'anges et de diables. L'air s'est saturé de présences invisibles, comme dans une maison de fous*. La plupart étaient malveillantes, vindicatives ou au moins capricieuses, imprévisibles, insatiables. Il fallait leur rendre un culte, les cajoler, les apaiser et, si possible, les contraindre. D'où le geste démentiel d'Abraham, l'ubiquité du sacrifice humain à l'aube sanglante des civilisations, et les massacres sacrés qui n'ont jamais cessé depuis. Dans toutes les mythologies, cette aube baigne dans la peur, l'angoisse, le remords ; c'est le théâtre de la chute des anges, de la chute de l'homme, des déluges et des catastrophes, mais aussi

---

* Selon F.-M. Berger[13] : « On dit souvent qu'il y a plus d'anxiété dans la société occidentale moderne que chez les peuples plus primitifs des régions sous-développées. Or, Randal (1965) rapporte qu'au Congo et en d'autres territoires sous-développés d'Afrique le désordre psychiatrique le plus répandu est l'angoisse. Les Papous de la vallée de Waghi en Nouvelle-Guinée, dont la culture est demeurée à l'âge de la pierre, souffrent de plus d'anxiété que toute civilisation industrielle. Ils ont aussi la plus haute incidence d'ulcères de l'estomac que l'on connaisse (Montague, 1960). »

des promesses consolantes de vie éternelle ; encore cette consolation fut-elle bientôt empoisonnée par la crainte des tortures infernales. Et sans cesse la raison se plia volontiers au rôle de servante des croyances les plus perverses qu'engendrait le cerveau viscéral.

Bien sûr, il est un autre aspect de cette histoire. C'est le refus de croire au caractère définitif de la mort qui a dressé sur le sable les pyramides et les temples ; c'est lui qui a fourni l'une des plus hautes inspirations de l'art, de la tragédie grecque aux peintures de la Renaissance, à la musique de Bach, aux *Sonnets sacrés* de John Donne. Mais quel prix à payer pour ces merveilles ! On nous dit que la beauté et l'horreur sont inséparables, que la seconde est la condition de la première, que pour peindre comme Van Gogh il faut d'abord se couper l'oreille. Cette croyance est en elle-même un bon symptôme de l'esprit angoissé qui jamais ne parvient à régler la note du céleste percepteur.

Résumé

L'apparition du néocortex humain est le seul cas où l'évolution ait donné à une espèce un organe dont cette espèce ne sait pas se servir. L'actualisation de son potentiel de rationalité s'est heurtée, tout au long de la préhistoire et de l'histoire, à l'obstacle des activités à base affective des structures phylogénétiquement plus anciennes du système nerveux. L'insuffisance de la coordination entre les structures anciennes et les nouvelles a désaccordé l'instinct de l'homme et son intellect. La très grande variété des différences intraspécifiques entre individus, races et cultures est devenue une source de répulsion mutuelle. Le langage renforce la cohésion à l'intérieur des groupes, et élève des barrières entre eux. La découverte de la mort, par l'intelligence, sa négation par l'instinct sont un témoignage de l'esprit divisé.

XVIII

LA CRISE SUPRÊME

Je suis d'un pays qui n'existe pas encore.

J. Craveirinha.

À la charnière de l'histoire

« La génération actuelle est à la charnière de l'histoire… Nous sommes peut-être à l'époque des changements les plus rapides dans toute l'évolution, passée ou à venir, du genre humain… Le monde est devenu trop dangereux pour que nous puissions nous contenter d'autre chose que de l'Utopie[1]. »

Ces avertissements d'un biophysicien américain, J. R. Platt, nous les avions déjà entendus ; c'étaient ceux d'Esaïe, de Jérémie, de Cassandre, de saint Jean à Patmos, de saint Augustin, puis des prophètes de l'An Mil, et de Lénine et d'Oswald Spengler. À chaque siècle il y a eu au moins une génération pour se vanter d'être à la charnière de l'histoire, de vivre une époque sans précédent, en attendant la trompette du Jugement dernier ou l'un de ses équivalents laïques. Rappelons-nous aussi le crieur funèbre de James Thurber qui, pieds nus et en chemise de nuit, parcourt les rues sombres de sa ville en réveillant les gens d'une voix sépulcrale : « Préparez-vous, préparez-vous, voilà la fin du monde ! »

Il convient donc d'hésiter avant de proclamer que notre époque est exceptionnelle. Toutefois, deux bonnes raisons au moins permettent de dire que l'humanité traverse une crise qui, en ampleur et en nature, n'a pas de précédent dans l'histoire. La première est quantitative, l'autre qualitative.

La première est le déséquilibre écologique, dont Sir Gavin de Beer a résumé les conséquences à l'occasion du deuxième centenaire de Malthus : « Si nous remontons d'un million d'années jusqu'aux hominidés, ou même de 250 000 ans jusqu'à l'homme de Swanscombe, la courbe démographique est comparable à un avion au décollage : pendant la plus grande partie de ce temps, il roule à l'horizontale sur l'axe du temps ; puis vers 1600 après Jésus-Christ l'appareil commence à s'élever ; aujourd'hui il monte presque à la verticale, comme une fusée. Un million d'années pour atteindre 3 250 millions ; une trentaine d'années pour doubler ce nombre[2]. »

Pour être plus précis, les historiens estiment que la population mondiale était d'environ 250 millions au début de l'ère chrétienne. Au milieu du XVIIe siècle elle avait doublé, atteignant à peu près 500 millions. Elle avait encore doublé, pour arriver au premier milliard, au milieu du XIXe. C'est alors que Pasteur, Lister et Semmelweis s'en mêlèrent et changèrent l'équilibre écologique de notre espèce en déclarant la guerre aux micro-organismes de son milieu : changement plus radical et de plus de conséquence que toutes les inventions techniques de Watt, d'Edison et des frères Wright. Mais le désastre qu'ils provoquèrent bien involontairement ne se fit sentir qu'un siècle plus tard. En 1925 la population avait encore doublé. En 1965 elle avait dépassé les 3 milliards ; pour doubler le nombre il ne faut plus 1 500 ans, mais 35 environ[3].

Ce chiffre est basé sur un taux de croissance annuel de 2 %, — moyenne globale : le taux est de 1,6 à 1,8 dans les pays industrialisés ; il atteint ou dépasse 3 % dans un grand nombre de nations à faibles revenus. L'Inde, par exemple, qui en 1965 avait 450 millions d'habitants en aura, au taux de croissance actuel, 900 millions en l'an 2000. En quinze ans seulement, de 1965 à 1980, pour faire face à la croissance démographique prévue, il faudrait augmenter d'au moins 50 % la production agricole mondiale ; or, le ministère de l'Agriculture des États-Unis a calculé que « pour arriver à ce résultat il faut appliquer 24 millions de tonnes supplémentaires d'engrais par an, alors que la production mondiale d'engrais n'est que de 28,6 millions de tonnes par an » (L. R. Brown[4]). Quant à la Chine, qui avait 750 millions d'habitants en 1966, elle aura à la fin du siècle, si la tendance actuelle persiste, une population égale à celle qui recouvrait toute la planète en 1900.

Cette explosion s'accompagne de migrations intérieures des campagnes vers les villes, migrations qui « ne sont pas provoquées par des offres d'emplois, mais par le maigre espoir d'un travail marginal ou d'une aumône de l'État… Kingsley Davies estime qu'en l'an 2000, la plus grande ville indienne, Calcutta, aura entre 36 et 66 millions d'habitants. Calcutta étendant ses taudis sur des centaines de kilomètres carrés, avec une population de 66 millions d'êtres sous-employés, ce serait une concentration de misère qui ne pourrait avoir que des conséquences catastrophiques[5] ».

Pour revenir à l'ensemble de la planète, les perspectives sont les suivantes : 7 milliards en 2000 ; 14 milliards en 2035 ; 25 milliards dans cent ans (cf. Fig. 14). Mais, comme le dit sèchement un rapport de la Fondation Ford, « bien avant cela, face à une telle pression démographique, il est inévitable que les quatre cavaliers de l'Apocalypse prennent en main la situation[6] ».

Combien d'hommes notre planète peut-elle nourrir ? Selon Colin Clark, qui fait autorité en la matière, de 12 à 15 milliards, — mais seulement à condition d'adopter dans le monde entier les méthodes de culture et de conservation des sols employées aux Pays-Bas, ce qui est passablement utopique. Mais même dans ces conditions optimales la population du globe distancerait la production totale dans les premières décennies du siècle prochain.

On objectera que les prédictions fondées sur les tendances actuelles de la démographie sont notoirement incertaines. C'est notre plus grand espoir ; mais depuis la guerre cette incertitude a joué constamment en faveur des pessimistes : l'augmentation dépasse les prédictions maximales. En outre les grandes surprises — telles que la stabilisation de la population japonaise vers 1949 grâce à la légalisation de l'avortement — qui bouleversent les prédictions des statisticiens arrivent toujours dans les pays les plus développés qui admettaient plus ou moins la planification familiale bien avant la vente des contraceptifs modernes, et qui pouvaient ainsi modifier le schéma prévu en adaptant le nombre de leurs bébés aux conjonctures économiques et psychologiques. Par opposition au Japon — le seul pays

d'Asie qui ait le même niveau d'instruction que l'Occident — l'Inde
en quinze ans de propagande intense pour le contrôle des naissances
n'a obtenu pratiquement aucun résultat. Les grands reproducteurs
d'Asie, d'Afrique et d'Amérique latine sont par nature les moins
disposés à la discipline du planning familial. Ce sont les trois quarts
de la population du globe qui marquent la cadence.

Tout cela, on l'a dit souvent ; et la répétition, au lieu de rendre la
conscience plus aiguë, tend à l'endormir. Le public sait qu'il y a un
problème, mais il n'en connaît ni l'énormité ni l'urgence ; il ne sait
pas que nous approchons d'une crise suprême qui peut se produire
non pas dans des siècles mais dans quelques dizaines d'années : au
cours de la vie des adolescents d'aujourd'hui. Ce que j'essaye de
prouver ce n'est pas que la situation est désespérée, c'est qu'elle est
unique, sans précédent dans l'histoire humaine. Avec sa parabole de
l'avion qui vole en rase-mottes sur des milliers de kilomètres et qui
ensuite, au bout de deux kilomètres, se transforme en fusée, droit
vers le ciel, De Beer a illustré ce que les mathématiciens appellent
une courbe exponentielle (Fig. 14).

Cette courbe, il faudrait la prolonger à gauche, dans le passé,
de plusieurs kilomètres, le long desquels on ne la verrait s'élever
qu'au microscope. Puis vient le moment critique où Pasteur et ses
confrères ont lâché les freins, c'est-à-dire le taux de mortalité élevé
qui, en équilibrant la poussée du taux de naissances, maintenait à
peu près horizontale la courbe démographique. Il fallut environ un
siècle — un centimètre sur notre échelle — pour qu'apparaissent
les conséquences ; dès lors la courbe se redresse de plus en plus
et bientôt, dans la seconde moitié de notre siècle, elle commence
à fuser dru vers le zénith. Notre espèce a mis une centaine de
milliers d'années à engendrer son premier milliard. Aujourd'hui
nous ajoutons un milliard de plus tous les douze ans. Et puis ce
sera tous les trois ans. Mais d'ici là, l'avion fou de De Beer se sera
sûrement écrasé.

Une courbe exponentielle évoque un processus déchaîné,
incontrôlable. Le dessinateur n'arrivera plus à prolonger dans l'avenir
cette courbe de plus en plus raide, parce qu'il manquera de papier,
aussi inévitablement que le monde manquera de nourriture, d'espace
vital, de plages et de rives, de solitude, de sourires.

FIGURE 14

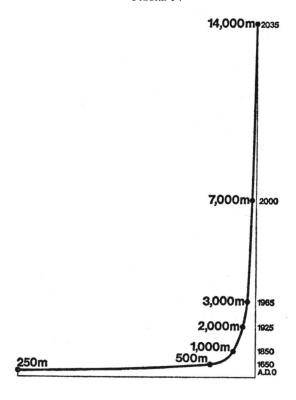

Courbe démographique depuis le début de l'ère chrétienne,
prolongée jusqu'en 2035.

Les curieuses propriétés des courbes exponentielles reflètent
l'unicité de notre époque : non seulement l'explosion démographique,
mais aussi l'explosion de l'énergie, des communications, et des
sciences spécialisées.

Pour commencer par la fin, citons le professeur Ian Morris :
« Mesurée en main-d'œuvre et en nombre de périodiques ou d'articles
scientifiques, la science croît de façon exponentielle, ces chiffres
doublant en quinze ans environ. La Figure 1 montre l'augmentation

des revues scientifiques depuis leur apparition en 1665... » Cette figure est une courbe semblable à celle que nous venons de voir, et qui indique qu'il y avait moins de dix revues scientifiques en 1700, une centaine en 1800, un millier en 1850, plus de dix mille en 1900, environ cent mille après la Première Guerre mondiale et qu'il y en aura sans doute un million en l'an 2000. « En mesurant le nombre des hommes de science on obtient les mêmes résultats, qui paraissent comparables dans des disciplines scientifiques extrêmement diverses. Au cours des quinze dernières années il y a eu autant d'hommes de science que dans toute l'histoire scientifique auparavant. La vie utile d'un chercheur étant en moyenne de quarante-cinq ans environ, sur huit savants pris depuis l'origine des sciences, sept vivent de nos jours. De même près de 90 % de toutes les recherches scientifiques ont été faites au cours des cinquante dernières années[7]. » D'après le Bureau national d'éducation, aux États-Unis, il ne faut plus, depuis 1950, que dix ans pour doubler les chiffres cités plus haut[8].

Quant à l'énergie, la courbe demeure plate, là aussi, depuis les hommes de Cro-Magnon jusqu'à ceux d'il y a cinq mille ans. Grâce à l'invention du levier, de la poulie et autres machines simples, la force musculaire de l'homme se voit multipliée par cinq ou dix ; puis de nouveau la courbe continue presque à l'horizontale jusqu'à l'invention de la machine à vapeur et à la révolution industrielle il y a deux cents ans. Et alors, même histoire : décollage et ascension de plus en plus raide jusqu'à la verticale de la fusée. L'accroissement exponentiel de la vitesse des communications, ou de la portée de notre pénétration dans les profondeurs de l'univers au moyen des télescopes et radiotélescopes, est trop connu pour que nous ayons besoin d'y insister ; mais voici un autre exemple.

Vers 1930 on pouvait impartir aux particules atomiques une énergie d'environ 500 000 électrovolts ; dans la décennie qui a suivi, l'accélération a été portée à 20 millions d'électrovolts ; en 1950 à 500 millions ; et au moment où j'écris, on est en train de construire un accélérateur de 50 milliards d'électrovolts. Mais personnellement, plus que tous ces chiffres, un épisode de 1930 me paraît aujourd'hui troublant : je faillis alors perdre mon emploi de chroniqueur scientifique à cause des protestations indignées qui accueillirent un article sur les fusées dans lequel je prédisais que nous verrions « avant de mourir » les voyages extraterrestres. Et un an ou deux avant le lancement du premier spoutnik, le directeur de l'Observatoire royal de Grande-Bretagne prononça cette phrase immortelle : « Les voyages dans l'espace, c'est de la foutaise. » Notre imagination veut bien admettre que les choses changent, mais elle ne peut accepter la vitesse du changement, ni extrapoler comme l'intelligence de Pascal lorsque dans l'univers copernicien l'infini ouvrait sa gueule béante.

Voilà la situation dans laquelle nous nous trouvons aujourd'hui. Nous n'osons plus extrapoler dans l'avenir, en partie parce que nous avons peur, et surtout parce que nous manquons d'imagination.

Deux courbes

Du moins pouvons-nous regarder en arrière, dans le passé, et comparer le diagramme dont nous venons de parler, qui montre la croissance explosive de la population, du savoir, de l'énergie et des communications, avec un autre schéma qui indiquerait le progrès de la moralité sociale, des croyances éthiques, de la conscience spirituelle et des valeurs apparentées. La courbe aurait alors une tout autre allure : on la verrait s'élever lentement tout au long de la préhistoire ; puis osciller tantôt vers le haut, tantôt vers le bas, au cours de ce que nous appelons l'histoire civilisée ; et peu après le début de l'ascension brusque des courbes exponentielles, on verrait cette « courbe morale » s'incliner très nettement et tomber sous le poids de deux guerres mondiales, des entreprises de génocide de plusieurs dictateurs, et de nouvelles méthodes de terreur et d'endoctrination capables d'asservir des continents entiers.

Le contraste de ces deux courbes donne de notre histoire une image fort simplifiée, certes, mais non pas poussée au noir : elle représente les conséquences de la schizophrénie humaine. Toutes les courbes exponentielles sont d'une façon ou de l'autre l'œuvre du néocortex ; elles témoignent des résultats fantastiques que celui-ci obtient en apprenant enfin à actualiser ses potentialités après des millénaires de sommeil. L'autre courbe reflète la tendance délirante, la persistance de l'attachement à des croyances émotives dominées par le cerveau archaïque.

Ce qu'on appelle progrès est une affaire purement intellectuelle, écrit von Bertalanffy, rendue possible par l'énorme développement du cerveau. C'est grâce à cela que l'homme a pu édifier les mondes symboliques du langage et de la pensée et qu'il y a eu quelque progrès dans les sciences et la technologie au cours des cinq mille ans d'histoire connue.

Mais on ne voit guère de progrès du côté de la morale. Il est douteux que les méthodes de la guerre moderne soient préférables aux grosses pierres dont l'homme de Néanderthal se servait pour casser le crâne de son voisin. Il est assez évident que les normes éthiques du Bouddha et de Lao-tseu n'étaient pas inférieures aux nôtres. Le cortex humain contient quelque dix milliards de neurones qui ont permis de progresser de la hache aux bombes atomiques, et de la mythologie primitive à la théorie des quanta. Il n'y a dans le domaine de l'instinct aucun développement correspondant qui pousse l'homme à changer de conduite. C'est pourquoi les exhortations morales proférées tout au long des siècles par les fondateurs de religions et les grands guides de l'humanité se sont révélées tristement inefficaces[9].

Comme autre exemple de l'abîme qui sépare le développement intellectuel du développement émotif, on peut considérer le contraste des communications et de la coopération. Le progrès des moyens de communication se représente lui aussi par une courbe exponentielle : en un seul siècle se sont entassées les inventions du bateau à vapeur, du chemin de fer, de l'automobile, du ballon dirigeable, de l'avion, de la fusée, du navire interplanétaire… ; du télégraphe, du téléphone, de la télévision et de telstar… Le mois de ma naissance, les frères Wright, à Kitty Hawk en Caroline du Nord, réussirent à rester en l'air dans leur machine volante pendant toute une minute ; il y a des chances pour qu'avant ma mort l'homme aura atteint la Lune, et peut-être Mars. *Aucune génération humaine n'a vu tant de changements au cours de sa vie.*

Pendant cette vie, notre planète a pris des proportions lilliputiennes : au lieu des Quatre-Vingts Jours de Jules Verne, on en fait le tour en quatre-vingts minutes. Mais pour en venir à l'autre courbe, la diminution des distances n'a pas « rapproché » les nations — c'est plutôt le contraire. Avant l'explosion des communications les voyages étaient lents, mais il n'y avait pas de rideau de fer, pas de mur de Berlin, pas de *no man's lands* minés, et l'on ne restreignait guère l'émigration ni l'immigration ; aujourd'hui un homme sur trois n'a pas le droit de quitter le pays où il est né. On dirait presque que le progrès de la coopération varie en raison inverse du progrès des communications. La conquête de l'air a transformé les guerres limitées en guerres totales ; les grands moyens d'information servent aux démagogues à fomenter la haine ; et même entre de proches voisins comme l'Angleterre et la France l'accroissement du nombre des touristes n'a guère renforcé la compréhension mutuelle. Quelques mesures positives ont été prises, telles que le Marché Commun ; elles sont infimes par rapport aux crevasses gigantesques qui divisent la planète en camps isolés et hostiles, trois grands camps et l'on ne sait combien de petits.

Si nous insistons sur ces faits trop évidents, c'est pour les ranger dans un schéma d'ensemble. Le langage, ce chef-d'œuvre du néo-cortex, est devenu facteur de division plus que d'unification, il augmente les tensions intraspécifiques ; le progrès des communications a également tendance à faire d'un privilège une malédiction. Même au point de vue esthétique nous avons réussi à contaminer l'éther porte-lumière comme nous avons contaminé l'air, les fleuves et les rivages ; on tourne les boutons de la radio et, du monde entier, en guise d'harmonies célestes, l'éther dégorge des ordures musicales.

De toutes les courbes exponentielles celle qui représente le progrès des pouvoirs de destruction est la plus spectaculaire et la mieux connue. Pour résumer très brièvement la situation, après la Première Guerre mondiale les statisticiens calculèrent que pour tuer un ennemi il avait fallu en moyenne dix mille balles de fusil ou dix obus d'artillerie ; les machines volantes lâchaient des bombes de quelques kilogrammes. Pendant la Seconde Guerre mondiale on pilonnait les villes avec des engins dont le pouvoir de destruction équivalait à vingt tonnes de dynamite. La bombe d'Hiroshima, elle, en valait vingt mille tonnes. Dix ans plus tard la première bombe à hydrogène parvenait à vingt millions de tonnes. À l'heure actuelle nous sommes en train de stocker des bombes équivalant à cent millions de tonnes de dynamite ; et l'on parle d'une « bombe gigatone », une « arme nucléaire concentrant l'énergie d'un milliard de tonnes de dynamite qui, en éclatant à cent cinquante kilomètres des côtes des États-Unis, déclencherait un raz de marée qui recouvrirait la plus grande partie du continent américain... ou une bombe au cobalt qui envelopperait la terre d'un nuage léthal pour l'éternité[10] ».

Le nouveau calendrier

Deux raisons, avons-nous dit, nous permettent de dire que notre époque est « unique ». La première, quantitative, s'exprime dans l'accroissement exponentiel de la population, des communications, des forces de destruction, etc. Devant l'effet combiné de ces accroissements, une intelligence extra-terrestre pour qui les siècles seraient des secondes et qui pourrait parcourir toute la courbe d'un coup d'œil, jugerait probablement que notre civilisation est à la veille, ou déjà en train, d'exploser.

La seconde raison est qualitative, on peut la résumer en une phrase : avant la bombe thermonucléaire chaque homme devait s'accommoder de l'idée qu'en tant qu'individu il mourrait un jour ; désormais c'est l'humanité qui doit vivre avec l'idée de sa mort, en tant qu'espèce.

La bombe a ouvert la porte au génosuicide ; dans quelques années nous aurons même la faculté de transformer notre planète en étoile explosante, en *nova*. Tous les siècles ont eu leurs Cassandres et leurs prophètes du Jugement dernier, et l'humanité s'est arrangée pour survivre en dépit de leurs sinistres prédictions. Seulement cette pensée consolante n'a plus cours, car aucun siècle, si ravagé qu'il fût de guerres et de pestes, n'a jamais eu le pouvoir que nous venons d'acquérir sur la vie de la planète *dans sa totalité*.

Ce que cela signifie, même les plus bruyants pacifistes ne l'ont pas encore pleinement compris. On nous a toujours appris à accepter la finitude de l'existence individuelle, tout en prenant pour axiome la survie de notre espèce. C'était une croyance parfaitement raisonnable, à moins de quelque invraisemblable catastrophe cosmique. Elle a cessé d'être raisonnable depuis que l'on a expérimenté et démontré la possibilité d'agencer une catastrophe dont les dimensions seront en effet cosmiques. C'est la ruine de l'hypothèse sur laquelle s'est fondée toute la philosophie depuis Socrate : l'immortalité virtuelle de notre espèce.

Mais les vues révolutionnaires ne sont pas immédiatement assimilables : il y a des périodes d'incubation. La théorie copernicienne du mouvement de la Terre dut attendre quatre-vingts ans avant de prendre racine. L'inconscient prend son temps, et il a sa manière de digérer ce que l'intelligence consciente rejette comme indigeste. C'est un fait que connaissaient bien les maîtres de la Révolution française : pour hâter le processus d'assimilation ils inventèrent un nouveau calendrier qui commençait le jour de la proclamation de la République : le 22 septembre 1792 devint le 1er vendémiaire de l'an I. Peut-être ne serait-ce pas une mauvaise idée de suivre, au moins intérieurement, un autre calendrier qui commencerait à l'année de l'Étoile d'Hiroshima. Les calendriers supposent que l'on est convaincu de l'importance fondamentale de certains événements : première Olympiade, fondation de Rome, naissance de Jésus, fuite de Mohammed à Médine. Le calcul à partir d'un « an I » procure une échelle du temps, la mesure d'une époque et de la distance couverte depuis le point de départ réel ou supposé d'une civilisation donnée.

J'écris donc ces lignes en l'an 22 après Hiroshima. Car il n'est guère douteux qu'une ère nouvelle ait commencé cette année-là. Le genre humain affronte un défi sans précédents, qu'il ne pourra relever que par des actes également sans précédents. Voilà une phrase dont tout le monde accepte plus ou moins la première partie, mais non pas la seconde. Même les gens qui réfléchissent — et c'est la minorité — croient encore qu'un danger d'une extraordinaire nouveauté peut être écarté par de vieux remèdes traditionnels, par des appels à la raison et au bon sens. Ces appels sont impuissants devant les idéologies militantes des systèmes clos, dont les adeptes sont convaincus, comme l'écrivait récemment un professeur de l'université de Pékin, que « le respect des faits et des opinions d'autrui doit être exterminé de l'esprit humain comme une vermine[11] ».

Tous les efforts de persuasion au moyen d'arguments raisonnés reposent sur l'hypothèse implicite que l'*homo sapiens*, aveuglé quelquefois par la passion, il est vrai, n'en est pas moins foncièrement un animal rationnel, conscient des motifs de ses actes et de ses croyances — hypothèse insoutenable à la lumière des faits historiques aussi bien que neurologiques. Tous ces appels sont des semences qui tombent sur le sol battu ; pour qu'elles prennent racine il faudrait que la terre soit labourée par un changement spontané de la mentalité des hommes dans le monde entier : ce serait l'équivalent d'une énorme mutation biologique. Alors et alors seulement l'humanité dans sa totalité, depuis les dirigeants politiques jusqu'à la foule solitaire, deviendrait réceptive aux arguments de la raison et disposée à recourir aux mesures exceptionnelles qui lui permettraient de relever le défi.

Il est fort improbable que pareille mutation mentale se produise spontanément dans un avenir prévisible, alors qu'il est hautement probable que l'étincelle qui déclenchera la réaction en chaîne soit allumée tôt ou tard, délibérément ou par accident. À mesure que les engins de la guerre atomique et biologique deviennent plus puissants et plus faciles à fabriquer, il est inévitable qu'ils se répandent dans les jeunes nations comme dans les vieilles. Une invention une fois faite ne peut se désinventer ; la bombe est ici pour de bon, l'humanité doit vivre avec, non seulement au cours de la prochaine crise mais de toutes celles qui suivront — non seulement pendant vingt ans, cent ans, deux mille ans, mais toujours. Désormais la bombe fait partie de la condition humaine.

Au cours des vingt premières années de l'ère d'Hiroshima (1946-1966) il y a eu, selon un classement du Pentagone, quarante guerres « limitées » ou civiles[12]. Plus de la moitié s'est déroulée entre communistes et anti-communistes (Chine, Grèce…) ; pour le reste on distingue les guerres « anti-colonialistes » (Algérie, Indochine…), les « aventures impérialistes » (Suez, Hongrie, baie des Cochons) et les hostilités « classiques » entre voisins (Inde-Pakistan, Israël-pays arabes). Cette liste du Pentagone ne comprend pas les crises comme le blocus de Berlin en 1950, ni les coups d'état comme les défenestrations de Prague en 1948. « Il n'y a plus de guerre ni de paix, disait un diplomate français, il y a seulement différents niveaux de confrontations. »

Ces guerres ont utilisé des armes « conventionnelles » et elles ont été livrées surtout par des nations qui n'avaient pas de bombes nucléaires. Mais deux fois au moins — à Berlin en 1950, à Cuba en 1962 — nous avons été au bord d'une guerre nucléaire : et tout cela au cours des deux premières décennies de l'ère d'Hiroshima. Si nous envisageons l'avenir à partir de ces données, la probabilité du désastre confine à la certitude statistique.

Autre facteur d'aggravation : les engins nucléaires, comme tant d'autres appareils, vont progressivement se miniaturiser ; ne serait-ce qu'en raison de leur petit format et de la facilité de leur fabrication, le contrôle global de leur production deviendra à la longue impraticable et, dans un avenir prévisible, il y en aura des stocks partout, au Congo comme en Alaska. Tout se passera comme si l'on enfermait une bande de jeunes délinquants dans une pièce bourrée de matières inflammables, en les munissant d'allumettes et en leur recommandant bien de ne pas s'en servir. Certains sociologues estiment, comme le dit J. R. Platt, que « dans ces circonstances notre demi-vie* — c'est-à-dire le nombre d'années probable avant que ces confrontations répétées aboutissent à cinquante chances sur cent de détruire définitivement l'espèce humaine — n'est peut-être que de dix ou vingt ans. Évidemment ce n'est pas un chiffre objectivement vérifiable. Mais l'idée est claire : c'est la première fois dans l'histoire que les enfants — tous les enfants, toujours, partout — auront eu si peu de chances de vivre[13] ».

Nous n'avons en effet aucune raison convaincante de penser que les conflits, les crises, les confrontations et les guerres ne vont pas se répéter, en diverses parties du monde, au cours des années, des décennies, des siècles qui viennent. Depuis la Seconde Guerre mondiale les tensions idéologiques, ethniques, raciales, ne cessent de monter en Afrique, en Asie, en Amérique latine. Aux États-Unis, malgré tous les efforts que l'on a pu faire pour trouver une solution, le problème racial devient inextricable ; même Israël, principale victime des persécutions raciales, a sa minorité défavorisée de Juifs de couleur. Les leçons du passé ne servent à rien ; non seulement l'histoire se répète, on dirait qu'elle le fait avec une obstination maniaque. En 1920, une ville appelée Dantzig, à l'est de l'Europe, fut constituée en enclave uniquement accessible par un étroit couloir à travers un territoire étranger. Cet arrangement absurde fut le prétexte de la Seconde Guerre mondiale. Et celle-ci durait encore quand une ville appelée Berlin, au cœur de l'Europe, fut constituée en enclave uniquement accessible par un étroit couloir à travers un territoire étranger. Cette répétition absurde fut le prétexte d'une crise qui nous a déjà fait frôler la guerre, et cela recommencera très probablement. « Ce que l'expérience et l'histoire nous enseignent, écrit Hegel, c'est que les peuples et les gouvernements n'ont jamais rien appris de l'histoire, ni jamais agi d'après des principes déduits de l'histoire. »

---

* Terme emprunté à la physique atomique : la « demi-vie » est le temps requis pour que la moitié des atomes d'un isotope radioactif se désintègre.

On a dit que le sang des martyrs fertilise la terre. En réalité il a toujours coulé dans les ruisseaux avec un murmure monotone, aussi loin qu'on s'en souvienne ; et où que nous portions nos regards, on ne voit pas ce qui nous ferait espérer que ce gargouillement diminue ou s'arrête. Si nous refusons de prendre confortablement nos désirs pour des réalités, il faut prévoir que les motifs et les emplacements du conflit virtuel ne cesseront de se mouvoir sur le globe comme des zones de haute pression sur une carte météorologique. Et notre seule sauvegarde, combien précaire, contre la généralisation d'un conflit local, la dissuasion mutuelle, dépendra toujours de facteurs psychologiques incontrôlables : le calme ou la nervosité de quelques personnages très faillibles. On ne peut pas jouer très longtemps à la roulette russe.

Tant que l'on croyait que l'espèce en tant que telle était virtuellement immortelle, qu'elle avait devant elle un avenir astronomique, on pouvait se permettre d'attendre patiemment le changement des cœurs qui, soudain ou peu à peu, ferait prévaloir la raison, l'amour et la paix. Mais nous n'avons plus cette assurance d'immortalité, ni le temps d'espérer le jour où le lion se couchera près de l'agneau, les Arabes près des Israéliens et le commissaire près du yogi.

Les conclusions, si nous avons le courage de les tirer, sont fort simples. Notre évolution biologique s'est pratiquement arrêtée au temps de Cro-Magnon. Comme nous ne pouvons pas escompter que dans un avenir prévisible les changements nécessaires se produisent dans la nature humaine par mutation spontanée, c'est-à-dire par des moyens naturels, nous avons le devoir de les provoquer par des moyens artificiels. Notre seul espoir de survivre en tant qu'espèce est d'inventer des techniques qui remplacent l'évolution biologique : il faut chercher un remède à la schizophysiologie inhérente à la nature humaine ainsi qu'à la fêlure mentale qui en résulte et qui aboutit à la situation dans laquelle nous nous trouvons à présent.

Peut-on « toucher à la nature » ?

Si nous ne trouvons pas ce remède, l'antique tendance paranoïaque de l'homme, renforcée par les nouveaux pouvoirs de destruction, nous conduira tôt ou tard au génosuicide. Mais il y a des indices que le remède est presque à la portée de la biologie contemporaine et que celle-ci pourrait le produire, avec la concentration d'efforts nécessaire, avant que disparaisse la génération montante d'aujourd'hui.

Voilà qui semble bien optimiste, je m'en rends compte, par rapport aux perspectives apparemment ultra-pessimistes que je vois s'ouvrir si nous persistons dans nos habitudes paranoïaques. Or je ne crois pas que ces appréhensions soient exagérées, et je ne crois pas non plus qu'il soit utopique de vouloir guérir l'*homo sapiens*. C'est une idée qui ne relève pas de la science-fiction : elle est fondée sur un bilan des progrès récemment accomplis par plusieurs disciplines convergentes des sciences de la vie. Celles-ci ne fournissent pas le remède : elles indiquent le domaine de recherche qui peut le découvrir.

Je me rends compte aussi que l'on suscitera à coup sûr de très fortes résistances émotives en proposant un moyen quelconque de « toucher à la nature ». De telles résistances se fondent en partie sur des préjugés, mais elles viennent aussi d'une saine aversion contre les excès de manipulation sociale et psychologique, contre les lavages de cerveau et contre toutes les violations de la personnalité qui composent le cauchemar climatisé qui nous entoure. D'un autre côté, depuis que le premier chasseur s'est enveloppé dans la peau d'un animal, l'homme touche à sa nature : il s'est créé un milieu artificiel qui peu à peu a transformé la face de la Terre, et un mode d'existence artificiel sans lequel il ne saurait plus vivre. Il n'est plus question de se passer de logements, de vêtements, de chauffage artificiel, d'aliments cuits ; ni de lunettes, de forceps, de membres artificiels, d'anesthésiques, d'antiseptiques, de prophylactiques, de vaccins, etc.

On commence presque à la naissance d'un enfant à « toucher à sa nature », puisque c'est désormais une pratique universelle que de verser une solution de nitrate d'argent dans les yeux des bébés pour les protéger contre l'ophtalmie des nouveaux-nés, forme de conjonctivite qui peut provoquer la cécité et qui est due à des gonocoques hébergés par la mère à son insu. Viennent ensuite les vaccinations préventives, obligatoires dans la plupart des pays civilisés, contre la variole, la typhoïde, etc. Pour apprécier la valeur de ces façons de « toucher à la nature », rappelons-nous que c'est en grande partie à cause de la variole que les Indiens d'Amérique perdirent leur continent. Aux

XVIIᵉ et XVIIIᵉ siècles cette maladie était un danger pour tout le monde. Elle aurait sans doute causé bien d'autres ravages sans l'intrépide Mary Wortley Montagu qui apprit en Turquie la pratique orientale de l'inoculation et l'introduisit en Angleterre au début du XVIIIᵉ siècle. Le remède consistait à infecter la personne à immuniser à l'aide d'un prélèvement opéré sur des cas bénins de variole — procédé assez dangereux, mais dont les risques étaient moindres que ceux de la variole naturelle (et tout risque disparut lorsque Jenner découvrit l'immunisation au moyen de la *vaccine*, ou variole des vaches).

Un cas moins connu d'ingérence dans la nature est la prévention du goitre et du crétinisme qui lui est associé. Dans mon enfance, quand je passais mes vacances dans les Alpes, je voyais dans ces hautes vallées un nombre effrayant de goitreux et d'enfants crétins. Aujourd'hui ces infirmités ont complètement disparu dans la région du Tyrol où j'habite une partie de l'année. C'est que l'on s'est aperçu que le goitre va de pair avec une déficience d'iode dans la glande thyroïde, et que l'eau des régions où la maladie était endémique est calcaire et très pauvre en iode. On a donc mis périodiquement un peu d'iode dans l'eau potable, et le goitre est pratiquement oublié.

Il est clair que l'homme, ou une certaine race d'hommes, n'était pas équipé biologiquement pour vivre dans un milieu sans iode, ou pour lutter contre le virus de la variole et les micro-organismes du paludisme ou de la maladie du sommeil. Si l'on renverse la situation on voit que certains microbes sont également mal équipés pour résister à d'autres espèces de micro-organismes appelés antibiotiques. Seulement les microbes paraissent avoir un énorme taux de mutation (ou quelque autre méthode d'adaptation héréditaire), car en quelques années ils ont produit des races qui résistent aux remèdes. Les humains ne sont pas capables de ces prodiges d'évolution. Mais ils peuvent *simuler* de grandes mutations en ajoutant de l'iode à leur eau ou en versant des gouttes dans les yeux de leurs nouveaux-nés pour écarter des ennemis contre lesquels nos défenses naturelles sont insuffisantes.

Les biologistes ont découvert assez récemment que toutes les espèces animales étudiées — les insectes comme les lapins ou les babouins — ont en réserve certains types de comportement instinctifs qui freinent la reproduction et maintiennent constante leur densité de population dans un territoire donné, même si la nourriture y abonde.

Quand la densité excède une certaine limite, il se produit des symptômes de tensions qui affectent l'équilibre hormonal ; les lapins et les daims périssent de « stress adrénal » sans le moindre signe d'épizootie ; les rates cessent de prendre soin de leurs portées, des pratiques sexuelles anormales font leur apparition. Ainsi l'équilibre écologique dans une région donnée est-il maintenu non seulement par la répartition relative des animaux, des plantes et des microorganismes, ainsi que des proies et des prédateurs, mais aussi par une sorte de mécanisme de rétroaction intraspécifique qui règle le taux de reproduction de manière à stabiliser le niveau de la population. Dans un territoire donné, la population d'une espèce donnée se comporte en fait comme un holon social auto-régulateur, guidé par les règles instinctives des distances à conserver et de la densité moyenne à maintenir.

Mais à cet égard, une fois de plus, l'homme fait exception — avec, peut-être, les fameux lemmings suicidaires. On dirait presque que chez les humains la règle écologique est inversée : plus ils sont entassés dans des bidonvilles, des ghettos et des taudis, plus ils se reproduisent. Autrefois le facteur de stabilisation ne ressemblait pas au mécanisme de rétroaction qui règle le taux de reproduction chez les animaux ; c'étaient les moissons funèbres de la guerre, de la peste et de la mortalité infantile. Cependant, dès les temps bibliques, comme nous l'apprend l'histoire d'Onan, l'homme compensait dans une certaine mesure l'absence du freinage instinctif de la reproduction, par le freinage volontaire du *coïtus interruptus* et d'autres pratiques. Voilà cent ans, au moment où Pasteur provoquait le « décollage » de la courbe démographique, le fabricant de caoutchouc Charles Goodyear inventa les premiers contraceptifs artificiels. Enfin aujourd'hui les méthodes modernes de régulation des naissances au moyen de contraceptifs chimiques sont une façon beaucoup plus radicale de toucher à la nature en un point parfaitement vital. Elles s'ingèrent de manière permanente (et apparemment sans danger) dans les processus physiologiques qui régissent le cycle ovarien. Appliquées à une échelle mondiale — comme il le faut pour écarter la catastrophe qui nous menace — elles équivaudraient à *une mutation adaptative artificiellement simulée*.

Notre espèce est un monstre biologique depuis qu'en un certain moment de son évolution elle a perdu les contrôles instinctifs qui, chez les animaux, régularisent le taux de reproduction. Elle ne peut survivre désormais qu'en inventant des méthodes qui imiteront les mutations évolutives. Inutile d'espérer que la nature nous fournisse le remède correcteur : il faut que nous le trouvions nous-mêmes.

Prométhée détraqué

Mutatis mutandis, saurons-nous inventer aussi un remède contre la schizophysiologie de notre système nerveux, contre la tendance paranoïaque qui n'a cessé d'ensanglanter notre histoire ? et non seulement l'histoire de l'*homo sapiens*, mais tout autant, semble-t-il, de ses prédécesseurs quasi humains... Citons encore Lorenz :

> Il est clair que les mécanismes de comportement instinctif ne furent pas à la hauteur des circonstances nouvelles que la culture engendra dès ses premiers commencements. D'après certains indices les inventeurs des outils de pierre, les Australopithèques d'Afrique, se hâtèrent de se servir de leurs nouvelles armes pour tuer non seulement le gibier mais également les autres membres de leur espèce. L'Homme de Pékin, ce Prométhée qui apprit à conserver le feu, l'employa à rôtir ses frères : près des premières traces d'usage régulier du feu gisent les os mutilés et calcinés du *Sinanthropus Pekinensis* lui-même[14].

Le mythe de Prométhée prend un aspect sinistre : ce géant qui dérobe la foudre divine, il est fou. Tout indique que le dérèglement accompagna la croissance soudaine du néocortex, grossissant à une vitesse « sans précédent dans l'histoire de l'évolution » (p. 275). Si l'on comprime l'histoire de la vie terrestre depuis ses débuts, il y a quelques deux milliards d'années, jusqu'à présent, pour en faire une seule journée de 0 heure à minuit, l'ère des mammifères commence vers 23 heures, et l'évolution qui va du Pithécanthrope de Java à l'*homo sapiens* — autrement dit l'évolution du néocortex — se produit au cours des quarante-cinq dernières secondes ; la croissance du cortex a suivi, elle aussi, une courbe exponentielle. Est-il déraisonnable de supposer que, dans une pareille explosion du développement cérébral qui de très loin dépassait son but, un accident ait pu se produire ? ou plus précisément que les lignes de communication entre structures très anciennes et structures toute neuves ne soient pas assez développées pour en assurer l'harmonie : la coordination hiérarchique de l'instinct et de l'intelligence ? Si l'on se rappelle les erreurs qui ont eu lieu dans l'évolution de certaines versions précédentes du système nerveux (cerveau des arthropodes étranglant le canal alimentaire, cerveau des marsupiaux dépourvu de connexions adéquates entre hémisphères droit et gauche), l'on ne peut s'empêcher de soupçonner que quelque chose d'analogue nous soit arrivé ; les données de la neurophysiologie, de la psychopathologie et de l'histoire semblent appuyer cette hypothèse.

La neurophysiologie signale, comme nous l'avons vu, un désaccord entre les réactions du néocortex et celles du système limbique. Au lieu de fonctionner comme parties intégrantes d'un ordre hiérarchique, elles mènent une sorte de coexistence précaire. Rappelons-nous la métaphore : le cavalier n'a jamais complètement maîtrisé le cheval, et celui-ci se permet les plus regrettables caprices. Nous avons vu aussi que ce cheval — le système limbique — accède directement aux centres de l'hypothalamus qui engendrent les émotions et sont orientés vers les viscères ; le cavalier au contraire n'y a pas accès directement. De plus les rênes et les éperons dont dispose le cavalier répondent mal à leurs fonctions. « Sur la base des études neurographiques il semble qu'il n'existe pas de connexions "associatives" étendues entre le système limbique et le néocortex » (MacLean). L'anatomie ne révèle aucune des boucles multiples de rétroaction, ni rien du jeu délicat des excitations et des inhibitions, qui caractérisent le système nerveux en général. « Le cheval et l'homme sont très présents l'un à l'autre comme à leur milieu, mais les communications entre eux sont limitées. Ils ont chacun leur source d'information et leur manière de s'en inspirer pour agir[15]. »

Voilà donc le substrat anatomique de la « maison divisée » où la raison et la foi sont condamnées à vivre dans un état de « schizophrénie tempérée », comme disait l'espion atomique Klaus Fuchs. Continuer à prêcher la raison à une espèce essentiellement déraisonnable est une entreprise sans grand espoir, l'histoire le montre assez. L'évolution biologique nous a fait faux-bond ; notre seule chance de survivre est d'inventer des techniques qui la remplacent en provoquant dans la nature humaine les changements nécessaires. Peut-être saurons-nous écarter l'apocalypse démographique en intervenant dans le cycle ovarien ; il n'est pas possible de guérir nos dispositions paranoïaques en installant de nouveaux circuits dans nos cerveaux. Mais peut-être saurons-nous amener la guérison, ou tout au moins une nette amélioration, en dirigeant convenablement nos recherches.

Vers une mutation artificielle ?

En 1961, le Centre médical de l'université de Californie, à San Francisco, organisa un colloque sur le contrôle de l'intelligence. Dès la première séance, le professeur Holger Hydén, de l'université de Göteborg, eut les honneurs de la « une » dans les journaux de San Francisco — et pourtant le titre de sa communication, « Aspects biochimiques de l'activité cérébrale », n'avait rien de particulièrement attrayant pour la presse. Voici le passage qui fit sensation (je participais moi-même au colloque, ce qui explique l'allusion de la fin).

Si l'on considère le problème du contrôle de l'intelligence, les données soulèvent la question suivante : serait-il possible de modifier les bases de l'émotion en provoquant des changements moléculaires dans les substances biologiquement actives du cerveau ? L'ARN* en particulier est le principal objet d'une spéculation de ce genre, puisqu'un changement moléculaire de l'ARN pourrait entraîner une modification des protéines en formation. On peut formuler autrement la question pour modifier l'accent : les données expérimentales présentées ici donnent-elles le moyen de modifier l'état mental par des changements chimiques spécifiquement provoqués ? L'on a obtenu des résultats dans ce sens, en utilisant une substance appelée tricyano-aminopropène… L'application d'une substance modifiant le taux de production et la composition de l'ARN et provoquant des modifications d'enzymes dans les unités fonctionnelles du système nerveux central a des aspects à la fois négatifs et positifs. On constate que l'administration de tricyano-aminopropène est suivie chez l'homme par une suggestibilité accrue. Tel étant le cas, la modification précise d'une substance fonctionnellement aussi importante que l'ARN dans le cerveau pourrait servir au conditionnement. L'auteur ne se réfère pas spécifiquement

* Acide ribonucléique, substance-clef de l'appareil génétique.

au tricyano-aminopropène, mais à n'importe quelle substance provoquant des modifications de molécules biologiquement importantes des neurones et des névroglies et affectant l'état mental dans un sens négatif. Il n'est pas difficile d'imaginer les usages auxquels le gouvernement d'un État policier pourrait employer cette substance. Pendant quelque temps il soumettrait la population à des conditions particulièrement dures. Brusquement l'on améliorerait ces conditions et, en même temps, l'on mettrait la substance dans l'eau potable, tandis que les grands moyens d'information entreraient en action. Ce serait beaucoup moins coûteux et beaucoup plus efficace que de laisser Ivanov traiter Rubachov individuellement et longuement, comme dans le livre de Koestler. En revanche il n'est pas difficile non plus d'imaginer des mesures contre l'effet d'une substance telle que le tricyano-aminopropène[16].

Détails techniques mis à part, le sens est assez clair : comme toutes les sciences, la biochimie peut se mettre au service soit de la lumière, soit des ténèbres. Les dangers en sont épouvantables, mais nous nous intéressons ici aux possibilités bénéfiques. Les lignes suivantes sont extraites de la communication faite par le professeur Saunders, de l'École de médecine de San Francisco, au même colloque :

L'ingéniosité technique des chimistes a procuré au médecin un abondant arsenal de nouveaux composés chimiques de structures variées qui influencent le système nerveux central de manière à déformer, accélérer ou déprimer l'état mental et le comportement caractéristiques de l'individu. La conférence a souligné qu'un grand nombre de ces agents chimiques possèdent une action hautement sélective sur des parties distinctes du système nerveux, au point de permettre, d'après l'examen de leurs actions sur l'homme ou sur les animaux, une classification ordonnée. Ces agents chimiques offrent ainsi, par l'étude des relations entre leur structure chimique et leur action biologique, la possibilité de donner tout un arsenal de drogues influençant l'activité spécifique du cerveau. En effet, comme ces agents peuvent soit se renforcer, soit s'atténuer les uns les autres, se chevaucher dans leur action et démontrer une polarité dans leurs effets sur le cerveau, il paraît très possible de constituer un spectre entier d'agents chimiques utilisables pour contrôler l'intelligence dans la majorité de ses activités.

… Nous avons là à notre disposition, pour en user sagement ou non, tout un étalage d'agents qui manipulent les êtres humains… Il est possible désormais d'agir directement sur l'individu pour modifier son comportement, au lieu de passer, comme autrefois, par la modification de l'environnement. C'est donc là en partie ce qu'Aldous Huxley a appelé « la révolution finale »[17]…

Ce dernier paragraphe appelle quelques commentaires. Huxley était hanté par la crainte de voir cette « révolution finale », due aux effets combinés des drogues et des moyens d'information, créer « en une génération à peu près, pour des sociétés entières, une sorte de camp de concentration intellectuel indolore, dans lequel les gens perdront leurs libertés en jouissant d'une dictature sans peine[18] ». Autrement dit : l'état de choses du *Meilleur des Mondes*. En guise d'antidote, Huxley préconisait l'usage de la mescaline et autres drogues psychédéliques, qui nous guideraient sur l'octuple sentier de la conscience cosmique, de l'illumination mystique et de la création artistique.

J'ai longtemps admiré la personne et l'œuvre d'Aldous Huxley ; au cours de ses dernières années, je me suis trouvé en profond désaccord avec lui, et en précisant ce désaccord je pense définir plus clairement le problème posé.

Dans *Le Ciel et l'enfer*, chantant les louanges de la mescaline, Huxley donnait ce conseil à l'homme moderne en quête de son âme : « Connaissant les conditions chimiques de l'expérience transcendantale, l'aspirant mystique devrait demander l'aide technique des spécialistes de la pharmacologie, de la biochimie, de la physiologie et de la neurologie… »

Voilà précisément ce que je ne veux *pas* dire en parlant des usages positifs de la psychopharmacopée. En premier, il y a des risques assez graves à expérimenter la mescaline ou le LSD 25. Mais à part ces dangers, il est foncièrement erroné et naïf d'espérer que des drogues puissent faire des cadeaux à l'esprit, en y introduisant quelque chose qui n'y était pas déjà. Ni l'intuition mystique, ni la sagesse philosophique, ni la force créatrice ne peuvent venir d'une pilule ou d'une injection. Le psychopharmacien ne saurait rien *ajouter* aux facultés du cerveau ; mais il peut sans doute *éliminer* les obstructions et les blocages qui en entravent le bon fonctionnement. Incapable de nous agrandir, il peut, dans certaines limites, nous normaliser ; il ne peut pas installer de nouveaux circuits dans le cerveau ; il peut, dans certaines limites toujours, améliorer la coordination des circuits existants, atténuer les conflits, prévenir les surtensions, assurer un apport constant d'énergie. Voilà toute l'assistance que l'on peut demander ; mais si l'on arrivait à l'obtenir, l'humanité en tirerait des profits incalculables : ce serait vraiment la « révolution finale », mais nullement au sens où l'entendait Huxley ; le maniaque pourrait devenir homme.

Le « on » de la phrase précédente ne désigne pas les pensionnaires des hôpitaux psychiatriques, ni même les clients du psychanalyste. Sans nul doute la psychopharmacologie jouera un rôle croissant dans le traitement des maladies mentales[*], mais ce n'est pas de cela qu'il s'agit. Ce que nous cherchons, c'est un remède aux dispositions paranoïaques des gens que nous appelons normaux, c'est-à-dire de l'humanité dans son ensemble : une mutation adaptative artificielle qui établisse un pont entre le cerveau ancien et le cerveau récent, entre l'instinct et l'intelligence, entre l'émotion et la raison. S'il est en notre pouvoir d'augmenter la suggestibilité de l'homme, il sera bientôt possible de faire le contraire et de réagir contre le dévouement égaré et l'enthousiasme militant dont les travaux meurtriers sont exposés quotidiennement dans les journaux. La tâche la plus urgente de la biochimie est de chercher un remède dans « le nombre croissant des agents chimiques qui peuvent être employés au contrôle de l'esprit », comme dit Saunders. Cela peut se faire, cela se fera, il n'est pas utopique de le croire. Nos tranquillisants actuels, nos barbituriques, nos antidépressifs, nos stimulants et toutes leurs combinaisons, ne représentent qu'un premier pas vers une pharmacopée plus raffinée et capable de contribuer à la coordination, à l'harmonie mentale, en facilitant non pas l'ataraxie imperturbable des stoïciens, ni l'extase des derviches tourneurs, ni le nirvâna-pop provoqué par des pilules de « soma » à la Huxley, mais un état d'équilibre dynamique dans lequel, émotion et pensée réunies, sera restauré l'ordre hiérarchique.

---

[*] La revue américaine *Archives of General Psychiatry* rendait compte récemment d'expériences faites à l'université de Tulane, paraissant indiquer la possibilité de guérir chimiquement la schizophrénie. (Voir G. Gould, dans le *New Scientist*, Londres, 2 février 1967.)

Au lecteur imaginaire

« Contrôle mental », « maniement des êtres humains »… Je sais, ces mots ont des connotations sinistres. Qui contrôlera les contrôles ? Qui va manier les manipulateurs ? En admettant que l'on parvienne à synthétiser une hormone ou une enzyme agissant dans le sens que nous avons indiqué, comment pourra-t-on en propager mondialement l'usage, afin d'amener la mutation souhaitée ? Faudra-t-il la faire ingurgiter de force, ou la verser dans l'eau du robinet ?

La réponse paraît assez évidente. Aucune législation, aucune contrainte ne furent nécessaires pour persuader les Grecs et les Romains de boire « le jus de la vigne qui donne la joie et l'oubli ». Les somnifères, les excitants, les tranquillisants se sont répandus dans le monde, pour le meilleur ou pour le pire, avec un minimum de publicité et fort peu d'encouragements officiels. C'est que les gens ont trouvé que ces produits avaient un effet agréable, et qu'ils en ont même accepté les suites pénibles ou nuisibles. Un « stabilisateur mental » ne donnerait ni euphorie, ni sommeil, ni visions mescalinesques, ni végétale égalité d'âme ; en fait il n'aurait aucun effet spécifique notable, sinon de favoriser la coordination cérébrale et d'harmoniser la pensée et l'émotion : en d'autres termes, de restaurer l'intégrité de la hiérarchie divisée. L'usage s'en répandrait parce que les gens préfèrent la santé aux malaises physiques et mentaux. On l'adopterait comme on a adopté la vaccination et la contraception, non pas sous la contrainte, mais par intérêt bien compris.

Le premier résultat remarqué serait peut-être une baisse soudaine des taux de crimes et de suicides dans certaines régions, dans certains groupes sociaux où le nouveau remède deviendrait à la mode. Un canton suisse pourrait décider, après référendum, d'ajouter le « stabilisateur » au chlore de l'eau potable*, pendant une période d'essai, et d'autres pays suivraient cet exemple. Un snobisme international, chez les jeunes, pourrait substituer la nouvelle pilule aux barbes et aux vestes fleuries. D'une façon ou de l'autre, la mutation ferait son chemin.

---

* Même les défenseurs de la Nature Vierge ne s'opposent plus sérieusement au mélange de chlore ou d'autres antiseptiques dans l'eau des villes.

Il est possible que des pays totalitaires tentent d'y résister. Mais les rideaux de fer eux-mêmes deviennent poreux aujourd'hui ; le jazz, les mini-jupes, les discothèques et autres inventions bourgeoises pénètrent partout irrésistiblement. Un jour l'élite dirigeante commencerait à essayer le nouveau remède et découvrirait quelle lucidité il pourrait procurer : alors et alors seulement le monde serait mûr pour une conférence du désarmement qui ne serait plus une farce. Y aurait-il même une période de transition durant laquelle un camp seulement suivrait la cure, l'autre s'obstinant dans la pensée paranoïaque, l'on ne courrait aucun des risques d'un désarmement unilatéral ; au contraire, le camp muté serait plus fort parce que plus rationnel dans sa politique à long terme, moins peureux et moins hystérique.

Je ne crois pas que cela soit de la science-fiction ; et je suis sûr que les lecteurs auxquels s'adresse ce livre ne le croient pas non plus. Tout écrivain a son type préféré de lecteur imaginaire : aimable fantôme, mais critique difficile, dont l'opinion est la seule qui compte, et avec lequel il poursuit un dialogue interminable, épuisant. Or je ne doute pas que cet ami lecteur ait assez d'imagination pour extrapoler dans l'avenir à partir des progrès récents, hallucinants, de la biologie, et qu'il admette que la solution esquissée ici appartient au domaine du possible. Ce qui m'inquiète, c'est qu'il ne l'aime pas, cette solution ; c'est qu'il recule de dégoût à l'idée que, pour nous sauver, il faille compter sur la chimie moléculaire au lieu de renaître spirituellement. Je partage sa détresse, mais je pense que nous n'avons pas le choix. Je l'entends s'écrier : « En essayant de placer vos pilules, vous adoptez justement le grossier matérialisme, le scientisme naïf auxquels vous prétendez vous opposer ! » Oui, je m'y oppose, mais je ne crois pas qu'il soit « matérialiste » de considérer avec réalisme la condition humaine, ni qu'il y ait de l'orgueil scientiste à faire prendre de l'extrait de thyroïde à des enfants qui, sans cela, deviendraient des crétins. Employer notre cerveau à corriger les défauts du cerveau me paraît une belle et bonne entreprise. Comme le lecteur, j'aimerais mieux mettre mon espoir dans la persuasion morale par la parole et par l'exemple. Malheureusement nous sommes une race de malades mentaux et, en tant que tels, sourds à la persuasion ; on l'a essayée, depuis le temps des prophètes jusqu'à Albert Schweitzer ; le résultat, comme disait Swift, est que « nous avons juste assez de religion pour nous faire haïr notre prochain, mais pas assez pour nous le faire aimer ». Cela vaut pour toutes les religions, théistes ou laïques, qu'elles aient été enseignées par Moïse, par Marx ou par Mao Tsé-toung ; et le cri d'angoisse, de Jonathan Swift encore : « Ne pas mourir ici enragé, comme un rat empoisonné dans un trou », est devenu le cri de notre époque.

La nature nous laisse à nos propres forces, Dieu a décroché son téléphone, et le temps presse. Espérer que le salut va être synthétisé en laboratoire, voilà qui a l'air matérialiste, peut-être, ou extravagant, ou naïf ; à vrai dire, il y a dans cet espoir une nuance jungienne : on y retrouve le rêve de l'*elixir vitae* que pensaient concocter les vieux alchimistes. Mais de l'élixir nous n'attendons pas qu'il nous donne la vie éternelle, ni qu'il transforme en or un vil métal ; nous voudrions qu'il change l'*homo maniacus* en *homo sapiens*. Quand l'homme décidera de prendre en mains sa destinée, cette possibilité sera à sa portée.

ANNEXE

PROPRIÉTÉS GÉNÉRALES DES SYSTÈMES HIÉRARCHIQUES OUVERTS (SHO)

1. *L'effet Janus*

1.1 Sous son aspect structurel l'organisme n'est pas un agrégat de parties élémentaires, sous ses aspects fonctionnels il n'est pas un enchaînement d'unités élémentaires de comportement.

1.2 L'organisme doit être considéré comme une hiérarchie à plusieurs niveaux de sous-ensembles semi-autonomes, se ramifiant en sous-ensembles d'ordre inférieur, et ainsi de suite. On appellera *holons* les sous-ensembles de n'importe quel niveau de la hiérarchie.

1.3 Dans le domaine de la vie il n'existe ni parties ni totalités au sens absolu. Le concept de holon a pour but de concilier la conception holiste et la conception atomiste.

1.4 Les holons biologiques sont des systèmes ouverts auto-régulateurs qui ont à la fois les propriétés autonomes des totalités et les propriétés de dépendance des parties. Cette dichotomie apparaît à chaque niveau de chaque type d'organisation hiérarchique ; on l'appellera *effet Janus*, ou principe de Janus.

1.5 Plus généralement, le terme de holon peut s'appliquer à tout sous-ensemble biologique ou social stable manifestant un comportement régi par des règles et (ou) une constante de Gestalt structurelle.

C'est ainsi que les organites et les organes homologues sont des holons évolutionnaires ; les champs morphogéniques, des holons ontogénétiques ; les « schèmes d'actions fixes » de l'éthologiste et les éléments des techniques acquises, des holons de comportement ; les phonèmes, les morphèmes, les mots, les phrases, des holons linguistiques ; les individus, les familles, les tribus, les nations, des holons sociaux.

2. *Dissection des hiérarchies*

2.1 Les hiérarchies sont « dissécables » en embranchements, qui les constituent, et dont les holons représentent les nœuds ; les ramifications figurent les circuits de communication et de contrôle.

2.2 Le nombre des niveaux que comporte une hiérarchie mesure la « profondeur » de cette hiérarchie, le nombre des holons à n'importe quel niveau donné en exprime « l'envergure ». (Simon.)

3. *Règles et stratégies*

3.1 Les holons fonctionnels obéissent à des règles fixes et manifestent des stratégies plus ou moins souples.

3.2 Les règles — appelées *canons* du système — déterminent les propriétés invariables du système, sa configuration structurelle et (ou) son schème fonctionnel.

3.3 Alors que le canon définit les mouvements possibles dans l'activité du holon, la sélection stratégique de tel ou tel mouvement parmi les choix possibles est guidée par les contingences du milieu.

3.4 Le canon fixe les règles du jeu, la stratégie décide du déroulement de la partie.

3.5 Le processus de l'évolution joue des variations sur un nombre limité de thèmes « canoniques ». Les contraintes imposées par le canon évolutionnaire se révèlent dans les phénomènes d'homologie, d'homéoplastie, de parallélisme, de convergence et dans la loi du balancement.

3.6 Dans l'ontogenèse, les holons situés à des niveaux successifs représentent des stades successifs du développement des tissus. À chaque stade du processus de différenciation, le canon génétique impose de nouvelles contraintes aux potentialités de développement du holon, qui conserve cependant assez de souplesse pour suivre l'une ou l'autre de deux voies possibles de développement, dans les limites de sa compétence, en suivant les indications des contingences du milieu.

3.7 Structurellement, l'organisme adulte est une hiérarchie de parties imbriquées. Sa « dissécabilité » et l'autonomie relative des holons qui la constituent sont démontrées par les greffes d'organes.

3.8 Fonctionnellement, le comportement des organismes obéit à des « règles du jeu » qui en expliquent la cohérence, la stabilité et la forme spécifique.

3.9 Les techniques, innées ou acquises, sont des hiérarchies fonctionnelles, dont les holons sont des sous-techniques obéissant à des règles subordonnées.

4. *Intégration et auto-affirmation*

4.1 Chaque holon a une double tendance à conserver et affirmer son individualité en tant que totalité quasi autonome, et à fonctionner comme partie intégrée d'une totalité plus vaste (existante ou en cours d'évolution). Cette polarité de la tendance à l'affirmation du moi (A-M) et de la tendance à l'intégration (INT) est inhérente au concept d'ordre hiérarchique ; c'est une caractéristique universelle de la vie.

Les tendances A-M sont l'expression dynamique de la totalité du holon, les tendances INT sont celles de sa partiellité.

4.2 On trouve une polarité analogue dans le jeu des forces de cohésion et de séparation qui s'exercent dans les systèmes inorganiques stables, depuis les atomes jusqu'aux galaxies.

4.3 La manifestation la plus générale des tendances INT est le renversement de la seconde loi de la thermodynamique dans les systèmes ouverts qui absorbent l'entropie négative (Schrödinger), de même que la poussée de l'évolution vers « le développement spontané d'états d'hétérogénéité et de complexité croissantes » (Herrick).

4.4 Ses manifestations spécifiques à différents niveaux vont de la symbiose des organites et des animaux vivant en colonies jusqu'aux liens d'intégration des sociétés d'insectes et de primates, en passant par les forces de cohésion qui rassemblent les troupeaux. Les manifestations complémentaires des tendances A-M sont l'esprit de concurrence, l'individualisme et les forces séparatrices du tribalisme, du nationalisme, etc.

4.5 Dans l'ontogenèse, la polarité se reflète dans la « docilité » et la « détermination » des tissus en voie de croissance.

4.6 Dans le comportement adulte, la tendance auto-affirmative des holons fonctionnels se reflète dans l'obstination des rites instinctifs (schèmes d'action fixes), des habitudes (écriture, accents) et dans les stéréotypes de la pensée ; la tendance à l'intégration se reflète dans les adaptations souples, les improvisations, les actes créateurs qui inaugurent de nouvelles formes de comportement.

4.7 Dans les conditions de stress, la tendance A-M se manifeste dans les émotions du type adrénergique, agresso-défensif, la tendance INT dans les émotions du type auto-transcendant (émotions de participation, d'identification).

4.8 Dans le comportement social, le canon d'un holon social ne représente pas seulement les contraintes imposées à ses actions : il englobe les maximes de conduite, les impératifs moraux, les systèmes de valeurs.

5. *Déclics et filtres*

5.1 Les hiérarchies d'émission (*output*) opèrent généralement selon le principe du déclenchement, un signal relativement simple, implicite ou codé, déclenchant des mécanismes complexes préétablis.

5.2 Dans la phylogenèse, une mutation génétique favorable peut, par homéorhèse (Waddington), affecter harmonieusement le développement de tout un organe.

5.3 Dans l'ontogenèse, des déclencheurs chimiques (enzymes, inducteurs, hormones) déclenchent les potentiels génétiques des tissus en voie de différenciation.

5.4 Dans le comportement instinctif, des signaux simples déclenchent des mécanismes innés (Lorenz).

5.5 Dans l'exécution de techniques acquises, techniques verbales incluses, un commandement implicite généralisé est explicité en descendant des échelons successifs, dont l'action, une fois déclenchée, active les unités subordonnées dans l'ordre stratégique approprié, conformément aux indications de rétroaction (*feedbacks*).

5.6 Un holon au niveau n d'une hiérarchie d'émission (*output*) est représenté au niveau n + 1 comme unité, et c'est aussi en tant qu'unité que son action se déclenche.

5.7 Les mêmes principes s'appliquent aux hiérarchies sociales (militaires, administratives, etc.).

5.8 Les hiérarchies d'admission (*input*) opèrent d'après le principe inverse : au lieu de déclencheurs, elles ont des dispositifs de filtrage (filtres, « résonateurs », classificateurs) qui débarrassent l'information de sa gangue de bruit, en extraient et résument le contenu pertinent, selon les critères de pertinence de la hiérarchie en question. Les « filtres » opèrent à tous les échelons que le courant d'information doit traverser en montant de la périphérie au centre, dans les hiérarchies sociales comme dans le système nerveux.

5.9 Les déclencheurs convertissent les signaux codés en schémas d'émission complexes (*output*). Les filtres convertissent les schémas d'admission complexes (*input*) en signaux codés. On peut comparer l'opération des premiers à la conversion d'un système chiffré en système analogue, celle des seconds à la conversion d'un système d'analogie en système chiffré (Miller, Pribram *et al.*).

5.10 Dans les hiérarchies perceptuelles, les dispositifs de filtrage concernent l'habituation et le contrôle efférent des organes récepteurs, les phénomènes de constance, le reconnaissance des structures spatiales ou temporelles, le décodage des formes de signification linguistiques et autres.

5.11 Les hiérarchies d'émission analysent, concrétisent, particularisent. Les hiérarchies d'admission synthétisent, abstraient, généralisent.

6. *Arborisation et réticulation*

6.1 On peut considérer les hiérarchies comme des structures « verticalement » arborescentes dont les branches se croisent avec celles d'autres hiérarchies à une multiplicité de niveaux et forment des réseaux « horizontaux » : arborisation et réticulation sont des principes complémentaires de l'architecture des organismes et des sociétés.

6.2 L'expérience consciente est enrichie par la coopération de plusieurs hiérarchies perceptuelles dans des modalités sensorielles différentes, ainsi que dans une même modalité.

6.3 Les souvenirs schématisés sont emmagasinés sous une forme squelettique, dépouillés de tous détails inutiles d'après les critères de pertinence de chaque hiérarchie perceptuelle.

6.4 Certains détails vivants, d'une clarté quasi eidétique, sont emmagasinés en raison de leur pertinence émotive.

6.5 L'appauvrissement de l'expérience dans le souvenir est contre-carré dans une certaine mesure par la coopération de mémoire de différentes hiérarchies perceptuelles pourvues de différents critères de pertinence.

6.6 Dans la coordination sensori-motrice, les réflexes locaux sont des raccourcis au plus bas niveau, comparables aux échangeurs qui relient entre elles les voies à sens unique d'une autoroute.

6.7 Les techniques sensori-motrices opèrent à des niveaux supérieurs au moyen de réseaux de boucles de rétroactions proprioceptives et extéroceptives, qui fonctionnent comme des servo-mécanismes et maintiennent le cycliste en équilibre dans un état d'homéostasie cinétique autorégulatrice.

6.8 Alors que dans la théorie S-R les circonstances du milieu déterminent le comportement, dans la théorie SHO elles ne font que guider, corriger et stabiliser des systèmes de comportement préexistants (P. Weiss).

6.9 Si les rétroactions sensorielles guident les activités motrices, la perception dépend à son tour de ces activités : mouvements de reconnaissance de l'œil, par exemple, ou essai de fredonnement destiné à aider un souvenir auditif. Les hiérarchies perceptuelles et motrices coopèrent si intimement à tous les niveaux qu'il devient absurde de distinguer catégoriquement entre « stimuli » et « réponses », les uns et les autres devenant des « aspects de boucles de rétroaction » (Miller, Pribam *et al.*).

6.10 Les organismes et les sociétés opèrent dans une hiérarchie de milieux, depuis le milieu local de chaque holon jusqu'au « champ total », lequel peut inclure des milieux imaginaires qui proviennent d'une extrapolation dans l'espace et le temps.

7. *Voies de régulation*

7. Les échelons supérieurs d'une hiérarchie ne sont pas, normalement, en communication directe avec les échelons inférieurs, et réciproquement ; les signaux sont transmis par des « voies de régulation » et à la montée comme à la descente ne franchissent qu'un échelon à la fois.

7.1 Les pseudo-explications, qui font du comportement verbal et des autres techniques humaines une manipulation de mots ou un enchaînement d'opérants, laissent un vide entre le sommet de la hiérarchie et l'extrémité des branches : entre la pensée et l'orthographe.

7.2 Brûler les étapes des niveaux intermédiaires en dirigeant l'attention consciente sur des processus qui d'habitude fonctionnent automatiquement, c'est risquer de causer des perturbations qui vont de la timidité aux désordres psychosomatiques.

8. *Mécanisation et liberté*

8. À mesure que l'on s'élève dans la hiérarchie, les holons manifestent des types d'activité de plus en plus complexes, de plus en plus souples, de moins en moins prévisibles ; à mesure que l'on descend on trouve des activités de plus en plus mécaniques, stéréotypées et prévisibles.

8.1 Toutes les techniques, innées ou acquises, tendent, avec la pratique, à devenir des routines automatiques. On peut décrire ce processus comme une transformation continuelle d'activités « mentales » en activités « mécaniques ».

8.2 Toutes choses égales d'ailleurs, un milieu monotone facilite la mécanisation.

8.3 Inversement, des circonstances nouvelles ou inattendues exigent que les décisions soient renvoyées à des échelons supérieurs, et que les commandes passent des activités « mécaniques » aux activités « attentives ».

8.4 Chaque passage des commandes à l'échelon supérieur se reflète par une conscience plus vive et plus précise de l'activité en cours ; et puisque la diversité des choix augmente avec la complexité des échelons, chaque passage à l'échelon supérieur s'accompagne de l'expérience subjective de la liberté de décision.

8.5 La conception hiérarchique remplace les théories dualistes par une hypothèse sérialiste dans laquelle le « mental » et le « mécanique » apparaissent comme des attributs relatifs d'un processus unitaire, la domination de l'un ou de l'autre dépendant des changements du niveau de contrôle des opérations en cours.

8.6 La conscience apparaît comme une qualité émergente dans la phylogenèse et l'ontogenèse et qui, depuis ses débuts, évolue vers des états plus complexes et plus précis. C'est la plus haute manifestation de la tendance intégrante (4.3) à extraire l'ordre du désordre et l'information du bruit.

8.7 Le moi n'est jamais complètement représenté dans sa conscience, et ses actes ne seront jamais complètement prédits par quelque procédé d'informatique que l'on puisse concevoir. Dans les deux cas l'effort de connaissance mène à une régression à l'infini.

9. *Équilibre et désordre*

9.1 L'on dit qu'un organisme, ou une société, est en équilibre si les tendances A-M et INT de ses holons se font contrepoids.

9.2 Le terme d'« équilibre », dans un système hiérarchique, ne se rapporte pas aux relations entre les parties situées au même niveau, mais à la relation de la partie et du tout (le tout étant représenté par l'agent qui, du niveau immédiatement supérieur, contrôle la partie).

9.3 Les organismes vivent d'échanges avec leur milieu. Dans des conditions normales, les tensions provoquées dans les holons impliqués dans l'échange sont transitoires, et l'équilibre est restauré quand l'échange s'accomplit.

9.4 Si le défi lancé à l'organisme dépasse un seuil critique, l'équilibre peut être rompu, le holon hyperexcité peut tendre à s'émanciper, et à s'affirmer au détriment de l'ensemble, dont il peut même monopoliser les fonctions — que le holon soit un organe, une structure cognitive (idée fixe), un individu ou un groupe social. Il peut en aller de même si les forces de coordination de l'ensemble sont trop affaiblies pour pouvoir encore contrôler les parties (Child).

9.5 Le désordre contraire se produit quand le pouvoir de la totalité sur les parties abolit l'autonomie de celles-ci, érode leur individualité. Cela peut entraîner les tendances INT à reculer des formes adultes d'intégration sociale à des formes primitives d'identification pour descendre jusqu'aux phénomènes quasi hypnotiques de la psychologie des groupes.

9.6 Le processus d'identification peut soulever des émotions agressives de seconde main.

9.7 Les règles de conduite d'un holon social ne sont pas réductibles aux règles de conduite de ses membres.

9.8 L'égotisme du holon social se nourrit de l'altruisme des membres de ce holon.

10. *Régénération*

10.1 Les défis critiques que doit affronter un organisme ou une société peuvent produire soit des effets de dégénérescence soit des effets régénérateurs.

10.2 Le potentiel régénérateur des organismes et des sociétés se manifeste dans des fluctuations qui vont du plus haut niveau d'intégration jusqu'à des niveaux plus anciens et primitifs, pour remonter vers des structures nouvelles. Il semble que de tels processus jouent un grand rôle dans l'évolution biologique et dans l'évolution intellectuelle : les mythes universels de la mort et de la résurrection en sont les symboles.

N.B. — Le concept de holon et de système hiérarchique ouvert tente de concilier l'atomisme et le holisme. Certaines des propositions énoncées ci-dessus paraîtront peut-être banales, certaines reposent sur des données incomplètes, d'autres demandent sans doute des réserves et des corrections. Elles ont pour but de servir de bases de discussion aux esprits qui cherchent de l'homme une autre image que celle du robot.

Les problèmes, sujets à controverse, qui sont examinés dans la troisième partie du présent volume, ne sont pas traités dans ces propositions.

RÉFÉRENCES

PRÉFACE

1. Hardy (1965). — **2.** Thorpe (1966 A). — **3.** Lorenz (1966).

PREMIÈRE PARTIE
L'ORDRE

I. — *Misère de la psychologie*

1. Watson (1913), pp. 158-167. — **2.** Watson (1928), p. 6. — **3.** *Loc. cit.* — **4.** Burt (1962), p. 229. — **5.** Skinner (1953), pp. 30-31. — **6.** Harlow (1953), pp. 23-32. — **7.** Skinner (1938), p. 22. — **8.** Watson (1928), p. 6. — **9.** Watson (1928), p. 198. — **10.** Skinner (1953), p. 252. — **11.** Watson (1928), pp. 3-6. — **12.** Sherrington (1906), p. 8. — **13.** Watson (1928), p. 11.

II. — *La chaîne des mots et l'arbre du langage*

1. Calvin (1961). — **2.** *Ouvr. cit.*, pp. 376-378. — **3.** Skinner, *cité par Chomsky* (1959), p. 548. — **4.** Liberman, Cooper (1965). — **5.** Mc Neill (1966). — **6.** *Ibid.* — **7.** *Cité par Lashley* (1951), p. 177. — **8.** Popper (1959), p. 280. — **9.** James (1890), vol. I, p. 253.

III. — *Le holon*

1. Simon (1962). — **2.** Needham (1932). — **3.** Jacobson (1955). — **4.** Simon, *ouvr. cit.*

IV. — *Individus et dividus*

1. Simon, *ouvr. cit.* — **2.** Von Bertalanffy (1952), pp. 48, 50. — **3.** Dunbar (1946). — **4.** Weiss et Taylor (1960). — **5.** Pollock (1965).

V. — *Filtres et déclics*

1. Thorpe (1956), pp. 37-38. — **2.** Bartlett (1958). — **3.** Gregory (1966), chap. II. — **4.** Kottelhoff (1957). — **5.** Lashley (1951), p. 128.

VI. — *La mémoire sert à oublier*

1. Koestler et Jenkins (1965 A). — **2.** Koestler (1965). — **3.** Jaensch (1930), Kluever (1931). — **4.** Drever (1962).

VII. — *Le timonier*

1. Cannon (1939). — **2.** Miller (1960), pp. 18, 20.

VIII. — *Habitude et improvisation*

1. Thorpe (1956), p. 19. — **2.** Baehrends (1941). — **3.** Hingston (1926-1927), *cité par Thorpe* (1956), p. 39. — **4.** Thorpe (1956), p. 262. — **5.** Tinbergen (1953), p. 116. — **6.** Von Bertalanffy (1952), pp. 17-18.

DEUXIÈME PARTIE

LE DEVENIR

IX. — *La stratégie des embryons*

1. Huxley J. (1954), p. 14. — **2.** Kuhn (1962). — **3.** Bonner (1965), p. 136. — **4.** *Ibid.*, p. 142.

X. — *Évolution : Thème et variations*

1. WADDINGTON (1952). — **2.** MEDAWAR (1960), p. 62. — **3.** HUXLEY J. (1954), p. 12. — **4.** WADDINGTON (1952). — **5.** WHYTE (1965), p. 50. — **6.** HARDY (1965), p. 211. — **7.** G.S. HILAIRE, *cité par Hardy* (1965). — **8.** GOETHE. Préface de l'éditeur (1872). — **9.** THOMPSON (1942), pp. 1082-1084. — **10.** SIMPSON, PITTENDRIGH et TIFFANY (1957), p. 472. — **11.** SIMPSON (1949), p. 180. — **12.** Von BERTALANFFY (1952), p. 105. — **13.** SPURWAY (1949), *cité par Whyte* (1965). — **14.** WHYTE (1965).

XI. — *Évolution* (suite) : *Le progrès par l'initiative*

1. SIMPSON (1950), *cité par Hardy* (1965), p. 14. — **2.** SINNOTT (1961), p. 45. — **3.** MULLER (1943), *cité par Sinnott.* — **4.** SIMPSON (1957), p. 354. — **5.** COGHILL (1929). — **6.** HARDY (1965), p. 170. — **7.** *Ibid.*, p. 178. — **8.** *Ibid.*, p. 176. — **9.** *Ibid.*, pp. 173, 192. — **10.** WADDINGTON (1957), p. 182. — **11.** *Ibid.*, p. 166. — **12.** TINBERGEN (1953), p. 55. — **13.** EWER (1960), *cité par Hardy* (1965), p. 187. — **14.** HERRICK (1961), p. 117. — **15.** WADDINGTON (1957), p. 180. — **16.** *Ibid.*, p. 64.

XII. — *Évolution* (suite et fin) : *Défaire et refaire*

1. HUXLEY (1964), p. 12. — **2.** *Ibid.*, p. 13. — **3.** YOUNG (1950), p. 74. — **4.** DE BEER (1940), p. 118. — **5.** CHILD (1915), p. 467. — **6.** DE BEER, *ouvr. cit.*, p. 119. — **7.** *Ibid.*, p. 72. — **8.** HALDANE (1932), p. 150. — **9.** MULLER (1943), p. 109. — **10.** KRECHEVSKY (1932).

XIII. — *Grandeur de l'homme*

1. NEEDHAM (1961). — **2.** HAMBURGER (1955). — **3.** *Ibid.* — **4.** *Ibid.* — **5.** LASHLEY (1960), p. 239. — **6.** LASHLEY (1929). — **6a.** KRIS (1964). — **7.** *Cité par Hadamard* (1949). — **8.** HUMPHREY (1951). — **9.** BARTLETT (1958). — **10.** BRUNER et POSTMAN (1949). — **11.** MCKELLAR (1957). — **12.** KUBIE (1958).

XIV. — *Le cheval dans la locomotive*

1. HERRICK (1961), p. 51. — **2.** Von BERTALANFFY (1952), p. 128. — **3.** HERRICK (1961), p. 47. — **4.** SCHRÖDINGER (1944), p. 72. — **5.** WIENER (1948), p. 76. — **6.** SPENCER (1862). — **7.** SCHRÖDINGER (1944), p. 88. — **8.** WHYTE (1949), p. 35. — **9.** Von BERTALANFFY (1952), p. 112. — **10.** WADDINGTON (1961). — **11.** RYLE (1950). — **12.** GELLNER (1959). — **13.** SMYTHIES (1965). — **14.** BELOFF (1962). — **15.** GELLNER (1959). — **16.** KNEALE (1962). — **17.** PENFIELD (1961). — **18.** *Ibid.* — **19.** FARBER et WILSON (1961). — **20.** ECCLES (1966). — **21.** SHERRINGTON (1906), p. 306. — **22.** THORPE (1966 B), p. 542. — **23.** *Ibid.*, p. 495. — **24.** SPERRY (1960), p. 306. — **25.** ADRIAN (1966), p. 245. — **26.** KOESTLER (1945), p. 205. — **27.** MACKAY (1966), p. 439. — **28.** POPPER (1950). — **29.** POLANYI (1966). — **30.** MACKAY (1966). — **31.** KOESTLER (1960) et (1965). — **32.** *Cité par Dubos* (1950), p. 391.

TROISIÈME PARTIE

LE DÉSORDRE

XV. — *Malaise de l'homme*

1. FREUD (1920). — **2.** SCHACHTEL (1963). — **3.** BERLYNE (1960), p. 170. — **4.** CHILD (1924). — **5.** AHRENDT (1963). — **6.** HOGG (1961), pp. 44, 21. — **7.** PRESCOTT (1964), p. 59 *sq.* — **8.** *Ibid.*, p. 62. — **9.** MASLOW (1962). — **10.** JUNG (1928), p. 395. — **11.** KRETCHMER (1934). — **12.** OSWALD (1966). — **13.** DREVER (1962). — **14.** FREUD (1922). — **15.** Von HAYEK (1966). — **16.** KOESTLER (1940). — **17.** KOESTLER (1945). — **18.** *The Times*, Londres, 27 juillet 1966. — **19.** EMPSON (1964). — **20.** KOESTLER (1945). — **21.** KOESTLER (1954). — **22.** SUZUKI (1959). — **23.** KOESTLER (1950) et (1954). — **24.** *The Times*, Londres, 10 août 1966.

XVI. — *Les trois cerveaux*

1. GASKELL (1908), p. 65. — **2.** *Ibid.*, p. 66. — **3.** WOOD JONES et PORTEUS (1929), p. 27. — **4.** *Ibid.*, p. 117. — **5.** *Ibid.*, p. 103. — **6.** *Ibid.*, p. 112. — **7.** LE GROS CLARK (1961). — **8.** WHEELER (1928), p. 46. — **9.** HERRICK (1961), p. 398. — **10.** MACLEAN (1958), p. 613. — **11.** MACLEAN (1956), p. 351. — **12.** MANDLER (1962), pp. 273 et 326. — **13.** HERRICK (1961), p. 316. — **14.** MANDLER (1962), p. 338. — **15.** MACLEAN (1962), p. 289. — **16.** MACLEAN (1964), p. 2. — **17.** MACLEAN (communication personnelle). — **18.** MACLEAN (1958). — **19.** *Ibid.*, p. 615. — **20.** *Ibid.*, p. 614. — **21.** HERRICK (1961), p. 429. — **22.** MACLEAN (1958), p. 614. — **23.** MACLEAN (1964), p. 3. — **24.** MACLEAN (1956), p. 339. — **25.** MACLEAN (1956), p. 341 et (1958), p. 619. — **26.** MACLEAN (1956), p. 341. — **27.** MACLEAN (1964), pp. 10-11. — **28.** MACLEAN (1962), p. 296. — **29.** MILLER (1960), p. 203. — **30.** MACLEAN (communication personnelle). — **31.** MACLEAN (1956), p. 348. — **32.** MACLEAN (1961), p. 1737. — **33.** KLUEVER (1911). — **34.** MACLEAN (1958), p. 619. — **35.** MACLEAN (1962), p. 292. — **36.** LORENZ (1966), p. 120. — **37.** ALLPORT (1924). — **38.** OLDS (1960). — **39.** HEBB (1949). — **40.** PRIBRAM (1966). — **41.** GELLHORN (1963). **42.** — *Ibid.* — **43.** COBB (1950). — **44.** MACLEAN (1962), p. 295. — **45.** PRIBRAM (1966), p. 9. — **46.** GELLHORN (1957).

XVII. — *Une espèce extraordinaire*

1. HUXLEY J. (1963), pp. 7-28. — **2.** KOESTLER (1960). — **3.** PYKE (1961), p. 215. — **4.** KOESTLER (1965), p. 227. — **5.** HUXLEY J. (1964), p. 192. — **6.** RUSSELL W.M.S. dans *The Listener*, Londres, 5 novembre 1964 et 12 novembre 1964. — **7.** LORENZ (1966), p. 19. — **8.** RUSSELL W.M.S. et C. dans *The Listener*, Londres, 3 décembre 1964. — **9.** LORENZ (1966), pp. 206-208. — **10.** KOESTLER (1966 B). — **11.** LORENZ (1966), p. 215. — **12.** LÉVY-BRUHL (15e édition, 1960). — **13.** BERGER (1967).

XVIII. — *La crise suprême*

1. PLATT (1966), p. 195 *sq.* — **2.** DE BEER (1966). — **3.** Rapport du Conseil national de la Recherche (1962). — **4.** HARKAVY (1964). —

5. *Ibid.*, p. 8. — **6.** Eastman (1965). — **7.** Morris (1966). — **8.** *Time*, New York, 29 janvier 1965. — **9.** Von Bertalanffy (1956). — **10.** *Time*, New York, 25 septembre 1965. — **11.** Lindquist (1966). **12.** *Time*, New York, 24 septembre 1965. — **13.** Platt (1966), p. 192. — **14.** Lorenz (1966), p. 205. — **15.** MacLean (1961), p. 1738 *sq.* — **16.** Hyden (1961). — **17.** Saunders (1961), p. xi *sq.* — **18.** Huxley A. (1961).

OUVRAGES CITÉS

ADRIAN (E.D.), dans *Brain and Conscious Experience*, v. Eccles (J.C.), éd., 1966.

ALLPORT (F.H.), *Social Psychology*, New York, 1924.

ARENDT (H.), *Eichmann in Jerusalem*, Londres, 1963.

BAERENDS (G.P.), « Fortpflanzungsverhalten und Orientierung der Grabwespe », dans *Ammophila campestris. Jur. Tijd. voor Entom*, 84, 71-275, 1941.

BARTLETT (F.), *Thinking*, Londres, 1958.

DE BEER (G.), dans *New Scientist*, Londres, 17 février 1966.

— *Embryos and Ancestors*, Oxford, 1940.

BELOFF (J.), *Existence of Mind*, Londres, 1962.

BERGER (F.M.), dans *Am. Scientist*, 55, 1, mars 1967.

BERLYNE (D.E.), *Conflict, Arousal and Curiosity*, New York, 1960.

BERTALANFFY (L. von), *Problems of Life*, New York, 1960.

— dans *The Scientific Monthly*, janvier 1956.

— *Psychology of the Modern World*, Heinz Werner Memorial Lectures, New York, 1967.

BICHAT (X.), *Recherches physiologiques sur la vie et la mort*, Paris, 1800.

— *Anatomie générale*, Paris, 1801.

BONNER (J.), *The Molecular Biology of Development*, Oxford, 1950.

— *Brain and Conscious Experience*, v. Eccles (J.C.), éd., 1966.

— *Brain and Mind*, v. Smythies (J.R.), éd., 1965.

Brown (R.), *Social Psychology*, Glencoe, Ill., 1965.

Bruner (J.S.) et Postman (L.), dans *J. of Personality*, XVIII, 1949.

Burt (C.), dans *B.J. of Psychol.*, 53, 3, 1962.

Calvin (A.D.), éd., *Psychology*, Boston, Mass., 1961.

Cannon (W.B.), *The Wisdom of the Body*, New York, 1939.

Child (C.M.), *Physiological Foundations of Behaviour*, New York, 1924.

Chomsky (N.), « A Review of B.F. Skinner's Verbal Behaviour », dans *Language*, 35, n° 1, 26-58, 1959.

Clark (W.E. Legros), dans *The Advancement of Science*, Londres, septembre 1961.

Clayton (R.M.), dans *Penguin Science Survey*, 1949 B, Harmondsworth, Middlesex, 1964.

Cobb (S.), *Emotions and Clinical Medicine*, New York, 1950.

Coghill (G.E.), *Anatomy and the Problem of Behaviour*, Cambridge, 1929.

— *Control of the Mind*, v. Farber (S.M.), et Wilson (R.H.L.), éd. New York, 1961.

Cooper (F.S.), v. Libermann et autres, 1965.

Craik (K.J.W.), *The Nature of Explanation*, Cambridge, 1943.

Darwin (C.R.), *The Origin of Species*, Londres, 1873, 6e éd.

Drever's, *A Dictionary of Psychology*, Hammondswooth, Middlesex, 1962.

Dubos (R.J.), *Louis Pasteur*, Boston, Mass., 1950.

Dunbar (H.F.), *Emotions and Bodily Changes*, New York, 1946.

Eastman (N.J.), dans *Fertility and Sterility*, vol. 15, n° 5, septembre-octobre 1965.

Eccles (J.C.), éd., *Brain and Conscious Experience*, New York, 1966.

Empson (W.), « The Abominable Fancy », dans *New Statesman*, Londres, 21 août 1964.

EWER (R.F.), « Natural Selection and Neoteny », dans *Acta Biotheoretica*, Leiden, 1960.

FARBER (S.M.) et WILSON (R.H.L.), éd., *Control of the Mind*, New York, 1961.

FORD (E.B.), v. Huxley (J.), 1954.

FREUD (Sigmund), *Jenseits des Lustprinzips*, 1920.

— *Group Psychology and the Analysis of the Ego*, 1922.

— *Gesammelte Werke*, vol. I-XVIII, Londres, 1940-1952.

GALANTER (E.), v. Miller (G.A.), 1960.

GARSTANG (W.), « The Theory of Recapitulation : A Critical Restatement of the Biogenetic Law », dans *J. Linnean Soc. London, Zoology*, 35, 81, 1922.

— « The Morphology of the Tunicata, and its Bearings on the Phylogeny of the Chordata », dans *Quarterly J. Microscopical Sci.*, 72, 51, 1928.

GASKELL (W.H.), *The Origin of Vertebrates*, 1908.

GELLHORN (E.), *Autonomic Imbalance of the Hypothalamus*, Minneapolis, 1957.

GELLHORN (E.) et LOOFBOURROW (G.N.), *Emotions and Emotional Disorders*, New York, 1963.

GELLHORN (E.), *Principles of Autonomic-Somatic Integrations*, Minneapolis, 1967.

GELLNER (E.), *Words and Things*, Londres, 1959.

GŒTHE, *Die Metamorphose der Pflanzen*, Gotha, 1790.

— *Saemtliche Werke*, vol. XIV, préface de l'éditeur, Stuttgart, 1872.

GORINI (L.), dans *Scientific American*, avril 1966.

GREGORY (R.L.), *Eye and Brain*, Londres, 1966.

HADAMARD (J.), *The Psychology of Invention in the Mathematical Field*, Princeton, 1949.

HALDANE (J.B.S.), *The Causes of Evolution*, Londres, 1932.

HAMBURGER (V.), article « Regeneration », dans *Encyclopaedia Brittanica*, 1955, éd.

HARDY (A.C.), « Escape from Specialisation », dans HUXLEY, HARDY et FORD, éd., 1954.

— *The Living Stream*, Londres, 1965.

— *The Divine Flame*, Londres, 1966.

HARKAVY (O.), « Economic Problems of Population Growth », New York, Fondation Ford, 1964.

HARLOW (H.F.), dans *Phychol. Review*, 60, 23-32, 1953.

V. HAYEK (F.A.), « The Evolution of Systems of Rules of Conduct », dans *Studies in Philosophy, Politics, and Economics*, Londres, 1967.

HEBB (D.O.), *Organisation of Behaviour*, New York, 1949.

HERRICK (C.J.), *The Evolution of Human Nature*, New York, 1961.

HILGARD (E.R.), *Introduction to Psychology*, Londres, 1957.

HINGSTON (R.W.G.), dans *J. Bombay Nat. Hist. Soc.*, 31, 1926-1927.

Hixon Symposium, v. Jeffress (L.A.), éd., 1951.

HOGG (G.), *Cannibalism and Human Sacrifice*, Londres, 1961.

HULL (C.L.), *Principles of Behaviour*, New York, 1943.

— *A Behaviour System*, New York, 1952.

HUMPHREY (G.), *Thinking*, Londres, 1951.

HUNTER (W.S.), article « Behaviourism » dans *Encyclopaedia Brittanica*, éd., 1955.

HUXLEY (A.), *Le Meilleur des Mondes*.

— *After Many a Summer*, Londres, 1939.

— *The Doors of Perception*, Londres, 1954.

— *Le Ciel et l'Enfer*.

— dans *Control of the Mind*, New York, 1961.

HUXLEY (J.), HARDY (A.C.) et FORD (E.B.), éd., *Evolution as a Process*, New York, 1954.

HUXLEY (J.), *Man in the Modern World*, New York, 1964.

HYDEN (H.), dans *Control of the Mind*, v. Farber (S.M.), et Wilson (R.H.L.), éd., 1961.

JACOBSON (H.), dans *Am. Scientist*, 43, 119-127, janvier 1955.

JAENSCH (E.R.), *Eidetic Imagery*, Londres, 1930.

JAMES (W.), « What is Emotion ? », dans *Mind*, 9, 188-205, 1884.

— *The Principles of Psychology*, New York, 1890.

— *The Varieties of Religious Experience*, Londres, 1902.

JEFFRESS (L.A.), éd., « Cerebral Mechanisms in Behaviour », *The Hixon Symposium*, New York, 1951.

JENKINS (J.), « Stanford Seminar Protocols », 1965 (non publié).

JENKINS (J.), v. Koestler (1965 A).

JUNG (C.G.), *Psychology of the Unconscious*, New York, 1919.

— *Contributions to Analytical Psychology*, Londres, 1928.

— *Modern Man in Search of his Soul*, Londres, 1933.

— *The Integration of Personality*, Londres, 1940.

KLUEVER (H.), « The Eidetic Child », dans *A Handbook of Child Psychology*, Chicago, 1931.

KNEALE (W.), *On Having a Mind*, Cambridge, 1962.

KOESTLER (A.), *Spartacus*.

— *Le Yogi et le Commissaire*.

— *Insight and Outlook*, Londres, 1949.

— et autres, *Le Dieu des Ténèbres*.

— *Hiéroglyphes*.

— *Les Somnambules*.

— *Le Lotus et le Robot*.

— *Le Cri d'Archimède*.

KOESTLER (A.) et JENKINS (J.), « Inversion Effects in the Tachistoscopic Perception of Number Sequences », dans *Psychol. Sci.*, vol. 3, 1965 A.

KOESTLER (A.), « Biological and Mental Evolution », dans *Nature*, 208, n° 5015, 1033-1036, 11 décembre 1965 B.

— « Of Geese and Men », dans *The Observer*, Londres, 18 septembre 1966 B.

— « Evolution and Revolution in the History of Science », dans *The Advancement of Science*, mars 1966 A.

Hottenhof (H.), dans *Acta Psychologica*, vol. XIII, n° 2, et vol. XIII, n° 3, 1957.

Krechevsky (I.), dans *Psychol. Rev.*, 39, 1932.

Kretschmer (E.), *A Textbook of Medical Psychology*, Londres, 1934.

Kris (E.), *Psychoanalytic Explorations in Art*, New York, 1964.

Kibie (L.S.), *Neurotic Distortion of the Creative Process*, Lawrence, Kansas, 1958.

Kuhn (T.), *The Structure of Scientific Revolutions*, Chicago, 1962.

Lashley (K.S.), dans *Hixon Symposium*, v. Jeffress. (L.A.), éd., 1951.

— *The Neuro-Psychology of Lashley* (Selected Papers), New York, 1960.

Laslett (P.), éd., *The Physical Basis of Mind*, Oxford, 1950.

Lévy-Bruhl (L.), *La Mentalité primitive*, P.U.F., Paris.

Liberman (A.M.), Cooper (F.S.), et autres, « Some Observations on a Model for Speech Perception », 1965. (À paraître dans les *Actes* du Colloque sur les « Models for the Perception of Speech and Visual form ».)

Life, « An Introduction to Biology », v. Simpson (G.G.) et autres, 1957.

Lindquist (S.), *China and Crisis*, Londres, 1966.

Loopbourrow (G.N.), v. Gellhorn, 1963.

Lorenz (K.L.), *On Aggression*, Londres, 1966.

MacKay (D.M.), dans *Brain and Conscious Experience*, v. Eccles (J.C.), éd., 1966.

McKellar (P.), *Imagination and Thinking*, Londres, 1957.

— « Psychosomatic Disease and the Visceral Brain », dans *Psychosomatic Med.*, II, 338-353, 1949.

— « Contrasting Functions of Limbic and Neocortical Systems of the Brain and their Relevance to Psycho-physiological Aspects of Medicine », dans *Am. J. of Med.*, vol XXV, n° 4, 611-626, octobre, 1958.

— « Psychosomatics », dans *Handbook of Pscyhology-Neurophysiology*, III, 1961.

— « New Findings Relevant to the Evolution of Psycho-sexual Functions of the Brain », dans *J. of Nervous and Mental Disease*, vol 135, n° 4, octobre, 1962.

— « Man and his Animal Brains », dans *Modern Medicine*, 95-106, 3 février 1964.

McNEILL (D.), dans *Discovery*, Londres, juillet 1966.

MANDLER (G.), « Emotion », dans *New Directions in Psychology*, New York, 1962.

MASLOW (A.H.), *Toward a Psychology of Being*, Princeton, 1962.

MEDAWAR (P.), *The Future of Man*, Londres, 1960.

MILLER (G.A.), GALANTER (E.) et PRIBRAM (K.H.), *Plans and the Structure of Behaviour*, New York, 1960.

MILLER (G.A.), dans *Encounter*, Londres, juillet, 1964 A.

— dans *Scientific American*, décembre, 1965 B.

MONTAGUE (J.F.), « Ulcers in Paradise », *Clin. Med.*, 7, 677 *sq.*, 1960.

MORRIS (I.), dans *New Scientist*. Londres, 25 août 1966.

MULLER (H.J.), *Science and Criticism*, New Haven, Conn., 1936.

NATIONAL RESEARCH COUNCIL REPORT sur « Les Ressources naturelles », Washington, D.C., 1962.

NEEDHAM (A.E.), dans *New Scientist*, Londres, 2 novembre 1961.

NEEDHAM (J.), *Order and Life*, New Haven, Conn., 1936.

NOTT (K.), dans *Encounter*, Londres, septembre 1964.

OLDS (J.), dans *Psychiatric Research Reports of the American Psychiatric Association*, janvier 1960.

ORWELL (G.), *Nineteen Eighty-Four*, Londres, 1949.

OSWALD (I.), *Sleep*, Harmondsworth, Middlesex, 1966.

PAVLOV (I.P.), *Conditioned Reflexes*, Oxford, 1927.

PENFIELD (W.), dans *Control of the Mind*, v. Farber (S.M.), et Wilson (R.H.L.), éd., 1961.

PITTENDRIGH (C.S.), v. Simpson (G.G.), 1957.

PLATT (J.R.), *The Step to Man*, New York, 1966.

POLANYI (M.), *Personal Knowledge*, Londres, 1958.

— *The Tacit Dimension*, New York, 1966.

POLLOCK (M.R.), dans *New Scientist.*, Londres, 8 septembre 1965.

POPPER (K.R.), dans *Br. J. Phil. Sci.*, 1, 117-133 ; Part 2, 173-195, 1950.

— *The Logic of Scientific Discovery*, Londres, 1959.

PORTEUS (D.), v. Wood-Jones, (F.), 1929.

POSTMAN (L.), v. Brunner (J.), 1949.

PRESCOTT (W.H.), *The Conquest of Mexico*, Bantam éd., New York, 1964.

PRIBRAM (K.H.), v. Miller (G.A.), 1960.

— *Emotion : The Search for Control*, 1967.

PYKE (M.), *The Boundaries of Science*, Londres, 1961.

RANDAL (J.), dans *Harper's Magazine*, 231, 56-61, 1965.

RUSSEL (W.N.S.), et RUSSEL (C.), dans *The Listener*, Londres, 3 décembre 1964.

— dans *The Listener*, Londres, 5 novembre 1964.

— dans *The Listener*, Londres, 12 novembre 1964.

RYLE (G.), *The Concept of Mind*, Londres, 1949.

— *The Physical Basis of Mind*, v. Laslett (P.), éd., 1950.

SAGER (R.), dans *Scientific American*, janvier.

ST HILAIRE (G.), *Philosophie anatomique*, Paris, 1818.

SAUNDERS (J.B. de C.M.), dans *Control of the Mind*, v. Farber (S.M.) et Wilson (R.H.L.), éd., 1961.

SCHACHTEL (E.G.), *Metamorphosis*, Londres, 1963.

SCHROEDINGER (E.), *What is Life ?*, Cambridge, 1944.

SEMON (R.), *The Mneme*, Londres, 1921.

SHERRINGTON (C.), *Integrative Action of the Nervous System*, New York, 1906.

SIMON (H.J.), « The Architecture of Complexity », dans *Proc. Am. Philos. Soc.*, vol. 106, n° 6, décembre 1962.

SIMPSON (G.G.), *The Meaning of Evolution*, New Haven, Conn., 1949.

— PITTENDRICH (C.S.), et TIFFANY (L.H.), *Life, An Introduction to Biology*, New York, 1957.

SINNOIT (E.W.), *Cell and Psyche — The Biology of Purpose*, New York, 1961.

SKINNER (B.F.), *The Behaviour of Organisms*, New York, 1961.

— *Science and Human Behaviour*, New York, 1963.

— *Verbal Behaviour*, New York, 1957.

SMYTHIES (J.R.), éd., *Brain and Mind*, Londres, 1965.

SPENCER (H.), *First Principles*, Londres, 1862.

SPERRY (R.W.), dans *Brain and Conscious Experience*, v. Eccles (J.C.), éd., 1966.

SPURWAY (H.), « Remarks on Vavilov's Law Homologous Variation », dans *Supplemento. La Ricerca Scientifica* (Pallanza Symposium), 18. Cons. Naz. delle Ricerce, Rome, 1949.

SUZUKI (D.T.), *Zen and Japanese Culture*, Londres, 1959.

TAYLOR (A.C.), v. Weiss (P.), 1960.

THOMPSON (D.W.), *On Growth and Form*, Cambridge, 1942.

THORPE (W.H.), *Learning and Instinct in Animals*, Londres, 1956.

— dans *Nature*, Londres, 14 mars 1966 A.

— dans *Brain and Conscious Experience*, v. Eccles (J.C.), 1966 B.

TIFFANY (L.H.), v. Simpson (G.G.), 1957.

TINBERGEN (N.), *The Study of Instinct*, Oxford, 1951.

— *Social Behaviour in Animals*, Londres, 1953.

TOLMAN (E.C.), v. Krechevsky, 1932.

WADDINGTON (C.H.), dans *The Listener*, Londres, 13 novembre 1952.

— *The Strategy of the Genes*, Londres, 1957.

— *The Nature of Life*, Londres, 1961.

WATSON (J.B.), dans *Psychol. Rev.*, 20, 158-167, 1913.

— *Behaviourism.*, Londres, 1928.

WEINER (N.), *Cybernetics*, New York, 1948.

WEISS (P.), dans *Mixon Symposium.*, v. Jeffress (L.A.), éd., 1951.

— et TAYLOR (A.C.), « Reconstitution of Complete Organs from Single-Cell Suspension of Chick Embryos in Advanced Stages of Differentiation », dans *Proc. of Nat. Academy of Sciences*, vol. 46, n° 9, 1177-1185, septembre 1960.

WHEELER (W.M.), *Emergent Evolution*, New York, 1928.

WHYTE (L.L.), *The Unitary Principle in Physics and Biology*, Londres, 1949.

— *Internal Factors in Evolution*, New York, 1965.

WILSON (R.H.L.), v. Farber (S.M.), 1961.

WITTGENSTEIN (L.), *Tractatus Logico Philosophicus*, Londres, 1922.

WOOD-JONES (F.), et PORTEUS (S.D.), *The Matrix of the Mind*, Londres, 1929.

YOUNG (J.Z.), *The Life of Vertebrates*, Oxford, 1950.

TABLE DES MATIÈRES

DEUXIÈME PARTIE
LE DEVENIR

TROISIÈME PARTIE
LE DÉSORDRE

Ce volume,
le trente-sixième
de la collection « le goût des idées »,
publié aux Éditions Les Belles Lettres,
a été achevé d'imprimer
en mai 2013
sur les presses
de la Nouvelle Imprimerie Laballery
58500 Clamecy

Dépôt légal : juin 2013
N° d'édition : 7638 - N° d'impression : 305079
Imprimé en France

ARTHUR
KOESTLER